Baedeker

Allianz Ⓜ Reiseführer

W0058446

Kapstadt

West Coast · Winelands · Garden Route

www.baedeker.com

Verlag Karl Baedeker

TOP-SEHENSWERTES ★ ★

Der gewaltige Tafelberg, das Kap der Guten Hoffnung und zwei Ozeane, berühmte Weingüter, Big-Five-Safaris und endlose Sandstrände, Greenmarket Square, Bo-Kaap-Viertel und die Megaamüsier- und Shoppingmeile der V & A Waterfront – wer nicht wochenlang am Kap ist, hat die Qual der Wahl. Wir haben für Sie zusammengestellt, was Sie auf keinen Fall verpassen sollten!

Cape of Good Hope
Ein Mal am Kap der Guten Hoffnung stehen!

CAPE OF GOOD HOPE
THE SOUTH-WESTERNMOST POINT OF THE AFRICAN CONTINENT

Stellenbosch
Koloniale Perle mit bildhübschen Häuschen im kapholländischen Stil

Karneval in Kapstadt
Schrill, bunt, mit viel Musik

DIE BESTEN BAEDEKER-TIPPS

Baedeker-Tipps geben den ganz besonderen Einblick – jenseits aller großen Sehenswürdigkeiten. Bevor es losgeht, schon mal eine Auswahl der besten Tipps für Kapstadt und die Kapregion: schön, nützlich, faszinierend.

▮ »Der lange Weg zur Freiheit«
Nelson Mandelas Memoiren – ein bewegendes Dokument menschlicher Größe ► **Seite 53**

▮ Mama Africa
Marabi, Jazz, Kwaito und leckere Küche quer durch den Kontinent ► **Seite 66**

▮ Andulela
Fußballtouren, Jazzsafaris, Trommel-Sessions und Schmuckworkshop im Township ► **Seite 113**

▮ »Jenseits aller Erwartungen«
Karamellisierte Wachteln, zartes Springbockfilet oder luftiges Himbeersoufflé – Buitenverwachtung gehört zu den Top Ten Südafrikas. ► **Seite 171**

▮ Botlierskop Game Reserve
Auf dem Rücken eines Elefanten auf Pirsch gehen, um schwarze Impalas und die »Big Five« zu sehen ► **Seite 186**

▮ Putten auf hohem Niveau
Auch Gastspieler sind auf den Meisterschaftsplätzen des Fancourt Golfresorts gern gesehen. ► **Seite 189**

Auf Safari
Elefantenritt im Botlierskop-Wildreservat

▮ Pan African Market
Die größte Auswahl an traditionellem Kunsthandwerk aus ganz Afrika
► **Seite 162**

Afrikanisches Kunsthandwerk
Mit den Einnahmen des Pan African Market werden auch Township-Familien unterstützt.

🔴 Knysna Oysters

Frisch, günstig und zünftig in Knysna die besten Austern speisen
► Seite 162

Erbe der San
Führung zur Felskunst der Ureinwohner

🔴 »Wald und Tal«

Probieren Sie auf dem wunderschönen Weingut Boschendal den leicht nach Schokolade duftenden Shiraz.
► Seite 182

🔴 Ein Traum von Afrika

Out of Africa Feeling in nostalgischen Luxuszelten mit Dinner bei Kerzenlicht mitten im Addo-Elefantenpark
► Seite 200

🔴 Tea Time im »Nellie«

Nehmen Sie den Tee unbedingt im legendären Mount Nelson Hotel.
► Seite 202

🔴 Jazz wanted

Nicht nur Jazzfreunde kommen sonntags gern zum Brunch ins Harvey's.
► Seite 208

🔴 Leinen los!

Bis auf 50 m dürfen die Ausflugsboote von Southern Right Charters an die Wale vor Hermanus heranfahren.   ► Seite 210

🔴 Summer Sunset Concerts

Klassische Konzerte mit Picknick unter freiem Himmel im Kirstenbosch National Botanical Garden   ► Seite 223

🔴 Cheetahland

Erleben Sie Geparden, weiße Löwen und Bengalische Tiger auf der Cango Wildlife Ranch bei Oudtshoorn.   ► Seite 162

🔴 Alles Gold

In der Goldschmiedewerkstatt des Gold of Africa Museum kann man selber Schmuck entwerfen.   ► Seite 273

🔴 Sundowner Cruises

Ziegelrote Gaffelsegel blähen sich im sanften Abendwind, wenn die Dreimast-schoner von der V & A Waterfront zu Sunset-Törns ablegen.   ► Seite 289

🔴 Bushmans Kloof Wilderness

Spannende Führung zu uralten Höhlen-malereien der San   ► Seite 298

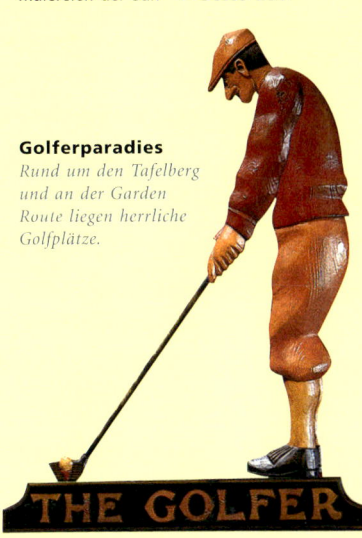

Golferparadies
Rund um den Tafelberg und an der Garden Route liegen herrliche Golfplätze.

Knysna Lorie – der seltene Papagei lebt nur an der Garden Route
▸ **Seite 100**

HINTERGRUND

Schicke Souvenirs: lackierte Straußeneier
▸ **Seite 245**

PRAKTISCHE INFORMATIONEN

TOUREN

Wenn »de Berg« ruft: Vom Tafelberg hat man eine fantastische Sicht auf Kapstadt.
▸ **Seite 274**

Franschhoek – charmante Winzerhochburg mit französischem Flair

SEHENSWERTES VON A bis Z

Ashanti-Kunst im
Gold of Africa Museum
► **Seite 273**

*Weltoffenes Herz: Die Freundlichkeit
der Menschen ist faszinierend.*
► **Seite 226**

Hintergrund

WAS MAN ÜBER KAPSTADT
WISSEN SOLLTE: SEINE ANFÄNGE,
SEIN ERBE VON KOLONISATION
UND APARTHEID, SEINE WIRTSCHAFT UND KULTUR,
SEINE MENSCHEN – EIN KLEINES PORTRÄT DER
FASZINIERENDEN »MUTTERSTADT SÜDAFRIKAS«.

»DAS SCHÖNSTE ENDE DER WELT«

**schrieb Sir Francis Drake 1577 begeistert ins Logbuch seiner Erst-
umsegelung des Kaps der Guten Hoffnung. Die unglaubliche Faszi-
nation der Südspitze Afrikas ist geblieben. Heute gehört die pulsierende Dreieinhalb-Millionen-Metropole an der Tafelbucht zu den
Topzielen weltweit. Und ganz gleich zu welcher Jahreszeit Sie kommen, die »Mutterstadt Südafrikas« ist mehr als eine Reise wert!**

Seine einzigartige Lage am Fuß des Tafelbergs zwischen Atlantik und
Indischem Ozean verleiht Kapstadt ein besonderes Flair. Diese Welt-
stadt ist voller Leben, Farben, Licht. Ein pulsierender Schmelztiegel
aller Nationen, Küchen und Kulturen, mit Menschen, die keine Be-
rührungsängste mehr kennen. Kapstadt verwöhnt mit Spitzenrestaurants und Tophotels, mit legen-
dären Clubs, relaxten Cafés und
viel Platz zum Entspannen.

Oh, Mother City!

Am alten Hafen herrscht neue
Leichtigkeit, wurde die Waterfront zur Megaamüsier- und
Shoppingmeile umgewandelt –
heute Südafrikas Touristenmagnet Nr. 1. Die Schönen und Reichen treffen sich unterhalb des
Tafelbergs an den Palmenpro-
menaden der Traumstrände von
Clifton und Camps Bay – seit
Jahren auch für immer mehr
Deutsche, Schweizer und Öster-
reicher die neue Heimat. Bis
heute schlägt das Herz der

Welcome!
*Das neue Jahr
wird farben-
prächtig mit
dem Minstrel
Carnival
begonnen.*

*← Kapstadts
blaue Stunde und
Galionsfigur vom
Cape Agulhas*

»Mutterstadt« rund um Jan van Riebeecks Kompaniegarten, wo Parlament, South Africa Museum und die Nationale Kunstgalerie ihren
Sitz haben. Hier predigte Friedensnobelpreisträger Desmond Tutu
jahrelang in der St. George's Cathedral gegen die Apartheid, tagte
Mitte der 1990er-Jahre die Wahrheitskommission. Auf dem Greenmarket Square heißt es feilschen um Holzschnitzereien, Perlenschmuck und bunte Stoffe aus ganz Afrika, um die St. George's Mall
werden junge Mode, Diamanten und moderne Kunst verkauft. An-
gesagtester Szenetreff der City ist die Long Street – wie wär's mit
coolem Jazz im »Kennedy's« oder Kwaitoklängen zu Kudu, Krokodil
und Straußensteak im »Mama Africa«? Zum Sundowner fahren die
Captonians gern auf den Tafelberg mit dem schönsten Blick auf das
Lichtermeer. Die Gondelfahrt zum Gipfel des steinernen Giganten ist

Wohnkultur
Bo-Kaaps bunte Dorfidylle mitten in der Stadt

Weltnaturerbe
Verschwenderische Schönheit der Fynbos-Proteen

Whale Watching
Springender Buckelwal vor Hermanus

Weinlese
Reiche Rebenernte rund um Stellenbosch

Western Cape
Tosende Brandung am Kap der Guten Hoffnung

Wahrzeichen
Mit der Gondel auf den Gipfel des Tafelbergs

ebenso ein Muss wie der Bummel durch das farbenfrohe Bo-Kaap-Viertel und die kurvige Panoramastraße rund um die Kaphalbinsel bis zur sturmumtosten Südspitze des Kontinents.

Welterbe, Wein und Widersprüche

Am Kap gedeiht die artenreichste Flora unserer Erde, der Fynbos, mit Tausenden endemischer Pflanzen ein UNESCO-Biotop der Superlative. Auch die Königsprotea gehört dazu, Südafrikas Nationalblume. In allen Farben kann man sie in Kirstenbosch bewundern – der Botanische Garten ist eine blühende Arche Noah. Nirgendwo sonst auf der Welt lassen sich Wale von Land aus so gut beobachten wie in Hermanus an der Walker Bay. Zwischen Paarl, Stellenbosch und Franschhoek keltern ambitionierte Winzer auf alten Weingütern edelste Tropfen, speist man in kapholländischen Herrenhäusern Haute Cuisine aus heimischen Pro-

dukten. Zwiespältige Gefühle weckt die frühere Gefängnisinsel Robben Island, auf der Nelson Mandela 18 Jahre inhaftiert war und zum »Vater der Regenbogennation« wurde. Anderthalb Dekaden nach Mandelas Start der Versöhnung versprüht Kapstadt einen unbändigen Optimismus. Erfindungsreich, leidenschaftlich und weltoffen lässt diese Stadt alle Widersprüche vergessen. Mutig meistert die Trendmetropole das Nebeneinander von erster und dritter Welt, von Wolkenkratzern und Wellblechhütten. Hautfarben stehen nicht mehr im Vordergrund, die Zusammenarbeit von Schwarzen und Weißen gehört zum Alltag.

Endlos und atemberaubend

Wine & Dine
Edel logieren mit Blick auf die See

Berauschend schön ist auch das Umland in der Kapprovinz. Fast unwirklich erscheinen die von Wind und Wetter bizarr geformten Sandsteinfelsen in den Cederbergen, drei Autostunden nördlich der »Mother City«. Hier oben haben die San, die seit Jahrtausenden das Kap bevölkern, mystische Felszeichnungen hinterlassen. Glasklares Wasser und kilometerlange, weiße Sandstrände, verwunschene Lagunen und dramatische Küstengebirge, spannende Klettertouren und malariafreie Big-Five-Safaris – für viele Kapstadt-Besucher ist die Garden Route am Indischen Ozean krönender Abschluss. Oder ein Grund unbedingt wiederzukommen, mit viel mehr Zeit, weil man dem Zauber Afrikas schon längst erlegen ist.

Fakten

**Was versteht man unter Fynbos und wofür sorgt der »Kapdoktor«?
Wer gehört zu den »Big Five«, was ist ein Klippschliefer und welche
Frau regiert die »Mutterstadt Südafrikas«?**

Mediterranes Kapland

Fossilienfunde belegen, dass die über 700 km parallel zur Küste verlaufenden **Kapketten (Kapiden, Cape Rocks**) bis zu 440 Mio. Jahre alt sind. Die Kapiden gehörten einst zum mächtigen Gebirgsgürtel des Urkontinents **Gondwana**, der vor 130 Mio. Jahren begann sich aufzuspalten, sodass weitere Teile in Südamerika, der Antarktis und Ostaustralien zu finden sind. Die Auffaltung der Kapketten (**Swartberge, Langberge, Tsitsikamma-Berge**) ist auf Plattenbewegungen durch die Kontinentalverschiebung zurückzuführen, bei der sich am Ende der Kreidezeit vor 100 – 70 Mio. Jahren die südamerikanische unter die afrikanische Platte schob. Höchste Erhebung ist mit 2326 m der Seweeksport-Berg, bekanntester Berg aber bleibt Kapstadts Wahrzeichen, der 1086 m hohe **Tafelberg**, der steil zum Meer abfällt. Die Kapketten bestehen überwiegend aus Tafelbergsandstein, Quarziten, Schiefer und Kap-Granit, der das Ergebnis früher vulkanischer Aktivität ist. Große Teile der Kapketten waren im späten Pleistozän vor 30 000 – 10 000 Jahren mit Gletschern überzogen. Aber erst die Erosion durch Wasser und Wind hat der felsigen Küste mit breiten Sandstränden ihre heutige Form verliehen. Mit 129 370 km² nimmt die Westkap-Provinz fast 11 % der Landesfläche ein. **Südlichster Punkt des afrikanischen Kontinents** ist das sturmumtoste Cape Agulhas auf 20° östlicher Länge – und nicht das bekannte **Kap der Guten Hoffnung** an der Südspitze der Kaphalbinsel.

Die Entstehung der Kapiden

Rund um Kapstadt verwöhnt ein sommertrockenes und winterfeuchtes **Mittelmeerklima** mit 3000 Sonnenstunden pro Jahr. Grund hierfür sind die Lage unterhalb des subtropischen Hochdruckgürtels und zwei Meeresströmungen: der aus dem **Indischen Ozean** kommende warme **Agulhas-Strom** trifft auf den kalten, antarktischen **Benguela-Strom** des **Atlantiks**. Schönwetterbringer sind das südatlantische St.-Helena-Hoch und das Makarenen-Hoch über dem Indischen Ozean. Aufgrund der umgekehrten Jahreszeiten ist auch das Meer im Feb. / März rund um Kapstadt am wärmsten. Allerdings ist das Baden im Atlantik bei maximal 17 °C nur etwas für Ambitionierte, während die vom Agulhas-Strom begünstigte False Bay und die Garden Route ganzjährig Wassertemperaturen bis 22 °C aufweisen.

Traumstrände an zwei Ozeanen

Eine Besonderheit ist der **Cape Doctor**. So wird ein im Sommer oft wochenlang wehender strammer **Südostwind** genannt, der nicht nur jede Menge Staub aufwirbelt, sondern im Talkessel am Tafelberg auch für den nötigen Luftaustausch sorgt. Spektakuläres Zeichen dieses trockenen passatartigen Windes ist das weiße **»Table cloth«** (Tischtuch), eine dichte Wolkendecke auf dem Tafelberg.

Das Tischtuch des Tafelbergs

← *Wie ein weißes Tischtuch breiten sich dicke weiße Wolken über die majestätischen »Zwölf Apostel« am Tafelberg.*

Kapflora und Tierwelt

Seit 2004 steht die einzigartige Pflanzenwelt im südwestlichen Kapland mit acht Schutzgebieten auf der Liste des UNESCO-Weltnaturerbes. Das **kleinste der sechs kontinentalen Florenreiche** besitzt im Verhältnis zur Fläche die größte Artenvielfalt weltweit. Viele der über 8500 Pflanzenarten sind nur hier heimisch. Allein auf der Kaphalbinsel wachsen fast 2300 Arten, davon sind 90 endemisch. Zur Frühlingsblüte im Aug. und Sept. verwandeln sich weite Landstriche in ein Wildblumenparadies. Die in Südafrika **Fynbos** (Afrikaans fijn = fein; bosch = Busch) genannte Kapflora passt sich perfekt sommerlicher Trockenheit an. In der Macchia ähnlichen Pflanzengemeinschaft wachsen über 600 Arten von **Erika**, aber auch die größten fleischfressenden Pflanzen unseres Planeten. 400 verschiedene Silberbaumgewächse wurden gezählt, darunter 85 **Proteen** mit der südafrikanischen Nationalpflanze, der rosa blühenden **Königsprotea** – Karl von Linné (1707 – 1778) hatte die Pflanzen nach Proteus, einem wandlungsfähigen Meeresgott der griechischen Mythologie benannt. Aster-, Strohblumen-, und Storchschnabelarten, 1400 verschiedene Zwiebel- und Rhizompflanzen, 96 Gladiolenarten, Iris- und Schwertliliengewächse, Geranien und Freesien vervollständigen das Blütenmeer. Unter den **Orchideen** gilt die **Rote Disa** als die schönste. **Rooibosch**, Honigbusch und die Aloe-Pflanze werden in der Naturheilkunde genutzt. In Feuchtgebieten wie dem Knysna Forest und dem Tsitsikamma National Park stehen über 40 m hohe Mahagoni-, Eisen-, Stinkwood- und Yellowwood-**Baumriesen**. Nur in den Cederbergen wachsen die Clanwilliam-Zeder und die Schneeprotea. Seit 2000 erforscht das deutsch-südafrikanische Projekt **Biota Africa** Nutzung und Erhalt der Artenvielfalt – über 1000 Arten der

Augenweide: der Sunbird liebt den süßen Nektar der Königsprotea.

Kapflora und der einzigartige Tsitsikamma-Regenwald sind bedroht (www.biotaafrica.com).

Das am Kap einst zahlreiche Groß-wild lässt sich heute nur noch in **Wildreservaten** erleben. Auf drei-stündigen Safarifahrten im Jeep oder zu Pferd hat man die Möglichkeit, die **»Big Five«** – Löwe, Leopard, Büffel, Nashorn und

Elefant –, aber auch Giraffen, Geparden, Zebras, Stachelschweine, Impalas, Kudus, Antilopen und Springböcke in freier Wildbahn zu erleben. Viele Besucher kombinieren die Garden Route mit einem Stopp im Addo Elephant Park nördlich von Port Elizabeth, wo über 400 Kap-Elefanten leben. Dass die im Table Mountain National Park heimischen, kaninchengroßen **Klippschliefer** (Dassies, ►Abb. S. 277) mit den Dickhäutern verwandt sind, wird nur an den beiden nachwachsenden Zähnen im Oberkiefer sichtbar. Paviane, Bergzebras, Gnus und Springböcke leben am Kap der Guten Hoffnung. Dem nur hier heimischen **Buntbock** ist bei Swellendam ein eigener Nationalpark gewidmet.

Malariafrei auf Safari!

Touristenmagnet bei Simon's Town ist die **Pinguinkolonie** am Boulders Beach. **Wale und Haie** lassen sich von Juli bis Dezember an der False Bay, bei Hermanus und an der Garden Route sichten. Die **fantastische Unterwasserwelt** von Atlantik und Indischem Ozean stellt das Two Oceans Aquarium an Kapstadts Waterfront vor – ganz Mutige können im Käfig zu Weißen Haien abtauchen. Der Tsitsikamma National Park besitzt auch einen Unterwasserlehrpfad für Schnorchler. Auf riesigen Farmen wird der größte Vogel der Welt, der **Strauß**, in der Klein Karoo in Oudtshoorn gezüchtet. Seeadler, Pelikane, Kormorane, Tölpel, Albatrosse und Südafrikas Nationalvogel, der **Paradieskranich**, sind an Kapstadts Küsten heimisch. Ganz der Vogelwelt widmet sich das World of Bird Wildlife Sanctuary in Hout Bay. Unter 20 Schlangenarten sind **Puffotter** und **Kapkobra** giftig.

Das wilde Leben schwarz auf weiß – Dutzende ehemaliger Farmen am Kap sind heute private Wildreservate.

Zahlen und Fakten Kapstadt

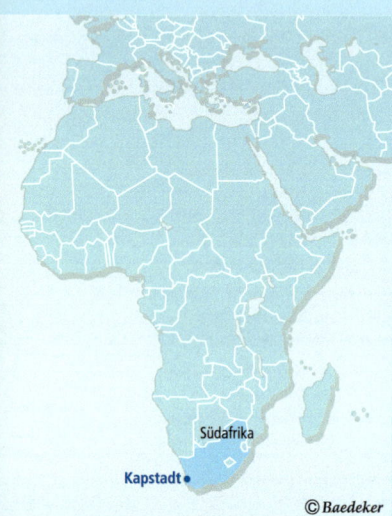

Flagge Kapstadts seit 1999

Kapstadt
▶ Kaapstad / Cape Town / iKapa
Als erste Stadtgründung der Kolonial-
zeit auch Südafrikas »Mutterstadt«
(Moederstad, Mother City)

Lage
▶ Südspitze Afrikas, 45 km nördlich
vom Kap der Guten Hoffnung
▶ 33° 55' südl. Breite, 18° 29' östl. Länge

Fläche
▶ 2499 km²

Wahrzeichen und höchste Erhebung
▶ Tafelberg (1086 m ü. d. M.)

Einwohner
▶ 3,3 Mio. (2007)
▶ Bevölkerungsdichte: 1321 Einw. / km²

Im Vergleich
▶ Berlin 3,4 Mio. Einw.
▶ Rom 3,7 Mio. Einw.
▶ New York 8,1 Mio. Einw.

Verwaltung
▶ Hauptstadt der Provinz Westkap
(Western Cape / West-Kaap) und Sitz
des südafrikanischen Parlaments
▶ Regierende Bürgermeisterin: Helen Zille

Wirtschaft
▶ Kapstadt erwirtschaftete 2007
11,2 % des Bruttoinlandsproduktes
Wichtigste Wirtschaftszweige:
Fertigungsindustrie, Tourismus, Textil-
herstellung, Landwirtschaft, Informa-
tionstechnologie, Werbebranche,
Filmindustrie, Transport und Handel
▶ Tourismus: 5,5 Mio. Besucher (2007)
▶ Arbeitslosenquote: 22,1 % (2007)

Verkehr
▶ Cape Town International Airport ist
zweitgrößter Flughafen Südafrikas
▶ Hauptverkehrsmittel sind Auto und
Taxi. Hop-on-Hope-off-Doppeldecker-
busse für Sightseeingtouren. Züge der
Cape Metrorail nach Muizenberg,
Simon's Town, Paarl und Stellenbosch.

Sprachen
▶ Englisch, Afrikaans, Xhosa

Vorwahl
▶ National: 021
International +27 21

Zeitverschiebung
▶ Zeitgleich im mitteleuropäischen
Sommer, im Winter ist Kapstadt
eine Stunde voraus.

Bevölkerung · Politik · Wirtschaft

Mit 48,7 Millionen Menschen ist Südafrika das bevölkerungsreichste Land Afrikas. Nach Johannesburg und Durban ist **Kapstadt** (Afrikaans: **Kaapstad**, Xhosa: **iKapa**) die drittgrößte Metropole des Landes. Sie ist **Sitz des südafrikanischen Parlaments** und **Hauptstadt der Western Cape Province** (West-Kaap). Als erste Stadtgründung der Kolonialzeit nennen dieSüdafrikaner sie auch gern **»Mutter aller Städte des Landes«** (Moederstad, Mother City).

Mother City

Seit dem Ende der Apartheid hat Kapstadt sich grundlegend verändert. Das Stadtzentrum ist sicherer geworden, viele Stadtviertel wurden mittels großzügiger Sanierungsprogramme modernisiert. Im Gastgeberland der WM 2010 boomt die Tourismusbranche, am Kap wird investiert, explodieren die Grundstückspreise. Der Großraum Kapstadt zählt heute **3,3 Mio. Einwohner** (2007), die Western Cape Province 5,3 Mio. (2007). Fast die Hälfte aller Kapstädter ist jünger als 20 Jahre, nur 5 % sind älter als 65. Längst ist die Mutterstadt am Tafelberg das begehrteste Zuzugsgebiet des Landes – jeder Zehnte Südafrikaner lebt inzwischen am Westkap. Europäische Partnerstädte Kapstadts sind Nizza und Aachen (www.aachen-kapstadt.de).

Pulsierende Metropole

Auch wenn der Lebensstandard in Kapstadt deutlich höher ist als in anderen Provinzen Südafrikas, kämpft die Stadt durch das **enorme Bevölkerungswachstum** und die anhaltende Landflucht mit erheblichen **Infrastrukturproblemen**. In der City Bowl, wie die Innenstadt genannt wird, lebt nur die Minderheit der Kapstädter. Die Mehrheit ist noch immer in denselben Stadtvierteln der Cape Flats zu Hause, deren Lebensbedingungen sich trotz erkennbarer Bemühungen der Regierung nur sehr langsam verbessern. 2007 fehlten laut Stadtverwaltung 400 000 Wohnungen, hatte in den riesigen **Townships** fast ein Viertel aller Haushalte noch immer keinen Strom, Trinkwasseranschluss oder Toilette.

Kehrseite Kapstadts

Die außerordentliche Größe Kapstadts von 2499 km² ist das Resultat mehrerer kommunaler Gebietsreformen. Im Dezember 2000 schlossen sich die sieben autonomen Gemeinden Kapstadts zur sogenannten **Unicity of Cape Town** zusammen. Kapstadts **Gemeinderat** hat 210 Abgeordnete, die in 105 Wahlkreisen nominiert werden. Der Bürgermeister wird von der Ratsversammlung gewählt. Die letzten Kommunalwahlen 2006 gewann die jetzige **Bürgermeisterin Helen Zille** (► Berühmte Persönlichkeiten) von der Democratic Alliance Party – die Partei stellt 91 Sitze und löste damit nach 13 Jahren den 81 Sitze haltenden ANC als stärkste Kraft ab.

Stadtregierung

Kapstadt ist die einzige Stadt Südafrikas, in der mit 49 % die **Farbigen (Coloureds)** die Mehrheit bilden – Nachkommen aus Verbin-

Rainbow Nation

dungen weißer Siedler mit den kapländischen Khoisan, Sklaven und Kapmalaien. Der Anteil der **Schwarzen** liegt bei 31 % – in Südafrikas Gesamtbevölkerung bei 79 %. Die **Weißen**, die bis 1994 politisch, wirtschaftlich und kuturell bestimmend waren, stellen 18,5 %. Nur 1,5 % sind **Inder und Asiaten**. Die meisten Kapstädter sind zweisprachig – entweder wird Afrikaans und Englisch oder eine der beiden Sprachen mit einer der anderen Sprachen gesprochen. 42 % der Bevölkerung sprechen daheim **Afrikaans**, 29 % **Xhosa** (wie ital. »cosa«), 28 % **Englisch**. Unter 1 % liegt der Anteil von Sesotho, Zulu, Setswana und anderen Sprachen der **Regenbogennation**. Mehr als drei Viertel der Kapstädter sind **Christen**. Ein Zehntel bezeichnet sich als nicht religiös, 9,7 % sind **Muslime**, 0,5 % Juden, 0,2 % Hindus.

Bildung Auch wenn nach wie vor **Fachkräftemangel** herrscht, wurden große Erfolge im Bereich der Alphabetisierung erzielt. 2007 lag die Anzahl der über 20-Jährigen ohne Schulbesuch unter 5 % (landesweit 10 %). Fast 12 % der Kapstädter Schüler schaffen es an die **University of Cape Town** (UCT), die **University of the Western Cape** (UWC), die 2005 fusionierte **Cape Peninsula University of Technology** (CPUT) oder die renommierte Universität im nahen Stellenbosch.

Wirtschaft

Boomtown Mit 124 Mrd. Rand trug Kapstadt 2007 rund **11 % zum Bruttoinlandsprodukts** von Südafrika bei, zusammen mit der Westkap-Provinz sogar über 14 %! In der Stadt sind bedeutende Finanzhäuser, Versicherungen und internationale Ölkonzerne ansässig, haben die wichtigsten Handelspartner Südafrikas ihren Sitz. Kapstadts Geschäftszentrum verteilt sich auf die City Bowl und das Hafenviertel um die Victoria & Alfred Waterfront. Fast die Hälfte aller Wirtschaftsgüter wird im Central Business District (CBD), in Claremont, Century City, Durbanville und Tygerburg produziert.

Licht und Schatten Seit zehn Jahren zwischen 3 und 6 % Wirtschaftswachstum, niedriges Handelsdefizit, stabile Währung – nach jüngsten Prognosen des britischen Wirtschaftsmagazins »The Economist« hat Südafrika seine Führungsrolle auf dem schwarzen Kontinent behauptet. Aber das **große Wohlstandsgefälle** zwischen Schwarz und Weiß spaltet noch immer die Gesellschaft und ist die Hauptursache für die hohe Kriminalität und das Wiederaufleben rassistischen Denkens auf beiden Seiten. Andererseits ist eine neue, einflussreiche und gut betuchte **schwarze Elite** entstanden, die allmählich die Macht in Politik und Wirtschaft an sich zieht. Das 2004 verabschiedete **Black Economic Empowerment Law** (BEE, Gesetz zur wirtschaftlichen Gleichstellung der Schwarzen), nach dem südafrikanische Firmen mehrheitlich schwarze Teilhaber, Führungskräfte und Angestellte aufweisen müssen, versucht die Folgen der Apartheid zu entschärfen, birgt aber auch neue Hürden, da vorrangig nicht das Arbeitsergebnis, sondern

Gesichter der Regenbogennation

die Zugehörigkeit zur schwarzen Mehrheit zählt. Der durchschnittliche Jahresverdienst eines weißen Mittelklassehaushalts lag 2007 bei 16 000 Euro, während ungelernte Bauarbeiter des WM-Stadions in Green Point nur 1 Euro pro Stunde verdienten. Offiziell betrug die **Arbeitslosenquote** 2007 in Kapstadt 26 %, in der Western Cape Province 22 %. Vom Wirtschaftswunder ausgeschlossen sind nach wie vor fast 40 % aller Haushalte, die an oder **unterhalb der Armutsgrenze** leben. Die Gesundheitsstatisatik zeigt, dass zwar die **Aids**-Vorsorge in der Kapregion in den letzten Jahren besonders bei Frauen zugenommen hat, die Zahl der **Tuberkulose**-Fälle sich aber in den letzten zehn Jahren fast verdoppelt hat.

Stärkster Wachstumsfaktor ist der **Tourismus**, der über 10 % des BIP erbringt. Außer 3 Mio. Südafrikanern reisten 2007 fast 2 Mio. ausländische Gäste ans Kap, ein Fünftel aller Südafrika-Besucher. Rekordzahlen werden für das Jahr **2010** erwartet mit der internationalen Fußballwelt zu Gast am Kap! Wichtige Arbeitgeber sind die Textil- und Nahrungsmittelindustrie, mit Schwerpunkt auf der **Weinherstellung** und dem **Obstanbau** – über 50 % wird für den Export produziert. Angelockt von günstigen Wechselkursen, westlicher Infrastruktur, fantastischen Drehorten und Traumwetter hat sich Kapstadt auch zum Topziel der **Film- und Modebranche** entwickelt, die hier alles vom Spielfilm bis zum Modeclip drehen. Trotz ständig steigender Preise boomt der Immobilienmarkt, werden für die Fußball-WM überall Straßen und Hotels ausgebaut und modernisiert. Achillesferse ist und bleibt die Energieversorgung. Immer wieder kommt es zu **Stromausfällen** – eine neue Windkraftanlage soll 2010, ein neues Kohlekraftwerk 2013 ans Netz gehen.

<aside>**Positiver Wirtschaftstrend**</aside>

Stadtgeschichte

Wann kamen ersten Bewohner ans Kap, wer war Jan van Riebeeck, wer Cecil Rhodes? Wie kam es zur Apartheid und welche Aufgabe hatte die »Wahrheitskommission«? Kapstadts Geschichte spiegelt die Historie des ganzen Landes wider von den Khoisaniden bis zur jungen »Regenbogennation«.

Wiege der Menschheit

3,5 Mio. Jahre	Erste Hominiden am Kap
77 000 v. Chr.	Früheste Spuren menschlicher Kunst in der Blombos-Höhle
28 000 v. Chr.	Steinzeit-Jäger und -Sammler am Kap
700 n. Chr.	Viehzucht der Khoikhoi

Hominiden und Homo sapiens

Südafrika und die Kapregion gelten als eine Wiege der Menschheit. Die von der UNESCO zum Weltkulturerbe erklärten ältesten Knochenfunde in Sterkfontein belegen, dass in Südafrika schon vor etwa 3,5 Mio. Jahren **Hominiden** lebten, Frühformen des Menschen (Australopithecus), die entwicklungsgeschichtlich zwischen Mensch und Affe stehen. Die ältesten Funde von Steinwerkzeugen sind 1,5 Mio. Jahre alt. Am Kap hat besonders der frühe **Homo sapiens** Spuren hinterlassen. Versteinerte Fußabdrücke an der **Langebaan-Lagune** werden auf 120 000 Jahre datiert. In den Klasies-River-Mouth-Höhlen an der Südküste zwischen Kapstadt und Port Elizabeth wurden 100 000 Jahre alte Oberkieferknochen und Skelettreste entdeckt.

Älteste Kunstwerke der Welt

Im Dezember 2001 gelangen dem Grabungsteam des Kapstädter Archäologen Chris Henshilwood in der **Blombos-Höhle** am Cape Agulhas Funde von Weltrang. Die auf **77 000 v. Chr.** datierten Ockersteine mit abstrakten Ritzzeichnungen gelten heute als die ältesten Kunstwerke der Menschheit. 2004 fand Henshilwood an gleicher Stelle 41 erbsengroße Schneckengehäuse mit von Menschenhand gebohrten Löchern und Ockerspuren: ein etwa 75 000 v. Chr. gefertigtes Collier, der älteste Schmuck der Erde. Weitere Knochen- und Werkzeugfunde in Fish Hoek, an Kapstadts Foreshore und auf der Kaphalbinsel belegen die menschliche Existenz und seine fortschreitende Entwicklung hin zum Gebrauch komplexer Technologien um 30 000 v. Chr.

Jäger und Sammler

Vorfahren der seit 40 000 Jahren in Südafrika und am Kap lebenden San und Khoikhoi-Stämme, die aufgrund naher Verwandtschaft als **Khoisaniden** bezeichnet werden, schufen ab 28 000 v. Chr. Tausende **Felsbilder** und -gravuren als Zeugnisse ihrer Jagd, Magie und künstlerischer Schaffenskraft. Zahllose Funde bestätigen die kontinuierliche Existenz der Khoisaniden am Kap bis zu Beginn des 20. Jh.s. Ab 700 n. Chr. gibt es Hinweise auf Viehzucht der Khoikhoi. Die Sprache, Geschichte und Kultur der San wurden Ende des 19. Jh.s von den deutschstämmigen Kapstädtern **Dr. Wilhelm H. Bleek** und Lucy Llyod aufgezeichnet. Bleeks Tochter Dorothea gelangen zu Beginn des 20. Jh.s einmalige phonographische Aufnahmen.

← *Der ehemalige Präsident Frederik de Klerk wurde 1997 in Kapstadt vor der Befragung durch die Wahrheitskommission vereidigt.*

Jan van Riebeeck landet am 6. April 1652 in der Tafelbucht (Gemälde von Charles Davidson Bell).

Entdecker am Kap

1488	Bartolomeu Diaz umsegelt das Kap der Guten Hoffnung.
1497 / 1498	Vasco da Gama findet den Seeweg nach Indien.
1503	Als erster Europäer betritt Antonio de Saldanha die Südspitze Afrikas.
1601 / 1608	Die Holländer taufen das Kap »Tafelbucht« (Tafel Baai).
1605	Schiffe der British East India Company landen am Kap.

Antike Quellen Phönizier im Auftrag des ägyptischen Pharao Necho (609–594 v. Chr.) und laut Herodot auch Karthager umsegelten Afrika bereits vor Christi Geburt. 1291 n. Chr. soll dies auch einem der Genueser Brüder Vadino und Ugolino Vivaldi geglückt sein.

Die ersten Europäer

Portugiesische Seefahrer 1488 umrundete **Bartolomeu Diaz** nach Landung in Walfis Bay das **»Kap der Stürme«** und sichtete am 3. Februar Kühe und Hirten an der Mossel Bay. Portugals König João II. war von Diaz' Reisebericht so begeistert, dass er das Kap zukunftsfroh in Cabo de Boa Esperança umtaufte. Auf der Suche nach dem Seeweg nach Indien gelang **Vasco da Gama** am 22. November 1497 die Umsegelung des **»Kap der Guten Hoffnung«**. Vier Jahre später entdeckte **Antonio de Saldanha**

durch einen Navigationsfehler die Tafelbucht. Er ging als erster Europäer an Land, bestieg den Tafelberg und nahm das Gebiet als **Saldania** in Besitz. Wie schon Saldanha geriet auch sein Landsmann **Francisco de Almeida** 1510 an gleicher Stelle mit den Khoikhoi in Konflikt. Nach versuchtem Viehraub und Kindesentführung kehrten weniger als die Hälfte seiner 150 Männer lebend an Bord zurück.

1601 und 1608 gingen Schiffe der **Holländisch-Ostindischen Kompanie** (Vereenigte Oostindische Compagnie; **VOC**) in der Saldanha Bay vor Anker und begannen Tauschhandel mit den Khoikhoi. Der neue Name Tafelbucht (Table Bay, Tafel Baai) kam auf. Ohne Folgen blieben 1605 die Besitzansprüche von Schiffen der **Britisch-Ostindischen Kompanie** (British East India Company; BEIC). In ihrem Auftrag wurde 1613 auch der Khoikhoi-Häuptling **Xhoré** nach England entführt – nach einem halben Jahr durfte er ans Kap zurückkehren.

Holländer und Briten

Kapholländische Kolonie

1652	Jan van Riebeeck gründet im Auftrag der VOC eine feste Siedlung am Kap.
1679	Gründung von Stellenbosch
1688	Hugenotten lassen sich in Franschhoek nieder und pflanzen erste Reben.
1779	Beginn des ersten Xhosa-Krieges am Great Fish River

Im März 1647 lief die »Niew-Haerlem«, ein Schiff der VOC, in der Table Bay auf Grund. Die gestrandete Mannschaft baute ein provisorisches Fort, legte Gemüsegärten an und suchte erste Kontakte zu Einheimischen. Der spätere Bericht der Kaufleute Jansz und Mathys Proot über die Ereignisse, die strategische Lage der Tafelbucht und der heraufziehende Konflikt mit England bewogen die VOC 1651, **Jan van Riebeeck** mit dem Aufbau einer befestigten Proviantstation in der Tafelbucht zu beauftragen. Am **6. April 1652** erreichten Riebeecks Schif-

Gründung Kapstadts

? **WUSSTEN SIE SCHON …?**

■ … dass Kapstadt ursprünglich nicht als Stadt geplant war? De Kaap diente ab 1652 nur als Versorgungsposten für Schiffe der VOC mit Lebensmitteln und Trinkwasser. Angehörigen der VOC waren eigener Handel, Gewerbe und Handwerk untersagt. Erst 1657 gestattete Jan van Riebeeck neun freien Kompanie-Angestellten, Farmen am Liesbeck River aufzubauen. Im gleichen Jahr trafen die ersten Sklaven aus Batavia und Madagaskar ein. Als van Riebeeck 1662 das Kap verließ, lebten in der winzigen Siedlung 35 freie Bürger, 15 Frauen, 22 Kinder und 180 Sklaven.

fe »Drommedaris«, »Reijger« und »Goede Hoope« die Tafelbucht – die ersten drei von fünf Schiffen. 82 Männer und acht Frauen gingen an Land, unter ihnen van Riebeecks Frau Maria de la Quellerie. Dieser Tag gilt als **Gründungsdatum von Kapstadt**.

Erste Siedlergenerationen

Junge Kapkolonie

Trotz einiger Schwierigkeiten konnten die Bedürfnisse der **VOC** anfangs stets erfüllt werden. Ab 1657 gelang dies vor allem durch den Einsatz von **Sklaven** aus den ostindischen Kolonien Hollands, aus Mosambik und Madagaskar. 1666 begann man mit dem Bau des **Kapstädter Kastells** (Castle of Good Hope), heute das älteste Steingebäude Südafrikas. Als zweite Siedlung am Kap wurde Stellenbosch 1669 durch den späteren Gouverneur Simon van der Stel gegründet, wenig später folgte Swellendam. 1676 änderte die VOC ihre Einwanderungspolitik – die Kapkolonie sollte sich nun selbst ernähren.

Aus Holland, Deutschland und Frankreich wanderten Aussiedler ein, die zu **»Buren«** (»boeren«, »freien Bürgern«) wurden und auch das Umland am Kap besiedelten. Unter den Franzosen waren viele **Hugenotten**, die nach der Aufhebung des **Edikts von Nantes** aufgrund religiöser Verfolgung ihre Heimat verließen. 1688 erreichten die ersten 164 Hugenotten auf holländischen Schiffen das Kap. Sie ließen sich in **Franschhoek** (»Französischer Winkel«) nieder und pflanzten dort die ersten Reben.

Kämpfe mit **Khoikhoi und San** wurden 1659 und 1671 gemeldet. Als Folge zogen sich die als »Bosjesman« diffamierten **»Buschmänner«** weiter ins Landesinnere zurück. Eklatanter Frauenmangel brachte die VOC auf die Idee, holländische Mädchen, zumeist Vollwaisen, ans Kap zu holen. Doch wurden auch Ehen zwischen Siedlern, Sklaven und Einheimischen geschlossen, aus denen die Vorfahren der »Coloureds« (Farbigen) hervorgingen.

1693 wurde **Scheich Yusuf** nach einem Aufstand auf Java ans Kap verbannt, wo er mit seinen Anhängern die erste muslimische Gemeinde Kapstadts gründete.

Das Hugenottendenkmal in Franschhoek erinnert an die ersten Siedler.

Kolonisation

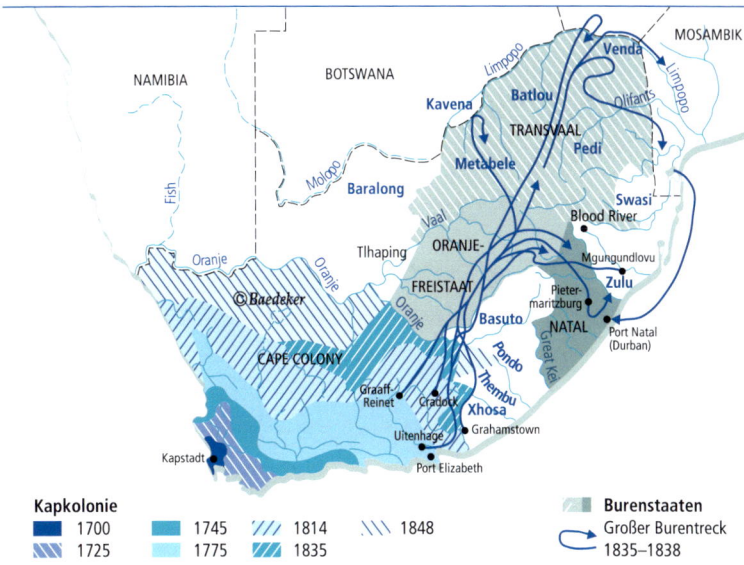

Kapkolonie
■ 1700   ■ 1745   /// 1814   \\\ 1848
\\\ 1725   ■ 1775   /// 1835

Burenstaaten
Großer Burentreck
1835–1838

Aufstieg und Niedergang der VOC

Um 1720 waren die Tafelbucht, Paarl, Stellenbosch, Franschhoek, Drakenstein und Tulbagh besiedelt, die einheimischen San und Khoikoi zum Großteil vertrieben. Beamte der **Holländisch-Ostindischen Kompanie** (Vereenigte Oostindische Compagnie; **VOC**), denen kein eigener Landbesitz gestattet war, koordinierten erfolgreich den Aufbau der Kolonie. Von den Lebensmittelpreisen bis zum Handel mit Elfenbein, Fellen, Leder, Straußeneiern und Sklaven unterlag alles der Kontrolle der VOC. Pockenepidemien in den Jahren 1713, 1755 und 1767 sorgten für empfindliche Rückschläge. Dennoch standen in Kapstadt um 1750 bereits 1200 feste Häuser im **kapholländischen Baustil** mit weiß getünchten Mauern und geschwungenen Giebeln. 1743 lebten bereits 4000 Buren in und um Kapstadt, hinzu kamen freie Farbige und Sklaven. 1761 war das Burgherwacht Huys errichtet, das heutige Old Town House am Greenmarket Square.

Alles unter Kontrolle

Aufgrund fallender Wein- und Weizenpreise legten sich immer mehr Bauern Rinder- und Schafherden zu, die weniger Kapital und Arbeit erforderten. Auf der Suche nach neuem Weideland drangen die halbnomadischen **»Trekboer«** mit ihren Herden entlang der Ostküste in unbesiedeltes Land vor. 1779 stießen sie am Great Fish River mit den Xhosa (Bantu) zusammen. Der erste von neun blutigen **Xhosa-Kriegen** begann, die bis 1878 dauerten.

Aufbruch ins Landesinnere

Das Ende der VOC Im Jahr 1782 schüttete die Holländisch-Ostindische Kompanie ihre letzte Dividende aus. Der vierte Englisch-Holländische Krieg 1780 bis 1783 leitete den Niedergang ein. Zwar wurden am Kap gelandete verbündete Franzosen begeistert empfangen, sogar eine Modewelle brach aus. Aber die Unzufriedenheit mit der korrupten, wenig schlagkräftigen Verwaltung, ausbleibende Gelder und die Ideen der Französischen Revolution 1789 sorgten für Turbulenzen. Buren in Swellendam und Graaff-Reinet bildeten 1795 **revolutionäre Nationalversammlungen** und erklärten ihr Gebiet zu freien Republiken.

Britische Kronkolonie

1795	Erste britische Besetzung
1802	Die Kapkolonie wird wieder holländisch.
1806	Zweite britische Besetzung, Kapstadt wird Hauptstadt der Kapkolonie.
1834	Abschaffung der Sklaverei
1835 – 1841	Der Große Treck
1899 – 1902	Zweiter Burenkrieg
1910	Gründung der Südafrikanischen Union

Republikanisches Intermezzo Im Juli 1795 landeten **britische Truppen** in Muizenberg, sechs Wochen später kapitulierte die VOC. 1798 wurde Kapstadt von einem verheerenden Stadtbrand heimgesucht. Im selben Jahr erlosch auch die VOC. In Kapstadt und Stellenbosch lebten zu der Zeit 6000 Weiße, weitere 12 000 »Trekboers« zogen im Land umher. Hinzu kamen 15 000 Khoikhoi und etwa 22 000 Sklaven. Nach dem **Frieden von Amiens 1802** musste die Kapkolonie an Holland zurückgegeben werden. Euphorische republikanische Neuerungen samt Gebietsreform, Förderung des Weinbaus, Einführung spanischer Merinoschafe zur Verbesserung der Wollqualität und die Säkularisierung des Bildungswesens griffen aber in der »**Batavischen Republik**« nur kurz. 1806 landeten 4000 britische Soldaten am Kap und siegten in der **Schlacht von Blouberg**. Kapstadt wurde **Hauptstadt** der 1814 gegründeten britischen Kronkolonie. Gewisse Freiheiten brachte 1809 das »**Hottentotten-Gesetz**«, das die Khoikhoi zu britischen Untertanen machte und Zwangsarbeit verbot. Der Sklavenhandel, seit 1807 auf britischen Schiffen untersagt, wurde am 1. Dezember 1834 offiziell am Kap verboten – mit dem **Ende der Sklaverei** kamen 59 000 Menschen frei.

! *Baedeker* TIPP

»Die Ketten des Schweigens brechen«

... heißt die eindrucksvolle Ausstellung der Iziko Slave Lodge an der Adderley Street – 132 Jahre lang waren hier die Sklaven der VOC untergebracht (▶ S. 151).

Die Khoikoi wurden auch als Führer eingesetzt.
(Gemälde im Castle of Goog Hope, Military Museum)

Exodus und Goldrausch

Der Zuzug von 6000 Briten um 1820, die Einführung der englischen Amtssprache und des britischen Rechtssystems, Dürre und Landknappheit, vor allem aber die Abschaffung der Sklaverei und die liberale, auf Gleichberechtigung zielende Politik am Kap löste 1835 den »Großen Treck« der Buren aus. Bis 1841 verließen etwa **10 000 Buren** (rund 20 % der weißen Bevölkerung), die sogenannten **Voortrekker** (Pioniere), die Kapkolonie in mehreren Zügen gen Osten. Während die Buren Xhosa-Grenzkriege und die Schlacht am Blood River mit den Zulu ausfochten und die **Burenrepubliken** gründeten, erhielt **Kapstadt 1853** begrenzte Selbstverwaltung und garantierte in der Verfassung das **Wahlrecht für freie Farbige und Schwarze mit Besitz**. An der Tafelbucht brannte 1882 das erste elektrische Licht. Die Diamanten- und Goldfunde in Kimberley und Johannesburg erfassten auch die Kapkolonie und lösten eine zweite Kolonistenwelle aus. Kapstadt expandierte: Zur **Kronkolonie** gehörten 1865 auch Britisch-Kaffraria (Ciskei) und 1871 Basutoland (Lesotho).

Der Große Treck (Groote Trek)

Der Weg zur Einheit

Bis Ende des 19. Jh.s erschlossen **Eisenbahnlinien** von Kapstadt nach Kimberley und Johannesburg das Land. Kapstadt boomte, ab 1860 bauten Sträflinge Wellenbrecher und die **Alfred Docks** in die windge-

Zweiter Burenkrieg

schützte Table Bay. Unter Ministerpräsident **Cecil Rhodes** erfolgte 1894 der Anschluss des gesamten, zwischen Kei-Fluss und Natal gelegenen Landes an die Kapkolonie. 1885 wurde das Gebiet südlich des Molopo-Flusses als Kronkolonie Betschuanaland unter britischen Schutz gestellt, 1895 der Kapkolonie eingegliedert. Der Goldrausch, permanenter Zuzug in die Burenrepubliken, Angst vor Anglisierung und der fehlgeschlagene, britisch geplante Jameson-Raid-Putsch vom Dezember 1896 lösten 1899 den zweiten Burenkrieg aus. Nach anfänglichen Siegen unterlagen die Buren, ein zermürbender **Guerillakrieg** begann, bei dem 34 000 Buren, 22 000 Briten und 15 000 Schwarze ums Leben kamen. Die Briten verfolgten eine »Politik der verbrannten Erde«: Die Farmen der kämpfenden Buren wurden niedergebrannt, Frauen und Kinder in **Konzentrationslagern** interniert, wo über 26 000 von ihnen an Unterernährung und schlechten hygienischen Bedingungen starben.

Rassentrennung ▶ Als 1901 in Kapstadt die **Beulenpest** ausbrach, nutzte die Kapregierung die Epidemie als Begründung für die räumliche **Abtrennung der schwarzen Bevölkerung** in gesonderte Wohnviertel nahe der Hafendocks und bei Maitland.

Südafrikanische Union Nach dem **Frieden von Vereeniging** 1902 waren auch die Burenrepubliken britische Kolonien. Mit dem Wiederaufbau des zerstörten Landes kam es zur Annäherung von Buren und Briten. Durch den von Großbritannien geförderten Zusammenschluss der Kolonien Natal, Kapkolonie, Transvaal und Oranje entstand am 31. Mai 1910 die zum Britischen Empire gehörende Südafrikanische Union mit 1,2 Mio. weißen und 4,6 Mio. nicht weißen Einwohnern. Pretoria wurde Regierungssitz, Kapstadt Sitz des Parlaments und Bloemfontein Sitz des Obersten Gerichtshofs. In der **neuen Verfassung** war das Wahlrecht ausschließlich den Weißen vorbehalten. Nur in der Kapprovinz blieb das seit 1853 geltende liberalere Gesetz für wohlhabendere Schwarze und Coloureds in Kraft – die Schwarzen verloren dieses Recht 1936, die Coloureds 1956. Die Minenarbeitergesetze von 1911, die Abschaffung des Streikrechts und das Verbot von Landerwerb für Schwarze 1913 (**Native Land Act**) außerhalb genehmigter Gebiete – den späteren Homelands – bildeten die **ersten Rassengesetze.**

Apartheid und Widerstand

1923	Trennung der Stadtteile Kapstadts nach Hautfarben
ab 1948	Verschärfung der Apartheidgesetze
1961	Gründung der Republik Südafrika
1966	Gewaltsame Auflösung des District Six
1986	Aufhebung der Passgesetze

Abzeichen der Anti-Apartheid-Bewegung aus den 1980er-Jahren

AFRICAN NATIONAL CONGRESS

Politisch ist der ANC die dominierende Kraft Südafrikas. Seit den letzten Wahlen regiert die Partei alle Provinzen des Landes und stellt – außer in Kapstadt – auch sämtliche Bürgermeister der Großstädte. Der ANC, einst als Interessenvertretung der schwarzen Südafrikaner gegründet und später Speerspitze im Kampf gegen die Apartheid, ist heute ein Garant der Stabilität.

Im Januar 1912 gründeten schwarze Intellektuelle in Bloemfontein den »South African Native National Congress« – 1923 in **African National Congress** umbenannt. Zu den Mitbegründern gehörten die Geistlichen John Dube und Walter Rubusana, der Autor Sol Plaatje, der Häuptling Thomas Mapikela, der Anwalt Pixley Seme und andere. Die Organisation verstand sich von Anfang an nicht als rein afrikanische Interessenvertretung, öffnete sich allen Hautfarben und akzeptierte sowohl das Christentum als auch die Sprache Englisch. Praktisch war sie aber eine schwarze Widerstandspartei, kämpfte gegen Rassismus und ethnische Rivalitäten sowie für das politische Mitspracherecht der schwarzen Bevölkerungsmehrheit. Denn den Schwarzen wurde nicht nur das Wahlrecht verweigert, ab 1913 durften sie nur in Reservaten leben und außerhalb dieser keinen Grundbesitz erwerben. Boykotte und Streiks gehörten vorrangig zum politischen Werkzeug des frühen ANC. Hauptsächlich ging es – wie bei den Streiks der Minenarbeiter in den frühen 1920er-Jahren – um die Verbesserung der schlechten Arbeitsbedingungen.

Eskalation

Angeregt durch die **Atlantik-Charta** 1941, in der Roosevelt und Churchill eine freiheitliche Weltordnung als Kriegsziel verkündeten, forderte der ANC 1943 die vollen Bürgerrechte für die schwarzen Südafrikaner. Die Regierung unter J. C. Smuts erteilte aber eine klare Absage. Von da an radikalisierte sich der ANC. 1944 entstand unter Mitwirkung der späteren Freiheitskämpfer Nelson Mandela, Walter Sisulu und Oliver Tambo die ANC Youth League (ANC-Jugendliga), die härtere Maßnahmen forderte. Ziel war jetzt nicht mehr die Integration in das politische System der Weißen, sondern die Befreiung von diesem System. Auf die nach 1948 immer repressiver werdenden Apartheid-Gesetze antwortete der ANC mit Boykotten, Streiks und – in Anlehnung an Gandhis gewaltlosen Widerstand –

Neuer Mann am Ruder: Südafrikas Präsident Thabo Mbeki gratuliert seinem Nachfolger als Parteichef, dem am 18. Dezember 2007 neugewählten Vorsitzenden des ANC, Jacob Zuma (rechts).

zivilem Ungehorsam. 1952, als das weiße Südafrika den 300. Jahrestag der Landung Jan van Riebeecks feierte, nahmen zum ersten Mal Zehntausende von Schwarzen an einer Gegendemonstration teil. Am 26. Juni 1955 trafen sich bei Soweto 3000 Vertreter aller südafrikanischen Rassen – Schwarze, Coloureds, Inder und auch Weiße der neuen Liberalen Partei – zu einem Volkskongress gegen die Apartheid. Er verabschiedete die **Freedom Charter** (Freiheitscharta) mit der Forderung nach der Gleichberechtigung aller Rassen; bis in die 1990er-Jahre war sie die Grundlage des politischen Programms des ANC. Nach dem Kongress ließ die südafrikanische Regierung 156 Führer der verschiedenen Bewegungen verhaften und wegen Hochverrats vor Gericht stellen. Nach dem fünf Jahre dauernden Prozess wurden aber alle Angeklagten freigesprochen. Einer von ihnen, der Vorsitzende des ANC **Albert Luthuli**, erhielt 1960 den Friedensnobelpreis. Die Kongressallianz von 1955 zerfiel schnell wieder, vor allem wegen der Uneinigkeit im Hinblick auf das weitere Vorgehen. Auch im ANC kamen Spannungen auf: Die Pluralisten forderten die Gleichberechtigung, während die Afrikanisten, entgegen der bisherigen Politik des ANC, ein von weißer Herrschaft befreites Südafrika anstrebten. 1959 spalteten sich die Afrikanisten vom ANC ab und gründeten den **Pan Africanist Congress** (PAC).

Der Krieg ...

Für 1960 planten der ANC und der PAC große Kampagnen gegen die verhassten Passgesetze. Der PAC rief für den 21. März 1960 zu einer friedlichen Demonstration vor der Polizeiwache von **Sharpeville** auf. Die Polizisten, die sich bedroht fühlten, schossen in die Menge, 69 Demonstranten starben. Das Ausland reagierte entsetzt und empört. Im ganzen Land fanden Streiks und Demonstrationen statt, die noch mehr Menschenleben forderten. Die Regierung reagierte hart. Am 8. April 1960 verbot sie den ANC und den PAC, die dann im Untergrund und im Exil weiterarbeiteten. Beide Parteien gründeten Kampforganisationen, der ANC den **Umkhonto we Sizwe** (»Speer der Nation«) mit **Nelson Mandela** an der Spitze, der nach der Verbannung von Luthuli und der Verurteilung von Sobukwe zum Präsidenten des ANC und zum Führer der Schwarzenbewegung aufstieg. Dieser Organisation gelangen zwar einige spektakuläre Anschläge, doch konnte sie bis 1963 zerschlagen werden. Mandela, der 1962 verhaftet und zu fünf Jahren Gefängnis verurteilt worden war, wurde 1963 aufgrund des im Haupt-

quartier des Umkhonto gefundenen Materials wegen Sabotage zu lebenslanger Haft verurteilt. Für einige Zeit schien es, als hätte die Regierung den Widerstand der Schwarzen gebrochen. Aktivisten wurden teils ohne Urteil inhaftiert, viele starben in Polizeigewahrsam. Die Hinrichtungen erreichten Rekordhöhe. Zu Beginn der 1970er-Jahre entstanden neue Organisationen, darunter solche, die ein »schwarzes Bewusstsein« nach dem Vorbild der Black-Panther-Bewegung in den USA schaffen wollten. Als die Regierung das Afrikaans, die »Sprache der weißen Unterdrücker«, in den Schulen als Unterrichtssprache einführen wollte, demonstrierten am 16. Juni 1976 in **Soweto** 20 000 Schüler – die Polizei schoss wahllos auf die unbewaffneten Kinder und Jugendlichen, zwei wurden getötet (Foto ►S. 37). Im ganzen Land kam es zu blutigen Unruhen. Diesmal gelang es der Regierung erst gegen Ende 1977, die Lage wieder unter Kontrolle zu bringen. Sie verbot und verfolgte alle radikal-oppositionellen Organisationen; der Führer der Black-Consciousness-Bewegung, **Steve Biko**, starb 1977 im Gefängnis an den Folgen der Folter.

… und sein Ende

Im Ausland wuchs die Sympathie für den ANC und Nelson Mandela. Im Juni 1980 erlaubte die **deutsche Bundesregierung** dem ANC als erster afrikanischer Befreiungsbewegung, in Bonn ein Informationsbüro einzurichten. 1990 ließ **Staatspräsident Frederik de Klerk** – der »Gorbatschow Afrikas« – trotz heftigem Widerstand aus den eigenen Reihen und der weißen Ultrarechten den ANC, den PAC und die kommunistische Partei wieder zu; er entließ **Mandela** aus der Haft und begann den Dialog mit dem früheren Gegner. Aus den ersten freien Parlamentswahlen in Südafrika im April 1994 ging der ANC mit 62 % als stärkste Partei hervor, 2004 bekam er fast 70 % der Stimmen. In jüngster Zeit werfen Berichte über Korruption wie die Vorwürfe gegen den neuen Parteichef **Jacob Zuma** Schatten auf den ANC. Zuma war im Dezember 2007 als Nachfolger von Thabo Mbeki zum neuen Vorsitzenden der Regierungspartei gewählt worden. Die Anklage dürfte auch Zumas Chancen schmälern, bei den Präsidentenwahlen 2009 Mbeki, der dann nicht mehr kandidieren darf, auch als Präsident nachzufolgen.

Einschränkung der Freiheit

Am Ende des Ersten Weltkrieges starben in Kapstadt Tausende an der Spanischen Grippe. Blutig niedergeschlagenen Streiks konkurrierender weißer und schwarzer Arbeiter zu Beginn der 1920er-Jahre folgte 1923 der **Urban Areas Act**, der die Trennung von Stadtteilen nach Hautfarbe festlegte. 1927 trat der **Immorality Act** in Kraft, der sexuelle Beziehungen von Menschen verschiedener Hautfarbe mit Gefängnis bedrohte.

Unter Premier Hertzog wurde **Afrikaans** 1925 zweite offizielle Landessprache. Nach siebenjähriger Bauzeit konnte 1922 der Chapman's Peak Drive eröffnet werden, 1929 wurden die Seilbahn auf den Tafelberg und der Botanische Garten in Kirstenbosch eingeweiht, 1935 das Zentrum Kapstadts Richtung See aufgeschüttet. Am 6. September 1939 trat die Südafrikanische Union unter Premier Jan C. Smuts auf Seiten der Alliierten in den **Zweiten Weltkrieg** ein.

Das District Six Museum erinnert an den legendären sechsten Stadtbezirk, in dem sich einst Menschen aller Kontinente, Hautfarben und Religionen mischten.

Verschärfung der Apartheid

Nach dem **Wahlsieg der Natio-nal Party** 1948 begann die Re-gierung unter Daniel F. Malan damit, die vollständige **Apart-heid (Rassentrennung)** gesetz-lich zu verankern. Der **Popula-tion Registration Act** von 1950 teilte das Volk der Südafrikani-schen Union in Weiße, Schwar-ze, Inder und übrige Coloureds, der **Group Areas Act** aus dem-selben Jahr bestimmte, dass die Menschen nur in zugewiesenen Gebieten leben und arbeiten durften. Unter **J. G. Strijdom** wurde 1956 Schwarzen und Farbigen das Wahlrecht entzo-gen. Hunderte weitere Gesetze sorgten für die Umsetzung der Apartheid im Alltag. Der ANC seinerseits organisierte den ge-waltfreien Widerstand, Streiks und Protestmärsche, 1960 wur-de die **»Freiheits-Charta«** ver-kündet (► Baedeker Special, S. 34). Das **Massaker von Sharpe-ville** während einer friedlichen Anti-Apartheid-Demonstration im März 1960 rief weltweite Empörung hervor. Als im sel-ben Jahr über 30 000 Bewohner

Ein Bild, das um die Welt ging: der blutige Schüleraufstand in Soweto

der **Kapstädter Townships** gegen die neuen Passgesetze protestier-ten – alle Nichtweißen mussten fortan das »Book of life« samt Ein-trag aller Grenzübergänge und Arbeitgeber mit sich führen –, ver-hängte die Regierung den Ausnahmezustand, wurden der ANC und die PAC verboten.

Wachsender Widerstand

Im Oktober 1960 ließ Premierminister **Hendrik Verwoerd** durch Volksentscheid über eine Republik abstimmen: 52,3 % votierten für eine **unabhängige Republik** – stimmberechtigt waren nur Weiße. Nachdem auch London immer lauter die Apartheid kritisierte, trat Südafrika am 15. März 1961 aus dem British Commonwealth aus. Innerhalb kurzer Zeit wurden die Gesetze weiter verschärft, gab es

Republik Südafrika

Massenverhaftungen. Gleichzeitig gewann der **ANC** an Einfluss, sein Vorsitzender **Albert Luthuli** erhielt 1961 den Friedensnobelpreis. Am 5. August 1962 wurde **Nelson Mandela** verhaftet und 1963 im Rivonia-Prozess zu lebenslanger Haft auf Robben Island verurteilt. 1966 beschloss die Regierung den Abriss des multikulturellen Kapstädter **District Six**. Im selben Jahr fiel Regierungschef Verwoerd einem Attentat zum Opfer. 1967 gelang Christian Barnard im Groote-Schuur-Krankenhaus die **erste Herztransplantation** der Welt. Millionen von Schwarzen wurden in den 1970ern in die Homelands zwangsumgesiedelt. 1976 sorgte der **Schüleraufstand in Soweto**, bei dem über 500 Menschen starben, erneut für weltweites Entsetzen (Abb. S. 37).

Reformversuche, Boykott und Ausnahmezustand

Eine **Verfassungsänderung** der Regierung **Pieter Willem Botha** brachte 1984 den Coloureds und Indern eingeschränkte politische Rechte. Die im gleichen Jahr gestartete ANC-Kampagne wurde gnadenlos unterdrückt, mehr als 2300 Menschen starben, Zehntausende wurden verhaftet. Nach massiven internationalen Wirtschaftssanktionen hob Botha 1985 das Verbot der Mischehen, 1986 die Passgesetze auf. Tausende Schwarze suchten daraufhin ihr Glück am Kap. Die Forderung nach Freilassung **Nelson Mandelas** erhielt weltweite Unterstützung. Nach gescheiterten Geheimgesprächen 1986 traf sich Botha am 5. Juli 1989 erstmals mit Mandela. Doch weder Botha noch die National-Partei waren ernsthaft bereit, die Macht zu teilen. Nach **blutigen Unruhen** in den Townships verhängte Botha den **Ausnahmezustand**, der bis 1990 dauern sollte.

Mandela und der Neubeginn

1994	Die ersten demokratischen Wahlen gewinnt der ANC, Nelson Mandela wird Staatspräsident.
1996 – 1998	Arbeit der Wahrheits- und Versöhnungskommission
1997	Die neue südafrikanische Verfassung tritt in Kraft.

Die Wende Im Jahr 1989 schlossen sich ANC, UDF und die Cosatu zu einer Koalition zusammen. Tausende demonstrierten in Kapstadt für die Abschaffung der Rassentrennung. Auch der Druck des Auslands nahm weiter zu. Die harten Sanktionen lähmten die Wirtschaft, Banken und Auslandskapital zogen sich zurück. Am 15. August 1989 wurde der Vorsitzende der National Party, **Frederik Willem de Klerk**, Staatspräsident. In seiner historischen Rede zur Parlamentseröffnung in Kapstadt am **2. Februar 1990** leitete er die Wende am Kap ein: Er hob das Verbot von ANC und PAC auf, lockerte den Ausnahmezustand und kündigte Verhandlungen über eine neue Verfassung an.

Wahrlich ein historischer Moment: Südafrikas neuer Präsident Nelson Mandela, flankiert von seinem Stellvertreter und späteren Nachfolger Mbeki (links) und Ex-Präsident de Klerk, am 9. Mai 1994

Nach 27 Jahren endete für **Nelson Mandela** am 11. Februar 1990 die Inhaftierung auf Robben Island. Ein Jahr später wurden die Gesetze der **Rassentrennung aufgehoben**. Für ihre Bemühungen um Versöhnung und ein demokratisches Südafrika bekamen Mandela und de Klerk 1993 gemeinsam den **Friedensnobelpreis**.

Mehr als 7 Mio. in den Homelands lebende Schwarze erhielten 1994 ihre südafrikanische Staatsbürgerschaft zurück. Aus den **ersten demokratischen Wahlen** am 27. April 1994 ging der ANC als klarer Sieger hervor – von den 23 Mio. Wahlberechtigten waren fast 18 Mio. Schwarze. **Nelson Mandela** wurde am 10. Mai **erster schwarzer Staatspräsident Südafrikas**. Nach 342 Jahren endete damit die weiße Vorherrschaft am Kap.

Demokratische Wahlen

Seit 2000 hat Südafrika ein neues Staatswappen. Es zeigt einen von Getreideähren umgebenen Schild mit zwei menschlichen Figuren, die den Felszeichnungen von Linton entlehnt sind. Den Schild flankieren je zwei Stoßzähne. Darüber folgen nacheinander eine Protea, ein Sekretär mit ausgebreiteten Schwingen und die aufgehende Sonne. Die Stoßzähne werden durch den Wahlspruch »Einheit in Unterschiedlichkeit« in der Sprache der Khoisan verbunden.

Die 1994 eingeführte **Nationalflagge Südafrikas** zeigt sechs Farben: Schwarz für die nicht weiße Bevölkerung, Gold für den Reichtum an Bodenschätzen und die immer scheinende Sonne Südafrikas, Grün für das grüne Land, Rot für das Blut, das bei den Befreiungskämpfen vergossen wurde, Blau für die Ozeane und den Himmel, Weiß für die weiße Bevölkerung. Die »Regenbogenflagge« ist Ausdruck des Bemühens, Einheit und Versöhnung zu fördern.

Truth and Reconciliation Commission

Zur Aufarbeitung der Vergangenheit setzte Mandela im Sommer 1996 für zwei Jahre eine **»Wahrheits- und Versöhnungskommission«** mit Demond Tutu als Vorsitzendem ein, die die Menschenrechtsverletzungen untersuchen sollte, die während der Apartheid begangen worden waren. Sie hat – auch wenn Hauptverantwortliche wie P. W. Botha unbehelligt blieben – einen wesentlichen Beitrag zum **Prozess der Versöhnung** zwischen den Volksgruppen geleistet.

Neue Verfassung

Nach zweijährigen Verhandlungen wurde am 8. Mai 1996 die neue südafrikanische Verfassung verabschiedet, die am 4. Februar 1997 in Kraft trat. Im Dezember 1997 übernahm **Thabo Mbeki** von Mandela den ANC-Vorsitz und das Präsidentenamt.

Grenzenlose Begeisterung auf Kapstadts Straßen: Jubelnd feiern die Menschen im Mai 2004, dass in Südafrika die Fußball WM 2010 austragen wird.

Kapstadt heute

2004	Wahlsieg des ANC, Fußball-WM 2010 geht an Südafrika.
2006	Helen Zille wird Bürgermeisterin von Kapstadt.
2007	Neuer Parteichef des ANC wird Jacob Zuma.

Ambitionierte Ziele

Der ANC und die 2005 aufgelöste NNP (New National Party) bildeten 2002 eine Allianz zur Wahrung der Regierungsfähigkeit am Kap. 2003 erhielt Kapstadt mit dem **Cape Town International Convention Centre** (CTICC) das größte Kongresszentrum des Landes. Im selben Jahr verfolgten Millionen Menschen weltweit das erste **Aids-Benefiz-Konzert »46664«** – Häftlingsnummer Mandelas – aus dem Kapstädter Greenpoint-Stadion. Bei den dritten Wahlen seit Einführung der Demokratie am 14. April 2004 siegte der **ANC** mit 69,7 %. Nach vergeblichen Anläufen, die Olympischen Spiele nach Kapstadt zu holen, bekam Südafrika am 15. Mai 2004 den Zuschlag für die **Fußball-WM 2010**. 2004 beschloss der Stadtrat die Realisierung des **N2-Gateway-Projektes** mit Straßen- und Häuserbau am Township Langa zwischen Flughafen und City – Volumen: 3 Mrd. Rand. Der Kampf gegen die großen sozialen Disparitäten, die hohe Arbeitslosigkeit, den Mangel an qualifizierten Arbeitskräften und die weite Verbreitung von Aids bleiben vorrangige Zukunftsaufgaben der Stadt.

2006

Am 15. März wurde **Helen Zille** von der liberalen Demokratischen Allianz (DA) überraschend mit 106 zu 103 Stimmen zur neuen Bürgermeisterin von Kapstadt gewählt und bekämpft seither resolut Korruption und Vetternwirtschaft. Ende Oktober konnte mit dem Bau der neuen **WM-Arena in Greenpoint** begonnen werden.

2007

Mit einer deutlichen Zweidrittel-Mehrheit wählte die Demokratische Allianz im Mai Helen Zille zur neuen Vorsitzenden. Am 29. Oktober feierte Kapstadt mit einer großen Parade den Sieg der »Springboks«, die in Paris gegen Titelverteidiger England das Finalspiel der **Rugby-Weltmeisterschaft** mit einem 15:6-Erfolg gewonnen hatten. Als Nachfolger von Thabo Mbeki wurde **Jacob Zuma** im Dezember zum neuen Parteichef des ANC gewählt.

2008

Ende Januar saßen über 900 Touristen die halbe Nacht wegen **Stromausfall auf dem Tafelberg** fest. Die Fahrgäste der beiden Seilbahngondeln konnten von Rettungskräften abgeseilt werden.

Kunst und Kultur

Das Erbe der San, elegante kapholländische Herrenhäuser und farbenfrohe Township Art dokumentieren die Vielfalt der Kulturen am Kap. Nicht weniger spannend sind die lebendige afrikanische Musik, international gefeierte Jazz-größen und das politische Kabarett von Pieter-Dirk Uys.

Felskunst der San

Tausende von **Felsmalereien und Gravuren der San** (früher als **Buschmänner** bezeichnet), die den Kontinent seit 40 000 Jahren bevölkern, sind in Südafrika entdeckt worden - die ältesten sind auf 3000 v. Chr. datiert. Pferde und Darstellungen weißer Siedler zeigen, dass die Kunst noch im 19. Jh. ausgeübt wurde. Am häufigsten sind Jäger, Sammler und große Säugetiere wie Giraffen oder Elenantilopen dargestellt. Spannend sind Trancebilder der »Traumtänze« von Heilern und Schamanen. Sie zeigen die Verwandlung in fabulöse Tierwesen, rituelles Nasenbluten beim Übergang in die Anderswelt oder mystische »Ohrenschlangen«. Weiße Siedler fanden am Gürtel eines San einen Beutel mit zehn Farben, darunter **Metall- und Pflanzenfarben** sowie eine Mischung aus gebranntem Kalk und Blut von Wildtieren. Leider sind fast alle Felsbilder durch Witterungseinflüsse bedroht. Am Westkap kann man im **Bushmans Kloof Wilderness Reserve** am Fuß der Cederberge mit kundiger Führung über 130 Höhlenzeichnungen der San besichtigen. Seit 2000 zieren zwei San-Figuren das Schild im neuen **Wappen Südafrikas**. Auch sein Wahlspruch entstammt der ausgestorbenen /Xam-Sprache der Khoisan: »!ke e: / xarra //ke« - »Einheit in Unterschiedlichkeit« (▶Abb. S. 39).

Im Wappen geehrt

Kapholländische und viktorianische Bauten

Die einheimischen afrikanischen Traditionen wurden von den weißen Siedlern ignoriert und stattdessen Europa zum Vorbild genommen. So entstand ein eigener **»kapholländischer Baustil«** mit eleganten Herrenhäusern rund ums Kap. Schöne Beispiele liefern des Dorp Museum in Stellenbosch und die vielen **Weingüter** im Constantia Valley und um Paarl, Stellenbosch und Franschhoek wie Groot Constantia, Boschendal, La Motte oder Lanzerac. Auch in Kapstadt selbst stehen einige dieser Häuser mit schlichtem symmetrischen Grundriss in T-, H- oder U-Form, geschwungenem Giebel, großem Vorraum, erhöhter Veranda und dicken, weiß getünchten Mauern. Ursprünglich **reetgedeckt**, erhielten die Häuser ab Mitte des 18. Jh.s häufig Flachdächer wie Kapstadts Rust-en-Vreugd.
Die ältesten Gebäude Kapstadts sind die 1660 errichtete **Slave Lodge** in der Adderley Street und das 1666 begonnene **Castle of Good Hope**. Aus dem späten 18. Jh. stammt das Koopmans-de-Wet-Haus, eine Arbeit des Franzosen **Louis Michel Thibault** (1750 – 1815), der auch die Staatsresidenz De Tuynhuis an der Parliament Avenue und zahlreiche Gebäude der Holländisch-Ostindischen Kompanie (VOC) im Hinterland schuf. Wichtige Impulse setzte der aus Freiburg im Breisgau stammende Holzschnitzer **Anton Anreith** (1754 bis 1822), der u. a. die Kanzel der Groote Kerk schnitzte. Ab Ende des 18. Jh.s entstanden die farbenfrohen Häuschen im Bo-Kaap-Viertel.

Schneeweiße Giebelhäuser

← *Juwel im kapholländischen Stil: das Herrenhaus Lanzerac Manor*

Britische Einflüsse

Nachdem Südafrika britische Kolonie geworden war, setzte sich der klassizistisch geprägte **georgianische Stil** durch. Spätes Beispiel hierfür ist das **Bertram House**. Eindrucksvoll änderte die **viktorianische Epoche** das Antlitz Kapstadts: Überall entstanden hübsche Veranden und üppige Vorgärten. Schmiedeeiserne Balkone wie an der **Long Street** kamen Mitte des 19. Jh.s in Mode. Im Zuge des Gold- und Diamantenrauschs konnten Monumentalbauten wie das **neoklassizistische Parlament** finanziert werden. Ende des 19. Jh.s eroberte die Neogotik die Kirchenbaukunst. Als Hauptvertreter gilt der auch als Leuchtturmbauer bekannte Bremer **Carl Otto Hager** (1813 – 1898) mit der Moederkerk in Stellenbosch. **Sir Herbert Baker** (1862 – 1946) schuf für Cecil Rhodes die Residenz Groote Schuur im neokapholländischen Stil. Das Ende der viktorianischen Ära markiert an der Grand Parade die **City Hall**, das ehemalige Rathaus mit Stilelementen der italienischen Neorenaissance.

Art déco und Moderne

In den 1930er-Jahren entstanden viele Art-déco-Gebäude am Greenmarket und entlang der Adderley Street. Als Höhepunkt gilt das Versicherungsgebäude des 2001 renovierten **Old Mutual Building** an der Darling Street mit beeindruckendem Fassadenschmuck. Ein Erbe der **Apartheid-Ära** sind die trostlosen **Townships** mit ihren endlosen Siedlungen aus Wellblechhütten (**Shacks**), bis heute das Zuhause für die meisten Bewohner der **Cape Flats**. Seit Ende der Apartheid versuchen staatliche Wohnungsbauprogramme wie das neue N2-Gataway-Projekt am Autobahnzubringer zwischen Flughafen und City neuen, dringend benötigten Wohnraum zu schaffen. Jack Barnett zeichnete in den 1970ern für den Neubau des renommierten **Baxter Theatre** in Rondebosch verantwortlich. Zukunftsimpulse setzte zur Jahrtausendwende der riesige Shoppingkomplex der **Century City** in Durbanville. Nach wie vor im Ausbau ist die **V & A Waterfront**, längst eine der erfolgreichsten Besucherattraktionen Südafrikas.

Esther Mahlangu malt heitere geometrische Muster.

Traditionelle Volkskunst und Township Art

Mit strahlenden Farben und linearen geometrischen Mustern gestalten die **Ndebele**-Frauen aus dem Nordosten des Landes ganz eigene Bildideen. Ihre Malereien und Perlenarbeiten werden auf Kapstadts **Craft Markets** und in zahlreichen Läden ebenso verkauft wie Kunsthandwerk aus ganz Afrika. Typische Mitbringsel sind die traditionellen Tierfiguren aus Holz, Masken, Fetische und Zaubermittel, Schmuck, Töpfer-, Flecht- und Webarbeiten. Eine gute Auswahl – und nicht billige »Airport-

Die City Hall entstand gegen Ende der viktorianischen Ära.

Art«-Massenware – findet man an der V & A Waterfront, an der Church Street, auf dem **Greenmarket Square** und im **Pan African Market** an der Long Street. International anerkannte Ndebele-Künstlerinnen sind Dorah Sibanyoini, Mainah-Mbonani und **Esther Mahlangu** – zum 75-jährigen Jubiläum des Autoherstellers BMW bemalte sie einen 520i im typischen Ndebele-Design. Auch der Perlenschmuck und die mit Perlen bestickten Stoffpuppen der **Zulus** sind herrlich bunt – Zulu-Beadwork bekommt man u. a. bei **Monkeybiz** in der Rose Street und im Bead Centre of Africa an der Long Street 223, wo auch Kurse und Perlenmaterial angeboten werden (www.beadmerchantsofafrica.com). Blätter und Federn sind bevorzugte Motive auf der bunten, hochwertigen **»Africa Ceramica«** (www.afce ram.com). Von afrikanischen Einflüssen inspiriert sind auch die Arbeiten weißer Designerinnen wie die Töpferin und Gründerin von Monkeybiz **Barbara Jackson** oder **Carrol Boyes**, die in der Rose Street in Bo-Kaap exklusive Bestecke aus englischem Hartzinn und ansprechende Lifestyleprodukte fertigt (www.carrolboyes.com).

Als »Vater« der **Township Art** gilt der frühere Jazzpianist **Gerard Sekoto** (1913 – 1993), der schon in den 1940er-Jahren das harte Leben in den schwarzen Ghettos von Südafrika expressiv auf die Leinwand bannte. Viele Bewohner der Townships verdienen sich heute mit ihrem handwerklichen Geschick einen Teil ihres Lebensunterhaltes. Sie fertigen **aus alten Dosen, Kronkorken, Draht und Plastikabfällen** praktische Dinge, originelles Blechspielzeug, Weihnachtsbaumschmuck oder witzige Collagen – reichliche Auswahl haben der Greenmarket Square, **Streetwires** und der **Pan African Market**.

Recycling als Kunst

◀ Weiter auf S. 48

Abdullah Ibrahim – früher Dollar Brand – gehört zu den ganz Großen des Jazz.

ALL THAT JAZZ

Kapstadt feiert das Leben mit Swing und Soul. Nacht für Nacht wird in den angesagten Clubs und Bars am Tafelberg gejazzt. Und beim Internationalen Jazz Festival Ende März spielen Weltstars wie der legendäre Abdullah Ibrahim, »Mama Africa« Miriam Makeba und Grammy-Gewinner Nestor Torres.

Symbolfigur des südafrikanischen Jazz ist der Komponist, Pianist und Bandleader **Abdullah Ibrahim** – ehemals Dollar Brand –, einer der einflussreichsten Jazzmusiker unserer Zeit, der nach jahrzehntelangem Exil in Europa und den USA seit 1990 wieder in Kapstadt lebt. »Jazz ist« laut Ibrahim »eine universale Sprache, die von jedem verstanden wird. Ein Mittel gegen Unterdrückung und Gewalt. Und ebenso auch Ausdruck von Versöhnung.« Die Jazzlegende wuchs in Kensington auf, einem der schlimmsten Schwarzen-Ghettos von Kapstadt. »Musik hat mein Leben gerettet«, sagt Ibrahim, der 1974 mit **Basil Coetzee** die Musik von **»Manenberg«** komponierte, die inoffizielle Hymne der Befreiungsbewegung.

Erste Takte des **South African Jazz** erklangen Anfang der 1930er-Jahre in den Townships am Kap. Die Mischung aus Marabi und amerikanischem Bebop, Rhythm'n' Blues, Jump und Jive beherrschte die Clubs und Tanzhallen von Kapstadt ebenso wie der Kwela- und der Phata-Phata-Tanz. Wie viele seiner Altersgenossen kaufte der junge Adolphus Brand in den **1950er-Jahren** am Hafen die Jazz-Schallplatten der amerikanischen Seeleute. Weil er dafür immer einige Dollar in der Tasche hatte, hieß er bald **Dollar Brand**. Unter diesem Künstlernamen begleitete er Gesangsgruppen und wurde 1959 ebenso wie der begnadete Jazztrompeter **Hugh Masekela** Mitglied der **Jazz Epistles**, bekam Südafrika seine berühmteste Jazzband. Ihre Musik wurde zum »Sound of Freedom«, eine Antwort auf den immer stärker werdenden Druck der **Apartheid**. Doch nach dem blutigen Massaker von Sharperville verließ Brand, der sich nach Konvertierung zum Islam Abdullah Ibrahim nannte, 1962 das Land. Erst nach Ende der Apartheid kehrte er ans Kap zurück.

Die Wurzeln des Cape Jazz

In den 1950er-Jahren erlebte der »Cape Jazz« seine Blütezeit, wurde er politischer Ausdruck von Freiheit und Selbstbewusstsein gegenüber dem rassistischen Polizeistaat. Gefahrlos war dies nicht: **Winston Mankunku** spielte

auf dem Saxophon sein legendäres »Yakhal Inkomo« (»brüllender Stier«) nur hinter dem Vorhang. Vielfältige Wurzeln machten den Cape Jazz rasch autark: Uralte Rhythmen der Khoisan und Xhosa mit ihren Ghoema-Trommeln und Trancegesängen mischten sich mit Pauken, Trompeten und Marschmusik der Kolonialherren und dem musikalischen Erbe der Sklaven, den Banjos und Brass-Instrumenten der »Minstrels«. Schließlich führte der Exodus durch die Apartheid den **Cape Jazz in alle Welt**. Pianisten wie Tete Mbambisa, Hotep Galeta und Mark Fransman, Saxophonisten wie Basil Coetzee, Morris Goldberg und Buddy Wells, Gitarristen wie Jonathon Butler, Alvin und Errol Dyers feierten internationale Erfolge. »Godfather« des Cape Jazz blieb Abdullah Ibrahim, der heute mit dem 16-köpfigen **Cape Town Jazz Orchestra** in seiner Heimatstadt auftritt. Zu den etablierten Kapstädter Jazzinterpreten gehören auch der Gitarrist und Komponist **Mac McKenzie** und seine Ghoema Captains of Cape Town, **Hilton Schilder** mit der Kultband The Genuines und der Altsaxophonist **Robert Edward Jansen**. Topevents für Jazzfreunde sind das **Cape Town International Jazz Festival** Ende März (www.capetown jazzfest.com) und das **Cape Jazzathon** an der Waterfront im Januar (www. jazzathon.co.za).

Jamsessions live

Mit populärem Jazz feiert man das Leben an der Waterfront in **Manenberg's Jazz Cafe** im Clock Tower Center (Tel. 021 / 421 5639). Hervorragende Musiker wie Jimmy Dludlu, Sylvia Mdunyelwa oder Gavin Minter spielen regelmäßig auf der Bühne des **Green Dolphin** im Victoria & Alfred Hotel (Tel. 021 / 421 7471), in **Kennedy's Cigar Bar** an der Long Street 251 (Tel. 021 / 424 1212) und in **Marco's African Place** an der Rose Lane 15 in Bo-Kaap (Tel. 021 / 423 5412). Sonntags trifft man sich zum Jazz Brunch im Hotel **Winchester Mansions** in Sea Point. In Camps Bay verspricht **Dizzy's Jazz Café** Fr. und Sa. heiße Jamsessions (41 The Drive, Tel. 021 / 438 2686). **Coffee Beans Routes**, 285 Long Street (Tel. 021/424 3572), produziert Ghoema, Cape- und Classic-Jazzkonzerte auf dem Church Square und im Spier Estate bei Stellenbosch (www.coffee beans.co.za).

Fünf Stunden dauern die **Cape Town Jazz Safaris** von **Andulela**. Start: 19.00 Uhr am Distrix Café on Hanover in Zonnebloem, 106 Darling Street. Stationen sind die 1998 von Abdullah Ibrahim gegründete Jazz-Schule »M 7«, ein Township-Jazzclub und ein Besuch lokaler Jazzgrößen wie Mac McKenzie in Bridgetown (Tel. 021/790 2592, www.andulela.com).

Künstler der Moderne

Boomende Kunstszene

Im August 2007 erhielt die Kapstädter Malerin **Marlene Dumas** (geb. 1953) den Düsseldorfer Kunstpreis. Die zweimalige Teilnehmerin der Kasseler Documenta (1982 / 1992), die 1976 in die Niederlande ging, ist nur eine der vielen Vertreter einer boomenden Kunstszene vom Kap. In der Vielfalt der zeitgenössischen südafrikanischen Kunst spiegelt sich die neue, selbstbewusste Identität. Jeden Monat öffnen neue Ateliers und Galerien – über den Wandel der Kunstgemeinde informiert die Website www.arthtrob.co.za. In der **South African National Gallery** sind südafrikanische Maler der Moderne wie Jane Alexander, Willie Bester und William Kentridge, aber auch junge **Township Art** und naive Kunst vom Kap ausgestellt. Stark vom Expressionismus geprägt war die Künstlerin **Irma Stern**, deren Werk im Irma Stern Museum in Rondebosch zu sehen ist. Eigenwillige Akzente im Stadtbild setzen Brett Murrays Statue »Africa« an der St. Georges Mall und Gavin Younges »Stillleben mit Eiscreme-Hörnchen und Blue Cheese«, eine Hommage an Cézanne aus kalifornischem Redwood, nahe dem Clock Tower an der Waterfront.

! Baedeker TIPP

Gewusst wo!

Die jährlich aktualisierte Arts & Crafts Map von Cape Town Tourism informiert mit Öffnungszeiten, Lageplan und einer kurzen Beschreibung über die wichtigsten Galerien, Curio Shops und Kunsthandwerkermärkte der Kaphalbinsel.

Cooler Jazz und heiße Rhythmen

Cape Jazz, Marabi und Kwaito

Kapstadt feiert das Leben mit Musik, die ihren eigenen Groove hat. Die angesagten Clubs spielen jeden Trend und Stil, von Jazz bis Kwaito, Hip-Hop und House. In der **Weltmetropole des Jazz** sollte man sich mindestens eine Jamsession im Green Dolphin, Kennedy's oder dem Table Bay Hotel gönnen oder Karten für ein Konzert von Altmeister Abdullah Ibrahim und seinem Cape Town Jazz Orchestra. Als Ghoema Jazz haben auch die Folksongs der Farbigen beim **Kapstädter Karneval** in den Cape Jazz Eingang gefunden (▶ Baedeker Special, S. 153, www.capetownjazz.co.za).

In den 1920er-Jahren entwickelte sich aus afrikanischen und westlichen Musicalelementen die **Marabi**-Musik als ein unverwechselbarer Stil der schwarzen Arbeiterklasse. Sie erlebt heute ebenso eine Renaissance wie die traditionellen afrikanischen Trommelklänge, die im Drum Café im District Six aufleben.

Wie kein anderer Stil steht **Kwaito** für Lebensgefühl und Selbstbewusstsein der schwarzen Jugend Südafrikas. Ursprünglich in Johannesburgs Multikulti-Stadtteil Hillbrow groß geworden, entwickelte sich die explosive Mischung aus Hip-Hop, Rhythm & Blues, Raggamuffin, Reggae und Drum 'n Bass zur Musik der Post-Apartheid-Ära. Dank des privaten Radiosenders YFM schaffte es die Protestmusik ab 1997 auch in die Jugendzimmer der weißen Mittelklasse. Die

Texte sind eine Kombination aus afrikanischen Sprachen, Englisch und Scamtho, dem Slang der Townships. Gefragteste Stimme des Kwaito wurde in den frühen 1990ern **Brenda Fassie**, die »Madonna der Townships« (▶Berühmte Persönlichkeiten). Die Anfangsbuchstaben von den Namen der drei High School Kids Tokollo Tshabalala, Kabelo Mabalane und Zwai Bala stehen heute für die erfolgreichste Kwaito-Band **TKZee**. International gefragt sind ebenso **Bongo Maffin** mit Appleseed als Frontmann, Zola und die **Prophets of da City**.

Vorhang auf!

An der Uni Kapstadt wird **Ballett** gelehrt, erhielt auch der Schöpfer des »Stuttgarter Ballettwunders«, **John Cranko** (1927 – 1973), die erste Ausbildung, bevor er mit 19 Jahren auswanderte. Weltklasse-Aufführungen zeigen das **Cape Town City Ballet**, die Cape Dance Company und das Jazz Art Dance Theatre im **Art Scape Theatre Komplex**, der auch für seine brillianten Operninszenierungen, Theateraufführungen und Musicals bekannt ist – 2007 feierte William Kentridge hier mit Mozarts »Zauberflöte« rauschende Triumphe. Moderne Stücke, Tanz und Konzerte werden auf den drei Bühnen des **Baxter Theatre** gegeben. Nachwuchskünstler stellen ihr Talent im Little Theatre oder in Observatory vor, Shakespeare-Fans treffen sich im Open-Air-Theater von Maynardville. Biss und Beine hat Evita Se Perròn, die Kultfigur von Kabarettist **Pieter-Dirk Uys** in Darling. Seit »District Six«, das derzeit erfolgreich um die Welt tourt, boomt auch am Kap das Musical. Bei den ersten afrikanischen Opernfestspielen 1995 wurde mit Roelof Temminghs »Enoch, Prophet of God« in Kapstadt die erste »afrikanische Oper« uraufgeführt, die traditionelle afrikanische Klänge mit zeitgenössischer Musik verbindet. Mark Dornford-May gewann mit der Verfilmung der Bizet-Oper »Carmen« in Xhosa – **»U-Carmen e-Khayelitsha«** – 2005 auf der Berlinale den Goldenen Bären (▶Abb. S. 94).

Theater, Tanz und Kabarett

»Good Vibrations!« – Kapstadt hat seinen eigenen Rhythmus.

Berühmte Persönlichkeiten

Wer galt mehr als ein Vierteljahrhundert als Staatsfeind Nr. 1? Wofür bekamen Nelson Mandela und Desmond Tutu den Friedensnobelpreis? Warum genießt Evita Bezuidenhout »Narrenfreiheit« am Kap?

Christiaan Barnard (1922 – 2001)

In der Nacht des 3. Dezember 1967 gelang »Chris« Neethling Barnard die erste **Herzverpflanzung** der Welt (▶ Abb. S. 228). In einer vierstündigen Operation setzte Barnard dem 55-jährigen Louis Washkansky das Herz einer tödlich verunglückten 25-jährigen Frau ein. Zwar verstarb der Gemüsehändler schon 18 Tage später an den Folgen einer Lungenentzündung, doch weitere Transplantationen waren erfolgreicher. Seither wurden rund 80 000 Herzen verpflanzt, in Deutschland etwa 400 pro Jahr. Barnard und das Team des **Groote-Schuur-Krankenhauses** führten 420 Herzverpflanzungen durch, darunter eine spektakuläre **»Huckepack«-Transplantation**, bei der das Spenderherz ans Empfängerherz angeschlossen wurde. Barnard, Sohn eines protestantischen Missionars aus dem Wüstenstädtchen Beaufort West in der Großen Karru, avancierte vom Herzpionier zum internationalen Jetset-Playboy. Mit Sophia Loren oder Gina Lollobrigida zierte er Hochglanzmagazine – seine drei Ehen scheiterten. Schwere Arthritis zwang Barnard 1983 zur Berufsaufgabe. Fortan kümmerte sich der »Herr der Herzen« in der Christiaan Barnard Foundation um herzkranke Kinder in aller Welt, erschienen Ratgeber-Bücher unter seinem Namen. Der entschiedene Apartheid-Gegner nahm 1993 zusätzlich die griechische Staatsbürgerschaft an. Am 2. September 2001 starb Barnard an einem Asthmaanfall auf Zypern.

Herzchirurg

Wilhelm Heinrich Immanuel Bleek (1827 – 1875)

Der Sohn eines Berliner Theologen studierte afrikanische Sprachen in Bonn und Berlin. 1854 nahm Bleek an einer Expedition an den Niger und in den Tschad teil. Ein Jahr später erstellte der Sprachwissenschaftler auf Einladung des anglikanischen Bischofs Colenso in Natal ein Zulu-Wörterbuch samt Grammatik. Nach seiner Promotion zog Bleek 1856 als erster **Kurator der South African Library** und offizieller Übersetzer von Gouverneur Grey ans Kap. Hier konnte er sich der Erforschung der **Bantu- und Khoisan-Sprachen** und der Sammlung afrikanischer Märchen und Sagen widmen. Seine **»Vergleichende Grammatik der südafrikanischen Sprachen«** gilt als Meilenstein der Afrikanistik. 1862 heiratete er Jemima Loyd und ließ sich im Kapstädter Vorort Mowbray nieder. Um Sprache, Kultur und Religion der Khoisan genau studieren zu können, holte Bleek Häftlinge aus Robben Island und dem Breakwater-Gefängnis in sein Heim. Bis zu 28 »Buschmänner« lebten bei ihm. Nach seinem frühen Tod 1875 führten seine Schwägerin **Lucy Loyd** und seine Tochter Dorotea die Forschungsarbeiten weiter und publizierten 1911 das am Ende 13 000 Blätter umfassende Werk über die Khoisan, das seit 1997 zum

Sprachwissenschaftler

← Strahlend halten Schalk Burger und Helen Zille die Webb-Ellis-Trophäe – ganz Kapstadt feierte 2007 den Sieg Südafrikas bei der Rugby-Weltmeisterschaft.

Literaturnobelpreisträger:
John Maxwell Coetzee

UNESCO-Welkulturerbe zählt. Digital aufbereitet ist es seit 2006 im South African Museum und im Internet zugänglich: www.lloydbleek-collection.uct.ac.za.

John Maxwell Coetzee (geb. 1940)

Seine Jugendjahre verbrachte der Kapstädter Coetzee oft in Worcester, wo auch sein Roman »Boyhood« (Der Junge. Eine afrikanischen Kindheit. Fischer 2000) spielt. Nach dem Studium von Englisch und Mathematik an der Universität Kapstadt arbeitete er drei Jahre als Programmierer bei IBM in England, promovierte 1969 an der University of Texas in Austin und unterrichtete dann an der New York State University, bevor er 1972 ans Kap zurückkehrte. Dort lehrte er bis 2000 an der Universität von Kapstadt, zuletzt als **Professor für Literatur**. International bekannt wurde Coetzee 1977 durch **»In the Heart of the Country«** (Im Herzen des Landes. Carl Hanser 1998) – die beklemmende Vater-Tochter-Beziehung auf einer einsamen Wüstenfarm wurde 1984 mit Jane Birkin unter dem Titel »Dust« verfilmt und erhielt auf der Bienale in Venedig den Silbernen Löwen. Der 1980 verlegte Roman »Waiting for the Barbarians« (Warten auf die Barbaren. Fischer 2002), eine Parabel über Macht und Ohnmacht, wurde mit Südafrikas höchstem Literaturpreis, dem CNA Literary Award ausgezeichnet. 1984 bekam er für »Life and Times of Michael K.« (Leben und Zeit des Michael K. Hanser 1999) den **Booker-Preis**. Zwei Jahre später widmete sich Coetzee einer Neufassung von Robinson Crusoe (Mr. Cruso, Mrs. Barton und Mr. Foe. Hanser 1999). Als erster Autor wurde er 1999 für seine düstere Romanpassion »Disgrace« (Schande. Fischer 2006) zum zweiten Mal für den Booker-Preis nominiert. Den **Nobelpreis** kommentierte Literaturpapst Marcel Reich-Ranicki mit »eine vernünftige Entscheidung«. Die Laudatio lobte die analytische Brillanz von Coetzee, der ein gewissenhafter Zweifler sei, schonungslos in der Kritik der kosmetischen Moral der westlichen Welt. 2002 zog Coetzee mit seiner Lebensgefährtin Dorothy Driver nach Australien, wo er nun an der University of Adelaide lehrt. Nach »Slow Man« (Zeitlupe. Fischer 2007) erschien 2007 als letztes Werk »Diary of a bad year« (Tagebuch eines schlimmen Jahres. Fischer 2008).

Brenda Fassie (1964 – 2004)

Bevor die 39-jährige **Popsängerin** nach 13 Tagen im Koma am 9. Mai 2004 im Sunninghill Hospital in Johannesburg starb, waren an ihrem Krankenbett Nelson Mandela und Präsident Thabo Mbeki erschienen. Eine Asthmaattacke, so der Befund an die Presse, habe den Herzanfall und das Koma ausgelöst. Der später veröffentlichte Autopsiebericht sprach von einer Überdosis Kokain. Die **Königin des Kwaito**, der südafrikanischen Townshipmusik, wurde als jüngstes von neun Kindern in Kapstadts ältestem Township Langa geboren. Brendas Mutter, eine Pianistin, taufte sie nach der amerikanischen Country-Sängerin Brenda Lee. Als Brenda zwei Jahre alt war, starb ihr Vater. Bereits mit fünf Jahren verdiente sie erstes Geld durch Auftritte für Touristen. Sechzehnjährig zog sie dann nach Soweto, trat mit der Gruppe »Joy« auf und wurde Leadsängerin der **Township-Band »Brenda and the Big Dudes«**. Ein Bandmusiker wurde 1985 Vater ihres Sohnes **Bongani »Bongz« Fassie**. Auf den Spuren seiner Mutter gestaltete dieser 2005 den Soundtrack zum oscarprämierten »Straßenräuber«-Film »Tsotsi« mit – Bonganis Song »I'm so sorry« war ihr gewidmet. Die in »Tsotsi« verwendete Pidgin-Townshipsprache »Tsotsitaal« aus English, Afrikaans, Zulu, Sotho und Tswana nutzte auch Brenda in ihren Kwaito-Songs. Die 1989 geschlossene Ehe mit dem ehemaligen Sträfling Nhlanhla Mbambo hielt nur zwei Jahre. Wilde Zeiten folgten. Doch weder ihre Drogenprobleme mit 30 Klinikaufenthalten, ihr exzessiver Lebensstil, geplatzte Konzertauftritte noch ihre Bisexualität konnten ihrer **ungeheuren Popularität** schaden. Der Tiefpunkt kam 1995, als sie in einem Hotelzimmer neben ihrer an einer Überdosis Kokain verstorbenen Geliebten Poppie Sihlahla gefunden wurde. Brenda überlebte und produzierte danach jährlich neue Soloalben. Ihr größer Comeback-Erfolg war **»Memeza«** – das 1998 meistverkaufte Album Südafrikas. Drei Jahre später kürte sie das Time Magazine zur »Madonna der Townships«.

Madonna der Townships

Nelson Mandela (geb. 1918)

Mehr als ein Vierteljahrhundert verbrachte er als Staatsfeind Nummer 1 hinter Gittern. Dann übernahm Mandela, der selbst noch nie gewählt hatte, nach den ersten freien Wahlen 1994 **als erster Schwarzer das Präsidentenamt**. Geboren wurde Rohlihlahla Dalibhunga Mandela – so sein Geburtsname, der »am Ast eines Baumes ziehen« bedeutet, umgangssprachlich für »Unruhestifter« – am 18. Juli 1918 in Mvezo, einem winzigen Dorf bei Umtata, der Hauptstadt der Transkei. Sein Vater war Häuptling und Berater von Jongintaba,

Baedeker TIPP

»Der lange Weg zur Freiheit«
Im elften Jahr seiner Haft auf Robben Island begann Nelson Mandela 1975 seine Memoiren zu schreiben – ein bewegendes Dokument menschlicher Größe (Spiegel-Verlag, 2006). Unter dem Titel »Touch of Mandela« stellt die Clock Tower Gallery an der Waterfront Lithografien Mandelas aus, die auch seine Zeit auf Robben Island widerspiegeln.

Hoffnungsträger der Versöhnung: Nelson Mandela und seine Frau Graça Machel

dem König der Thembu, eines Stammes der Xhosa. Am ersten Schultag erhielt er von seiner Lehrerin einen »zivilisierten« Namen: Nelson. Nach weiteren »1000 Kränkungen, die Wut in mir erzeugten, rebellische Haltung, das Verlangen, das System zu bekämpfen, das mein Volk einkerkerte«, trat der studierte Rechtsanwalt 1944 dem **African National Congress** bei und gründete mit Walter Sisulu, Oliver Tambo und anderen die Jugendliga des ANC. 1952 eröffnete Mandela mit Tambo die **erste schwarze Anwaltskanzlei Südafrikas**. Schnell avancierte er zur Symbolfigur der unterdrückten schwarzen Mehrheit. Nach seinem Aufruf zur gewaltfreien Übertretung von Rassengesetzen 1952 wurde ihm von der Regierung jede politische Tätigkeit verboten. Dennoch blieb er weiterhin für den ANC aktiv. Am 14. Juni 1958 heiratete Mandela die schwarze Sozialarbeiterin **Winnie Nomzamo Madikizela**.

Nach dem Massaker von Sharpeville 1961 wurde der ANC verboten, Mandela ging in den Untergrund. Er organisierte einen Generalstreik, der blutig niedergeschlagen wurde. Auch für Mandela war damit die Phase des gewaltfreien Widerstands vorbei und er landete wie Joe Slovo im militanten Flügel des ANC, **»Umkhonto we Sizwe«**, dem »Speer der Nation«, der Sabotageaktionen verübte. 1962 wurde Mandela verhaftet und im Rivonia-Prozess zu 5 Jahren verurteilt. 1964 wurde diese Strafe zu lebenslänglich erweitert, seine **Häftlings- nummer 46664** (466. Delinquent des Jahres 64) zum Synonym des Anti-Apartheidkampfes. Nach **28 Jahren Haft**, die meiste Zeit davon auf Robben Island, wurde Mandela nach zahlreichen geheimen Vor- besprechungen und zunehmendem Druck vom In- und Ausland von **Präsident Frederik de Klerk** am 11. Februar 1990 freigelassen. Ge- meinsam setzten sich de Klerk und Mandela danach für die **Abschaf- fung der Apartheid** und eine Politik der Versöhnung ein. Für ihre Bemühungen erhielten sie im Dezember 1993 den Friedensnobel- preis. Am 10. Mai 1994 trat Nelson Mandela sein Amt als **Staatsprä- sident Südafrikas** an. Im Zentrum seiner Politik stand die Annähe- rung der geteilten Gesellschaft, die Versöhnung aller Südafrikaner. 1996 ließ sich Mandela von seiner Frau Winnie scheiden, die nach kriminellen Machenschaften alle politischen Ämter niederlegen musste. Mit dem Wahlsieg Mbekis 1999 schied der als **»Madiba«** ver- ehrte »große, alte Mann Afrikas« und eine der beeindruckendsten (Politiker-)Persönlichkeiten des 20. Jh.s aus dem Amt. An seinem 80. Geburtstag heiratete Mandela Graça Machel, die Witwe des ehemali- gen Präsidenten von Mosambik. Seit 2003 ist Mandelas Häftlings- nummer auch Symbol im **Kampf gegen Aids** – Mandelas zweiter Sohn, der Anwalt Makgatho Mandela, starb 2005 mit 54 Jahren an Aids. Nach dem ersten **46664 World Aids Day Concert** 2003 in Kap- stadt zugunsten der Aidshilfe findet jedes Jahr ein solches Benefiz- konzert am 1. Dezember statt. Zum 90. Geburtstag Mandelas war der Londoner Hyde Park 2008 der Veranstaltungsort.

Jan van Riebeeck (1619 – 1677)

Johan Anthoniszoon van Riebeeck kam am 21. April 1619 als Sohn eines Baders (Chirurgen) im niederländischen Culemborg zur Welt. Ab 1639 diente er der **Holländisch-Ostindischen Kompanie** (VOC) als Schreiber und Hilfschirurg in Batavia (Djakarta), besuchte Japan und leitete den Handelsposten in Tonkin/Vietnam. Dort wurde er abberufen, als herauskam, dass er Geschäfte auf eigene Rechnung machte. 1649 heiratete van Riebeeck die 20-jährige **Maria de la Quellerie**, die ihm während ihres kurzen Lebens – sie starb 1664 in Malakka – acht Söhne gebar. 1651 ergab sich die Chance zur Rehabi- litierung. Van Riebeeck wurde das Kommando für den Aufbau eines **Stützpunktes an der Tafelbucht** übertragen, der die Schiffe auf ihren langen Reisen zwischen Europa und Asien mit frischen Lebensmit- teln, vor allem Fleisch und Gemüse, versorgen sollte. Am **6. April 1652** gingen die ersten drei von fünf Schiffen in der Bucht vor Anker mit 82 Männern und 8 Frauen an Bord (▶ Abb. S. 26). Der erste Winter war hart, 20 Menschen starben in den feuchten Hütten. Zum

Gründungsvater Kapstadts

Schutz ließ van Riebeeck ein Lehmfort errichten und setzte einen Signalmast für vorbeifahrende Schiffe. Obst und Gemüse wurden angebaut, den Fleischbedarf suchte man durch Tauschhandel mit den Khoikoi zu decken. Durch den Bau eines Anlegers wurde der Hafen sturmsicherer, bald folgten Werkstätten und ein Hospital. Riebeecks Vorschlag, freie Bauern anzusiedeln fand regen Zuspruch, 1657 kamen die ersten Sklaven. Als Riebeeck 1662 das Kap verließ, um in Malakka ein Kommandantenamt anzutreten, hatte Kapstadt vier Straßen mit einfachen Häusern, lebten dort 200 weiße Einwohner und 180 Sklaven. Van Riebeeck starb 1677 in Batavia (Indonesien).

Joe Slovo (1926 – 1995)

»Rote Socke« Jahrzehntelang galt Yossel Mashel Slovo als einer der einflussreichsten Weißen in der **Anti-Apartheidbewegung** Südafrikas. Slovo wurde am 23. Mai 1926 im jüdischen Ghetto Obeliai in Litauen geboren und kam im Alter von neun Jahren mit seinen Eltern nach Südafrika. In den 1940er-Jahren arbeitete er als Jurist, 1942 wurde er Mitglied der South African Communist Party (SACP). Als Freiwilliger der Springbok Legion kämpfte er im Zweiten Weltkrieg auf alliierter Seite in Nordafrika. 1949 heiratete Slovo die Journalistin und Apartheidgegnerin Ruth First, mit der er drei Töchter hatte. Als Vertreter des mit dem ANC verbündeten Congress of Democrats beteiligte er sich 1955 an der Formulierung der Freiheitscharta. Im Dezember 1956 wurde er festgenommen. Im militanten Flügel aktiv und führender Theoretiker des ANC, ging Slovo 1963 ins Exil mit Stationen in England, Sambia und Mosambik. 1982 wurde Gattin Ruth Opfer einer Briefbombe, die ihm galt. Ab 1986 **Generalsekretär der SACP**, gab er dieses Amt 1991 aus Gesundheitsgründen an seinen Nachfolger, den 1993 ermordeten Chris Hani ab. 1990 überraschte Slovo durch sein gemäßigtes Auftreten bei den Verhandlungen mit Präsident de Klerk. Auf ihn ging der konsensfähige Vorschlag zur Bildung einer »Regierung der nationalen Einheit« zurück. Aus seinen Idealen machte Slovo dennoch keinen Hehl und trug bei Verhandlungen stets rote Socken. 1994 übernahm er in der Regierung Mandela das Wohnungsbauministerium, ein Jahr später starb er an Knochenmarkkrebs. 2006 tauchte Slovo im Kinofilm »Catch a Fire« als Protagonist auf – das Drehbuch verfasste Tochter Shawn.

Desmond Mpilo Tutu (geb. 1931)

Streitbarer Bischof »Gott ist kein Christ!« Mit dieser Aussage sorgte der Ehrengast des Kölner Kirchentages 2007 für helle Aufregung. Dabei hatte der 1996 emeritierte **Erzbischof** während der frühmorgendlichen Andacht erst das Engagement der Deutschen gegen die Apartheid gelobt, Fremdenfeindlichkeit und Rassismus verdammt, vor falschen Propheten von Hitler bis Mugabe gewarnt und Gott auf Seiten der Armen, Hungernden und Versklavten gesehen. »Sollen wir denn zu Mahatma

Desmond Tutu bei den ersten freien Wahlen 1994 in Kapstadts Township Guguletu

Gandhi oder dem Dalai Lama sagen: Tut uns leid, ihr seid keine Christen, ihr kommt nicht in den Himmel?« Den **Friedensnobelpreis** erhielt der in der Bergbaustadt Klerksdorp (Transvaal) geborene **Xhosa**, seit 1976 Bischof von Lesotho und seit 1981 Ehrendoktor der Uni Bochum, 1984 für seine Arbeit als Generalsekretär des südafrikanischen Kirchenrates. Im gleichen Jahr wurde er zum **ersten schwarzen Bischof** von Johannesburg, 1986 zum Erzbischof von Kapstadt und damit zum Oberhaupt der anglikanischen Kirche Südafrikas ernannt. Seit 1987 Präsident der Allafrikanischen Kirchenkonferenz, machte er die Kapstädter **St. George's Cathedral** zum Hort des **gewaltfreien Widerstandes**. Als Vermittler zwischen ANC und Inkatha vermochte er den Demokratisierungsprozess in den 1990-Jahren voranzubringen. Von 1996 bis 1998 übernahm Tutu den Vorsitz in der **Wahrheits- und Versöhnungskommission** zur Aufarbeitung der Verbrechen während der Apartheidzeit. Eine warmherzige und humorvolle Friedensbotschaft für die Welt ist sein Buch »Versöhnung – Sei wahr und werde frei« (Herder 2008).

Eine Frau von Format:
Uys alias Evita Bezuidenhout

Pieter-Dirk Uys
(geb. 1945)

Uys, Pieter-DirkUys' »Waffe der Massendestruktion«. Dem Apartheid-Regime war der **provokante Kabarettist** stets ein Dorn im Auge, aber es wagte nie, Uys offen anzugreifen – seine Beliebtheit war sein Schutz. Der Sohn eines calvinistischen Vaters aus alter Burenfamilie und einer jüdischen Berlinerin, die vor den Nazis nach Südafrika geflohen war, begann seine Schauspielkarriere 1969 im dramatischen Fach. Seit den 1970er-Jahren ver-fasste Uys mehr als 20 Theaterstücke, trat er in mehr als 30 Ein-Mann-Shows und im südafrikanischen Fernsehen auf. »Paradise is closing down«, »God's forgotten« oder »Foreign Aids« feierten auch internationale Erfolge. Berühmt wurde »PDU« als schrille Drag Queen **Evita Bezuidenhout**, die nördlich von Kapstadt im alten Bahnhof von Darling residiert. Mit **schwarzem Humor** nennt »Evita vom Kap« selbst die schlimmsten Wahrheiten beim Namen. Auch nach der Wende blieb Evita Se Perrón (Afrikaans = Bahnsteig) kritisch, verkörperte sie in »Truth Omissions« und »You ANC nothing yet« die Scheinliberalen im neuen Südafrika. Mit seinem HIV-Aufklärungsprogramm »For Facts sake!« besucht der engagierte **Aids-Aktivist** Uys heute Townships und Schulen am Kap. Schon 2003 mischte Evitas »Elections and Erections« im Wahlkampf mit, 2007 kündete sie mit »Evita for President« schelmisch die eigene Kandidatur an. Der vierfache Ehrendoktor Uys gastierte 2008 auch im jüdischen Museum Berlin mit »Ein (jüdischer) Bure in Berlin«. Ausschnitte aus seinem Programm zeigt der 2008 auf der Berlinale vorgestellte Film »Darling – die Pieter Dirk Uys Story« (www.pdu. co.za). Aktuelle Aufführungen in Darling: www.evita.co.za.

Helen Zille (geb. 1951)

Kapstadts
Bürgermeisterin

»Diese Stadt kann und muss eine der führenden Metropolen der Welt werden« – Kapstadts couragierte Bürgermeisterin Helen Zille

(► Abb. S. 50) hat eine Vision. Die Urgroßnichte des humorvollen Berliner Milieu-Zeichners **Heinrich Zille** wurde am 9. März 1951 in Johannesburg geboren. Sie ist stolz auf ihren Urgroßonkel, »sein Eintreten für die kleinen Leute, das kennzeichnend ist für meine ganze Familie.« Das jüdische Elternhaus – Vater Wolfgang war 1934 aus Dessau, Mutter Mila Cosmann 1936 aus Essen vor dem deutschen Rassenwahn nach Südafrika geflohen – stellte sich auch gegen die Apartheid.

Hohes Ansehen gewann Helen Zille als junge **Journalistin** beim Rand Daily Mail. Mutig deckte sie 1977 die Wahrheit über den Tod des populären Bürgerrechtlers **Steve Biko** auf: Er war in Haft nicht durch Hungerstreik, sondern durch Prügel der Sicherheitspolizei gestorben. Vier Jahre später quittierte Zille ihren Dienst, weil ihr Chefredakteur wegen seiner kritischen Haltung zur Apartheid gehen musste. Anschließend war sie in verschiedenen **Bürgerrechtsbewegungen** aktiv und wurde Pressesprecherin der Uni Kapstadt. Ab 1994 engagierte sich Zille, die auch Afrikaans und Xhosa spricht, in der **Democratic Alliance Party** (DA), wurde 2000 Bildungsministerin des Western Cape und stellvertretende Parteivorsitzende. Überraschend konnte Zille am **15. März 2006** die Kommunalwahlen in Kapstadt gewinnen und mit drei Stimmen Mehrheit den seit 13 Jahren amtierenden ANC-Bürgermeister Nomainda Mfeketo ablösen – Kapstadt ist die einzige Metropole Südafrikas, in der der ANC die Macht abgeben musste. Eine erste Kraftprobe stand mit der Entlassung des Stadtdirektors Wallace Mgoqi an, die Zille schließlich per Gerichtsentscheid durchsetzte. Problematischer gestaltet sich der **Kampf gegen die Korruption** – bis zu vier hoch bezahlte Direktoren hatten im Rathaus den gleichen Posten inne, alles ANC-Mitglieder. Als die Attacken des ANC nicht aufhörten, ging Helen Zille zum Gegenangriff über: Sie stellte der Provinzregierung kurzerhand Strom und Wasser ab, weil diese offene Rechnungen in Millionenhöhe nicht zahlen wollte. Zille, die mit ihrem Mann, dem Soziologieprofessor Johann Marre, und zwei erwachsenen Söhnen im Multikulti-Stadtteil Observatory wohnt, gilt seither als **Powerfrau**.

Am 6. Mai 2007 löste sie Tony Leon als **Parteivorsitzende der Democratic Alliance Party** ab und wird bereits als mögliche Präsidentschaftskandidatin gesehen. Als Zille im September 2007 bei eine Demonstration gegen Drogen im Township Mitchell's Plain wegen Verstoß gegen das Versammlungsrecht verhaftet wurde, nutzte sie die Gerichtsverhandlung, um dem Polizeiminister ungerechtfertigte Inhaftierungen vorzuwerfen – vier Wochen später wurden Zille und alle Mitstreiter freigesprochen. Im Zillejahr 2008 besuchte sie Dresden und Heinrich Zilles Geburtsstadt Radeburg. Im Vorfeld der WM 2010 unterzeichnete sie in Berlin mit Schauspielerin Veronica Ferres, Schirmherrin der Hilfsorganisation **Power Child**, ein Kapstadt-Projekt: Auf einem Grundstück der Stadt soll ein neuer Campus mit Sportanlagen errichtet werden, der Township-Kindern Schutz vor sexueller Gewalt und sichere Freizeitmöglichkeiten bietet.

Praktische Informationen

WAS SIND BILTONG, BRAAI UND BRODIE? WO GIBT ES DIE BESTEN MEERESFRÜCHTE? WOHIN GEHT MAN ZUM SHOPPEN? WANN SWINGT DIE GANZE STADT? LESEN SIE ES NACH – AM BESTEN SCHON VOR IHREM URLAUB AM KAP.

Anreise · Reiseplanung

Anreise

Mit dem Flugzeug
South African Airlines (SAA), Lufthansa, LTU, British Airways, KLM, Air Namibia, Swiss und Emirates fliegen Kapstadt täglich bzw. mehrmals wöchentlich via Amsterdam, London, Dubai und Johannesburg an. SAA und Lufthansa fliegen nonstop von Frankfurt a. M. – die Flugzeit von Frankfurt nach Kapstadt beträgt 12 – 13 Stunden, mangels Zeitverschiebung ohne Jetlag! Ideal ist ein Nachtflug mit morgendlicher Ankunft. In der Hauptsaison (Dez. – März) sollte drei Monate im Voraus gebucht werden, günstig sind Flüge im südafrikanischen Herbst (April – Juni). Linienflugtickets müssen in der Regel drei Tage vor dem geplanten Rückflugtermin bei der jeweiligen Fluggesellschaft rückbestätigt werden (**reconfirmation**) – Hinweise finden sich auf Flugticket bzw. beigefügten Reiseunterlagen.

Hoteltransfer
Flugzeuge landen auf dem **Cape Town International Airport (CTIA)** knapp 24 km östlich des Stadtzentrums – per PKW in 30 Minuten über die Autobahn N 2 erreichbar. Shuttle-Busse pendeln zur Innenstadt, größere Hotels haben eigene Shuttle-Dienste. Oder Sie nehmen ein Taxi in die City – einzig autorisiert sind Touch Down Taxis (▶S. 134). Alle internationalen Mietwagenfirmen (▶S. 133) sind am Flughafen vertreten – buchen Sie ihren Wagen am besten vorab!

Organisierte Reisen
Zahlreiche europäische und südafrikanische **Reiseveranstalter** bieten via Reisebüro oder Internet organisierte Reisen von der maßgeschneiderten Tour für Selbstfahrer bis zur mehrwöchigen Komplett-

! *Baedeker* TIPP

Filme, Batterien und Akkus

Ob analog oder digital: Fotoausrüstung ist in Kapstadt teurer als in Mitteleuropa, also nehmen Sie unbedingt ausreichend Filme, Akkus und Speicherchips von zu Hause mit – und Adapter nicht vergessen! Die besten Fotos werden morgens bis 9.00 Uhr und nachmittags ab 16.00 Uhr geschossen, da den Tag über die Sonne sehr hell scheint. Ruhig die Kamera auch mal aus den Händen legen und das Erlebnis Südafrika nur auf sich wirken lassen.

FLUGHAFEN KAPSTADT

▶ **Cape Town International Airport (CTIA)**
Tel. 021 / 937 1275
Fax 021 / 936 2937
Flugauskunft: Tel. 086 / 727 7888
www.acsa.co.za
www.airports.co.za.

FLUGGESELLSCHAFTEN

▶ **South African Airways (SAA)**
www.flysaa.com
Tel. am CTIA:
021 / 936 2230

▶ **Air Namibia**
www.airnamibia.co.na
Tel. am CTIA:
021 / 936 2755

▶ **British Airways**
www.britishairways.com
www.ba.com
Tel. 021 / 936 9000

▶ **KLM**
www.klm.com
www.klm.co.za
Tel. am CTIA: 021 / 935 8500

▶ **Lufthansa**
www.lufthansa.com
Tel. in Kapstadt: 021 / 415 3735

▶ **LTU**
www.ltu.com
Tel. am CTIA: 021 / 936 1190

▶ **1 Time**
www.1time.aero
Tel. 021 / 036 3040 1190
Preisgünstige Inlandflüge

▶ **Kulula**
www.kulula.com
Tel. 086 / 158 5852
Preisgünstige Inlandflüge

▶ **Nationwide**
www.flynationwide.co.za
Tel. 021 / 936 2050

reise an. Anerkannte Südafrika-Spezialisten sind die mehr als 150 Mitglieder der **Arbeitsgemeinschaft Südliches und Östliches Afrika e. V.** (ASA, www.asa-africa.com). Viele deutsche Reiseveranstalter arbeiten vor Ort direkt mit Unternehmen zusammen wie z. B. Karawane Reisen (www.karawane.de), African Nature Adventure (www.anasafari.com) und South Africa Travel (www.sa-travel.de). Veranstalter vor Ort findet man u. a. auf der Homepage von Cape Town Tourism (www.tourismcapetown.co.za).

Besucher aus Deutschland, Österreich und der Schweiz benötigen für die Einreise nach Südafrika einen **Reisepass**, der mindestens sechs Monate über das Ausreisedatum hinaus gültig ist. Kinder brauchen einen eigenen Kinderausweis mit Lichtbild. Für Ein- und Ausreisestempel müssen zwei freie Seiten vorhanden sein. Ein Visum ist für einen Aufenthalt über drei Monate hinaus nötig. Die Vorlage eines Rückflugtickets und der Nachweis ausreichender Geldmittel können verlangt werden (Kreditkarte genügt). Weitere Auskünfte erteilt die Südafrikanische Botschaft (▶ S. 72). Kopien von Reisedokumenten sollten separat aufbewahrt werden.

Reisedokumente

▶ **REISEVERANSTALTER**

Karawane Reisen

Schorndorfer Straße 149
D-71638 Ludwigsburg
Tel. 07141 / 28 48 30
Fax 07141 / 28 48 38
www.karawane.de
Perfekte Organisation, professio-
nelle Beratung und qualifizierte
Reiseleitung. Der Katalog »Best
of Africa« bietet Tourenvorschläge
für Selbstfahrer und Gruppenreisen von Kapstadt bis Port Elisabeth: durch die Winelands, zur
Walhochburg Hermanus, zum
Kap der Guten Hoffnung, in die
bizarren Cederberge und entlang
der Garden Route zu Traumstränden und »Big Five«-Safaris im
privaten Botlierskop-Wildreservat.
Dazu Stadtrundfahrten, Spaziergänge durchs Malaienviertel
und Kapstadt bei Nacht mit Sundowner auf dem Signal Hill.
Erstklassige Hotels und außer-
gewöhnliche Gästehäuser von
Kapstadt bis zur Kleinen Karoo.

*Edel logieren im
Botlierskop-Wildreservat*

▶ **African Nature Adventure**
Stockäckerring 24
D-85551 Heimstetten-Kirchheim
Tel. 089 / 90 46 96 58
Fax 089 / 90 46 96 57
www.anasafari.com
Spannende Selbstfahrertouren
und geführte Rundreisen von
Kapstadt zur Straußenstadt Oudts-
hoorn, zur Tierbeobachtung in
private Wildreservate an der
Garden Route und zum Baden an
die Plettenberg Bay. Reitsafaris auf
Boerepferden rund ums Kap und
Nature Walks durch den Urwald
des Tsitsikamma-Nationalparks.

▶ **AST African Special Tours**
Gronauer Weg 31
D-61118 Bad Vilbel
Tel. 06101 / 49 90 00
Fax 06101 / 49 90 29
www.ast-reisen.de
Exklusive Mietwagentouren auf
eigene Faust von Kapstadt zur
West Coast, durch die Winelands
und auf der Route 62 bis zur
Garden Route samt Wegbeschrei-
bung, Unterkünften, Ausflugstipps
und Restaurantempfehlungen.

▶ **South Africa Travel**
Karl-Siebold-Weg 9
D-33617 Bielefeld
Tel. 0521 / 136 3931
Fax 0521 / 136 3932
www.sa-travel.de
Gut organisierte ein- bis drei-
wöchige Selbstfahrertouren und
geführte Gruppenreisen von Kap-
stadt um die Kaphalbinsel, durch
die Weinbaugebiete, zum Whale
Watching, auf der Route 62 bis
Oudtshoorn sowie entlang der
Garden Route.

Als Deutscher, Österrcicher oder Schweizer benötigt man einen **internationalen Führerschein**. Mietwagenunternehmen akzeptieren den neuen EU-Führerschein. Mindestalter für die Automiete: 21 Jahre. ADAC-Mitglieder können gegen Vorlage ihres **ADAC-Ausweises** kostenlos den Automobilclub AA (▶S. 133) in Anspruch nehmen.

Führerschein

Die Western Cape Province mit Kapstadt, den Wine Lands und der Garden Route ist **malariafrei**. Für den Urlaub sind keine speziellen Impfungen erforderlich, trotzdem sollte man gegen Polio, Tetanus, Diphterie und Hepatitis A und B geimpft sein. Kapstadts **Trinkwasserqualität** ist hervorragend. Südafrika verfügt über eine gute medizinische Versorgung, Kapstadt hat eine Reihe ausgezeichneter Privatkliniken. Bei Inanspruchnahme **medizinischer Hilfe** wird bar oder mit Kreditkarte bezahlt. Deutsche Krankenkassen übernehmen in der Regel keine Behandlungskosten. Schließen Sie daher vor der Reise unbedingt eine **Auslands-Krankenversicherung** mit Rückholversicherung ab!

Gesundheit

> ! **Baedeker** TIPP
>
> **Hallo Sonne!**
> Die Sonne am Kap scheint viel intensiver als in Deutschland. Sonnenbrille, Sonnenhut und Sonnenschutzmittel mit hohem Lichtschutzfaktor sollten daher im Reisegepäck sein.

Nach Südafrika dürfen zollfrei eingeführt werden: 1 l Spirituosen, 2 l Wein, 400 Zigaretten, 50 Zigarren, 250 g Tabak, 250 ml Eau de Toilette und 50 ml Parfüm, ferner Geschenke im Wert von 500 Rand. Infos erteilt das Department of Customs & Excise, Pretoria/Tshwane, Tel. 012 / 428 7000. Pflanzen und Tierprodukte wie z. B. Trophäen dürfen nur mit besonderer Genehmigung ausgeführt werden. Handel mit gefährdeten Pflanzen und Tieren ist strengstens verboten.

Zollbestimmungen für Südafrika

Bei der Wiedereinreise in die EU-Länder Deutschland und Österreich aus Nicht-EU-Ländern dürfen für den privaten Gebrauch 1 l Spirituosen, 2 l Wein oder Bier, 200 Zigaretten oder 250 g Tabak sowie Geschenkartikel im Wert von 175 € (keine Goldlegierungen) von Reisenden über 17 Jahren eingeführt werden – Infos: **www.zoll.de**. Bei der Wiedereinreise in die Schweiz liegt die Freigrenze für Spirituosen bei 1 l mit mehr als 15 % Alkoholgehalt oder 2 l Spirituosen mit weniger als 15 Vol.-%. Zollfreie Souvenirs dürfen einen Warenwert von 100 sfr nicht überschreiten.

Wiedereinreise nach Deutschland, Österreich und in die Schweiz

Ausgehen

Schicke Szenetreffs, relaxte Jazzkneipen oder heiße Tanzschuppen mit coolen DJs – in Kapstadt wird für jeden Geschmack etwas geboten. Die Szene ändert sich schnell, fast jede Woche verschwindet oder

Kapstädter Nächte sind lang!

▶ AUSGEHEN Karte S. 68 / 69

WANN UND WO?

▶ **Partys, DJs, Clubnights und Feste**
www.tourismcapetown.co.za
www.capetownmagazine.com
www.tonight.co.za
www.thunda.com
www.capeetc.com/calendar
Im »Cape Argus« erscheint Di. eine Clubkolumne und Do. eine Übersicht der wichtigsten Events am Wochenende, zur Freitagsbeilage der »Cape Times« und des »Mail & Guardian« gehört jeweils eine Programmübersicht der folgenden Woche.

AFRIKANISCHE RHYTHMEN

▶ ① **Drum Café**
32 Glynn Street, District Six
Tel. 021 / 462 1064, 461 1305
www.drumcafe.net
Mo., Mi., Fr. 19.00 – 2.30 Uhr
Ziemlich laut, aber ein Supervergnügen im alternativsten Trommel-Club am Kap. Mo. Workshops, Mi. ab 21.00 Uhr Djembé Drum Circle mit Trommelverleih, Do. 18.30 – 20.00 Uhr auch Trommeln für Kinder ab 10 Jahre, Fr. Live-Musik.

Kwaito-Band im »Mama Africa«

Baedeker-Empfehlung

▶ ② **Mama Africa**
178 Long Street, Central
Tel. 021 / 426 1017
Mo. – Fr. ab 16.30, Sa. ab 18.00 Uhr
Top-Adresse an Kapstadts Ausgehmeile Long Street mit täglicher Live-Musik – Marimba-Musik, Swing-Rhythmen, Jazz und Kwaito. Leckere afrikanische Küche quer durch den Kontinent.

BARS UND KNEIPEN

▶ ③ **Alba Lounge**
1. Etage, über dem Restaurant Hildebrand, Waterfront
Tel. 021 / 425 3385
www.alblounge.co.za
Cocktail Lounge tgl. ab 17.00 Uhr
Restaurant tgl. 8.00 – 19.00 Uhr
Linda und Aldo Girolo haben das alte Kontorgebäude von Hildebrand & Söhne zum Top-Italiener am Hafen gemacht. Abends werden zum Cocktail – unser Tipp: AlbaTiser, Chequita oder der Buffalo Soldier – heiße Canapées und Fingerfood gereicht. Im Kap-Winter genießen die Filme der »Movies at Alba« Kultstatus.

▶ ④ **Buena Vista Social Café**
1st Floor, Exhibition Building
81 Main Road
Green Point
Tel. 021 / 433 0611
www.buenavista.co.za
Mo. – So. 12.00 – 2.00 Uhr
Kuba am Kap! Handgedrehte Zigarren, ausgezeichnete Rum-Cocktails und die besten Tapas der Stadt. Jeden Sa. Salsa-Nacht.

Im »Green Dolphin« und im »Kennedy's« wird erstklassiger Jazz gespielt.

▶ ⑤ **Café Caprice**
37 Victoria Road, Camps Bay
Tel. 021 / 438 8315
Küche tgl. 9.00 – 22.00
Bar tgl. 9.00 – 2.30 Uhr
Hipper Platz für einen Sonnen-
untergang direkt am Strand
von Camps Bay. In der Saison tgl.,
sonst am Wochenende DJ-Musik.
Cocktail-Renner: Cranberry Long
Island. Im Restaurant Frühstück
mit Eggs Benedict, Tapas, Salate,
Burger und Grillgerichte.

▶ ⑥ **Green Dolphin**
Victoria & Alfred Arcade
Pierhead, V & A Waterfront
Tel. 021/421 7471
www.greendolphin.co.za
Traditioneller African Jazz mit
hervorragenden Musikern wie
Sylvia Mdunyelwa, Dave Ledbetter
und Gavin Minter und ein gutes
Abendessen

▶ ⑦ **Ignite Bar**
2nd Floor, The Promenade
Victoria Road, Camps Bay
Tel. 021 / 438 7717
www.ignitebar.co.za

Mi. – Sa. 18.00 – 2.30 Uhr, Gigs
auch bis in den Morgen.
Einer der heißesten Nachtclubs am
Kap. Hip Hop mit DJ Leighton
Moody und jeden Do. »Endless
summer night party«. Strandbar
mit traumhafter Aussicht.

▶ ⑧ **Kennedy's Cigar Lounge**
251 Long Street, Central
Tel. 021 / 424-1212
www.kennedys.co.za
Mo. – Sa. 12.00 – 3.00 Uhr
Schwere Ledersessel, ausgezeichnete
Single Malt Whiskys, entspannte Piano-
musik und erstklassiger Live-Jazz. Im
Restaurant wird kalifornische Küche mit
afrikanischem Akzent serviert. Raucher
können zwischen handgerollten Davi-
doffs, Montecristos und Cohibas wählen.

▶ ⑨ **La Med**
Glen Country Club, Viktoria
Road, Clifton
Tel. 021/438 5600
www.lamed.co.za

Kapstadt *Restaurants, Bars & Kneipen*

Essen

1. Aubergine
2. Azure
3. Baia
4. Beluga
5. Five Flies
6. onewaterfront
7. Savoy Cabbage
8. Tank
9. Africa Café
10. Anatoli
11. Bukhara
12. Khaya Nyama
13. Madame Zingara Theatre of Dreams
14. Manna Epicure
15. Manolo
16. Pigalle
17. Biesmiellah
18. Cape Town Fish Market
19. Marco's African Place
20. Posticino
21. Royale Eatery
22. Café Gainsbourg
23. Infocafé
24. Melissa's
25. Mount Nelson Hotel, Teatime
26. Obz Café
27. Café Mozart

Ausgehen

1. Drum Café
2. Mama Africa
3. Alba Lounge
4. Buena Vista Social Café
5. Café Caprice
6. Green Dolphin
7. Ignite Bar
8. Kennedy's Cigar Lounge
9. La Med
10. Marvel
11. M-Bar Lounge
12. Planet Champagne Bar
13. Relish Rest. & Bar
14. Grand West Casino & Entertainment World
15. Club Deluxe
16. Hemisphere
17. Jo'burg
18. Opium Club
19. Orchard Bank
20. Rhodes House

Atlantic Ocean

Green Point

Green Point Lighthouse

Beach Road

Metropolitan Golf Course

GREEN POINT

Three Anchor Bay

Civic Center

Rocklands Bay

THREE ANCHOR BAY

Norfolk Rd.

Hall Rd.

London Rd.

Marais Rd.

Oliver Rd.

Main

Camberwell Rd.

Freire Rd.

Rhine Road

Mt. Nelson Rd.

Ocean View Drive

High Level Road

Dover Rd.

Main Dr.

Glengariff Rd.

Antrim Rd.

Hill Rd.

Bay Rd.

Beach Road

Main

Boat Bay

Graham Rd.

Beach Road

Arthur's Road

The Glen

St. John's Rd.

★ SEA POINT

Signal Hill ★
▲ 350 m

Regent Road

Kloof Road

Ave. Le Sueur

Ave. de L'Hermite

Ave. Bordeaux

Ave. Fresnaye

Ave.

High Level Road

Disandt

Ocean View Drive

Ave. St. Bartholomew

Ocean View Drive

Signal Hill Road

Leukkloof Drive

★ Clifton, ★ Camps Bay
⑤⑦⑨②

FRESNAY

Ave. La Croix

De Wet Road

Ocean View Drive

Arcadia Road

Top Road

TAMBOERS-KLOOF

Albert Rd.

Camden

Bay View Ave.

De Hoop Ave.

Conradie Recreation Ground

500 m

©Baedeker

★ Lions' Head
▲ 669 m

★ Camps Bay,
★★ Table Mountain

MOUILLE POINT

Cape Technicon

Mouille Point

Granger Bay

Fähre nach Robben Island

East Pier

Elbow

Bay Rd.

Metropolitan Golf Course

Fort Wynyard

Granger Bay Blvd.

Beach Road

Breakwater Blvd.

East Pier Rd.

Stephan Way

Fritz Sonnenberg

Green Point Stadium (im Bau)

Victoria Wharf ③

Market Square ⑱

Victoria & Alfred Waterfront

★★

Green Point Common

Wei Rd.

Cape Medical Museum

SA Maritime Museum ★

Alfred Mall

Port Captain's Bldg.

B A

Three Anchor Bay Sports Ground

Athletics Track

Fort Wynyard St.

Portswood Rd.

Dock Rd.

⑥ Alfred Basin

East Quay Rd.

Clock Tower ③

South Arm Rd.

C

Western Boulevard

Main Road

De Goede Verwachting

④

Western Boulevard

⑥

Two Oceans Aquarium ★

Dock Rd.

Duncan Dock

D

St. Margaret Mary ✝

Cavalcade Rd.

Thornhill

Main Road

Dock Rd.

Port Rd.

West Quay Rd.

Alfred St.

E

High Level Rd.

Ocean View Drive

Springbok Rd.

Ocean View Dr.

Merriman Rd.

Theater on Broadway

Ebenezer Rd.

Bennett St.

④

Roggebaai Canal

Duncan Road

F

Old Malay Cemetery

⑯

Prestwich St.

Somerset Rd.

⑩

Cape Town International Convention Centre

Table Bay Blvd.

H

BO KAAP ★★

Lion's Rump

Longmarket Rd.

Yusuf Dr.

Voetboog Rd.

Military Rd.

Pentz Rd.

SCHOTSCHE KLOOF

Jamai Mosque ★

Bo-Kaap Museum ★

Sacred Heart ✝

⑱

Strand Street

Napier St.

Alfred St.

St. Andrew's ★

⑧

Lutheran Church ★★

Chiappini St.

Bree St.

Hudson

Buitengracht

St. George's St.

Loop

Short

Long St.

CENTRAL

Coen Steytler Ave.

Long

Hans Strijdom Ave.

Buitengracht St.

Gold of Africa Museum ★★

⑲

⑦

⑨

⑪

Sending Museum ⓘ ★

Koopmans de Wet House ★

⑯

Heeren

Riebeeck Statue

Artscape Theatre Centre

Civic Centre

⑬ ⑭

Table Bay Blvd.

St. Stephen ★

Dorp St.

Wale St.

⑰

⑳㉓

Greenmarket Sq. ⑮

Michaelis Art Collection ★

Adderley

Railway Station

Old Marine Dr.

Pirow St.

Palm Tree Mosque ★

Pepper St.

②

Orphan

⑤

St. George's Cathedral ★

Groote Kerk ★

Grand Parade

⑰⑲⑧⑩⑫⑳㉑

National Library

Slave Lodge ★

City Hall

Castle of Good Hope ★★

Caledon

Plein St.

Parliament

Sir Lowry Road ㉖

Devonport Rd.

Queen's Rd.

Carstens St.

Buitensingel St.

⑬

Park Rd.

⑮

Company's Gardens

Brownlow Rd.

Burnside St.

Upper Church

Kloof St.

De Tuynhuys

District Six Museum ★★

ZONNEBLOEM (DISTRICT SIX)

Cape Technicon

Gilmour Hill Rd.

St. Belle Ombre Rd.

New Church St.

Kloof St.

SA Museum ★

Little Theatre

SA National Gallery ★

Rust-en-Vreugd ★

①

Western Cape Archives

Kloof St.

Bertram House ★

㉕⑫

SA Jewish Museum & Holocaust Centre ★

Keizersgracht St.

Kirstenbosch Nat. Botanical Garden ★★

Warren St.

Hastings St.

De Lorentz St.

⑳

㉔

Welgemoed

Union St.

De Waal Park

Mill Street

Myrtle St.

De Waal Drive

⑭

①

Zum Sundowner ins »La Med«

Mo. – Fr ab 11.00, Sa., So. ab 9.00
Beliebte Adresse für Sundowner
an lauen Sommerabenden mit
Blick zum Lion's Haed. Ab 21.00
Uhr Partytime mit DJ-Musik. Im
Kapwinter Treff der Rugby-Fans.

▶ ⑩ **Marvel**
236 Long Street, Central
Tel. 021 / 426 5880
Tgl. 20.00 – 4.00 Uhr
Coole Bar mit Hip Hop und
Electronic-Sound. Zwei Billard-
tische und winzige Tanzfläche, auf
der aber die Post abgeht.

▶ ⑪ **M-Bar Lounge**
Metropole Hotel, 38 Long Street,
Central, Tel. 021 / 424 72 47
www.metropolehotel.co.za
Tgl. 11.00 – 2.00 Uhr
In sattem Rot gestylte Designerbar.
Warme Küche auf der Veranda.
Fr.ab 21.00 Uhr No Pop Music,
Sa. live ab 21.00 Uhr.

▶ ⑫ **Planet Champagne Bar**
Hotel Mount Nelson, 76 Orange
Street, Gardens, Tel. 021 / 483 1000

www.mountnelson.co.za/planet
Sa. – Do. ab 17.00, Fr. ab 15.00
Uhr. In der exklusiven Bar im
eleganten Kolonialstil schlürft
man prickelnden Champagner
und exotische Cocktails.

▶ ⑬ **Relish Restaurant & Bar**
70 New Church Street, Tamboerskloof, Tel. 021/422 3584
www.relish.co.za, Mo. – Fr. ab
12.00, Sa. ab 17.00 Uhr
Traumblick auf den Tafelberg. Auf
drei Etagen die ideale Atmosphäre
für Sundowner und erlesene
Küche – probieren Sie den Frozen
Daiquiri.

CASINO

▶ ⑭ **Grand West Casino**
1 Vanguard Drive, Goodwood
Tel. 021 / 505 7777
www.grandwest.co.za
Zur Jahrtausendwende eröffnetes
Kasino im Stil von 1900 mit
Nachbauten aus dem District Six.
Außer Spieltischen auch riesige
Eislaufarena, Bowlingbahn, Kinos
und Jazz im »Hanover Street«.

CLUBS & DISKOTHEKEN

▶ ⑮ **Club Deluxe**
Unity House, 159 / 161 Long-
market Street, Central
Tel. 021 / 422 4832
Mi. – Sa. 22.00 – 4.00 Uhr
Der Treff für Techno und
House Music

▶ ⑯ **Hemisphere**
31st Floor, ABSA Centre, Riebeeck
Street, Central, Tel. 021 / 421 0581
www.hemisphere.org.za
»No Jeans, no T-Shirts« – ab 16.30
Uhr zum gepflegten Sundowner,
ab 21.00 Uhr zum Tanzen im
eleganten Club mit atemberaubendem Blick auf den Tafelberg.

▶ ⑰ **Jo'burg**
218 Long Street, Central
Tel. 021 / 422 0142; Mo. – Fr.
17.00 – 4.00, Sa. 14.00 – 4.00 Uhr
Zu Hip-Hop, Funk, Soul und
House bis in den frühen Morgen
tanzen, So. Jazz live.

▶ ⑱ **Opium Club**
6 Dixon Street, Waterkant
Tel. 021 / 461 8701
www.opium.co.za
Edel designte Disco, Fr. – So. ab
21.00 Uhr Livemusik, Do. legen
DJs Funk auf.

▶ ⑲ **Orchard Bank**
229 b Long Street, Central
Tel. 021 / 423 8954

Tgl. 9.00 – 4.00 Uhr
Angesagte Bar mit Ledersesseln
und Tanzfläche, in der Dub, Hip
Hop und Mainstream laufen.

Baedeker-Empfehlung

▶ ⑳ **Rhodes House**
60 Queen Victoria Street, Gardens
Tel. 021 / 424 8844
www.rhodeshouse.com
Do. – Sa. 22.00 – 4.00 Uhr
Schickster Club von Kapstadt mit klei-
nen Bars auf zwei Etagen und stilvoller
Einrichtung, in dem die Schönen und
Reichen zu House-Musik abtanzen.

kommt ein neuer Treff hinzu, und immer wird irgendwo in Kapstadt
eine besondere Party gefeiert. Jazz, Kwaito, Hip Hop, Funk, Retro
oder House: jeder Club entwickelt seinen eigenen, unverwechsel-
baren Stil. Brennpunkte des Nachtlebens sind die **V & A Waterfront**,
die **Long Street** und die Straßen um den **Greenmarket Square**, die
Promenaden von **Clifton** und **Camps Bay,** das Studentenviertel **Observatory** und die »Waterkant« in **Greenpoint**.

Auskunft

SÜDAFRIKA
Alles ist möglich!

▸ **South Africa Tourism**
(Südafrikanisches
Fremdenverkehrsamt)
Friedensstr. 6 – 10
D-60311 Frankfurt a. M.
Fax 069 / 28 09 50
Service Centres Deutschland:
Tel. 0800 118 9118 (kostenfrei)
Österreich: Tel. 0820 500 739
Schweiz: Tel. 0848 663 522
www.southafrica.net
Wissenswertes, Tipps und Ange-
bote zu Südafrika
South Africa Club mit Reiseber-
ichten, Foren und online-Services

▸ **Cape Town Tourism**
The Pinnacle Building
Ecke Burg & Castle Street
P.O. Box 1403, Cape Town 8001
Tel. 021 / 487 6800
Fax 021 / 487 6859
www.tourismcapetown.co.za
Reservierung von Hotels, Mietwa-
gen und Touren; Internetcafé und
Souvenirshop. Auch Infos zu den
Regionen der Westkap-Provinz.

Weitere Infobüros im Clock Tower
Centre an der Waterfront, an der
unteren Station der Tafelberg-
Seilbahn und im Kirstenbosch
Botanical Garden.

Baedeker-Empfehlung

▸ **Sparen mit dem Cape Town Pass**
Mit dem Cape Town Pass hat man freien
Eintritt zu mehr als 50 Attraktionen und
Vergünstigungen bei 20 Spezialangebo-
ten in Kapstadt und der Kapprovinz.
Er gilt 1, 2, 3 oder 6 Tage ab dem
Zeitpunkt der erstmaligen Nutzung.
Für Kinder (4 – 17 Jahre) gibt es den
ermäßigten Children Cape Town Pass.
Den Pass bekommt man vorab im
Reisebüro, in den Tourismusbüros von
Cape Town Tourism oder online unter
www.thecapetownpass.co.za.

BOTSCHAFT DER REPUBLIK SÜDAFRIKA

▸ **In Deutschland**
Tiergartenstr. 18, D-10785 Berlin
Tel. 030 / 22 07 30
Fax 030 / 22 07 31 90
www.suedafrika.org

▸ **In Österreich**
Sandgasse 33, A-1190 Wien
Tel. 01 / 320 64 93
Fax 01 / 320 64 93 18
www.saembvie.at

▸ **In der Schweiz**
Alpenstr. 29, CH-3006 Bern
Tel. 031 / 350 1313,
Fax 031 / 350 1310
www.southafrica.ch

DIPLOMATISCHE VERTRE-TUNGEN IN KAPSTADT

▶ **Deutsches Generalkonsulat**
Triangle House, 19th Floor
22 Riebeek Street, Cape Town 8001
Tel. 021 / 405 3000
Fax 021 / 421 0400
Notfallnummer nach Dienst-
schluss: Tel. 083 / 325 6513
www.kapstadt.diplo.de/Vertre
tung/kapstadt/de/Startseite.html

▶ **Österreichisches
Generalkonsulat**
1 Thibault Square, 3rd Floor
Cape Town 8001
Tel. 021 / 421 14 40 / 41
Fax 021 / 425 3489
E-Mail: kapstadt-gv@bmaa.gv.at

▶ **Schweizer Generalkonsulat**
1 Thibault Square, 26th Floor
Cape Town 8001
Tel. 021 / 418 3665,
Fax 021 / 418 3688
E-Mail:
vertretung@cap.rep.admin.ch

WEITERE
INTERNETADRESSEN

▶ **www.kapstadt.de
www.kapstadt.net
www.kapstadt.org**
Gelungene Websites in deutscher
Sprache mit aktuellen Tipps zu

Kapstadt und Kapregion, Foren,
Blogs und Reiseangeboten von
deutschsprachigen Hotels und
Gästehäusern bis zu Tourenanbie-
tern, Shopping und Mietwagen

▶ **www.kapstadt.com**
Wissenswertes, News und Insider-
tipps rund um Kapstadt bis zur
Garden Route. Herausgeber des
Reisemagazins »Kapstadt.com«

▶ **www.kapstadt-tour.de**
Alle Sehenswürdigkeiten, Events,
Unterkünfte und Einkaufstipps zu
Kapstadt und Umgebung

▶ **www.capetown-online.de**
Interessante Beiträge zu Politik
und Business, Lifestyle und
Immobilien

▶ **www.aatravel.co.za**
Reise-Infos und Online-Reser-
vierung der südafrikanischen
Automobile Association

▶ **www.kapstadt-hochzeit.de**
Ob im Leuchtturm am Kap
der Guten Hoffnung, am Strand
oder inmitten traumhafter Weinberge – »KapEvent« organisiert
Hochzeiten inklusive aller For-
malitäten, Pfarrer, Trauzeugen
und Fotograf.

Badeurlaub

Die Kapstädter sind Wasserratten, segeln bei Wind und Wetter und   **Wind und Wellen**
lieben das Strandleben. Bei 150 km Küste rund ums Kap ist auch
reichlich Gelegenheit dazu – egal ob man nur Sonnenbaden, mit der
ganzen Familie Schwimmen, Schnorcheln oder Surfen möchte. An
der Westküste steigen die Wassertemperaturen auch im Sommer sel-

i Strandperlen

- Camps Bay – trendy mit Palmenpromenade
- Clifton Nr. 4 – citynah, familienfreundlich, Blaue Flagge
- Bloubergstrand – schönstes Tafelberg-panorama
- Dolphin Beach – Hotspot für Kitesurfer
- Muizenberg – bunte Badehäuschen, windgeschützt und warmes Wasser
- Bikini Beach – Volleyball und Seglertreff
- Sandy Bay Beach – auch Topless für Sonnenanbeter
- Buffels Bay – stiller Strand mit Blick über die False Bay
- Long Beach – Galoppspuren im Sand

ten über 20 °C. Die Strände an der **rauen Atlantikseite** sind zwar recht geschützt vor den Sommerwinden, doch die See ist gut 5 °C kälter als an den **Buchten der False Bay**. Noch angenehmer sind die Wassertemperaturen entlang der Garden Route am Indischen Ozean.

Traumstände am Indischen Ozean

Türkisblaues Wasser, endlose weiße Sandstrände und eines der besten Wassersportangebote der Welt erwarten Sie am Indischen Ozean. **Strand** Beach vor den Toren von Somerset West ist Hotspot für Hobie-Cat-Segler und Surfer. Für Sonnenanbeter und lange Strandspaziergänge empfiehlt sich der Melkbaai Beach mit zwei Gezeitenpools. Schicke Jachten dümpeln im Hafen von **Gordon's Bay**, dessen breiten Bikini Beach die Volleyballer nutzen. Einer der beliebtesten Badestrände ist **Muizenberg** – das Wasser ist warm, der Strand endlos und feinsandig. Gegen den häufigen Wind bieten bunte Badehäuschen und Holzzäune Schutz. Die bekanntesten Surfspots heißen hier Sunrise Circle und Surfer's Corner. In den Sommermonaten sorgen »Beach Marshalls« für Sicherheit an der False Bay. Familien kommen gern an die flach abfallenden Strände von **Fishhoek** und **Kalk Bay**. **Boulders** schönen Sandstrand zwischen großen Granitblöcken lieben auch 3000 kleine Brillenpinguine. Rund ums Kap der Guten Hoffnung tummeln sich Taucher, Surfer und Kajakfahrer. Die besten Strände im Cape of Good Hope Nature Reserve sind **Platboom Beach, Buffels Bay** und **Diaz Beach**, die aber unbewacht sind - achten Sie auf die starken Strömungen!

Surfspots und windgeschützte Buchten am Atlantik

Für erfahrene **Kitesurfer** bietet die Atlantikküste hohe Wellen am Sunset Reef, Crayfish Factory, 365s und Outer Kom. Nur Profis reiten die ultimative Welle am **Dunes**-Strand bei Noordhoek (www.wavescape.co.za). Ideal für einen Ausritt ist der 8 km lange Long Beach von **Noordhoek**. Zwei sichere Familienstrände am sonst rauhen Atlantik hat **Hout Bay** am Ausgangspunkt des Chapman's Peak Drive. Nördlich schließt sich der **Sandy Bay Beach** an, Kapstadts FKK-Strand. **Llundudno** ist beliebter Surfertreff, allerdings nichts für Anfänger. Sonnen, surfen und Beachvolleyball – die stadtnahen, breiten Sandstrände von **Camps Bay** sind am Wochenenende zwar meist voll, aber absolut trendy, mit Topservice entlang der Palmenpromenade und immer gut für eine Strandparty. Mächtige Granitklötze teilen den Strand von **Clifton** in vier Abschnitte: Nr. 1 gilt als Laufsteg, Nr. 4 ist familiengerecht mit Blauer Flagge und Windschutz. Hotspots für Kitesurfer sind nördlich von Kapstadt **Dolphin Beach** und der **Bloubergstrand** mit dem spektakulärsten Blick auf den Tafelberg. Am **Sunset Beach** treffen sich Windsurfer aus aller Welt.

Mit Behinderung unterwegs

Viele **Hotels**, Guest Houses und Lodges haben sich auf die Bedürfnisse von Körperbehinderten eingestellt. Die großen Autovermieter verleihen behindertengerecht ausgerüstete Fahrzeuge. **Safaris um Kapstadt** für Menschen mit Handicap bietet u. a. Outback Africa (www.outbackafrica.de).

 INFORMATIONEN FÜR BEHINDERTE

► **Bundesverband Selbsthilfe Körperbehinderter e.V BSK-Reise-Service**
Altkrautheimer Straße 20
D-74238 Krautheim / Jagst
Tel. 062 94 / 428 10
Fax 06294 / 42 81 79
www.reisen-ohne-barrieren.eu

► **The Disabled People of South Africa**
6th Floor, Dumbarton House
1 Church Street
Cape Town 8000
Tel. 021 / 422 0357
Fax 021 / 422 0389
www.dpsa.org.za

Elektrizität

Das Stromnetz führt 220/230 V Wechselstrom, die Steckdosen sind für drei runde Stifte ausgelegt. Eurostecker passen, für Schukostecker ist ein 2-Pin-Adapter notwendig, erhältlich in Elektrogeschäften und Kaufhäusern. Steckdosen für Elektrorasierer und Fön sind meist für Euro-Stecker ausgelegt.

Essen und Trinken

Kosmopolitische Küche am Kap

Kapstadt gilt als die **kulinarische Hauptstadt Südafrikas** mit einer abwechslungsreichen Restaurantszene vom preiswerten Take Away bis zur raffinierten 3-Sterne-Küche. Afrikanische Einflüsse mischen sich mit orientalischen Gewürzaromen und europäischen Rezepturen, **ideenreiche Küchenchefs** servieren spannende Menüs zu **edlen Weinen** der Region. Gourmets kommen am Kap voll auf ihre Kosten, denn auch Restaurants gehobener Klasse mit berühmten Küchenchefs und außergewöhnlichem Service sind vergleichsweise günstig.

Fischliebhaber erwartet eine Riesenauswahl an frischen Meeresfrüchten. Probieren sollte man auch Wildgerichte wie gegrillten Kudu oder Krokodil, Straußensteak oder ein kapmalaiisches Curry.

i **Preiskategorien**

- Fein & teuer: über 300 Rand
- Erschwinglich: 150 bis 300 Rand
- Preiswert: unter 150 Rand

Die Preise gelten für ein Essen mit Vorspeise, Hauptgericht unf Dessert ohne Getränke.

Das südafrikanische Frühstück (**Breakfast**) ist reichhaltig wie das britische mit frischen Säften, Eiern, Schinken, Speck und gegrillten Tomaten. Zwischen 11.00 und 15.00 Uhr nimmt man meist nur ein leichtes Mittagessen (**Lunch**) ein. Hauptmahlzeit ist ab 18.00 Uhr das Abendessen (**Dinner**), das mehrere Gänge umfassen kann. In guten Restaurants muss auch unter der Woche reserviert werden. In Lokalen ohne Schanklizenz darf man alkoholische Getränke mitbringen. Dafür ist ein geringes **Korkengeld** (corkage fee) zu entrichten.

Street Smart South Africa ▶

Die 2005 gegründete, von Desmond Tutu unterstützte Hilfsorganisation Street Smart South Africa **hilft Kapstädter Straßenkindern**. Angeschlossene Restaurants bitten um einen Rechnungsaufschlag von 5 Rand oder mehr, der zu 100 Prozent für Bildung und Familienzusammenführung ausgegeben wird. Achten Sie auf das Logo einer 5-Rand-Münze mit Messer und Gabel (www.streetsmartsa.org.za).

Kapstädter Spezialitäten

Braai

Die Südafrikaner haben ein Faible für Fleisch. Typische »Männersache« ist das Braai (= Grill, sprich: »brei«): Das gemeinsame **Freiluftgrillen** geht auf die Buren zurück. Rings um eine offene Feuerstelle macht man es sich mit einem Bier gemütlich, während Wild, Rind, Lamm oder Schweinefleisch auf der Glut brutzeln. Besonders lecker ist **Karoo-Lamm**, da die Schafe der Halbwüste herbaromatische Kräuter fressen. Natürlich darf die **Boerewors** nicht fehlen, eine mit Koriander gewürzte, geringelte Mettbratwurst aus Rind- und Hammelfleisch, die an Straßenständen auch mit Röstzwiebeln als Hot Dog angeboten wird. Braai-Beilagen sind der **Mealie Pap**, ein fester Maisbrei, Salate, Pickles, pikante Chutneys und **Chakalaka**, eine scharfe

Soße aus Tomaten, Zwiebeln und Paprika. Viele Hotels und Restaurants veranstalten Braais. Mögen Sie Ihr Steak rosa gebraten, bestellen Sie es »medium rare« oder sogar »rare« – in Südafrika tendiert man zu durchgebratenem Fleisch. Die Kapstädter grillen aber auch gern Fisch am Strand, z. B. Snoek oder Yellowtail.

◄ Wie wollen Sie Ihr Steak?

Schon die ersten Siedler aßen Biltong, **luftgetrocknetes Fleisch** von Kudu, Rind oder Springbock, dem Nationaltier Südafrikas. Biltong schmeckt ausgezeichnet auch zu Bier und Wein. Generell gilt das Fleisch vom heimischem **Wild (Game)** wie Strauß, Antilope und sogar Krokodil als hervorragend.

Biltong und Wild

Bei ungünstigem Grillwetter treffen sich die Südafrikaner gern zum Bredie, einem deftigen **Lammeintopf**. Dies **Nationalgericht** wird mit verschiedenem Gemüse wie Tomaten, Wasserlilien oder Kohl als »Pott-Essen« (**Potjiekos**) im gusseisernen Topf gegart. Beim **Waterblommetjie Bredie** wird Hammel- oder Lammfleisch langsam mit den Knospen der Kap-Seerose geschmort.

Bredie

Probieren Sie unbedingt die kapmalaiischen Spezialitäten! Hoch im Kurs stehen **Samoosas**, frittierte Teigtaschen, mit würziger Rinderhack-, Hühnerfleich- oder Gemüsefüllung. **Sosaties** sind Fleischspießchen aus mariniertem Lamm- oder Schweinefleisch, **Bobotie** ist ein Curryauflauf mit gehacktem Lamm.

Kapmalaiische Küche

Dass Kapstadt am Meer liegt, zeigt natürlich auch die Speisekarte. Kap-Delikatessen sind **Crayfish** (Langusten) und **Rocklobster** (Fels-

Meeresfrüchte

◄ Weiter auf S. 82

Kapstädter Delikatesse aus dem Meer: gegrillter Crayfish

Reben rund um Stellenbosch →

EDLE TROPFEN VOM KAP

Südafrikas Weine sind heute auf weltweitem Erfolgskurs. Auf den fruchtbaren Böden von Stellenbosch, Paarl, Franschhoek und Constantia produziert eine neue Winzergeneration mit modernsten Anbautechniken facettenreiche Spitzenweine.

Die ersten Rebstöcke kamen im Auftrag der VOC per Schiff aus Frankreich und am 2. Februar 1659 notierte Jan van Riebeeck: »Heute, der Herr sei gepriesen, wurde zum erstenmal aus Kaptrauben Wein gepresst.« Gouverneur Simon van der Stel förderte den Weinanbau ab 1680 auf seinem Weingut Groot Constantia und in seiner Gründung Stellenbosch, heute das Zentrum des Winelands. 1688 pflanzten hugenottische Glaubensflüchtlinge aus Bordeaux, dem Burgund und der Provence in Franschhoek erste Reben und belebten den Weinbau auf breiter Front. Im 18. Jh. blieb die Qualität niedrig mit Ausnahme des an Europas Höfen sehr geschätzten Vin de Constance, einem ausgezeichneten Muskatwein von Klein Constantia. England interessierte sich damals nur für Kap-Sherry, den Südafrikanern mundete der Brandy. Das änderte sich mit der Kontinentalsperre 1806. Bald ersetzte südafrikanischer Wein in London die französischen Rebsäfte. Selbst im Exil auf St. Helena genoss Napoleon den legendären Muscadel von Constantia.

Terra Vinum

2006 entdeckte Kapstadts National Library of South Africa ihre besondere Verantwortung für die Weinbaugeschichte. Die älteste öffentliche Bibliothek Südafrikas verdankt ihre Entstehung nämlich einer Weinsteuer von 1818, die den Bau der Wissensanstalt bis 1822 finanzierte. Auch Schulen und Hospitäler wurden durch die Weinsteuer gefördert. Der Frieden mit Frankreich und eine Überproduktion am Kap ließen die Erlöse bis 1850 in den Keller rauschen. Kurzfristig sorgte Phylloxeria vastatrix, die aus Amerika importierte Reblaus, durch Zerstörung von 75 % der europäischen Anbauflächen für neuen Aufschwung. Doch dann erreichte die Reblaus auch das Kap. Erst eine resistente amerikanische Wurzelunterlage sorgte für Besserung. 1904 war der alte Produktionsstand von 78 Mio. Stöcken wieder erreicht. 1889 wurde das erste Weinsyndikat gegründet, 1906 in Tulbagh die erste Weinbau-Kooperative. Doch Baron van Babo, »Onze Jan« Hofmeyr und Cecil Rhodes konnten keine neuen Absatz-

märkte erschließen. Erst die Gründung der **Winzergenossenschaft** »Kooperatiewe Wijnbouwers Vereniging van Zuid-Afrika« (**KWV**) 1918 in Paarl beendete der verheerenden Überproduktion. Heute ist Südafrika **zehntgrößter Weinerzeuger der Welt** mit 112 000 ha Rebfläche. Seit dem Ende der Apartheid hat sich der Export mehr als versechsfacht, allein nach Deutschland wurden 2007 fast 600 000 hl exportiert.

Die neuen Kellermeister haben gelernt, das Besondere ihrer Trauben zu vermarkten und sind seit 2002 im WOSA, den **Wine Makers of South Africa**, organisiert. Neben den Stillweinen (einfache Zechweine bis Trockenbeerenauslesen) werden Schaumweine in traditioneller Flaschengärung, gespritete Weine im Portweinstil mit Alkohol angereichert und Destillate bzw. Brandy erzeugt. Es gibt rund 350 private Weingüter und 69 Genossenschaften, die Weinindustrie beschäftigt mehr als 350 000 Arbeitskräfte.

DOP STOP!

Schon 1488 wurden einige Khoisan mit Bordwein bezahlt. Die **Naturalienentlohnung** mit Tabak, Wein und Brot setzte die VOC fort. Bis 1834 schufteten Landarbeiter auf den Weingütern als Sklaven, später erhielten Hunderttausende nicht Lohn, sondern wöchentlich nach Gusto der Farmer ein Deputat billigen Weins. 1928 wurde diese Praxis durch den **Liquor Act** gesetzlich festgeschrieben und erst 1960 gestrichen. Er regelte exakt die Quantität pro Tag und Arbeiter. Farmerfamilien war der Wegzug nicht gestattet. Folge war ein über Generationen verbreiteter **Alkoholismus**, dem seit 1990 verschiedene Hilfsprojekte entgegenwirken sollen. Kapstadt stellt seit 1997 im DOP-STOP-Programm mobile medizinische Hilfe für Alkoholiker zur Verfügung, 2002 zahlte die südafrikanische Weinindustrie 71 Mio. Rand für ein Zehnjahresprojekt gegen Alkohol-Folgeschäden.

Winzer mit Visionen

Auch auf dem bankrotten Weingut, das der Kapstädter Rechtsanwalt **Alan Nelson** 1987 im Norden von Paarl erwarb, wurde mit Wein entlohnt. Nelson schaffte den Weinlohn ab und überschrieb den 16 schwarzen Arbeiterfamilien 12 ha seines Ackerlandes mit der Auflage, auch künftig Wein anzubauen. Es war das erste von

kunst in den Vordergrund. Die Wachstumsperiode umfasst acht frostfreie Monate. Hauptanbaugebiet ist das magische Dreieck um Stellenbosch, Franschhoek und Paarl. Hier hat die seit 1935 für den Qualitätsaufschwung verantwortliche Stellenbosch Farmers' Winery ihren Sitz. In den Bergen von Tulbagh wachsen hervorragende Weißweine, leichte Steens und Rieslinge sowie starke Grundweine für den Sherry. Tulbagh und Paarl haben für »Port« und »Sherry« die Ursprungsbezeichnung Boberg reserviert. Worcester, Robertson, Swellendam und Klein Karoo sind Spezialisten für Dessert- und Destillierweine. Seit 1973 existiert die Qualitätsbezeichnung »Wines of Origin«, vergleichbar mit der DOCG in Italien. Jede Herkunftsangabe, Sorte, Jahrgang, Lage und Qualität werden durch ein staatliches Siegel am Flaschenhals bestätigt, Spitzname »bus ticket«. Seit 1975 produzieren die Kapwinzer auch »Blends«, die Entsprechung zum Cuvée.

Schwarzen geführte Weingut. Sie tauften es New Beginnings. »Produziert, gereift und abgefüllt im Neuen Südafrika«, stand auf den Pinotage-Flaschen der ersten Abfüllung – etwa 30 000 l Rotwein produzieren die schwarzen Winzer heute pro Jahr. Nelsons Modell macht Schule. Junge Weinmacher schauen vorbei und die Regierung unterstützt ihre Projekte im Rahmen des »Black Economic Empowerment«, das Schwarzen den Weg in die Eigenständigkeit ermöglichen soll.

Anbau mit Qualitätssiegel

Das milde mediterrane Klima, fruchtbare Böden im bergigen Hinterland und vorherrschende Westwinde mit regelmäßigem Niederschlag sind Garant für die Spitzenlagen am Kap. Das neue Zauberwort »Terroir« rückt Mikroklima, Bodentyp und Winzer-

Weiß und Rot

Häufigste Rebsorte ist die ertragreiche weiße Chenin Blanc, eine seit dem 9. Jh. im Loire-Tal angebaute Edeltraube, die vermutlich mit Jan van Riebeeck ins Land kam und in Südafrika Steen genannt wird. Johann Gaue veredelte sie auf Gut Nederburg

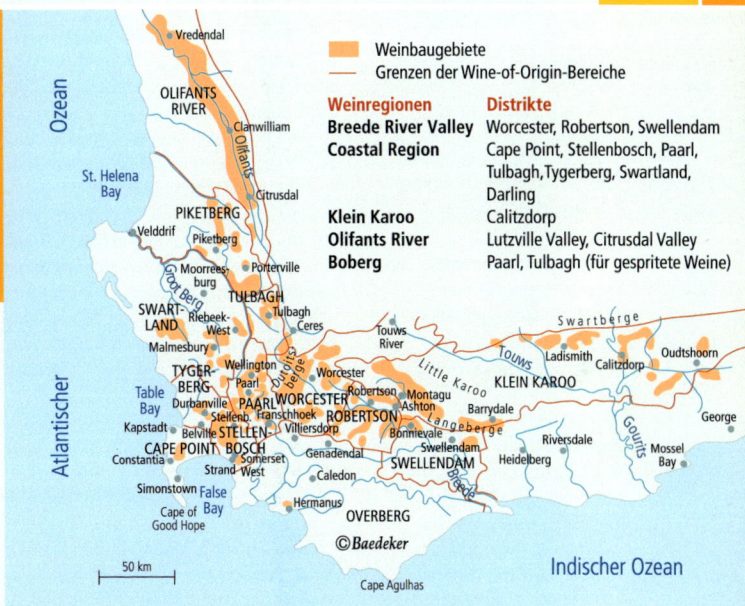

Weinbaugebiete
Grenzen der Wine-of-Origin-Bereiche

Weinregionen | **Distrikte**
Breede River Valley | Worcester, Robertson, Swellendam
Coastal Region | Cape Point, Stellenbosch, Paarl, Tulbagh, Tygerberg, Swartland, Darling
Klein Karoo | Calitzdorp
Olifants River | Lutzville Valley, Citrusdal Valley
Boberg | Paarl, Tulbagh (für gespritete Weine)

©Baedeker

ab 1936. Zwanzig Jahre später war der halbsüße Chenin Blanc einer der meistverkauften Weine der Welt. Dennoch nimmt die Produktion seit 1990 ab. Stark in Trend sind dagegen Chardonnay und Sauvignon Blanc. Im Dessertwein behauptet sich der »Hanepoot«. Die Sultana dient für Tafeltrauben und Brandy.

Extrem erfolgreich ist die Produktion von Rotwein. Bereits 1927 konnte Georg Canitz von Gut Muratie die erste Flasche Pinot Noir einkorken. 1975 kreierte Gilbeys South Africa den ersten Zinfandel. Berühmt wurde die echte südafrikanische Traube Pinotage, die 1925 durch Kreuzung von Pinot Noir (Spätburgunder) mit Cinsaut – in Südafrika früher Hermitage genannt – entstand und einen samtigen Fruchtwein ergibt. Neben der spät reifenden Bordeaux-Traube Cabernet Sauvignon ist der heutige Star ein ganz alter: Die 3000 Jahre alte persische Rebsorte Shiraz erobert als Solitär wie im Blend alle Gaumen. Auch der Merlot ist im Kommen. Cinsaut dient als junger Tischwein.

Winzer, Weine, Kellertouren

Wichtigste Weinmesse des Kontinents ist die alljähliche Cape Wine im September im Cape Town International Conference Centre (CICC), auf der alle Erzeuger von Rang und Namen vertreten sind. Viele Weingüter am Kap bieten außer Kellerführungen und Verkostungen auch exzellente Restaurants, Wellness und stilvolle Übernachtungen in ihren kapholländischen Gutshäusern.

Weintouren kann man über die Tourismusbüros der Winelands buchen oder online unter www.suedafrika-wein.de und www.wine.co.za.

John Platters renommierter »South African Wine Guide« liefert jedes Jahr neue Bewertungen von Südafrikas Weingütern, Winzern und fast 6000 Weinen (www.platteronline.com).

hummer), gegrillter **Kingklip**, eine Dorscharnt mit festem Fleisch, und der **Cape Salmon** (Lachs) – am besten mit Zitronenbutter, Knoblauchsoße und Folienkartoffel serviert. Zum **Line Fish**, wie der Tagesfang genannt wird, gehören häufig auch **Cod** (Kabeljau), **Yellowtail** (Brasse), **Butterfish**, **Snoek** (Barrakuda, Seehecht) und **Perlemoen** (Abalone), eine handgroße Seeschnecke aus dem Atlantik. Die besten **Austern** stammen aus der Saldanha Bay an der West Coast und aus Knysna an der Garden Route.

Nachspeisen, Süßes   **Aromatische Früchte** aus Südafrika bereichern die Speisekarte nicht nur zum Dessert. Am Kap wachsen Tafeltrauben, Äpfel, Birnen, Zitrusfrüchte, Mangos und die Cape Gooseberries (Kapstachelbeeren), kleine gelbe Früchte für Kuchen und Konfitüren. Zum Abschluss wählen viele Südafrikaner den **Malva Pudding**, einen süßen Kuchen aus Milch, Zucker, Sahne und Aprikosenmarmelade mit Vanillesauce. **Melktert** ist eine Art Käsekuchen mit Blätterteigboden, der mit Erdbeeren oder anderen Früchten serviert wird. Heiß geliebt, indes extrem süß, fett und klebrig sind die **Koeksisters**, kleine Teigzöpfe, die ausgebacken und mit Sirup getränkt werden.

Was trinkt man?

Wein und Bier   Nach alter britischer Tradition hebt man zum »**Sundowner**« gern ein Glas Gin Tonic oder Whisky. Die Winzermeister vom Kap sind weltberühmt für ihre **Spitzenweine** (▶ Baedeker Special, S. 78). Wein kann man auf dem Weingut oder im Supermarkt erwerben, Bier und Spirituosen sind nur im **Liquor Store** erhältlich. Immer mehr lokale Brauereien produzieren schmackhafte Alternativen zu den marktbeherrschenden südafrikanischen Bieren »Castle« und «Lions«. Das populäre Windhoek Lager aus Namibia wird nach dem deutschen Reinheitsgebot gebraut. Bestes Münchner Bier mit Haxen, Schweinsbraten, Würstel und Oktoberfest gibt's im **Paulaner Brauhaus** an der Waterfront. Am Kap wird auch ausgezeichneter **Brandy** gebrannt. **Mampoer** ist ein Kirschlikör, **Witblits** ein hochprozentiger Trester. Nur 17 % Alkohol besitzt der sahnigsüße **Amarula-Likör** aus Früchten des Marula-Baums.

Alkoholfreie Getränke   Das **Leitungswasser** ist in Kapstadt bedenkenlos trinkbar, die Wasserqualität eine der besten der Welt. **Mineralwasser**, frisch gepresste **Fruchtsäfte** und die üblichen **Soft Drinks** (Cola, Fanta, Sprite) sind überall erhältlich. Ein ausgezeichneter Durstlöscher, dazu tanninfrei und reich an Vitamin C ist der **Rooibos-Tee**.

▶ EMPFEHLENSWERTE RESTAURANTS Karte S. 68 / 69

RESTAURANTS ONLINE
▶ **www.eating-out.co.za**
www.restaurants.co.za
Kapstädter Restaurants,
Speisekarten und Preise

FEIN & TEUER
▶ ① **Aubergine**
39 Barnet Street, Gardens
Tel. 021 / 465 4909, So. Ruhetag
www.aubergine.co.za
Zu Kapstadts Top Ten zählt das
Spitzenrestaurant im Haus des
Richters John Wylde aus dem
19. Jahrhundert. Harald Bres-
selschmidt und seine Crew
verwöhnen mit raffinierter
französisch-kapmalaiischer Küche
und erstklassigen Weinen –
göttlicher Abschluss: das Soufflé.

▶ ② **Azure**
The Twelve Apostles Hotel
Victoria Road, Camps Bay
Tel. 021 / 437 9000
www.12apostleshotel.com/dining
Romantik pur: ein Candle-Light-
Dinner auf der Terrasse des Azure
mit Blick auf Atlantik und Lion's
Head. Erlesene südafrikanische
Gerichte unter der Regie von
Roberto de Carvalho. Er hat am
Kap auch das »Fynbos Cooking«
eingeführt – wie wär's mit Strau-

ßen-Carpaccio, geräuchertem
Snoek oder Springbock in Moro-
go-Blättern. In der Leopard
Room Bar kann man zwischen
72 Wodkasorten und 46 Port-
weinen wählen.

▶ ③ **Baia**
Shop 6262, Upper level, Victoria
Wharf, Portswood Road,
V & A Waterfront
Tel. 021 / 421 09 35
An einem sonnigen Tag gibt es
keinen besseren Platz zum Lunch
als die große Terrasse des Baia mit
Blick auf die Waterfront. Probie-
ren Sie im Newcomer des Jahres
2006 den gegrillten Kingklip.

▶ ④ **Beluga**
The Foundry, Preswick Street,
Green Point, Tel. 021 / 418 2948
www.beluga.co.za
Seit Oscar Kotzé 2006 das Top-
Restaurant mit Café, Sushi und
Cocktail Bar in einer ehemaligen
Eisengießerei eröffnete, trifft sich
hier die Schickeria der Stadt. Auch
Bill Clinton, Kevin Spacey und
Tiger Woods waren schon zu Gast.
Bestellen Sie Victor Claudes Pazi-
fikmenü und die Schokola-
dentrüffel-Torte.

Baedeker-Empfehlung

▶ ⑤ **Five Flies**
14 – 16 Keerom Street, Central
Tel. 021 / 424 4442, www.fiveflies.co.za
Historisches Flair in einem kapholländischen Gebäude und aufregende
Kombinationen der besten Zutaten
aus aller Welt. Köstlich: gegrillter
Crayfisch von der Westküste und
das geeiste Orangensoufflé.

⑥ **onewaterfront**

West Quay Road, Cape Grace
Hotel, V & A Waterfront
Tel. 021 / 410 7100
www.onewaterfront.co.za
Preisgekrönter Gourmettempel
mit spektakulärem Blick auf den
Tafelberg. Seit 2007 zaubert Star-
koch Phil Alcock sensationelle
Fischgerichte und die weltbeste
Crème brûlée. Kommen Sie zum
Lunch nach einem Bummel durch
die Waterfront.

⑦ **Savoy Cabbage**

101 Hout Street, Central
Tel. 021 / 424 2626, So. Ruhetag
www.savoycabbage.co.za
Nur edelste Zutaten aus der
Region werden in der eleganten
Backsteinloft mit Champagner-
Bar zu perfekten Leckerbissen
verarbeitet – kosten Sie das
geschmorte Warzenschwein!

⑧ **Tank**

72 Waterkant Street, Cape
Quarter, Waterkant
Tel. 021 / 419 0007
www.the-tank.co.za
Ein 20 000 l fassendes Aquarium
trennt die Bar vom schicken
Seafood-Restaurant mit großer
Sushi-Auswahl. Dazu vielleicht
ein Tank-Cocktail aus Malibu,
Wodka, Bacardi, Zitronengras
und Litschi-Saft.

ERSCHWINGLICH

Baedeker-Empfehlung

⑨ **Africa Café**

108 Shortmarket Street, Central
Tel. 021 / 422 0221, www.africacafe.co.za
Erleben Sie bei Cindy, Hector & Co. eine
kulinarische Reise durch Afrika von
Marokko bis Malawi nebst Trommel-
und Tanzvorführungen. Gäste können
das passende Kochbuch und auch das
farbenfrohe Geschirr kaufen. Bewachter
Parkplatz; unbedingt reservieren!

⑩ **Anatoli**

24 Napier Street, Waterkant
Green Point, Tel. 021 / 419 2501
www.anatoli.co.za, So. Ruhetag
Ausgezeichnete türkische Küche
mit 20 Vorspeisen von gegrillten
Auberginen bis zu Kichererbsen-
püree und heißem Ofenbrot.

⑪ **Bukhara**

33 Church Street, Central
Tel. 021 / 424 0000
www.bukhara.com
Durch eine Glaswand kann man
zusehen, wie nordindisches
Tandoori-Lamm und aromatische
Currys entstehen. Dr. Sabi Sab-
harwal unterhält auch Filialen
im Grand West Casino und in
Stellenbosch.

⑫ **Khaya Nyama**

267 Long Street, Central
Tel. 021 / 424 2917
Safari-Feeling verspricht das
»Haus des Fleisches«, in dem
man Krokodil, Kudu, Warzen-
schwein oder Springbock mit
Butternut-Kürbis bestellt.
Allabendlich Gitarren- und
Djembé-Trommelklänge.

Africa Café: kulinarische Reise durch den schwarzen Kontinent

▶ ⑬ **Madame Zingara Theatre of Dreams**
Sable Ecke Ratanga Road, Century City, Tel. 021 / 426 2458
www.madamezingara.com
Nach einem Großbrand zog die Erfolgsshow 2006 in die Nähe der Century City. Künstler aus Chile, Argentinien, Kanada und Südafrika bieten Tanz, Akrobatik, Illusion und Comedy. Chefin Grethel kocht Italienisch, aber auch das berühmte Schoko-Chili-Filet von Madame, natürlich mit belgischer Schokolade.

▶ ⑭ **Manna Epicure**
151 Kloof Street, Tamboerskloof
Tel. 021 / 426 2413
So., Mo. Ruhetag
Designer-Location mit guter Weinkarte, knackigen Salaten, tollen Tapas und dem besten Brot. Hübsche Veranda an der Flaniermeile Kloof Street.

▶ ⑮ **Manolo**
30 Kloof Street, Central
Tel. 021 / 422 4747, Mo. Ruhetag
www.manoloeat.co.za
Ob Reed Room, Gold Room oder orangener Light Room, das Essen des Trendlokals ist top, für romantische Abende kann man einen Tisch im Garten reservieren.

▶ ⑯ **Pigalle**
57 Somerset Road, Green Point
Tel. 021 / 421 4848, So. Ruhetag
www.pigallerestaurants.co.za
Stilvolle Art-nouveau-Kandelaber beleuchten das glamouröse Restaurant mit fangfrischen Meeresfrüchten und ausgesuchter Weinkarte, Dance-Floor und Liveband.

GÜNSTIG

▶ ⑰ **Biesmiellah**
2 Upper Wale Street, Bo-Kaap
Tel. 021 / 423 0850, So. Ruhetag
Schlichte Einrichtung, aber leckere indische und kapmalaiische Delikatessen und ein fantastischer Blick auf den Signal Hil. Kein Alkoholausschank.

▶ ⑱ **Cape Town Fish Market**
Shop 159, Kings Warehouse, Portswood Close, Waterfront
Tel. 021 / 418 5977, www.ctfm.com
Seit Douw Krugmann 1997 sein erstes Fischgeschäft an Kapstadts Waterfront erwarb, ist sein Konzept in ganz Südafrika aufgegangen. Restaurant, Fischmarkt, Teppanyaki und Sushi Bar in einem. Ob leichte Gerichte oder Spezielles aus dem Wok, der Laden boomt. Filialen am Canal Walk, in Bloubergstrand und Camps Bay

Baedeker-Empfehlung

▶ ⑲ **Marco's African Place**
15 Rose Lane, Bo-Kaap
Tel. 021 / 423 5412, Mo. Ruhetag
www.marcosafricanplace.co.za
Saftige T-bone-Steaks, Ochsenschwanz-Curry oder lieber gegrillter Springbock, Kudu und Strauß? Livemusik und Jazzevents mit populären Musikern wie Jimmy Dludlu, Hugh Masekela und Sylvia Mdunyelwa.

▶ ⑳ **Posticino**
323 Main Road, Sea Point
Tel. 021 / 439 4014
www.posticino.co.za
Im »Postman« zaubern Enrico
und Gioacchino knusprige
Steinofenpizza und Pasta mit
delikaten Soßen. Filiale am
Greenmarket Square.

▶ ㉑ **Royale Eatery**
279, Long Street, Central
Tel. 021 / 422 4536, So. Ruhetag
Gut gelaunte Kellnerinnen servie-
ren auf zwei Etagen die besten
Hamburger am Kap. Dazu leckere
Milk Shakes und knackige Salate.

CAFÉS

▶ ㉒ **Café Gainsbourg**
64 Kloof Street, Gardens
Tel. 021 / 422 1780
Charmantes Bistro mit Cappucci-
no, guten Weinen, Pasta und
Panini. Bei Überfüllung kann man
ins nahe Café Paradiso auswei-
chen, 110 Kloof Street, Tel. 021 /
423 8653.

▶ ㉓ **Infocafé**
Pinnacle Building, Ecke Burg &
Castle Street, Tel. 021 / 426 4424
www.infocafe.co.za

Internet-Café mit kleinen Snacks,
Latte Macchiato und Megamuf-
fins. Anneke, Marie und Conwell
helfen auch gern am Computer.

▶ ㉔ **Melissa's**
94 Kloof Street, Gardens
Tel. 021 / 424 5540
www.melissas.co.za
Köstliches Gebäck und mediter-
ranes Mittagsbuffet. Lesen Sie
dazu entspannt die Zeitung.
Foodliebhaber finden tolle Mitbringsel ohne Zusatzstoffe. Filialen
in Green Point, Constantia und
Stellenbosch.

▶ ㉕ **Mount Nelson Hotel**
▶ Baedeker Tipp, S. 202.

▶ ㉖ **Obz Café**
115 Lower Main Road
Observatory, Tel. 021 / 448 5555
www.obzcafe.co.za
Szenecafé im Studentenviertel
Observatory mit gutem Frühstück,
Pasta, Tapas und leckeren Salaten.
Wirt Tyrone ist bestens über alle
Events im Viertel informiert.
Mi. – Sa. Theateraufführungen, Di.
und So. Livemusik.

Baedeker-Empfehlung

▶ ㉗ **Café Mozart**
37 Church Street, Central
Tel. 021 / 424 3774 , So. Ruhetag
Das hübsche Café neben der AVA Gallery
versprüht den Charme des 19. Jh.s.
Beliebter Treff für Kapstadts Kultur-
schaffende. Klassische Musik und Son-
nentische vor der Tür.

Feste, Feiertage und Events

Die Kapstädter sind so sportbegeistert wie vergnügungssüchtig. Im Januar feiern die »Kapenaars« Karneval auf afrikanisch, zum Sommer am Kap gehören Jazz, Cricket und spektakuläre Radrennen. Verschiedene Festivals feiern die Wildblumenblüte, Weinernte, Rückkehr der Wale oder den Beginn der Austernzeit in Knysna. Einen detaillierten Überblick findet man unter **www.capeetc.com/calendar** und **www.tourismcapetown.co.za**.

Events zu allen Jahreszeiten

 ## VERANSTALTUNGSKALENDER

FEIERTAGE

1. Januar: Neujahrstag (New Year's Day)

21. März: Tag der Menschenrechte (Human Rights' Day, Tag von Sharpeville 1960)

März / April: Karfreitag

März / April: Ostermontag (Family Day)

27. April: Freiheitstag (Freedom Day, erinnert an die ersten freien Wahlen 1994)

1. Mai: Tag der Arbeit (Workers' Day)

31. Mai Tag der Republik

16. Juni: Tag der Jugend (Youth Day, erinnert an den Schüleraufstand in Soweto 1976)

9. August: Nationaler Frauentag (National Women's Day)

24. September: Tag des Erbes (Heritage Day, ursprünglich Shaka-Tag der Zulu)

16. Dezember: Tag der Versöhnung (Day of Reconciliation), ursprünglich Day of the Vow (Gelöbnistag) der Voortrekker vor der Schlacht am Blood River 1838; auch Gründungstag des Umkhonto we Sizwe, des militanten Flügels des ANC 1961

25. Dezember: Weihnachtsfeiertag

26. Dezember: Tag des guten Willens (Day of Good Will)

Fällt ein Feiertag auf einen Sonntag, so gilt der folgende Montag als Feiertag.

TICKETSERVICE

► **Computicket**
  ►S. 114

EVENTS IM JANUAR

► **Minstrel Carnival (» Coon Carnival«)**
Traditionsreicher Neujahrskarneval am 2. Januar mit kostümierten Musikgruppen (► Baedeker Special, S. 153, Abb. S. 88).

► **Jazzathon**
Jazzfestival Mitte Januar an der Waterfront (www.jazzathon.co.za)

► **J & B Met**
Nicht nur eine Sportveranstaltung, sondern *das* gesellschaftliche Ereignis. Auf dem Kenilworth Racecourse heißt es Ende Januar sehen und gesehen werden, sind die extravagantesten Hüte und neueste Mode zu bestaunen (www.jbmet.co.za).

FEBRUAR BIS APRIL

► **Cape Town Festival**
Multikulturelles Stadtfest mit

Bunt, schräg, rhythmisch und ausgelassen: Kapstadts Minstrel Carnival

Musik, Theater und Tanz
(www.capetownfestival.co.za)

▶ **Cape Argus Cycle Tour**
140 km langes Radrennen rund
um die Kaphalbinsel Mitte März,
wo über 32 000 Teilnehmer um die
persönliche Bestzeit kämpfen
(www.cycletour.co.za).

▶ **Cape Town
International Jazz Festival**
Zwei Tage dauert das größte
Jazz-Festival in Afrika am letzten
Märzwochenende im International
Convention Centre (www.
capetownjazzfest.com).

APRIL

▶ **Two Oceans Marathon**
Einer der schönsten Marathon-
läufe der Welt über 56 km um
die Kaphalbinsel mit Marathon-
marke (42,195 km) am Friedhof
von Constantia Nek (Anfang
April, www.twooceans
marathon.org.za).

▶ **Klein Karoo National
Arts Festival**
Afrikaans-geprägtes Kunst- und
Kulturfestival in Oudtshoorn
(www.kknk.co.za)

MAI

▶ **Cape Gourmet Festival**
Ethnofood, typische Kapküche
und erlesene Weine in der
Schlemmerhauptstadt Südafrikas
(www.gourmetsa.co.za)

▶ **V & A Waterfront Wine Festival**
Über 75 wichtige Weingüter und
Winzer vom Kap präsentieren sich
mit Ständen und Weinproben
(www.waterfront.co.za).

JUNI BIS NOVEMBER

▶ **Whale Watching**
Zwischen der False Bay bei Kapstadt und Plettenberg Bay an der
Garden Route kann man Wale
beobachten, die aus der Antarktis
zum Gebären ans Kap kommen
(▶ Baedeker Special, S. 214).

JULI

► Oyster Festival

Zehn Tage dauert das Knysna-Austernfestival (www.oyster festival.co.za).

► Red Bull BWA (Big Wave Africa)

Im Juli und Aug. heißt es Warten auf die perfekte Welle beim Mega-Surf-Festival – Treffpunkt: Dungeons, The Sentinel und Hout Bay (www.redbullbwa.com).

AUGUST / SEPTEMBER

► Wildflower Festivals

Binnen weniger Tage erblühen nördlich von Kapstadt Millionen von Wildblumen in prachtvollen Farben. Das spektakuläre Naturereignis hält nur wenige Wochen an und wird in vielen Orten gefeiert.

► Whale Festival

Die Rückkehr der Glattwale feiert man in Hermanus in der letzten Septemberwoche mit Straßenmärkten, Theater und Musik (www.whalefestival.co.za).

► Nederburg Wine Auction

Auf der Weinauktion in Paarl ersteigern Weinexperten aus aller Welt Spitzenweine vom Kap (www.neder burg.co.za).

NOVEMBER

► Sithengi

Südafrikanische Film- und Fernsehmesse in Zusammenarbeit mit dem jährlichen Cape Town World Cinema Festival (www.sithengi.co.za)

NOVEMBER BIS APRIL

► Summer Sunset Concerts at Kirstenbosch

► Baedeker Special, S. 223

DEZEMBER

► Mother City Queen Project

Große Gayparties ab Mitte Dezember bis Neujahr mit Gala und Maskenball (www.mcqp.co.za).

► Weihnachten

In der Adventszeit streift Santa Claus im roten Flanellmantel samt Pudelmütze und Rauschebart durch die klimatisierten Einkaufspaläste und die Fußgängerzone der St. Georges Mall, um Kinder aller Hautfarben zu erfreuen. In den letzten Tagen vor Weihnachten locken Stände des Adderley Street Night Market.

Geld

Währungseinheit ist der **südafrikanische Rand** (ZAR). 1 Rand entspricht 100 Cents. Die Vorderseiten der Banknoten sind in Englisch bedruckt, auf der Rückseite erscheinen jeweils zwei der elf Amtssprachen der Regenbogennation. Es gibt Banknoten zu 10, 20, 50, 100 und 200 Rand sowie Münzen zu 5, 10, 20 und 50 Cents sowie 1, 2 und 5 Rand. Pro Person dürfen 5000 Rand in bar ein- bzw. ausgeführt werden, für andere Währungen gelten keine Auflagen. Der Umtausch ist in Südafrika günstiger!

Währung

<table>
<tr><th>WECHSELKURSE</th><th>KARTE VERLOREN?</th></tr>
</table>

WECHSELKURSE

1 Euro = 12,79 Rand
1 Rand = 0,078 Euro
1 sFr = 8,26 Rand
1 Rand = 0,12 sFr

KARTE VERLOREN?

Ist eine Bank- oder Kreditkarte verloren gegangen oder gestohlen worden, sollte man sie sofort sperren lassen. Notfall-Nummer für sämtliche sperrbaren Medien wie Bank-, Kreditkarten und SIM-Karten von Handys: **Tel. (+ 49) 69 / 116 116**.

Reiseschecks, Geldautomaten und Kreditkarten

Reiseschecks können bei allen großen Banken und vielen Hotels eingelöst werden. An Geldautomaten (ATMs) mit Maestro-Funktion lässt sich mit **Bank- und Kreditkarten** – in Kombination mit der Geheimnummer – rund um die Uhr Geld abheben. Benutzen Sie nur videoüberwachte Geldautomaten großer Banken, um vor Geldautomatenbetrügern sicher zu sein! Gängige Kreditkarten werden von allen Banken, den meisten Hotels, Restaurants, Autovermietern und vielen Geschäften akzeptiert. Die meisten Banken sind Mi.–Fr. 9.00–15.30, Sa. 8.30–11.30 Uhr geöffnet.

Mit Kindern unterwegs

Keine Langeweile!

Südafrika ist sehr **kinderfreundlich** und es gibt viele kindgerechte Attraktionen rund ums Kap. Einige davon können Kinder kostenfrei mit dem **ermäßigten Cape Town Pass** besuchen (www.thecapetown pass.com, ▶ S. 72). Wo man mit Kids am besten essen geht, steht unter **www.eatingoutwithkids.co.za**.

Was Kindern gefällt

Spannend für die ganze Familie sind das Haitauchen im **Two Oceans Aquarium** und die Wal- und Dinoausstellung im **South African Museum** – das Planetarium veranstaltet auch spezielle Kinderprogramme. Auf dem Tafelberg werden sich Ihre Jüngsten sicher für die zutraulichen **Klippschiefer** interessieren und kaum glauben können, dass die possierlichen Tierchen mit dem Elefanten verwandt sind. Zur obligatorischen Fahrt um die Kaphalbinsel gehört der Stopp bei den **Pinguinen am Boulders Beach**. Im **Tygerberg Zoo** mit Streichelgehege leben Löwen, Antilopen und Schimpansen, in Hout Bay warten die exotische **World of Birds** und eine spannende Bootsfahrt zur **Robbeninsel Duiker Island**. Absolut sehenswert sind die Shows der jungen Artisten aus der **Zip Zap Circus** School (Founders Garden, Jan Smuts Street, Tel. 021/421 8623, www.zip-zap.co.za). Kinder ab 10 Jahren können jeden Do. um 18.30 Uhr im **Drum Café** trommeln lernen. Informieren Sie sich an den **Badeständen** über die Strömungsverhältnisse. **Gezeitenpools** bieten meist mehr Sicherheit. Wasserrutschen und **Surfkurse** findet man am Strand von Muizenberg. **Mountainbiketouren** und **Sandboarden** in den Dünen um Kapstadt organisieren Sunscene (www.sunscene.co.za), Downhill Adventures (▶ S. 126) und Gary's School in Muizenberg – mit dem Cape Town Pass ist ein Sandboarding bei Scarborough mit Gary gratis. In der **Century City** können Kids durch Krokodilsümpfe laufen, das Abenteuerland Ratanga Junction erkunden und Gokart, Doppeldeckerkarussell oder Cobra-Loopingbahn fahren.

Einmalig ist das **Whale Watching** in Hermanus, wo die sanften Meeresriesen ganz dicht an die Küste heranschwimmen. Am Ende der Route 62 sollte man in Oudtshoorn unbedingt eine **Straußenfarm** besichtigen, aber auch das benachbarte **Cheetahland** mit Geparden und weißen Tigern und die riesigen **Cango Caves** versprechen unvergessliche Momente. Herrliche Sandstrände und verwunschene Lagunen warten an der **Garden Route**. Und die »**Big Five**« malariafrei: Erleben Sie wilde Tiere hautnah in den neuen privaten Wildreservaten auf ehemaligem Farmland wie das **Aquila Game Reserve**, 2 Autostunden von Kapstadt entfernt in der südlichen Karoo, oder das **Botlierskop Game Reserve** bei Mossel Bay. Und noch ein Riesenspaß: Schwingen Sie sich mit der ganzen Familie wie Tarzan durch die Urwaldwipfel auf der Treetop Canopy Tour im **Tsitsikamma National Park**.

i Hits für Kids

- Two Oceans Aquarium – Zuschauen beim Haitauchen
- South Africa Museum – Riesenskelette von Blauwal, Urzeit-Hai und Dinosauriern
- Hout Bay – Mit dem Katamaran zu den Pelzrobben von Duiker Island
- Simon's Town – Brillenpinguine am Boulders Beach
- Hermanus – Wale aus nächster Nähe beobachten
- Cheetahland – weiße Tiger und Geparden
- Botlierskop Private Game Reserve – Elefantenritt an der Garden Route
- Treetop Canopy Tour – wie Tarzan durch die Urwaldwipfel des Tsitsikamma-Nationalparks

Kinos

In Kapstadt laufen die üblichen Hollywood-Filme. Dienstag ist Kinotag mit reduziertem Eintritt. Das Kinoprogramm findet man unter **www.moviesite.co.za**, Kinokarten gibt es über **Computicket** (▶ S. 72). Interessante Beiträge mit Afrika-Bezug laufen auf dem SA World Film Festival im Nov./Dez., dem Dokumentarfilmfest Encounters im Juli und dem Three Continents Filmfestival im September.

▶ KINOS AM KAP

▶ **Labia on Orange**
68 Orange Street, Gardens
Tel. 021 / 424 5927, www.labia.co.za
Bestes Programmkino mit vier
Sälen. Do., Fr. ab 16.00 Uhr Essen
im Kino. Die subventionierte
Reihe »The African Screen«
fördert südafrikanische Filme

▶ **Cavendish Nouveau**
Lower Level, Cavendish Square
Dreyer Street, Claremont
Tel. 021 / 683 4063
Filmklassiker auf 8 Leinwänden.

▶ **Azure Cine 12**
Twelve Apostels Hotel, Victoria
Road, Camps Bay, Tel. 021 / 437
9000, www.12apostelshotel.com
16 Sessel hat das kleine Kino
der Nobelherberge, in dem
auch Nichtgäste tgl. um 10.00,
15.00, 18.00, 20.00 und 22.00
Uhr neue Filme sehen können.
»Dinner & Movie« heißt das
spezielle Kinomenü im
Restaurant Azure.

▶ **Cinema Starz!**
Grand West Casino
1 Vanguard Drive, Goodwood
Tel. 021 / 534 0250, tgl. ab 10.00
Uhr Kino für die ganze Familie
in sechs Sälen

Kleiner Knigge

»Please wait to be seated!«
Im **Restaurant** sucht man sich nicht selbst einen Platz, sondern wartet am Eingang, bis ein Platz zugewiesen wird. In der Rechnung ist zwar die Mehrwertsteuer (VAT), nicht aber das **Trinkgeld** (Tip) enthalten. 10 % Trinkgeld sind üblich – da viele Kellner aber ihren Lohn nahezu ausschließlich über dieses Tipping beziehen, sind bei gutem Service 15 % angemessen. Auf Safari sind mindestens 50 Rand Trinkgeld pro Person und Tag in die Tipping Box üblich.

Kleidung
Die Kapstädter lieben es sportlich und bevorzugen **legere Kleidung**. Besonders im Sommer darf das Jackett ruhig im Schrank bleiben. Auch zum Dinner kleidet man sich zwanglos schick. Ausnahmen bilden einige Spitzenhotels, Top-Restaurants und Nachtclubs, die auf gewisser Etikette wie »keine Sportkleidung« bestehen.

Fotografieren
Wer Personen fotografieren will, sollte vorher um Erlaubnis fragen. Dies gilt besonders auf dem Lande, aber auch in muslimischen Gemeinden und den Townships. Militärische Einrichtungen sind tabu!

Sprache
Die Südafrikaner sind seit den Umwälzungen der 1990er-Jahre besonders für die Wortwahl sensibilisiert. Dies ist nicht allein in den

vielen Umbenennungen von Stadt- und Straßennamen erkennbar. Viele Wörter tragen auch heute noch den Stachel der Apartheid und verschwinden daher nach und nach aus dem Sprachgebrauch. So ist das Wort »Kaffer« in allen Variationen längst durch treffendere Bezeichnungen selbst in Flora und Fauna ersetzt worden.

Literaturempfehlungen

Renate Ahres-Kramer: Zeit der Wahrheit. Piper, München 2005. Die Spurensuche der Journalistin Pia nach Ihrer Kindfrau Zoe ist eine Annäherung an die Zeit der Apartheid und die Arbeit der Wahrheitskommission.

Romane und Erzählungen

Breyten Breytenbach: Mischlingsherz. Eine Rückkehr nach Afrika. Hanser, 1999. Traum, Komik und Grauen begleiten die Rückkehr des bekannten südafrikanischen Autors aus dem Exil (▶S. 94). Einblicke in ein zwiespältiges Land, die unter die Haut gehen.

André (Philippus) Brink: Im Gegenteil. Volk und Welt, 2001. Im Südafrika des 18. Jh.s hält der »Rebell, Soldat, Reisende, Forscher, Baumeister, Liebhaber und Lügner« Estienne Barbier Rückschau auf sein Leben, während er auf seine Hinrichtung wartet. Brink ist Literaturprofessor an der Uni Kapstadt, schreibt in Afrikaans und war mehrfach für den Literaturnobelpreis vorgeschlagen. In Deutschland wurde Brink durch die Verfilmung seines Romans »Weiße Zeit der Dürre« (1988) mit Donald Sutherland und Marlon Brando berühmt.

> **❗ *Baedeker* TIPP**
>
> **»Das Herz des Jägers« ...**
> Aufbau, 2007. Ein Mann, ein Auftrag, ein Thriller vom Tafelberg, der den deutschen Krimipreis erhielt. Lesenswert sind auch die anderen Kapstadt-Krimis von Kultautor Deon Meyer wie »Der Atem des Jägers« (Rütten & Loening, 2007) um Benny Griessel, dem einst besten Polizisten Kapstadts, oder »Tod vor Morgengrauen« (Aufbau, 2006), in dem Privatdetektiv Zed van Heerden nur sieben Tage Zeit bleiben, um Licht ins Dunkel zu bringen.

Athol Fugard: Tsotsi. Diogenes, 2006. Das Townshipgang-Melodram, das Südafrikas bekanntester Theaterautor schon 1960 verfasste, ist eine zeitlose Parabel über das Gute und Böse im Menschen. Die Verfilmung erhielt 2006 den Oscar als »bester fremdsprachiger Film«.

Nadine Gordimer: Beute. BTV, 2005. 10 Erzählungen voller überraschender Wendungen, zehn Schicksale im modernen Südafrika von der ersten Literaturnobelpreisträgerin des Landes.

Etienne van Heerden: Das lange Schweigen. Bertelsmann, 2004. Kunstexpertin Ingi Friedländer verlässt Kapstadt und überschreitet auf der Suche nach einer berühmten Skulptur die Grenze zwischen realer und magischer Welt.

Nelson Mandela: Meine afrikanischen Lieblingsmärchen. DTV, 2006. Fantasievoll illustrierter Märchenschatz – die Atmosphäre Afrikas ausgewählt vom großen alten Mann Südafrikas. Für Lesemuffel auch auf 3 CDs!

Sachbücher, Biografien und Bildbände

Breyten Breytenbach: Die Erinnerung von Vögeln in Zeiten der Revolution. Suhrkamp, 2003. Wegweisende Essays und zwei Briefe an Nelson Mandela zur Frage, wie die neue Freiheit Südafrikas bewahrt und eine wirkliche Einheit des Landes errungen werden kann. Breytenbach saß als Anti-Apartheid-Aktivist 1975–1982 im Gefängnis. Seine Ehe mit einer Vietnamesin war zuvor unter die Apartheid-Rassegesetze gefallen. Der Sohn einer alter Burenfamilie in Bonnievale pendelt heute als Professor zwischen der Uni Kapstadt, New York University und dem Senegal.

Clemens Emmler: Kapstadt und Kapland. Reich, 2008. Tolle Bilder vom stürmischen Kap bis zu den Traumstränden der Garden Route

Albrecht Hagemann: Kleine Geschichte Südafrikas. C. H. Beck, 2001. Landesgeschichte mit Blick in die Zukunft.

Nelson Mandela: Der lange Weg zur Freiheit. ▶Baedeker Tipp, S. 53

Martin Pabst: Südafrika. C. H. Beck, 2008. Überarbeitete Neuauflage des Standardwerks von 1997.

»Carmen aus Khayelitsha« – Szene mit der Hauptdarstellerin Pauline Malefane

Filmkulisse Kapstadt

Spätestens seit der Verleihung des Goldenen Bären auf der Berlinale 2005 an die Kapstädter Produktion **»U Carmen e-Khayelitsha«** (»Carmen aus Khayelitsha«) ist die **boomende Filmbranche** am Kap auch in Deutschland bekannt. Keine große deutsche TV- oder Filmproduktionsgesellschaft, die nicht schon am Kap gedreht, das sichere Sonnenwetter und die niedrigen Kosten genutzt hätte. 2007 und 2008 wurden am Tafelberg u. a. »Die 3 Fragezeichen« und Teile von Roland Emmerichs Mammut-Opus »10 000 v. Chr.« gedreht. 2009 wird in Kapstadt mit dem Historiendrama **»Heaven & Earth«** das Leben von James Miranda Barry (Natascha McElhone) verfilmt, der ersten Medizinerin Englands, die sich im 19. Jh. als Mann ausgeben musste, um den Beruf auszuüben. Schließlich hatte sie eine Affäre mit dem Gouverneur von Kapstadt, Lord Charles Somerset (James Purefoy). Bis 2009 werden in Bellville die neuen **Cape Town Film Studios** gebaut. Auch die Werbebranche nutzt das einmalige Ambiente am Kap für ihre Spots – legendärer Drehort internationaler Autokonzerne ist der kurvenreiche Chapman's Peak Drive.

Medien

Zeitungen und Zeitschriften

Renommierte Zeitungen des Landes sind die wöchentlich erscheinenden **»Mail & Guardian«** (www.mg.co.za), »Sunday Times« und »Sunday Indipendent«. Der viel beachtete, 1981 als Anti-Apartheid-Zeitung gegründete **»Sowetan«** (www.sowetan.co.za) hat heute über 1,6 Mio. Leser – und die nicht nur bei der schwarzen Bevölkerung. In Kapstadt erscheinen zwei große englische Tageszeitungen: **»Cape Argus«** (www.capeargus.co.za) und **»Cape Times«** (www.capetimes.co.za) mit vielen nützlichen Veranstaltungshinweisen. Wichtigste Zeitung in Afrikaans ist »Die Burger« (www.dieburger.com). Monatlich informiert **»SA Citylife«** über die Kulturszene Kapstadts, alle zwei Monate erscheint der Restaurantführer **»Eat out«**. Deutschsprachige Zeitungen und Bücher hat in Kapstadt die **Buchhandlung Ulrich Naumann**, 15 – 19 Burg Street.

Radio, Fernsehen und Internet

Die staatliche **South African Broadcasting Corporation** (SABC) betreibt elf Radioprogramme auf UKW und MW. Landesweit zu hören sind der Privatsender SAFM mit spannenden Diskussionsbeiträgen, 5FM, Metro FM und Radio 2000. Zu den populärsten Privatsendern gehören das Bush Radio, Cape Talk, Good Hope FM, The Voice of the Cape und der Jugendmusiksender YFM. SABC strahlt drei Fernsehprogramme aus, am interessantesten ist das überwiegend englischsprachige dritte. Reine Unterhaltung läuft auf dem Privatsender e.tv. Über DStv können 55 auch internationale Programme empfangen werden. Viele Hotels haben deutschsprachige Satelliten-Kanäle und Internetanschluss. Auch zahlreiche Internetcafés bieten in Kapstadt ihren Service an.

Museen und Ausstellungen

Ermäßigungen
Freien Eintritt in 18 der bedeutendsten Museen in und um Kapstadt gewährt der **Cape Town Pass** (▶ S. 72). In vielen Museen bekommen Kinder, Studenten und Senioren Ermäßigungen – eine genaue Übersicht findet man unter www.tourismcapetown.co.za.

Iziko Museums
14 der wichtigsten Museen sind heute unter dem Dach der **Iziko Museums of Cape Town** vereint. »Iziko« – in der Sprache der Xhosa »Herd«, »Feuerstelle« – soll auf die zentrale Funktion der Zusammenkunft von Menschen verweisen. Die offiziellen Namen beginnen jetzt alle mit Iziko – z. B. Iziko Slave Lodge (www.iziko.org.za).

▶ KAPSTÄDTER MUSEEN

GESCHICHTE / KULTUR-GESCHICHTE

▶ **Afrikaans Language Museum**
  ▶Paarl

▶ **Bartolomeu Dias Museum**
  ▶Garden Route, Mossel Bay

▶ **Beck Huis Museum**
  ▶Worcester

▶ **Boschendal Manor House**
  ▶ Baedeker Tipp, S. 182

▶ **Castle of Good Hope**
  ▶ S. 162

▶ **Calitzdorp Museum**
  ▶Route 62, Calitzdorp

▶ **Clanwilliam Museum**
  ▶West Coast, Cederberge

▶ **C. P. Nel Museum**
  ▶Route 62, Oudtshoorn

▶ **Darling Museum**
  ▶West Coast, Darling

▶ **De Oude Drostdy Museum**
  ▶West Coast, Tulbagh

▶ **De Wet's Huis Photo Museum**
  ▶Hermanus

▶ **District Six Museum**
  ▶S. 171

▶ **Dorp Museum**
  ▶Stellenbosch

▶ **Drostdy Museum**
  ▶Overberg, Swellendam

▶ **George Museum**
  ▶Garden Route, George

▶ **Holocaust Centre**
  ▶South African Jewish Museum

▶ **Hout Bay Museum**
  ▶Hout Bay

Uniformen der Kapregimenter im Militärmuseum des Castle of Good Hope

South African Missionary Meeting House Museum
▶ Bo-Kaap, Sendinggestig Museum

The Heritage Museum
▶Simon's Town

Wupperthal Museum
▶West Coast, Cederberge, Wupperthal

KUNST UND ARCHÄOLOGIE

Fish Hoek Valley Museum
59 Central Circle, Fish Hoek
Öffnungszeiten: Di. – Sa.
9.30 – 12.30 Uhr
Das Museum zeigt prähistorische Funde, die zum 12 000 Jahre alten »Fish Hoek Man« gehören, und arrangiert Führungen zur Skelett-fundstätte in der Peers Cave.

Gold of Africa Museum
▶Strand Street

Goldene Akan-Krone nach europäischem Vorbild (um 1900)

Hugo Naudé & Jean Welz Gallery
115 Russel Street, Worcester
Öffnungszeiten:
tgl. 9.00 – 16.30 Uhr
Sammlung moderner Kunst

Irma Stern Museum
▶Rondebosch

Iziko Michaelis Collection
▶Greenmarket Square, Old Town House

Iziko Rust en Vreugd
▶Rust en Vreugd

Iziko South African Museum
▶South African Museum

Iziko South African National Gallery
▶South African National Gallery

Marvol Museum
▶Stellenbosch

Montagu Museum Complex
▶Route 62, Montagu

Old Mutual Building
▶Grand Parade

Rupert Museum
▶Stellenbosch

NATUR UND TECHNIK

Air Force Museum
▶South African Air Force Museum

Cape Agulhas Lighthouse Museum
▶Bredasdorp, Cape Agulhas

Cape Medical Museum
▶Green Point

Castle Military Museum
▶Castle of Good Hope

Durbanville Clay Museum
▶Durbanville

▶ Heart of Cape Town Museum
▶Observatory, Woodstock

▶ Iziko Planetarium
▶South African Museum

▶ Iziko South African Maritime Museum
▶V & A Waterfront

▶ Josephine Mill
▶Newlands

▶ Joubert House
▶Route 62, Montagu

▶ Old Harbour Museum
▶Hermanus

▶ Outeniqua Transport Museum
▶Garden Route, George

▶ Shipwreck Museum
▶Bredasdorp

▶ South African Fisheries Museum
▶Hout Bay

▶ South African Naval Museum
▶Simon's Town

▶ Strandveld Museum
Kusweg, Franskraal, Gansbaai
Öffnungszeiten: tgl.
10.00 – 15.00 Uhr
Privatmuseum in einem alten
Fischerhaus mit der größten Kollektion an Wrackfunden der vor
Danger Point gesunkenen »H.M.T.
Birkenhead« (▶Hermanus).

▶ The Carriage Museum
Stellenbosch, Stellenbosch Wine
Route, Blaauwklippen

▶ Vasco da Gama Nautical Museum
Van Riebeeck Street, Oorlogsvlei
Saldanha, Tel. 022 / 714 2088
Das Museum am Shelley Point
widmet sich den frühen Navigatoren und Seefahrern, die diese
Küste besuchten.

▶ Whale Museum
▶Hermanus

SONSTIGES

▶ Apple Museum
▶Overberg, Grabouw

▶ South African Rugby Museum
▶Kirstenbosch National Botanical
Garden, Umgebung

Nationalparks, Naturreservate

Auf zu den **Big Seven** – denn zu Löwe, Büffel, Leopard, Nashorn und
Elefant gesellen sich nun auch Wal und Weißer Hai! Für den Schutz
der artenreichen Flora und Fauna am Kap sorgen nicht nur die staatliche Organisation **South African National Parks (SAN Parks)** und
Cape Nature Conservation, sondern auch zahlreiche Privatinitiativen
und **private Tierreservate** auf ehemaligem Farmland.

▶ South African National (SAN) Parks

Zentrales Buchungsbüro
P.O. Box 787, Pretoria 01
Tel. 012 / 428 9111
Fax 012 / 426 5500
www.sanparks.co.za
Verwaltet die 21 großen Nationalparks des Landes; rund um Kapstadt: Addo Elephant Park (Eatern Cape), Agulhas National Park, Bontebok National Park, Knysna National Lake Area, der Table Mountain National Park, Tsitsikamma National Park, West Coast National Park und Wilderness National Park.

▶ Cape Nature Conservation

Cape Nature House
Belmont Park, Cape Town
Tel. 021 / 426 0723
Reservierungen:
Tel. 021 / 659 3500
www.capenature.co.za.
Betreut 42 Naturreservate am Kap

Baedeker-Empfehlung

▶ Wild Card

Für Naturliebhaber bietet die Wild Card ein Jahr lang freien Eintritt zu allen Nationalparks und Naturreservaten Südafrikas, die Regionalkarte »Cape Cluster« gilt für die Western Cape Province. Buchung: www.sanparks.co.za, www.capenature.co.za.

Ist nur im Knysna Forest heimisch: der farbenprächtige Knysna Loerie

Nationalparks

Addo Elephant National Park — **Lage**: 75 km nördlich von Port Elizabeth. Tel. 042 / 233 8600, www. sanparks.org/parks/addo. **Besonderheiten**: Über 400 Elefanten, die »Big Five« und ab 2010 auch Wale und Haie; ▶ S. 199.

Agulhas National Park — **Lage**: 230 km östlich von Kapstadt. Tel. 028 / 435 6222, www.san parks.org/parks/agulhas. **Besonderheiten**: Südlichster Punkt Afrikas mit Fynbos-Vegetation wie die Kap-Platane, Walbeobachtung und das Schiffswrack-Museum in Bredasdorp; ▶ S. 157.

Bontebok National Park — **Lage**: 210 km östl. von Kapstadt. Tel. 028 / 514 2735, www.sanparks. org/parks/bontebok. **Besonderheiten**: Kleinster Nationalpark Südafrikas mit den seltenen Buntbock-Antilopen; ▶ S. 231.

Lage: 500 km östlich von Kapstadt an der Garden Route. Tel. 044 / 382 2095, www.san parks.org/parks/knysna. **Besonderheiten**: in der herrlichen Lagune von Knysna gibt es Seepferdchen, nur im Knysna Forest lebt der hellgrüne Papageienvogel Knysna Lorie; ► S. 191.

Knysna National Lake Area

Lage: vom Signal Hill bis zum Kap der Guten Hoffnung. Tel. 021 / 701 8692, www.sanparks.org/parks/table_mountain/, www.tmnp.co.za. **Besonderheiten**: Wanderparadies, einzigartige Kapflora, Pinguine und Whale Watching; ► S. 275.

Table Mountain National Park

Lage: 700 km östlich von Kapstadt an der Garden Route. Tel. 042 / 281 1607, www.sanparks.org/parks/tsitsikamma, www.tsitsikamma.info. **Besonderheiten**: einer der letzten Regenwälder des Landes mit drei der schönsten Wanderwege Südafrikas; ► S. 198.

Tsitsikamma National Park

Lage: 120 km nördlich von Kapstadt. Tel. 022 / 772 2144, www.san parksorg/parks/west_coast. **Besonderheiten**: traumhafte Wildblumen-blüte im Aug./Sept., Pinguine und Brutstätte für Zugvögel; ► S. 292.

West Coast National Park

Lage: 650 km östlich von Kapstadt an der ►Garden Route. Tel. 044 / 877 1197, www.sanparks.org/parks/wilderness. **Besonderheiten**: Tausende von Wasservögeln und unberührte Sandstrände; ► S. 191.

Wilderness National Park

Notdienste

IN KAPSTADT

► **Allgemeine Notfallnummer**
Tel. 107
Tel. 112 (vom Mobiltelefon)

► **Polizei**
Tel. 10111
Tel. 021 / 421 5115
(Touristen-Hilfe)

► **Krankenwagen**
Tel. 10177

► **Feuerwehr**
Tel. 021 / 590 1900

► **Bergrettung (Mountain Rescue)**
Tel. 021 / 480 7700 (Tafelberg und Table Mountain National Park)
Tel. 021 / 948 9900 (Western Cape)

► **Groote Schuur Hospital**
Main Road, Observatory
Tel. 021 / 404 9111

► **Deutschsprachige Ärzte**
Dr. Piper, 21 Kloof Nek Road, Tamboerskloof, Tel. 021 / 424 4257;
Dr. Waschnig, 1 Milner Road, Tamboerskloof, Tel. 021 / 424 2590
(Vertrauensarzt der General-konsulate)

► **Zahnärzte**
Dr. Hoffmann, Denta House
53 Castle Street, CBD
Tel. 021 / 423 4147;

Dr. Klein, 1 Milner Road, Tamboerskloof, Tel. 021 / 424 1992

▶ **Giftzentrum**
Tel. 0800 / 333 444

▶ **Seenotrettung (Sea Rescue)**
Tel. 021 / 449 3500

▶ **Flugrettung**
Tel. 021 / 937 1211

▶ **Automobilclub Südafrika AA**
Tel. 021 / 419 6914
Tel. 0800 / 010101 (Pannenhilfe)
Tel. 0800 / 033 007 (Unfallhilfe)
www.aasa.co.za

IN DEUTSCHLAND

▶ **ADAC-Notrufzentrale**
Tel. 0049 / 89 / 76 76 76
(Medizinische Hilfe, Flugrettung)
Tel. 0049 / 89 / 22 22 22
(Unfälle, Dokumentenverlust)

▶ **AvD-Notruf**
Tel. 0049 / 69 / 66 06 600

▶ **ACE-Notruf**
Tel. 0049 / 180 / 234 35 36

▶ **DRK-Flugdienst Bonn**
Tel. 0049 / 228 / / 23 00 23

▶ **Deutsche Rettungsflugwacht**
Tel. 0049 / 711 / 70 10 70

Post und Telekommunikation

Post **Postämter** haben Mo., Di., Do. und Fr. 8.30 – 16.30, Mi. 9.00 – 16.30, Sa. 8.00 – 12.00 Uhr geöffnet, die Hauptpost (General Post Office) befindet sich an der Parliament Street. **Briefkästen** sind rot. Das **Porto** per Luftpost (Air mail) nach Europa beträgt für eine Postkarte 4,01 Rand, für einen Brief 4,64 Rand. 1857 verkehrte erstmals ein reguläres Postschiff zwischen Kapstadt und England – je nach Wetter brauchte es etwa 42 Tage. Heute dauert eine Briefsendung weniger als eine Woche.

Telefon In den **öffentlichen Telefonzellen** gibt es blaue Apparate für Münzen (ideal sind 50 c oder 1 Rand) und grüne Apparate für Telefonkarten (phonecards), die in vielen Läden, Postämtern und Hotels zu 15, 20,

▶ LÄNDERVORWAHLEN

▶ **Von Deutschland, Österreich und der Schweiz**
nach Südafrika: Tel. 00 27
nach **Kapstadt**: Tel. 00 27 21

▶ **Von Südafrika**
nach Deutschland: Tel. 00 49

nach Österreich: Tel. 00 43
in die Schweiz: Tel. 00 41

▶ **Telefonauskunft**
Für Kapstadt: Tel. 1023
National: Tel. 1025
International: Tel. 0903

50, 100 und 200 Rand verkauft werden (www.telkom.co.za). **Mobiltelefone** können am Flughafen von Kapstadt mit Kreditkarte gemietet werden. Für das eigene Handy können Sie Prepaid-SIM-Cards für die landesweiten Netzanbieter MTN, Cell C, Virgin oder Vodacom im Supermarkt oder an Tankstellen kaufen.

Preise und Vergünstigungen

Aufgrund des starken Euro sind die Preise am Kap derzeit **sehr niedrig**. Nicht nur Benzin, auch shoppen und schlemmen ist wesentlich billiger als in Europa. Während der Fußballweltmeisterschaft 2010 muss allerdings mit erhöhten Hotelpreisen gerechnet werden. **Möglichkeiten zum Sparen** bieten Frühbucherrabatte, Flüge außerhalb der Saison, der **Cape Town Pass** und die **Wild Card**. Die Rückerstattung der Mehrwehrtsteuer (Tax Refund) spart 14 %!

Preisniveau

▶ WAS KOSTET WIE VIEL?

Einfaches Doppelzimmer
ab 800 Rand

Einfache Mahlzeit / Imbiss
ab 40 Rand

Dreigang-Menü
ab 100 Rand

1 Liter Benzin
ab 10 Rand

1 Tasse Kaffee
ab 8 Rand

1 Liter Mineralwasser
ab 20 Rand

1 Glas Wein
ab 25 Rand

Reisezeit

Ganzjähriges Reiseziel

Aufgrund des milden **mediterranen Klimas** kann man am Kap rund ums Jahr Urlaub machen, besonders zu empfehlen sind Frühjahr und Herbst. Durch die Lage auf der Südhalbkugel sind die Jahreszeiten mit denen in Europa vertauscht. Traumhaft ist die **Wildblumenblüte** im Kap-Frühling ab Ende August, zwischen Juni und November bevölkern **Wale** die Küste, die aus der Antarktis zum Kalben ans Kap kommen. Die **Badesaison** mit wärmeren Wassertemperaturen dauert von Ende Okt. bis April. Höhepunkt der Saison ist Dezember – von Weihnachten bis Mitte Januar nehmen die meisten Südafrikaner ihren Sommerurlaub. Entsprechend ausgebucht sind dann viele Hotels. Im **Hochsommer** erreichen die Temperaturen in Kapstadt und in Küstennähe 25 bis 30 °C. In der Klein Karoo können die Temperaturen zur gleichen Zeit auf über 40 °C steigen. Am Atlantik weht auch sommers häufig eine steife Brise. Der **Winter** von Mitte Mai bis Sept. kann regnerisch ausfallen mit kurzen, heftigen Schauern. Die Temperaturen fallen zwar nur selten unter 5 °C, aber auf dem Tafelberg kann schon mal Schnee liegen. Die Tageshöchsttemperaturen schwanken im Winter zwischen 15 und 19 °C. Zu dieser Zeit steht das Buschgras niedrig, wenn sich Großwild an den Wasserlöchern der Nationalparks versammelt – gute Voraussetzung für exzellente Fotos. In Kapstadt blüht derweil das Kulturleben mit Festivals, Theater und Musik.

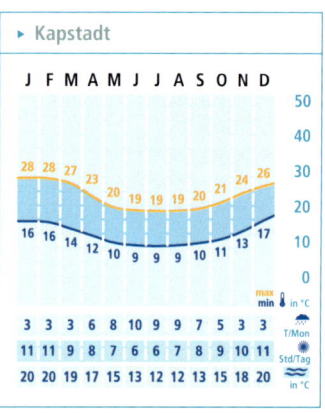

▶ **Kapstadt**

J F M A M J J A S O N D

i **Wind und Wetter**

■ Wie das Wetter wird, sagt Ihnen das Wetteramt Kapstadt – ganz wichtig für den Tafelbergbesuch! Tel. 082 / 233 9900 www.weathersa.co.za

Shopping

Einkaufsparadies

Kapstadt ist dank seiner **niedrigen Preise** ein wahres Shoppingparadies. In **Hout, Long** und **Kloof Street** findet man junge Mode, Buchläden und Weine vom Kap, feine Antiquitätengeschäfte sind an der Church und Shortmarket Street zu Hause, in der Fußgängerzone **St. George's Mall** locken Kaufhäuser, Diamanten und bunte Straßenstande. Farbenfroh bedruckte Stoffe, Perlenschmuck, Holzschnitzereien, Specksteinarbeiten, Masken und originelle Blechkunst aus den Townships bekommt man am **Greenmarket Square**. Kunsthandwerk aus ganz Afrika bietet der **Pan African Market**, 76 Long Street. Viele talentierte Goldschmiede haben sich am Kap niedergelassen. Günstig sind Leder-, Sport- und Outdoor-Kleidung. Ultimatives Shopping versprechen die **V & A Waterfront** und der Konsumtempel **Century City** an der N1 bei Milnerton. Die meisten Geschäfte öffnen Mo. – Fr. 9.00 – 17.00, Sa. 9.00 – 13.00 Uhr, Shopping Malls tgl. bis 21.00 Uhr. ◄ Öffnungszeiten

ADRESSEN SHOPPING

ANTIQUITÄTEN

► **Antique Arcade**
127 Long Street, Central
Ein Dutzend kleiner Antiquitätenläden mit Möbeln, edlem Porzellan und Silberschmuck

► **Church Street Antique Market**
Antikes, Kitsch und Trödel findet man im Sommer tgl., im Winter Do. – Sa. auf dem Straßenmarkt zwischen Long und Burg Street.

BÜCHER

► **Clarke's**
211 Long Street, Central
www.clarkesbooks.co.za
Gut sortierte zeitgenössische Literatur, Bestseller und Secondhand

► **Ulrich Naumann Buchhandlung**
15 – 19 Burg Street
Tel. 021 / 423 7832
Deutsche Buchhandlung mit deutschsprachigen Zeitungen und Zeitschriften

EINKAUFSZENTREN

► **Canal Walk Shopping Centre**
►Durbanville,
Century City, S. 174

► **Cavendish Square**
1 Dreyer Street, Claremont
www.cavendish.co.za
Öffnungszeiten: Mo. – Sa.
9.00 – 18.00, Fr. bis 21.00, So. bis 16.00 Uhr. Exklusive Geschäfte außerhalb in Claremont

Fantasievolle Schnitzkunst

Baedeker-Empfehlung

► **V & A Waterfront**
Ultimatives Shopping in schicken Ladenpassagen, Boutiquen und Märkten, die sich über das Vergnügungsviertel am hafen verteilen, ► S. 286

KUNSTGALERIEN

► **Albie Bailey ART Gallery**
►Baedeker Tipp, S. 150

► **AVA Gallery**
35 Church Street, Central
Zeitgenössische Arbeiten, Kataloge, Kunstmagazine

► **The Cape Gallery**
60 Church Street, Central
www.capegallery.co.za
Zeitgenössische Künstler vom Kap

Schlendern, Schauen und Shoppen in der ehemaligen Handelsstation an der Waterfront.

▶ **Goodman Gallery**
3. Etage, Fairweather House
176 Sir Lowry Road, Woodstock
Mo. geschlossen
www.goodmangallerycape.com
Linda Given und Joe Wolpe
zeigen gefragte Künstler Südafrikas wie Tracey Rose und
Minette Vári, die auf der Biennale
2007 in Venedig im Afrika-
Pavillon ausstellten.

KUNSTHANDWERK

▶ **Monkeybiz**
Township Art, ▶ S. 154

▶ **Pan African Market**
Das Afrika-Haus Kapstadts
▶ Baedeker Tipp, S. 155

▶ **Streetwires**
Township Art, ▶ S. 155

▶ **Whatiftheworld Gallery**
1. Stock, Albert Hall
208 Albert Road, Woodstock
www.whatiftheworld.com, Mo. geschl.
Renommierte Kunstvernissagen und
Modenschauen. In der Old Biscuit Mill,
373–375 Albert Road, Ateliers und Sa.,
So. 9.00–14.30 Uhr Ökomarkt mit
Kunsthandwerk und Live Musik. Justin
Rhodes und Cameron Munro stellen
auch in Central, 11 Hope Street aus.

MÄRKTE

▶ **Flower Market**
Adderley Street, Central
Mo.–Sa. 9.00–17.00 Uhr
Seit über 100 Jahren werden zwi-
schen Strand und Darling Street
Proteen in allen Farben verkauft.

▶ Grand Parade

Blumen-, Gemüse- und Stoff-
markt nahe der alten City Hall,
▶ S. 203

▶ Greenpoint Market

So. heißt es Feilschen am
Kreisverkehr neben dem
neuen WM-Stadion, ▶ S. 208

MODE

▶ Africa Nova

Cape Quarter, 72 Waterkant
Street, Green Point
www.africanova.co.za
Handgewebte Kente-Stoffe aus
Ghana, farbenfrohe Gewänder,
Keramik, Skulpturen und
Schmuck aus Südafrika

▶ Habits

1 Cavendish Close,
Cavendish Street, Claremont
www.habits.co.za
Preisgekrönte edle Trendmode
aus Leinen, Baumwolle und
Seide von Jenny Le Roux

▶ MeMeMe

279 Long Street, Central
Showroom für junge Mode
von Kapstädter Designern
wie Mitbesitzerin Kirsty
Bannerman, Richard de
Jager, Carine Terreblanche
und David West

▶ Skinz

86 Long Street, Central
Handgearbeitete Ledertaschen
und Gürtel vom Springbock

▶ Victoria Wharf
Shopping Centre

V & A Waterfront
www.waterfront.co.za/shop
Topadresse für junge Mode,

Designeroutfits und Qutdoor-
Bekleidung auf einem Fleck

Baedeker-Empfehlung

▶ Greenmarket Square

Erste Adresse für Kunsthandwerk
aus ganz Afrika mit unzähligen
Ständen für Holzschnitzereien, Stoffe,
Perlenschmuck und Recyclingkunst,
▶ S. 204

SCHMUCK

▶ Afrogem

64 New Church Street, Central
Sehen Sie in der Werkstatt zu, wie
Diamant und Topaz, Rosenquarz
und Amethyst in Gold und Silber
gefasst werden.

▶ Guiseppe Ciani

34 Somerset Road, Green Point
www.cianijewellers.com
Diamant, Rubin, Smaragd und
Saphir in Silber oder Gold gefasst – alles erlesene Design-
erstücke; Bestellungen können
in 24 Std. ausgeführt werden.

▶ The Diamond Works

Metropolitan Life Building, 7
Coen Steydtler Avenue, Foreshore
www.thediamondworks.co.za
Diamententour mit Besuch der

Keine Weicheier!

Erste Adresse für afrikanisches Kunsthandwerk: der Greenmarket Square

Werkstatt, wo Sie alles über Schliff, Schmuckherstellung, Gold- und Diamantenabbau erfahren. Die Wall of Fame stellt preisgekrönte Einzelstücke vor, die Tansanit-Boutique zeigt exquisite Stücke der violett-blauen Edelsteine.

▶ **Philippa Green**
1. Stock, 51 Wale Street, Central
www.philippagreen.com
Gefragte Goldschmiedin mit formschönen Ringen, Ketten und Silberarmreifen

▶ **Jewel Africa**
170 Buitengracht Street
www.jewelafrica.com
Besucher können den Gold-schmieden bei der Arbeit zusehen und funkelnde Diamanten und die seltenen Tanzanite bewundern, die nur in einer kleinen Mine bei Arutia am Fuß des Kilimanjaro in Tanzania abgebaut werden. Außer Schmuck wird auch aus-gesuchtes afrikanisches Kunst-handwerk angeboten.

▶ **Platinum Masters**
5. Stock, St. George's House
73 St. George's Mall, Central
www.platinummasters.co.za
95 % reines Platin oder auch Titanium, dazu Juwelen von An-drej Matuszewski

WEIN

▶ **Caroline's Fine Wine Cellar**
Matador Centre, 62 Strand Street
www.carolineswine.com
Mo. bis Sa. tgl. Verkostungen der besten Weine vom Kap, Filiale in der Victoria Wharf

▶ **Winesense Mandela Rhodes**
Shop B 2 (Parterre)
Mandela Rhodes Place
Ecke Wale und Burg Street
St. George's Mall, Central
www.winesense.co.za
Zentrale Weinbar mit Verkauf und eine der besten Adressen, um anhand 70 offener Weine die persönliche Auswahl zu treffen. Filialen am Cavendish Square, in Kalk Bay und in Tyger Valley.

Sicherheit

Durch Videoüberwachung und zahlreiche Sicherheitsdienste ist besonders das Zentrum Kapstadts erheblich sicherer geworden. Dennoch ist generell **Vorsicht geboten**! Noch ist Südafrikas junge Demokratie nicht so weit, dass jeder sich überall in gewohnter Weise frei bewegen kann. Zwar liegt die Kriminalitätsrate deutlich niedriger als in Johannesburg, doch viele Häuser und Stadtviertel sind massiv gesichert. Townshiptouren sollten nur mit professionellem Führer unternommen werden. Informieren Sie sich im Hotel über die konkrete Situation vor Ort. Tragen Sie nur das Notwendigste an Geld, Papieren, Kreditkarte usw. mit sich und die Kamera nicht offen. Tauschen Sie Geld nur in gesicherten Banken oder an videoüberwachten Bankomaten. Nach Einbruch der Dunkelheit sollte man nur in sicheren Stadtteilen zu Fuß unterwegs sein. Für abendliche Restaurant-, Theater- oder Kinobesuche sollte man ein Taxi benutzen. Wertsachen gehören in den Hotelsafe, bei Autofahrten in den Kofferraum.

Sprache

Sprachführer für **Afrikaans** und **Xhosa** gibt es in der Reihe »Kauderwelsch« aus dem Verlag Reise Know-how (mit Aussprache-CD).   Sprachführer

SPRACHFÜHRER AFRIKAANS

Aussprache

Vokalpaare werden nicht als Diphthong, sondern als zwei getrennte Laute gesprochen. a, e, i, o werden vor ng, n und m oft nasaliert, hauptsächlich wenn noch ein f, g, h, l, r, s, v, w, oder z folgt: kans (kās), »Chance«.

aa, ae	langes a
au, ou	o + u
ee	langes e wie in »See«
ei	e + i
eu	ö wie in »Möbel«
ie	langes i wie in »Brief«
oe	u
oo	langes o wie in »Ofen«
u	ü oder kurzes ö
ui	kurzes ö + kurzes ü
y	e + i: lym »Leim«

g, ch	ch wie in »Dach«
gh	g
ng	ng wie in »singen«
r	Zungenspitzen-r
s	ss wie in »Wasser«
sj	sch
tj	tsch
sch	im An- und Inlaut: sk, im Auslaut: ss
-djie, -tjie	kj + kurzes i

Wichtige Wendungen

Guten Morgen	Goeie more
Guten Tag	Goeie middag / Goeie dag
Guten Abend	Goeie naand, naand
Gute Nacht	Goeie nag
Auf Wiedersehen	Tot siens
ja / nein / vielleicht	ja / nee / ja-nee
bitte	asseblief
danke	dankie
Verzeihung	Ekskuus (tog)
Entschuldigen Sie	Verskoon my
Keine Ursache	Plesier
Herr, Frau (Anrede)	Meneer, Mevrou
Wann ist (sind) … geöffnet?	Wanneer is … oop?
Wann wird (werden) … geschlossen?	Wanneer word … gesluit?
Wie viel Uhr ist es?	Hoe laat is dit?
Wie komme ich nach (zum, zur) …?	Hoe kom ek na (by die) …?
Wie lange wird es dauern?	Hoe lank sal dit neem?
Wie weit ist es nach (zum, zur) …?	Hoe ver is dit na (tot by die) …?
Wo bekomme ich …?	Waar kan ek … kry?
Wo ist …?	Waar is …?
Geben Sie mir bitte …	Gee my asseblief …
Gibt es hier …?	Is daar …?
Ich brauche …	Ek het … nodig.
Ich möchte … (haben)	Ek wil graag …
Haben Sie …?	Het u …?
Wie viel kostet das?	Wat kos dit?
Das gefällt mir	Ek hou daarvan
Das gefällt mir nicht	Ek hou nie daarvan nie
Das ist zu teuer	Dit is te duur
Haben Sie nichts Billigeres (Besseres)?	Het u nie iets goedkopers (beters) nie?
Können Sie wechseln?	Kan u geld wissel?
Wie heißt das auf Deutsch (Afrikaans)?	Wat noem 'n mens dit in Duits (Afrikaans)?
Sprechen Sie Deutsch / Englisch?	Praat u Duits / Engels?
Ich spreche kein …	Ek praat geen … nie.

»Amkela!«, »Welkom!«, »Welcome« – »Herzlich Willkommen!«

Ich verstehe Sie nicht.	Ek verstaan u nie.
Sprechen Sie bitte etwas langsamer.	Sal u asseblief 'n bietjie stadiger praat.
Schreiben Sie das bitte auf.	Skryf dit asseblief neer.
Montag	Maandag
Dienstag	Dinsdag
Mittwoch	Woensdag
Donnerstag	Donderdag
Freitag	Vrydag
Samstag	Saterdag
Sonntag	Sondag

Zahlen

0	nul	19	negentien
1	een	20	twintig
2	twee	21	een en twintig
3	drie	22	twee en twintig
4	vier	30	dertig
5	vyf	40	veertig
6	ses	50	vyftig
7	sewe	60	sestig

8	ag, agt	70	sewentig
9	nege	80	tag(gen)tig
10	tien	90	negentig
11	elf	100	(een) honderd
12	twaalf	101	honderd en een
13	dertien	200	twee honderd
14	veertien	330	drie honderd en dertig
15	vyftien	1000	duisend
16	sestien	100 000	honderd duisend
17	sewentien	1 Mio.	een miljoen
18	agtien, agttien	1 Mrd.	een miljard

Stadtbesichtigung · Sightseeing

▶ INFORMATIONEN SIGHTSEEING

CAPE TOWN PASS

▶ S. 72

STADTRUNDFAHRT IM DOPPELDECKERBUS

▶ **Cape Town Explorer**
4 The Promenade
Victoria Road, Camps Bay
Tel. 021 / 511 1784, Fax 021 /
511 2401, www.hyltonross.co.za
»Hop on, Hop off« heißt es in den
offenen roten Doppeldeckerbus-
sen. Abfahrt Burg Street. In zwei

Stunden werden die wichtigsten
Highlights angesteuert – inklusive
V & A Waterfront, Kirstenbosch,
Camps und Hout Bay. Sie steigen
je nach Lust und Laune ein und
aus. Englische Kommentare, Kurz-
infos auf Deutsch. Kostenlos mit
dem Cape Town Pass! Hylton Ross
bietet auch Busausflüge in die
Winelands und zur Garden Route.

▶ **City Sightseeing Cape Town**
55 Auckland Street, Paarden
Eiland, Tel. 021 / 511 6000
Fax 021 / 511 2288
www.citysightseeing.co.za
»Hop on, Hop off« durch Kapstadt, wahlweise auf der blauen
oder roten Route. Ticket Office
und Start tgl. 9.00 – 17.00 Uhr
am Two Oceans Aquarium,
V & A Waterfront.

BOOTSTOUREN

▶ **Waterfront Boat Company**
5 Quay, V & A Waterfront

Tel. 021 / 418 5806
Fax 021 – 418 5821
www.waterfrontboats.co.za
Tgl. Bootsausflüge, Segeltörns,
Breakfast, Champagne und Sun-
downer Cruises mit Motorbooten,
Zweimastschonern oder im
schnellen Katamaran
▶ Baedeker Tipp, S. 289.

▶ Atlantic Adventures
Tel. 021 / 425 3785
Fax 021 / 438 3003
www.atlanticadventures.co.za
Ein- bis zweistündige Boots-
ausflüge im 12-sitzigen Schnell-
boot vom Pier am Hildebrandt
Rest., V & A Waterfront durch
die Granger Bay über Sea Point
zu den goldenen Sandstränden
von Clifton und Camps Bay.
Auch Robben Island, der FKK-
Strand Sandy Bay und die
Seehundkolonie auf Duiker
Island sind im Programm.

SIGHTSEEING-TOUREN
▶ Kapexkursionen
Energy Tours, Office 3, Second
floor, Kenilworth Centre
Doncaster Road, Kenilworth
Tel. 083 / 777 0939
Buchungen über Cape
Town Tourism (▶Auskunft)
Die vom Kapstädter Fremdenver-
kehrsamt vermittelten, ausgebil-
deten Tourguides führen kennt-

nisreich durch Kapstadt, kennen
die junge Szene und bieten auch
Touren in die Townships. Startpunkt ist Cape Town Tourism,
Burg Street. Auf Wunsch wird
man auch vom Hotel abgeholt.

▶ Hubschrauber-Rundflüge
Sport Helicopters
East Pier Road
V & A Waterfront
Tel. / Fax 021 / 919 7355
www.kapstadt.de/helikopt
15 bis 60 Min. dauern die fantastischen Hubschrauber-Rundflüge
über den Tafelberg, City Bowl und
zwei Ozeane, nach Robben Island,
über die Winelands und die
Schiffswracks am Atlantik.

Baedeker-Empfehlung

▶ Andulela
Suite 286, Private Bag X4, Hout Bay
Tel. 021 / 790 2592
www.andulela.com
Fußballtouren inkl. WM-Stadion und
Training des Erstligaclubs Ajax Cape
Town, Jazzsafaris in Clubs und zu
Kapstädter Interpreten wie Mac
McKenzie, Hilton Schilder und Robbie
Jansen mit musikalischen Kostproben,
Trommel-Sessions, Gospeltouren und
Schmuckworkshops im Township,
Kochkurse und Rundflüge im »Tiger
Moth«-Doppeldecker.

Theater · Oper · Konzert

Die beiden großen Bühnen Kapstadts sind das **Artscape** und das **Bax-**   **Bühne frei!**
ter Theatre, wo große Operninszenierungen (www.capetownopera.
co.za), Klassikkonzerte, modernes Ballett (www.capetowncityballet.
org.za), Musicals, Jazz, Comedy und Modeschauen stattfinden. Das

Cape Philharmonic Orchestra (www.cpo.org.za) spielt im Konzertsaal der City Hall, im Artscape Theatre und gelegentlich im Baxter. Unvergesslich sind die sommerlichen **Open-Air-Konzerte** im Kirstenbosch Botanical Garden (▶Baedeker Tipp, S. 223). Großen Anklang finden auch die Festivals im Maynardville Open air Theatre, auf dem Spier Estate und in Oude Libertas in Stellenbosch. Populäre Kleinbühne ist das Theatre on the Bay in Camps Bay, gute Off-Theater

▶ THEATER

TICKETSERVICE
▶ Computicket
Tel. 083 915 8000
www.computicket.co.za.
Veranstaltungshinweise zu Festivals, Filmen, Theater, Konzerten und Sportevents sowie Buchung per Kreditkarte: Dutzende Computicket-Läden in Kapstadt bieten diesen Service an, u. a. im V & A Waterfront Shopping Centre, Shop 6182, und im Grand Parade Centre, 11 Adderley Street.

THEATER UND MUSICALS
▶ Artscape Theatre Complex
10 D F Malan Street
Tel. 021 / 410 9838
www.artscape.co.za
Das Artscape eröffnete 1971 nicht mit der geplanten »Aida«, sondern mit einem Ballett – der Sopran war indisponiert. 1999 umbenannt, ist der alte Name **Nico Malan Theatre** bis heute gebräuchlich. Direktor Michael Maas präsentiert auf drei Bühnen Ballett, Theater, Oper, klassische Konzerte, Varieté, Kunstausstellungen und Charity-Bälle.

▶ Baxter Theatre
Main Road, Rondebosch
Tel. 021 / 685 7880
www.baxter.co.za
Während der Apartheid wurde auch Schwarzen Zutritt gewährt. Musicals, Comedy und Theater, im Restaurant trifft man zu später Stunde die Darsteller.

▶ theatre@thepavilion
First floor, BMW Pavilion
Portswood Ecke Beach Road
V & A Waterfront
Tel. 021 / 419 7661
Musik, Live Comedy und Dinner-Events mit Südafrikas Top-Entertainern

▶ Theatre On The Bay
1a Link Street, Camps Bay
Tel. 021 / 438 3301
www.theatreonthebay.co.za
Pieter Toerien präsentiert seit 2008 wieder den Megahit »Defending the Caveman« mit Hauptdarsteller Alan Committie. Zwei Stunden vor und nach der Vorstellung bittet das Act I Theatre Café zum Dinner in die erste Etage (Tel. 021 / 438 8818).

Baedeker-Empfehlung

▶ On Broadway
88 Shortmarket Street, Central
Tel. 021 / 424 1194
www.onbroadway.co.za
Witzige Tanz- und Musicalshows samt Dinner mit Pasta, Lamm oder kapmalaiischem Curry

Traumhaft logieren im Twelve Apostels Hotel mit Blick auf die See

sind das Obz Café und Armchair Theatre in Observatory, das Little Theatre auf dem Uni-Campus und das Old Zoo Theatre auf dem Groote Schuur Estate. Zum Sommerfestival des Weinguts Spier bei Stellenbosch gehört die bunte Show von Third World Bunfight (www.third worldbunfight.co.za.). Gefeierter Comedy-Star am Kap ist **Pieter-Dirk Uys** im Theater Evita Se Perron in Darling. **Karten** erhält man an den Theaterkassen oder über **Computicket**.

Übernachten

Der **Tourism Grading Council of South Africa** (TGCSA) zertifiziert alljährlich die Hotels, Pensionen, B & Bs und Campingplätze mit einem bis fünf Sternen (www.tourismgrading.co.za). Durch den Tourismusboom der letzten Jahre gibt es in Kapstadt **tolle Übernachtungsmöglichkeiten in jeder Preisklasse**, von der luxuriösen 5-Sterne-Nobelherberge mit Seeblick und Spa über stilvolle viktorianische Gästehäuser bis zu gemütlichen B & Bs und guten Backpackerunterkünften. Während der Saison von Nov. bis April und zur WM 2010 sollte man unbedingt **rechtzeitig reservieren**!

Wie man sich bettet

i Preiskategorien

- Luxus: über 2000 Rand
- Komfortabel: 1000 – 2000 Rand
- Günstig: unter 1000 Rand
  Die Preise gelten für eine Übernachtung von zwei Personen im Doppelzimmer inklusive Frühstück.

Kapstadt Hotels und Gasthäuser

Übernachten

1. Cape Grace Hotel
2. Ellerman House
3. Mandela Rhodes Place
4. Mount Nelson Hotel
5. The Bay Hotel
6. The Table Bay Hotel
7. Twelve Apostles Hotel and Spa
8. Villa Belmonte
9. Winchester Mansions
10. Acorn House
11. Adderley Hotel
12. Cape Heritage Hotel
13. Hippo Boutique Hotel
14. Hollow on the Square
15. iKhaya Lodge
16. Nine Flowers Guesthouse
17. Cape Cadogan Boutique Hotel
18. The Walden House
19. Villa Lutzi
20. Aloe House B&B
21. Ashanti Lodge
22. Atforest Guesthouse
23. Bergzicht Guesthouse
24. Breakwater Lodge
25. Cactusberry Lodge
26. Launic House
27. Longstreet Backpackers
28. The Backpack
29. Purple Turtle
30. The Green Elefant

Atlantic Ocean

Green Point

Green Point Lighthouse

Beach Road

Metropolitan Golf Course

GREEN POINT

Bay Rd.

Three Anchor Bay

Civic Center

Rocklands Bay

Beach Road

Glengariff Rd.

Main Rd.

Antrim Rd.

Hill Rd.

26

THREE ANCHOR BAY

9

Norfolk Rd.

Hall Rd.

Frere Rd.

Camberwell Rd.

Main Dr.

Road

London Rd.

Mt. Nelson Rd.

Rhine Road

Marais Rd.

Oliver Rd.

High Level Road

Ocean View Drive

Boat Bay

Graham Rd.

Main Road

The Glen

Dover Rd.

Beach Road

Arthur's Road

★ SEA POINT

★ Signal Hill
▲ 350 m

St. John's Rd.

Ocean View Drive

Regent Road

Ave. Le Sueur

Ave. de L'Hermite

Ave. Bordeaux

5 7

Clifton, ★ Camps Bay

Kings Rd.

Queens Rd.

Kloof Road

Ave.

High Level Road

Ocean View Drive

Disandt

Drive

Signal Hill Road

Leeukloof

Drive

Ave. Fresnaye

Ave. La Croix

Ocean View

Ave. St-Barthélemy

FRESNAY

2

Ave. Marina

De Wet Road

Ocean View Drive

Arcadia Road

Top Road

TAMBOERS-KLOOF

Albert Rd.

Camden

Bay View Ave.

De Hoop Ave.

Conradie Recreation Ground

500 m

©*Baedeker*

★ Lions' Head
▲ 669 m

★ Camps Bay,
★★ Table Mountain

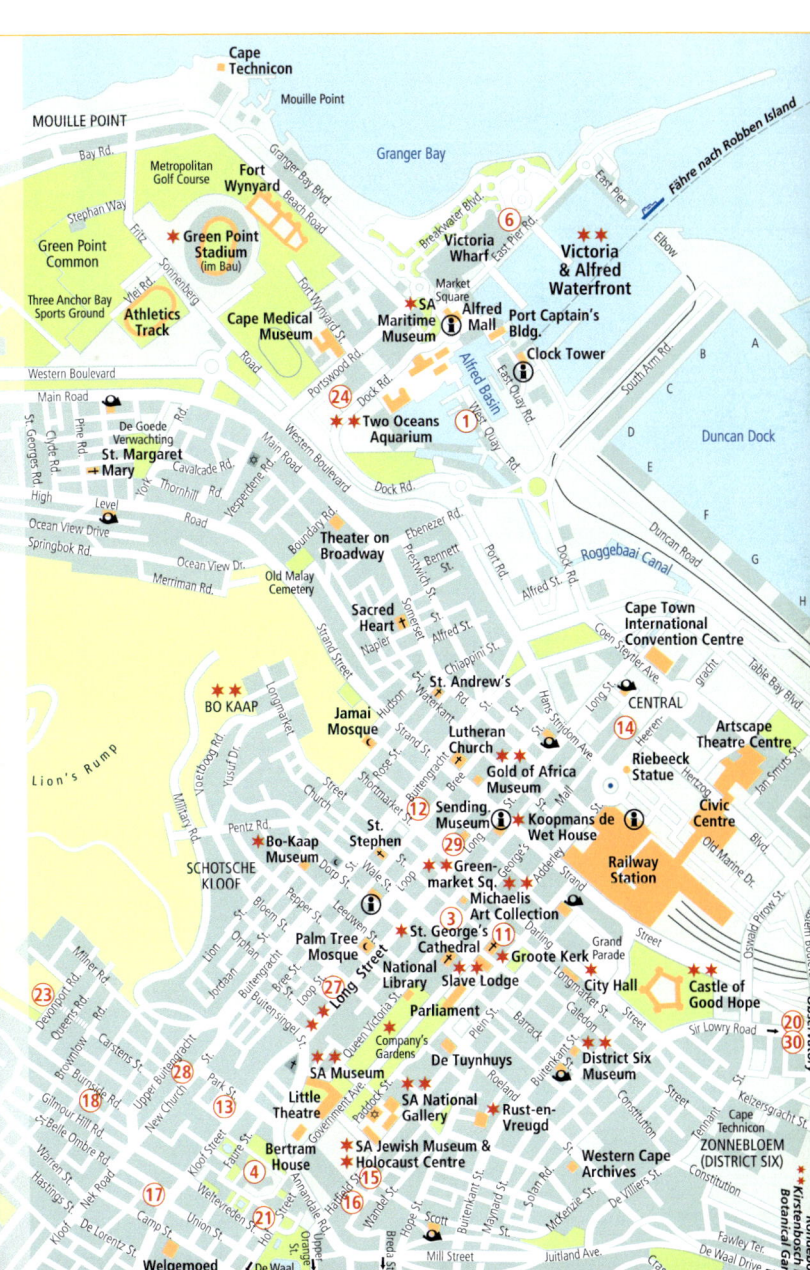

Romantisches Dinner im Cape Colony Restaurant des Hotels Mount Nelson

▶ EMPFOHLENE HOTELS IN KAPSTADT Karte S. 116 / 117

LUXUS

▶ ① **Cape Grace Hotel**
West Quay Road
V & A Waterfront
Cape Town 8002
Tel. 021 / 410 7100
Fax 021 / 419 7622
www.capegrace.com
Das auf drei Seiten von Wasser
umgebene, 2008 renovierte
5-Sterne-Hotel zählt zu den Fair
Trade Hotels und den Leading
Small Hotels of the World. Von
allen 122 Zimern blickt man auf
den Tafelberg oder die Waterfront.
Preisgekrönte Küche im onewater-
front (►S. 84), Bascule Bar mit
über 460 Whiskys aus aller Welt
und afrikanisch inspiriertem Spa.

Baedeker-Empfehlung

▶ ② **Ellerman House**
180 Kloof Road, Bantry Bay
Cape Town 8060
Tel. 021 / 430 3200
Fax 021 / 430 3215
www.ellerman.co.za
Die ehemalige Residenz des englischen
Reeders Ellermann schmückt südafrika-
nische Kunst von Maggie Loubser,
George Pemba, Irma Stern und John
Meyer. Den klassischen Stil des Hauses
bereichert die neue Ellerman Villa &
Spa mit Architektur des 21. Jh.s.
16 elegante Zimmer und Suiten, auf
Meeresfrüchte spezialisierte Kapküche
und ein Keller mit über 12 000 Flaschen
südafrikanischer Spitzenweine.

③ Mandela Rhodes Place

Burg / Ecke Wale Street, Central
Tel. 021 / 481 4000
Fax 021 / 481 4001
www.threecities.co.za
www.mandelarhodesplace.co.za
2007 eröffnetes ultramodernes
Cityhotel mit luxuriösen Apart-
ments. Kosten Sie im Restaurant
»Synergy on 7« Dominique Gue-
berts Lammrücken mit Butternut,
Kapern und Minze.

④ Mount Nelson Hotel

76 Orange Street, Oranjezicht
Cape Town 8001, Tel. 021 / 483
1000, Fax 021 / 483 1001
www.mountnelson.co.za
Seit viktorianischer Zeit empfängt
der rosafarbene Traumpalast des
Reeders Sir Donald Currie seine
Gäste in unnachahmlich luxuriösem Stil. Im »Nellie« logierten
gekrönte Häupter und VIPs aus
aller Welt – Winnie Mandela
buchte gleich zehn Zimmer. Entspannung verheißt seit 2008 das
neue Librisa Spa. Chefkoch Ian
Mancais verwöhnt im Cape
Co-lony Restaurant mit kulina-
rischen Höhenflügen, im Oasis
Restaurant genießt man mediterrane Küche. Kommen Sie mindestens auf eine Tasse vorbei,
▶Baedeker Tipp, S. 202!

⑤ The Bay Hotel

69 Victoria Road, Camps Bay
Cape Town 8040
Tel. 021 / 438 4444, Fax 021 /
438 4433, www.thebay.co.za
Toller Blick auf Tafelberg und
Strandpromenade mit luxuriösem
Poolbereich abseits vom Rummel
in Camps Bay. Gourmetküche im
Tides Restaurant, den Sundowner
nimmt man auf dem Holzdeck der
Sandy B Bar oder im Traders.

⑥ The Table Bay Hotel

Quay 6, V & A Waterfront, Cape
Town 8001, Tel. 021 / 406 5000
Fax 021 / 406 5656
www.suninternational.com/
Destinations/Hotels/TableBay
Alle 329 Zimmer der maritimen
Nobelherberge an der viktoriani-
schen Breakwater-Mole haben
einen herrlichen Blick auf den
Hafen oder zum Tafelberg. Das
Mitglied der Leading Hotels of the
World besitzt fünf schicke Res-
taurants und Bars – So. gibt's Jazz
Lunch! Entspannen Sie bei Aro-
matherapie und »Hot-Stone-
Massagen« im Health Spa. Am
Seehund-Denkmal beim Haupt-
eingang haben sich Prominente
wie Michael Schumacher verewigt.

Baedeker-Empfehlung

⑦ Twelve Apostles Hotel and Spa

Victoria Road, Camps Bay, Cape Town
Tel. 021 / 437 9000, ▶Abb. S. 115
www.12apostleshotel.com
Spektakulär ist schon die Lage am Fuß
der Zwölf Apostel direkt am Atlantik.
Das exklusive 5-Sterne-Haus mit 55
Zimmern und 15 Suiten bietet neben
zwei herrlichen Poolgärten über dem
Ozean das Gourmetrestaurant Azure
(▶S. 83), Privatkino und Spa in einer
Grotte des Berges. Zwischen 72 Martini-
Cocktails können Sie in der Leopard
Bar wählen.

⑧ Villa Belmonte

33 Belmonte Avenue, Oranjezicht
Cape Town 8001, Tel. 021 / 462
1576, Fax 021 / 462 1579
www.villabelmontehotel.co.za
15 Zimmer und einen großen Pool
hat die bezaubernde viktorianische
Villa von Tabea und Cliff Jacobs.

Ein Hochgenuss: das Cajun-Hühnchen und die Wildpastete.

▶ ⑨ **Winchester Mansions**
221 Beach Road, Sea Point, Cape Town, Tel. 021 / 434 2351
Fax 021 / 434 0215
www.winchester.co.za

Elegantes Boutiquehotel im Kolonialstil mit Blick auf den Atlantik. Bewährtes Management von Südafrikas Hotelier 2001, Nils Heckscher, dem Sohn von Dieter Thomas Heck. Jazzfreunde treffen sich sonntags zum Brunch im Harvey's (▶Baedeker Tipp, S. 208).

KOMFORTABEL

▶ ⑩ **Acorn House**
1 Montrose Avenue
Oranjezicht, Cape Town 8001
Tel. 021 / 461 1782
Fax 021 / 461 1768
www.acornhouse.co.za
Denkmalgeschütztes Meisterwerk von Sir Herbert Baker, das er 1904 mit großzügigen Veranden, Säulengängen in warmen Holztönen und viel weißem Stuck entwarf. Alle acht Doppelzimmer sind mit viel Liebe zum Detail eingerichtet. Swimmingpool, Garten und gut sortierter Weinkeller.

Baedeker-Empfehlung

▶ ⑪ **Adderley Hotel**
31 Adderley Street, Central
Cape Town 8000
Tel. 021 / 423 1426, Fax 021 / 423 1439
www.relaishotels.com/adderley
Drei viktorianische Häuser und ein elfstöckiger Wolkenkratzer bilden den zentralen Hotelkomplex an Kapstadts Flaniermeile. 28 große Suiten, Cocktail Bar und Roof Top Pool mit Sonnendeck. Probieren Sie im Bowl Restaurant die hausgemachten Butternut Ravioli und das Thai-Huhn.

▶ ⑫ **Cape Heritage Hotel**
90 Bree Street, Central, Cape Town 8000, Tel. 021 / 424 4646
Fax 086 / 616 7281
www.capeheritage.co.za
15 individuell eingerichtete Zimmer hat das schicke Boutiquehotel in einem Gebäude aus dem 18. Jh. mit hübschem Innenhof. Um den Heritage Square stehen sechs gute Restaurants zur Auswahl.

▶ ⑬ **Hippo Boutique Hotel**
5 – 9 Park Road, Gardens, Cape Town 8001, Tel. 021 / 423 2500
Fax 021 / 423 2515
www.hippotique.co.za
Designhotel mit gelungener Mischung aus Klassik und Moderne mit King-Size-Betten, Baumwoll-Linnen, Kirschholzparkett, Ledersesseln und Internetzugang in allen 20 Zimmern – Kinder nur ab 12 Jahren!

▶ ⑭ **Hollow on the Square**
9 Ryk Tulbagh Square, Hans Strijdom Ave, Central, Cape Town 8001, Tel. 021 / 421 5140

Im Kolonialstil: Hotel Cape Cadogan

Fax 021 / 421 4648
www.hollowonthesquare.co.za
Modernes Cityhotel zwei Geh-
minuten vom Kongresszentrum.
115 Zimmer, leckere italienische
Küche im »Amici«, Cocktail
Lounge und Wellness-Bereich.

▶ ⑮ **iKhaya Lodge**
Mill Street, Dunkley Square
Gardens, Cape Town 8010
Tel. 021 / 461 8880
Fax 086 / 631 3292
www.ikhayalodge.co.za
iKhaya, in Xhosa »Heim«, ist
ein Boutiquehotel im African
Design. Auch das Restaurant
mit Frühstücks- und Lunch-
Buffet zeigt afrikanische Einflüsse.
Apartements für Selbstversorger.
Sicheres Parken.

▶ ⑯ **Nine Flowers Guesthouse**
133 – 135 Hatfield Street, Gardens
Cape Town 8001, Tel. 021 /
462 1430, www.nineflowers.de
Jedes der neun Zimmer ist farblich
einer Kapblume gewidmet. Das
denkmalgeschützte Gästehaus aus

viktorianischer Zeit führen Marrin
& Martin aus Deutschland.

Baedeker-Empfehlung

▶ ⑰ **Cape Cadogan Boutique Hotel**
5 Upper Union Street
Tamboerskloof, Cape Town 8001
Tel. 021 / 480 8080, Fax 021 / 480 8090
www.capecadogan.com
Das sehr persönlich geführte Hotel
war im 19. Jh. ein Farmhaus, das 1984
zum Nationaldenkmal erklärt wurde.
12 wunderschöne Zimmer, Pool, offener
Kamin, gut sortierte Bibliothek und
Präsidenten-Suite in der Eigner-Villa.

▶ ⑱ **The Walden House**
5 Burnside Road
Tamboerskloof, Cape Town
Tel. 021 / 424 4256, Fax 086 / 689
4802, www.walden-house.com
Kolonialzeit-Villa von 1900 mit
sieben eleganten Zimmern – ge-
schlafen wird in edler Leinen-
bettwäsche unter Moskitonetzen.
Herrlicher Garten.

▶ ⑲ **Villa Lutzi**
6 Rosmead Avenue, Oranjezicht
Cape Town 8001, Tel. 021 / 423
4614, Fax 021 / 426 1472
www.villalutzi.com
Alle 15 Zimmer der familiär
geführten Gästevilla von Dagmar
und Eric Lothaller sind geräumig
und mit einer persönlichen Note

eingerichtet. Großer Pool und
herrlicher Garten mit Blick zum
Lion's Head. Sicheres Parken.

GÜNSTIG

▶ ⑳ **Aloe House B & B**
12 Howe Street, Observatory
Cape Town 7925, Tel. 021 / 448
5337, www.aloehouse.co.za
Frank Gaude vermietet ein
viktorianisches Cottage mit zwei
hübschen Zimmern und Lounge
mit offenem Kamin – nur für
Nichtraucher! Gaude führt auch
Stadtbesichtigungen und Picknicks
mit Pelikanen im Naturschutzgebiet Rondevlei durch (www.
kapexkursionen.co.za).

▶ ㉑ **Ashanti Lodge**
11 Hof Street, Gardens, Cape
Town 8001, Tel. 021 / 423 8721
Fax 021 / 423 8790
www.ashanti.co.za
Komfortable Einzel-, Doppel-, 6-
und 8-Bett-Zimmer mit Bad. Pool,
Kumasi Café und Travel Centre.

▶ ㉒ **Atforest Guesthouse**
14 Forest Road
Oranjezicht, Cape Town 8001
Tel. / Fax 021 / 461 5484
www.safarinow.com/go/atforest
Gepflegte Villa mit 6 Doppelzim-
mern mit Bad und Klimaanlage,
Pool und Grillbereich

▶ ㉓ **Bergzicht Guesthouse**
5 Devonport Road
Tamboerskloof
Cape Town 8001
Tel. 021 / 423 8513
Fax 021 / 424 5244
www.bergzichtguesthouse.co.za
Im 19. Jh. erbaute Villa mit
wunderbarem Poolblick auf den
Tafelberg. Doppelzimmer mit
TV und Familienzimmer mit
kleiner Küche.

▶ ㉔ **Breakwater Lodge**
Portswood Road
V & A Waterfront, Cape Town
Tel. 021 / 406 1911
Fax 021 / 406 1070
www.breakwaterlodge.co.za
Logieren im Ex-Hafenknast!
Im historischen Nordflügel sind
Graffiti britischer Strafgefangener
von 1903 erhalten. Komfortable
Zimmer, Selbstbedienungsrestau-
rant und Time-out Café.

Baedeker-Empfehlung

▶ ㉕ **Cactusberry Lodge**
30 Breda Street
Oranjezicht, Cape Town 8001
Tel. / Fax 021 / 461 97 87
www.cactusberry.net.ms
Gestylte Zimmer zum kleinen Preis.
Nette Lounge, Pool, Sonnenbad auf
der Terrasse, ruhiger Innenhof. Tolles
Frühstück und abends Rotwein unter
Eukalyptusbaum!

► ㉖ **Launic House**
10 Romney Road, Green Point
Cape Town 8005, Tel. 021 / 434
4851, Fax 021 / 434 0913
www.launichouse.co.za
Schickes B & B im Herzen von
Green Point. 17 Nichtraucher-
Zimmer; man spricht Deutsch!

BACKPACKER HOSTELS

► ㉗ **Longstreet Backpackers**
209 Long Street, Central, Cape
Town, Tel. 021 / 423 0615
Fax 021 / 423 1842
www.longstreetbackpackers.co.za
Eine der besten Jugendherbergen
Südafrikas. Einzel- Doppel- und
Vierbettzimmer. Saubere Du-
schen, große Küche und Grill-
bereich – So. gibt es traditionell
Gemüse-Potjie gratis!

► ㉘ **The Backpack**
74 New Church Street, Central
Cape Town, Tel. 021 / 423 4530
Fax 021 / 423 0065
www.backpackers.co.za
Mehrfach preisgekrönte Jugendherberge mit Einzel- Doppel,
Vier- und Achtbett-Zimmern –
und vom TGCSA geprüften
5 Sternen. Pool, Cocktailbar,
Infobörse, Tourenangebote!

► ㉙ **Purple Turtle**
31 Shortmarket Street, Cape

Günstig: Jugendherberge Purple Turtle

Town, Tel. 021 / 424 7811
www.capetownbackpacker.co.za
Jüngst renovierte Jugendherberge
um die Ecke vom Greenmarket
Square mit Doppelzimmern,
Schlafsaal, Bar, Restaurant
und Schließfächern

► ㉚ **The Green Elefant**
57 Milton Road, Observatory
Tel. 021 / 448 6359, Fax 021 /
448 0510, www.hostels.co.za
Drei persönlich geführte Gästehäuser im Herzen des Studenten-
viertels mit großen Doppelzimmern – buchen Sie das Delfin-
oder das Löwenzimmer!

Urlaub aktiv

Mit zwei Ozeanen bietet Kapstadt nicht nur Sonnenanbetern, son-   **Sportliche**
dern auch **Hochseeanglern, Seglern** und **Surfern** mit und ohne Segel   **Südafrikaner**
oder Kite ein fantastisches Revier. Die besten Windbedingungen am
Atlantik herrschen zwischen September und Mai. Mit **See-Kajaks**
kann man auf dem Meer die Küste entlangfahren. **Tauchen** ist ein

weit verbreiteter und zumeist auch preiswerter Volkssport. Rund um die Kaphalbinsel warten nicht nur viele Schiffswracks, sondern auch mächtige Tangwälder und verspielte Seelöwen. Mutige suchen den Thrill vor Gansbaai beim Tauchen im Hai-Käfig.

Ausdauer- und Abenteuersportarten

Höchst populär ist Ausdauersport: Aus aller Welt kommen die Teilnehmer des **Two Oceans Marathon** über 56 km (▶ S. 88) und des 110 km langen Radrennens **Cape Argus Race** (▶S. 88). Viele Kapstädter lieben das Bergsteigen, **Wandern** und **Mountainbiking** im ▶ Table Mountain National Park. Adrenalinkick pur versprechen Abenteuersportarten wie **Abseilen, Sandboarding, Bungee-Jumping, Wildwasser-Rafting** und **Kloofing** – dabei wandert man in abgelegene Gebirgszüge, schwimmt und springt Schluchten hinunter in eiskalte Bergseen.

Nationalsportarten

Südafrikas Nationalsportarten sind Rugby, Kricket, Fußball, Pferderennen und Golfen. Freunde des **Rugby** sollten sich ein Spiel im Newlands Rugby Stadium und das SA Rugby Museum ansehen (▶S. 224). Südafrikas **Kricket**-Mannschaft, die »Proteas«, spielen im Newlands Cricket Oval (▶ S. 224). **Pferderennen** sind nicht nur Sportevent, sondern gesellschaftliches Ereignis. Höhepunkt ist das alljährliche J & B Met auf dem Kenilworth Race Track (▶ S. 87). Die Kapstädter sind auch begeisterte **Fußballfans** und fiebern der WM 2010 entgegen (▶ S. 207) – die besten Fußballmannschaften Ajax Cape Town, Hellenic und Santos spielen alle erfolgreich in der ersten Liga.

Golferparadies

Nonstop-Golfen rund ums Kap

Golfen hat seit 1885 Tradition am Kap. Ältester Golfclub Südafrikas ist der von Sir Henry D'Oyley gegründete **Royal Cape Golf Club** in Wynberg (www.royalcapegolf.co.za). Auch heute macht der Club seinem königlichen Titel alle Ehre, gehören die 18 Fairways zu den schönsten der mehr als **20 Kurse rund um den Tafelberg**. Golfen ist im Vergleich zu Deutschland günstig und in Südafrika Volkssport. Auf den meisten Plätzen gibt es Caddies.

i **Die schönsten Golfplätze**

- Fancourt – vier Weltklasse-Kurse in Hasso Plattners Golfmekka
- Steenberg – echte Herausforderung mit viel Wasser und Bunkern im Constantia Valley
- Clovelly – traumhafte Lage mit spannendem Finale
- Erinvale – Worldcup-Kurs am Fuß der Helderberg Mountains
- Royal Cape – flacher Kurs und schmale Fairways
- Milnerton – anspruchsvoller Parcours am Meer mit Tafelberg-Blick
- Westlake – anfängerfreundlicher Meisterschaftsplatz 20 Autominuten von Kapstadt

Keine zehn Autominuten von der City kann man im noblen **Rondebosch Golf Club** mit Blick auf den Devil's Peak spielen (www.rondebosch-golf-club.co.za). Nahe der False Bay bei Fish Hoek liegt der **Clovelly Country Club** (www.clovelly.co.za) mit relativ kurzem, aber anspruchsvollem Kurs. Knapp 20 Minuten fährt man

Helfen gern: die freundlichen Caddies des Steenberg Golf Club

von Kapstadt bis zum anfängerfreundlichen **Westlake Golf Club** zwischen Kiefern und Pinien in den Ausläufern der Silverline Mountains (www.westlakegolfclub.co.za). Der einzige Links-Kurs in Kapstadt ist der herrliche **Milnerton Golf Club** am Bloubergstrand (www.milnertongolfclub.co.za). Topadressen in den Winelands sind der von Südafrikas Golflegende Gary Player ge-staltete **Erinvale Golf Club** in Somerset West (www.erinvalegolfclub.com), der **Steenberg Golf Club** im Herzen des Constantia Valley (www.steenberggolfclub.co.za) und der windgeschützte **Stellenbosch Golf Club** in den Weinbergen der Universitätsstadt (www.stellenboschgolfclub.com). Auch für weniger versierte Spieler ist der gemütliche **Hermanus Golf Club** ein Vergnügen, aber aufgepasst: Hier leben Paviane, die gern den Ball mitnehmen (www.hgc.co.za). Der von Peter Matkovich entworfene **Arabella Golf Estate** an der Bot River Lagune gehört zu den Top Ten Südafrikas (www.westerncapehotelandspa.co.za/golf).

Als Traum aller Handicap-Fans gilt die Garden Route: Zu den weltbesten Golf Resorts zählt das **Fancourt Country Club Estate** mit drei Meisterschaftsplätzen und dem ersten öffentlichen Golfplatz am Kap (www.fancourt.co.za). Auch der üppig grüne **George Golf Club** am Fuß der Outeniqua-Berge, wo schon 1886 Golf gespielt wurde (www.georgegolfclub.co.za), der relativ hügelige **Mossel Bay Golf Club** (www.mbaygolf.co.za) und der Meisterkurs **Oubaai** (www.oubaai.co.za) von Südafrikas Golfstar Ernie Els haben herrliche Fairways. Rund 70 m über dem Meer thront der spektakuläre **Pezula Championship Course** auf dem östlichen Knysna Head (www.pezula.com). Beim **Plettenberg Bay Country Club** mit mächtigen Eichen und Yellowwood-Bäumen kann man Affen und manchmal sogar dem seltenen Knysna-Lorie-Papagei begegnen (www.plett golf.co.za). Und auf keinem Platz kommt das »19. Loch« zu kurz!

Golfplätze an der Garden Route

▶ ADRESSEN FÜR SPORTLER

ADRENALIN-AKTIVITÄTEN

▶ **Abseil Africa**
Tel. 021 / 424 4760
Fax 021 / 424 1590
www.abseilafrica.co.za

112 m Abseilen direkt unterhalb
der Seilbahnstation auf dem
Tafelberg (▶S. 277)

▶ **Bungee Jumping**
▶Garden Route, S. 196

▶ **Hottentots Holland Kloofing**
Hottentots Holland Nature
Reserve, Grabouw
Tel. 021 / 659 3500
www.capenature.co.za
Achtstündige, 17 km lange
Klettertour durch die Suicide
Gorge samt 3 – 22 m tiefen
Kloof-Sprüngen in eiskalte Fel-
senpools. Festes, leichtes Schuh-
werk und Neopren-Anzug sind
unabdingbar. Nur Nov. bis April.

FAHRRAD- UND
MOUNTAINBIKETOUREN

▶ **African Bikers**
Danziger Straße 6
D-63128 Dietzenbach
Tel. 06074 / 485 2950

Fax 06074 / 485 2951
www.africanbikers.de
Anspruchsvolle Mountainbike-
und Rennradtouren vom Tafelberg
durch die Winelands und entlang
der Garden Route bis zum Addo
Elephant Nationalpark; Back-up
mit Begleitfahrzeug.

▶ **Downhill Adventures**
Shop 1, Overbeek Building
Ecke Kloof & Orange Street
Tel. 021 / 422 0388
www.downhilladventures.com
Halbtagsausflüge am Tafelberg
und mehrtägige Kap- und
Winelands-Touren. Ausrüstung
wird gestellt, Bustransport ins
Zielgebiet.

GOLF

▶ **www.golfguide-online.de**
www.suedafrika-golf.de
Alle Golfplätze, Golfreisen,
Caddies, Bunkerregeln
und Divots

▶ **Jedek Travel**
32 Firgrove Way, Constantia 7806
Tel. 021 / 712 6055
www.jedek.com
Golf- und Sportreisen, Abenteuer-
touren und Englisch-Sprachkurse
in Kapstadt

HOCHSEEANGELN · BIG
GAME FISHING

▶ **www.capecharters.co.za**
Shop 6, Quay 5, V & A Waterfront,
Tel. 021 / 418 0782
Von September bis Juni kommen
die großen Tunfischschwärme bis
auf 40 Seemeilen an das Kap
heran. Um 10.00 Uhr morgens
legen die Hochseejachten an der
Waterfront ab für vier- bis

achtstündige Angeltörns nach Snoek, Yellofin und Longfin Tuna, Dorade und Black Marlin.

SEE-KAJAKFAHREN

▶ Coastel Kayak
179 Beach Road
Three Anchor Bay, Cape Town
Tel. 082 / 439 1134
Vermietung von Kajaks und Kanus sowie geführte Touren an der Atlantikküste

REITEN

▶ Imhoff Farm
▶ S. 220. Zweistündige Ausritte am 8 km langen Strand von Noordhoek – mit dem Cape Town Pass kostenfrei.

▶ www.kapritt.co.za
Ausritte und bis zu elftägige Reittouren

SANDBOARDING

▶ Downhill Adventures
▶S. 126. Halb- und Ganztags-exkursionen zum 5 km² großen Dünenareal Witsands im Atlantis Dunes Nature Reserve, 40 Min. von Kapstadt, oder nach Betty`s Bay. Auch Quad biking. Ausrüstung wird gestellt.

▶ Gary's Sandboarding
Gary's Surf School, 34 Beach Road, Muizenberg
Tel. 021/788 9839
www.garysurf.com
Südafrikas älteste Surfschule (seit 1989) bietet Inhabern des Cape Town Pass kostenfreies Sandboarding. Tgl. 8.30 - 17.30 Uhr ab Gary's Surf School. Geboarded wird in Scarborough.

SURFEN, KITESURFEN

▶ Hotspots
... für Surfer und Kitesurfer sind der Sunset Beach, Dolphin Beach, die Strände der False Bay, Platboom im Cape Point Nature Reserve und der Strand von Langebaan; www.wavescape.co.za

Begegnung der wunderbaren Art in den Gewässern um die Kaphalbinsel

Hotspot für Kitesurfer: der Bloubergstrand mit Blick auf den Tafelberg

▶ **Cabrinha Kitesurfing School**
Shop 4, Marine Promenade
Porterfield Road, Table View
Tel. 021 / 556 7910
www.cabrinha.co.za
Mit Kite-»Surfari«-Schule und
Laden direkt am Table View
Beach. Verleih und Verkauf von
Sportgerät, auch Übernachtung.

TAUCHEN

▶ **Haitauchen im
Two Oceans Aquarium**
▶Baedeker Tipp, S. 290

▶ **Scuba Dive Center**
Long Street Travel Centre
289 Long Street, Central
Tel. 021 / 424 2233
www.scubashack.co.za
Schnorcheln mit Seehunden,
Käfigtauchen mit dem Weißen
Hai vor Gansbaai, Wracktauchen
rund um die Kaphalbinsel, z. B.

im Kelpwald vor Camps Bay
zum 1698 gesunkenen VOC-Schiff
»Huis te Kraaiestein«. Filiale
Kommetjie: Tel. 021 / 785 6742

▶ **www.kapstadt-tauchen.com
www.scuba-diving-cape-town.
com**
Tel. in Deutschland:
089 / 420 956 2522
in Südafrika: 082 / 968 3127
Wale, Haitauchen in Gansbaai,
Wracks und Kaltwasserkorallen-
riffe – deutsches Tauchcenter mit
Schnupperkursen und Wochen-
endtouren.

▶ **Marine Dynamics**
P. O. Box 78, Gansbaai
Tel. 028 / 384 1005
www.sharkwatchsouthafrica.com
Beobachtung des Weißen Hais
und Käfigtauchgänge um Dyer
Island vor Gansbaai

Verkehr

Straßenverkehr

In Südafrika herrscht Linksverkehr. Die Fahrbahnqualität in und um **Linksverkehr!**
kapstadt entspricht europäischem Standard. Nebenstrecken über
Land und im Gebirge sind jedoch häufig nur Schotterpisten.
In Kapstadt wird zügig gefahren. **Höchstgeschwindigkeiten:** Autobahnen 120 km / h, Landstraße 100 km / h, Ortschaft 60 km / h. Temposünden können teuer werden! Es herrscht **Anschnallpflicht** auch auf
dem Rücksitz. Motorradfahrer müssen einen **Helm** tragen. Die **Promillegrenze** liegt bei **0,5**. Mobiltelefonieren ist nur mit Freisprechanlage erlaubt.

Größere Tankstellen sind tgl. rund um die Uhr geöffnet – Benzin **Tanken**
wird nur **bar bezahlt**! Freundliche **Tankwarte** bedienen und prüfen
Öl, Wasser und Reifendruck – 3 Rand Trinkgeld sind üblich.

Kapstadts Zentrum bietet Parkhäuser sowie bewachte Parkplätze. Of- **Parken**
fiziell bestellte Parkwächter (Car Guards) sind durch ihre gelbe Weste
gekennzeichnet. Ihnen wird die Parkgebühr ausgehändigt. Oft ist die
Parkdauer auf ein oder zwei Stunden begrenzt. In anderen Stadtteilen bieten häufig nicht autorisierte Parkwächter ihre Dienste an. Diesen wie auch ihren offiziellen Kollegen gibt man stets ein kleines
Trinkgeld. So ist das Auto sicher.

ADAC-Mitglieder bauen auf die Soforthilfe der **Automobile Associa-** **Unfall, was tun?**
tion of South Africa (www.aasa.co.sa), die rund um die Uhr unter
Tel. 083 / 843 22 auch für Nicht-ADACler erreichbar ist. In Kapstadt
ist die AA auch unter Tel. 021 / 419 6914 verfügbar. Der AA-Unfallnotdienst hat die Rufnummer Tel. 0800 / 010101. Er sorgt landesweit
gebührenfrei für die Vermittlung von Pannenhilfe. Sofortige medizinische Hilfe kann über die AA gebührenfrei landesweit unter Tel.
0800 / 033 007 angefordert werden. Bei Personenschaden muss die
Polizei hinzugezogen werden. Selbst bei Bagatellschäden sollte der
Autovermieter sofort informiert werden.

Mit dem Taxi

Taxifahren ist in Kapstadt **günstig und nachts ein Muss**. Reguläre Taxis besitzen geeichte Taxometer und kosten ca. 10 R. pro Fahrkilometer. Taxistände sind z. B. am Green Market Square oder an der
Grand Parade. Ein Erlebnis, sehr günstig, aber nicht ungefährlich ist
die Fahrt mit dem **Sammeltaxi**. Regelmäßig passieren schwere Unfälle durch überhöhte Geschwindigkeit. Hauptstandort ist der Adderley
Street gegenüber dem Golden Acre-Einkaufszentrum. Reguläre Touren bedienen z. B. die Strecke nach Sea Point oder zur Long Street.

Mit dem Bus

Öffentlicher Nahverkehr

Den öffentlichen Nahverkehr per Bus leistet die Gesellschaft **Golden Arrows**. Hauptstandort ist der Golden Acre Terminal an der Adderley Street. Reguläre Linien bedienen die Strecke entlang der Atlantikküste bis nach Hout Bay (www.gabs.co.za). Eine gute Alternative sind die **offenen Doppeldeckerbusse** von Cape Town Explorer und City Sightseeing, die nach dem »Hop-on, Hop off«-Prinzip an den wichtigsten Sehenswürdigkeiten Halt machen (▶S. 112).

Flughafentransfer

Taxibusse übernehmen Shuttle-Dienste zum Flughafen, z. B.: **City Hopper**, Tel. 021 / 505 6363; **Magic Bus**, Tel. 021 / 505 6300; **Way 2 Go**, Tel. 021 / 934 2503, **Dumalisile**, Tel. 021 / 934 1660. Günstig sind die privaten Busgesellschaften **Backpacker Bus** (Tel. 021 / 447 4991, www.backpackerbus.co.za) sowie **Homeland Shuttle & Tours**, Tel. 021 / 426 0294, die vom Hotel abholen und zum Flughafen fahren.

Busreisen

Einen legendären Ruf bei Backpackern genießt **Baz Bus**: Hop on - Hop off kann man quer durch Südafrika mit einem Long-Distance-Ticket reisen, z. B. nach Johannesburg oder Durban. 180 Backpacker-Unterkünfte und Hostels sind am Programm von Baz Bus beteiligt und bieten sicheren, bequemen Service von Haustür zu Haustür. **Grey Hound** bedient von Kapstadt die Langstrecken nach Port Elizabeth und Durban sowie via Bloemfontein / Mangaung nach Johannesburg und Pretoria. Von Mossel Bay startet Greyhound nach Johannesburg. In bequemen Schlafsesseln reist man in den Bussen von **Intercape Mainliner** von Kapstadt quer durch Südafrika. **Translux Express** fährt als Intercity-Liner mit hohem Komfort- und Sicherheitsstandard von Kapstadt aus größere Städte in Südafrika. Mit luxuriösen Bussen verbindet **SA Roadlink** 21 Städte in ganz Südafrika.

Mit der Bahn

Besser First class!

Kapstadts **Metrorail** ist nur sinnvoll für Ziele östlich des Tafelbergs – Muizenberg, Simon's Town, Strand, Stellenbosch, Paarl. Aus Sicherheitsgründen sollte man in den Zügen allerdings nicht abends und nur erster Klasse fahren.
Die nationale Bahngesellschaft **Spoornet** sorgt ab Cape Town Station für den Fernverkehr im Land. Seit 2007 pendeln zweimal wöchentlich **Erste-Klasse-Züge** mit max. 126 Passagieren zwischen Kapstadt und Johannesburg. Abfahrt Kapstadt: Di., Sa. 8.00 Uhr; Abfahrt Johannesburg: Do., Sa. 14.00 Uhr (www.premierclasse.co.za).

Hotelzüge

Blue Train

Seiner tiefblauen Farbe verdankt der **legendäre Luxuszug** seinen Namen. Seit 1901 verkehrt der 336 m lange Blue Train zwischen Pretoria / Tshwane und Kapstadt. Für die 1600 km lange Strecke braucht

Metrorail Orientierung

er fast 27 Stunden bei 90 km h. Befördert werden maximal 74 Gäste in 37 Suiten oder 58 Gäste in 29 Suiten mit Vollpension inklusive einem exquisiten Dinner. Abfahrt Pretoria: 8.50 Uhr, Ankunft Kapstadt: 12.00 Uhr am Folgetag; mit Besichtigungsstopp in Kimberley. Abfahrt Kapstadt: 8.50 Uhr, Ankunft Pretoria / Tshwane: 12.30 Uhr am Folgetag. Mit Safari-Stopp im Aquila Game Reserve (▶ S. 302). Wegen der großen Nachfrage sollte man mindestens sechs Monate im Voraus buchen!

Rovos Rail

Das Nonplusultra ist eine Fahrt im **»luxuriösesten Zug der Welt«** mit aufwendig restaurierten Waggons aus den 1930er-Jahren, nostalgischem Speise- und Barwaggon samt offener Aussichtsplattform am Ende des Zuges. Höchstens 72 Gäste finden in den geräumigen Suiten des Rovos Rail Platz, der in 48 Stunden von Kapstadt bis Pretoria fährt. Der Old Pioneering Trail startet 15.00 Uhr in Pretoria / Tshwane, Old Capital Station, in Kapstadt ist 11.00 Uhr Abfahrt von Plat-

Nostalgie auf Schienen: der legenäre Rovos Rail

form 23, Cape Town Station. Die Tour kann von Pretoria zu den Victoria Falls fortgesetzt werden. Ein einmaliges Erlebnis ist auch die Fahrt mit der Rovos-»Pride of Africa« von Kapstadt nach George an der Garden Route. Abfahrt Kapstadt: 9.20 Uhr ab Bahnsteig (Platform) 23 in der Cape Town Station, Ankunft George am Folgetag 9.00 Uhr. Abfahrt George: 13.30 Uhr; Ankunft Kapstadt: 17.00 Uhr am Folgetag, Platform 24 (!), Cape Town Station. Gebucht werden kann auch die Strecke Pretoria – Durban, eine Golfrundreise rund um Pretoria sowie die Namibia-Langstrecke Pretoria – Kimberley – Windhoek – Swakopmund. 9 Tage dauert die Fahrt Pretoria – Durban – Port Elizabeth – Kapstadt. Einmal im Jahr schafft Rovos Rail sogar die Strecke Daressalam (Tansania) – Kapstadt.

Union Limited **Dampfzugnostalgie** in Zwei- und Vierbettsuiten am Westkap und durch Südafrika Richtung Pretoria und Port Elizabeth mit liebevoll restaurierten Loks und Waggons aus der Transnet-Kollektion, z.B. dem Speisewagen »Protea« (1933) oder »Unitata« (1942). Im Preis enthalten sind zweigängige Mittag- und viergängige Abendessen.

Shongololo Express **Preiswerter und familiärer** ist der »Hundertfüßler« genannte Hotelzug, der überwiegend bei Nacht fährt und am Tag hält. Südafrikas

● ADRESSEN VERKEHR

AUTOMOBILE ASSOCIATION OF SOUTH AFRICA (AA)

Tel. 083 / 843 22
www.aasa.co.za

MIETWAGEN UND MOTORRÄDER

▶ **Avis**
www.avis.co.za
Cape Town Airport:
Tel. 021 / 934 0330

▶ **Budget**
www.budget.co.za
Cape Town Airport:
Tel. 021 / 380 3180

▶ **Europcar**
www.europcar.co.za
Cape Town Airport:
Tel. 21 / 935 8700

▶ **Hertz**
www.hertz.co.za
Cape Town Airport:
Tel. 021 / 934 3913

▶ **Imperial**
www.imperialcarrental.co.za
Cape Town Airport:
Tel. 021 / 448 5608

▶ **National**
www.nationalcar.co.za
Cape Town Airport:
Tel. 021 / 934 7499

▶ **Tempest**
www.tempestcarhire.co.za
Cape Town Airport:
Tel. 021 / 934 3845

▶ **Harley Davidson Cape Town**
9 Somerset Road, Green Point

Tel. 021 / 446 2999
www.harley-davidson-cape-town.com»
Easy Rider« mieten, Sound starten und losröhren! Spezielle Harley-Touren auf der Route 62.

OLDTIMER

▶ **Motor Classic Rentals**
1 Waterloo Street
Vredejoek Central
Tel. 021 / 461 7368
Fax 021 / 461 7343
www.motorclassic.co.za
Alpha Spider, Mercedes SL, Jaguar, Austin oder Morgan: am besten stilecht im Cabriolet auf Winelands-Tour oder eine Woche an die Garden Route

▶ **Best Beetle Car Rental**
5 Staal Street
Brackenfell 7356
Tel. / Fax 021 / 981 4113
www.bestbeetle.co.za
Bezahlbarer Spaß in historischen VW-Käfern – Retrochic der Sixties. Lieferung direkt vor die Tür!

TAXIS

▶ **Rikkis**
Tel. 021 / 418 6713
www.rikkis.co.za

▶ **Marine Taxi**
Tel. 021 / 434 0434

▶ **SA Cab**
Tel. 086 / 117 2222
www.sacab.co.za

▶ **Unicab Taxis**
Tel. 021 / 447 4402

▶ **Touch Down Taxis**
Tel. 021 / 919 4659
Offizielle Airport-
Taxigesellschaft

FERNBUSSE

▶ **Greyhound**
1 Adderley Street, Central
Tel. 021 / 505 6363
www.greyhound.co.za

▶ **Translux Express**
Cape Town Central Station
Adderley Street
Tel. 021 / 449 6209
www.translux.co.za

▶ **Intercape Mainliner**
P.O. Box 618
Bellville
Tel. 021 / 380 4400
www. intercape.co.za

▶ **Baz Bus**
275 Main Road
Sea Point
Tel. 021 / 439 2323
www.bazbus.com

▶ **SA Roadlink**
  Roadforce One
Cape Town Central Station
Adderley Street
Tel. 021 / 425 0203
Tel. 011 / 333 2223
(zentrale Reservierung)
www.saroadlink.co.za
www.saroadlink.co.za/rf.html

MIT DER BAHN

▶ **Metrorail**
Tel. 0800 / 656 463 (gebührenfrei)
www.capemetrorail.co.za
Fahrplanauskünfte:
Tel. 083 / 123 7245

▶ **Spoornet**
Tel. 0800 / 656 463 (gebührenfrei)
www.spoornet.co.za

HOTELZÜGE

▶ **Blue Train**
Tel. 021 / 449 2672
Fax 021 / 449 3338
www.bluetrain.co.za

▶ **Rovos Rail**
Rovos Cape Town
Dock Road
P.O. Box 50241, Waterfront
Tel. 021 / 421 4020
Fax 021 / 421 4022
www.rovos.co.za
In Deutschland: Mary de Ridder
Tel. 02837 / 664 9811
Fax 02837 / 664 9815.

▶ **Shongololo Express**
P.O. Box 1558
Parklands 2121
Tel. 011 / 483 0657
Fax 011 / 483 0745
www.shongololo.com

▶ **Union Limited**
V & A Waterfront
Tel. 021 / 449 4391
Fax 021 / 449 4395
www.
transnetheritagefoundation.co.za
www.sarsteam.com.za

▶ **Shosholoza Meyl**
Hauptbüro Johannesburg
Tel. 011 / 773 2992
Fax 011 / 773 2239
www.spoornet.co.za

Höhepunkte werden dann in firmeneigenen Mercedes-Bussen auf Tagesexkursionen erlebt. Zu den Mahlzeiten gibt es südafrikanische Leckerbissen. Zahlreiche Tourenangebote in neun Länder des südlichen Afrika. Kapstadts Start- und Endpunkt ist der Bhf. Muizenberg.

Der **Touristenzug mit Schlaf- und Liegewagen** pendelt zwischen Kapstadt, Durban und Johannesburg. Shosholoza geht auf ein altes Abschiedslied südafrikanischer Fremdarbeiter zurück und meint »Vorwärts!« – bis heute auch enthusiastisch von Sportfans zur Anfeuerung ihrer Teams verwendet. Meyl bedeutet Zug.

Shosholoza Meyl

Zeit

Südafrika gehört derselben Zeitzone an wie Osteuropa (GMT + 2). Während der mitteleuropäischen Sommerzeit besteht daher Zeitgleichheit, in der Winterzeit ist Südafrika 1 Std. voraus.

Touren

EINE TOUR MIT DEM TOURISTENBUS ZEIGT DIE WICHTIGSTEN SEHENSWÜRDIGKEITEN KAP- STADTS. SPANNENDER IST DIE ERKUNDUNG DER »MUTTERSTADT« ZU FUSS – TIPPS FÜR SPAZIER- GÄNGE UND AUSFLÜGE MIT LOHNENDEN STOPPS!

TOUREN DURCH KAPSTADT

Zwei Spaziergänge durch die City zwischen Bo-Kaap und Castle of Good Hope zeigen das ganze Spektrum der »Mutterstadt Südafrikas« – wer gut zu Fuß ist, schafft sie in den Mindestzeiten. Aber lassen Sie sich lieber Zeit. Es lohnt sich!

━━━ **TOUR 1** **Tour 1 Kapstadt klassisch**
Vom Lehmfort zur pulsierenden Metropole
▶ **Seite 141**

━━━ **TOUR 2** **Tour 2 Schmelztiegel der Kulturen**
Viktorianische Villen, kapmalaiische Küche und tolle Shoppingadressen ▶ **Seite 142**

200 m
©Baedeker

Unterwegs in Kapstadt

Eine zweistündige Stadtrundfahrt im offenen **Cape Town Explorer Bus** präsentiert die Highlights von der Waterfront bis zum Tafelberg im Schnelldurchlauf – bei der Sightseeingtour im Doppeldeckerbus kann man nach Belieben aus- und zusteigen. Die nur 4 km² große Innenstadt lässt sich **gut zu Fuß** erkunden. Durch Aufschüttungen wurde der Tafelbucht zwar zusätzliche Fläche abgerungen, doch gen Süden verhindert der Tafelberg jede Ausdehnung. Umso erstaunlicher ist es, dass die Wende der 1990er-Jahre eine pulsierende Metropole schuf, die auch Platz für kleine Läden der boomenden Kunst- und Designerszene ließ. **Bummeln** Sie durch Bo-Kaap, über den bunten Flohmarkt am Greenmarket Square und durch die schicken Shopping Malls der V & A Waterfront. **Schlemmen** Sie am Hafen frische Meeresfrüchte und fahren Sie zum Sundowner auf den **Tafelberg**. Den sollte man bei schönem Wetter sowieso als Erstes ansteuern, da häufig der »Cape Doctor« den Gipfel in weiße Wolken hüllt. In der City sichern Parkhäuser und uniformierte Parkplatzwächter den **Mietwagen**. Relativ preisgünstig sind **Taxis** – abends ein absolutes Muss! Sehr zu empfehlen sind **Bootsausflüge** ab der V & A Waterfront. Wanderer und Mountainbike-Fahrer sollten immer in Gruppen unterwegs sein.

> ! **Baedeker** TIPP
>
> **Africa is calling!**
> Vor allem in der Hochsaison und zur WM 2010 sollte man Flug und Hotel in Kapstadt rechtzeitig vorab buchen – das spart jede Menge Zeit, Geld und Ärger. Alle hier vorgestellten Touren für Kapstadt und die Kapregion können u. a. über Karawane Reisen nach dem Bausteinprinzip individuell gebucht werden (www.karawane.de).

Auf dem Gipfel des Tafelbergs liegt Ihnen die Stadt zu Füßen.

Tour 1 Kapstadt klassisch

Start und Ziel: Vom Castle of Good Hope zum »Nellie«   **Dauer:** 1 Tag

Dieser Spaziergang folgt den Spuren der Stadtgeschichte zu den wichtigsten Highlights. Unterm Pflaster der Grand Parade lag einst der Strand, an dem sich die Wellen der Tafelbucht brachen. So wurde landeinwärts gen Tafelberg gebaut, entstand rund um Jan van Riebeecks Kompaniegarten Kapstadts historischer Kern.

Der Stadtrundgang durch die City beginnt beim ältesten Steingebäude Südafrikas, dem ❶ ✹ ✹ **Castle of Good Hope**, wo man die William Fehr Collection nicht versäumen sollte – werktags um 12.00 Uhr ist Wachablösung. Vom einstigen multikulturellen sechsten Stadtbezirk, der Ende der 1960er-Jahre zwangsgeräumt und niedergerissen wurde, erzählt das ❷ ✹ ✹ **District Six Museum** an der Buitenkant Street 25a. Auf der ❸ **Grand Parade**, die sich Mittwoch und Samstag in einen großen Trödelmarkt verwandelt, ist die Lage des ersten Lehmforts der VOC rot markiert. Neun Tage nach seiner Freilassung hielt Nelson Mandela gegenüber auf dem Balkon der ✹ **City Hall** vor Hunderttausenden seine berühmte Rede an die Nation. Nur bis 14.00 Uhr kann man die ❹ ✹ **Groote Kerk** besichtigen, Südafrikas älteste Kirche, mit einer wunderschönen Teakholzkanzel des Freiburgers Anton Anreith. Natürlich darf ein Abstecher zum ❺ ✹ ✹ **Greenmarket Square** nicht fehlen mit Händlern aus ganz Afrika und Kapstadts schönsten Art-déco-Gebäuden wie dem ✹ **Old Town House** mit der renommierten Michaelis Collection niederländischer Meister. Unbedingt ansehen sollte man sich die Ausstellung über die Sklaverei im Erdgeschoss der ❻ ✹ ✹ **Slave Lodge**. Gleich hinter der Kurve zur Wale Street erhebt sich Desmond Tutus »Kirche des Volkes«, die anglikanische ❼ ✹ **St. George's Cathedral**. Die Jazzbar in der Krypta garantiert auch an heißen Tagen einen angenehm kühlen Lunch. Oder wählen Sie um die Ecke im **Five Flies** an der Keerom Street 14 – 16 zwischen gegrilltem Kingklip und zartem Straußenfilet. Nur wenige Schritte entfernt tagt Südafrikas Parlament von Januar bis Juni im ❽ **Houses of Parliament** – eine Stunde dauern die kostenlosen Führungen, Reisepass nicht vergessen! Mächtige Eichen säumen die Fußgängerzone der Government Avenue durch den herrlichen ❾ ✹ **Company's Garden** mit einem Rosengarten und der Bronzestatue für **Cecil Rhodes**, Diamantenmagnat und ab 1890 Pre-

> ### *i* Highlights der Tour 1
>
> - Castle of Good Hope – besterhaltene Festung der VOC
> - District Six Museum – Erinnerungen an den legendären sechsten Stadtbezirk
> - Greenmarket Square – hier schlägt das Herz der »Mother City«
> - Slave Lodge – bewegende Geschichte der Sklaverei
> - South African Museum – Haie, Dinos und Felsmalereien der San
> - Zum Afternoon Tea ins »Nellie«

mierminster der Kapkolonie. Südafrikanische Künstler der Moderne und fantasievolle Township Art zeigt die ❿ ✳✳ **SA National Gallery**. Zur Jahrtausendwende eröffnete Nelson Mandela mit dem ⓫ ✳ **SA Jewish Museum & Holocaust Centre** das neue Begegnungszentrum der Juden am Kap. Wale, Riesenhaie, Dinos und die verschiedenen Kulturen Südafrikas werden im ⓬ ✳✳ **South African Museum** vorgestellt. Das ⓭ ✳ **Bertram House** am Ende der Government Avenue gewährt Einblicke in den kolonialen Lebensstil des 19. Jh.s. Jenseits der verkehrsreichen Annandale Road erhebt sich das Portal des noblen Art-déco-Hotels ⓮ ✳ **Mount Nelson** – die Sandwiches, Torten und Petit Fours beim Afternoon Tea auf der Terrasse des »Nellie« sind unerreicht. Nette Alternativen an der benachbarten ⓯ **Kloof Street**: das charmante Café Gainsbourg (Nr. 64) und das Melissa's (Nr. 94) – hier gibt's auch tolle Food-Mitbringsel.

Tour 2 Schmelztiegel der Kulturen

Start und Ziel: von der Railway Station zur Noon Gun **Dauer:** Halbtagestour

Filigraner Goldschmuck oder witziges Recycling-Spielzeug, traditionelles Handwerk oder provokante junge Kunst, viktorianische Villen und würzige kapmalaiische Küche – shoppen, schauen und staunen zwischen Greenmarket Square und Bo-Kaap.

Die Tour startet nur wenige Schritte von der **Cape Town Railway Station** entfernt in der Fußgängerzone der ❶ ✳ **St. George's Mall**, die von den Ständen kleiner Straßenhändler gesäumt wird. Ältester, umtriebigster und einer der schönsten Plätze Kapstadts ist der kopfsteingepflasterte ❷ ✳✳ **Greenmarket Square**. Außer Sonntag wird hier immer um Kunsthandwerk aus ganz Afrika gefeilscht. Um die Ecke an der quirligen ✳✳ **Long Street** liegen Szenekneipen wie das populäre »Mama Africa« (Nr. 178) und der ausgezeichnete ❸ ✳ **Pan African Market** (Nr. 76) mit Holzschnitzereien, Township Art und bunten Stoffen auf zwei Etagen. Antikes, junge Kunst und Trödel findet man in der ❹ ✳ **Church Street** – wie wär's hier mit einer Kaffeepause im charmanten Café Mozart (Nr. 37)? Auch der benachbarte neue Hoteltempel des **Rhodes Mandela Place** bietet im Erdgeschoss schicke Boutiquen. Zurück geht es über den alten Gemüsemarkt die Burg Street hinauf zu ❺ **Cape Town Tourism**, wo Township-Touren gebucht werden können. Gegenüber in der **Buchhandlung Naumann** gibt es deutsche Bücher und Zeitungen. Das ❻ ✳ **Koopmans-de-Wet House** aus dem 18. Jh. gehörte zuletzt

i **Highlights der Tour 2**

- Greenmarket Square – traditionelles Kunsthandwerk aus ganz Afrika
- Gold of Africa Museum – Goldschmuck aus Ghana und der Elfenbeinküste
- Bo-Kaap – kunterbuntes Viertel der Muslime

Am Greenmarket Square heißt es handeln!

den Schwestern Margaretha und Marie De Wet, deren Vater der erste Präsident des gesetzgebenden Rates in Kapstadt war. Einmalig ist die Sammlung des **7** ✶✶ **Gold of Africa Museum**, wo man im Workshop sogar eigene Schmuckstücke entwerfen kann. In der **10** **Rose Street** verkaufen Monkeybiz (Nr. 65) und Streetwires (Nr. 79) originelle Township Art. Hier beginnt das farbenfrohe **11** ✶✶ **Bo-Kaap-Viertel** mit seinen denkmalgeschützten bunten Häuschen. Die Geschichte der Kapmalaien erzählt das Bo-Kaap-Museum an der Wale Street 71. Schließlich beginnt der Aufstieg zum **17** ✶ **Noon Gun Café und Restaurant** mit köstlichen kapmalaiischen Gerichten und Panoramablick zum Tafelberg. Schlag 12.00 Uhr hört man, wie oberhalb der tägliche Kanonenschuss abgefeuert wird.

Tour 3 Einmal rund ums Kap

Start und Ziel: Kapstadt – Kap der Guten Hoffnung – Constantia

Länge / Dauer: ca. 150 km / 1 Tag

Auf zum schönsten Ende der Welt! Über die spektakulärste Küstenstraße des Kontinents, zu farbenprächtigen Fynbos-Proteen, Straußen, Pavianen, Pinguinen und herrlichen Sandstränden. Krönender Abschluss: ein Dinner in der Winzerhochburg Groot Constantia.

Fahren Sie frühmorgens los, bevor die Reisebusse das Kap der Guten Hoffnung ansteuern. Rund 20 km südlich von **1** ✶✶ **Kapstadt** erreicht man **2** ✶ **Hout Bay**, wo es die besten Fish & Chips am Kap gibt und alle halbe Stunde die »Nauticat« zu Robbeninsel Duiker Island ablegt. Hinter fast jeder seiner 114 Kurven eröffnet der berühmte ❸ ★★ **Chapman's Peak Drive** atemberaubende Aussichten. Halten Sie auf einem der Park- und Picknickplätze, mit etwas Glück können Sie sogar Wale sehen. Busse befahren die mautpflichtige, wegen Steinschlag immer wieder gesperrte Strecke nur von Nord nach Süd. Über Kommetjie und Scarborough führt die M 65 auf der

Groot Constantia
Edle Weine vom Kap

Cape of Good Hope Nature Reserve
Prachtvolle Proteenblüte

Kap der Guten Hoffnung

Boulders Beach
Brillenpingu

Atlantic Ocean

False Bay

nung (www.capepointroute.co.za). Das Cape of Good Hope Nature Reserve kostet Eintritt außer für Wild-Card-Inhaber. Zu Fuß oder mit der Standseilbahn des »Flying Dutchman« geht es hinauf zum windumtosten Leuchtturm des ❹ ✶✶ **Cape Point**, mit Terrassenrestaurant, Souvenirshop und tollem Blick bis zur Südspitze Afrikas. Machen Sie ein Picknick am Cape Point oder wandern Sie in 45 Minuten zum ❺ ✶✶ **Cape of Good Hope** – mit dem obligatorischen Erinnerungsfoto. Auf der Rückfahrt durch das ❻ ✶✶ **Cape of Good Hope Nature Reserve** das zum ✶✶ **Table Mountain National Park**

ℹ Highlights der Tour 3

- Chapman's Peak Drive – legendäre Traumstraße Kapstadts
- Kap der Guten Hoffnung – das schönste Ende der Welt!
- Cape of Good Hope Nature Reserve – artenreichste Flora auf kleinstem Raum
- Brillenpinguine am Boulders Beach
- Groot Constantia – Keimzelle südafrikanischer Weinkultur

gehört, beeindrucken die unzähligen Protea-, Orchideen- und Erikaarten des Fynbos. Im Süden des Parks leben Buntböcke und Bergzebras. Vorsicht vor den Pavianen – nicht füttern oder anfassen!
Angelika und Ernst Coelle züchten auf ihrer ❼ ✶ **Cape Point Ostrich Farm** nördlich des Park Gate Richtung Smitswinkel Bay bis zu 800 Strauße, verkaufen Eier und schöne Lederwaren (www.capepoint ostrichfarm.com). Von erhöhten Aussichtsplattformen kann man am ❽ ✶✶ **Boulders Beach** eine ganze Kolonie afrikanischer Brillenpinguine beobachten. Bummeln Sie danach durch die kleinen Antiquitätenläden von ❾ ✶ **Kalk Bay** oder setzten Sie sich noch eine Runde an den ❿ ✶ **Strand von Muizenberg** mit seinen hübschen viktorianischen Badehäuschen, bevor Sie nach ❿ ✶✶ **Groot Constantia** aufbrechen, einem der ältesten Weingüter am Kap. Besichtigen Sie das elegante Herrenhaus und das Weinmuseum und lassen Sie sich in Simon's Restaurant mit leckerer Kapküche verwöhnen – wir empfehlen die Muscheln in Weißwein und das kapmalaiische Lammcurry.

Tour 4 Winzerstädtchen für Weingourmets

Start und Ziel: Kapstadt – Stellenbosch – Franschhoek – Paarl – Kapstadt

Länge / Dauer: ca. 180 km / 2 Tage

Endlose Eichenalleen, gepflegte Parks und weißgetünchte Herrenhäuser, erlesene Kunst, schicke Boutiquen und lauschige Cafés, wunderbare Weine und exquisite Kochkunst – ein Ausflug in die Winelands gehört zu den Höhepunkten einer Kapstadt-Reise.

Von ❶ ✶✶ **Kapstadt** fährt man über die N 1 Richtung Paarl bis zum Abzweig der R 304 und erreicht nach knapp 50 km ❷ ✶✶ **Stellenbosch**, die zweitälteste Siedlung Südafrikas. Ihr besonderer Charme liegt im Nebeneinander von quirliger Campusatmosphäre und histo-

liegt im Nebeneinander von quirliger Campusatmosphäre und historischem Ambiente. Parkplätze gibt es am alten Markt (Die Braak). Schauen Sie sich auf einem Spaziergang die weiß getünchten kapholländischen Häuschen des Rhenish Complex und das einmalige Altdorfmuseum an, bummeln Sie durch die hübsche Dorp Street und werfen Sie einen Blick auf die Arbeiten zeitgenössischer südafrikanischer Künstler im Rupert Museum und im Sasol Art Museum. Die R 310 Richtung Franschhoek führt zum 1685 gegründeten Gut ❸ ✱✱ **Boschendal**, einem Muss für Weinfreunde und Liebhaber kapholländischer Architektur (▶ Abb. S. 147). Jeden Tag um 10.30 und 11.30 Uhr starten 40-minütige Kellertouren und einstündige Weinberg-Spaziergänge mit anschließender Verkostung. Im Restaurant wird französische Schlemmerküche geboten. Bestellen Sie dazu den hauseigenen Shiraz, oder warum nicht mal Champagner zum Lunch? Oder lassen Sie sich im Schatten uralter Eichen zum »Pique Niques at Boschendal« nieder (www.boschendalwines.com).

Stellenbosch
Sasol Art Museum

Paarl
*Brandy-Kathedrale
des KWV*

i　**Highlights der Tour 4**

- Dorp Museum in Stellenbosch
- Kapholländisches Kleinod Boschendal
- Wine & Dine im bezaubernden Franschhoek
- Ballonfahrt über die Weinberge
- Brandy-Kathedrale in Paarl
- Göttlich speisen auf Laborie

Nach 35 km erreicht man das bezaubernde Winzerstädtchen ④ ✶ ✶ **Franschhoek** Am Fuß der Hex River Mountains. Schlendern Sie durch die kleinen Geschäfte an der Huguenot Road bis zum Hugenottendenkmal für die ersten Siedler. Setzen Sie sich auf die Terrasse des »Quartier Français«, das seit Jahren zu den besten Restaurants in Südafrika zählt. Kulinarische Höhenflüge verspricht auch die Übernachtung mit Dinner im preisgekrönten Monneaux Restaurant des ⑤ ✶ ✶ **Franschhoek Country House**, um 1900 eine Parfümerie, mit traumhaften Suiten und eigenem Weinkeller (www.fch.co.za).

Mit den ersten Sonnenstrahlen des nächsten Tages können Sie in einem Heißluftballon über das Weinland schweben (www.ballonin fo.de) – gefrühstückt wird anschließend im wunderschönen ⑥ ✶ ✶ **Grande Roche** im Weinbauzentrum ⑦ ✶ **Paarl**, das über die R 303 nach 30 km schnell erreicht ist. Riesige Fässer voll guter Brände lagern im KWV an der Kohler Street; Mo.–Sa. 10.15 Uhr deutschsprachige Wein- und Brandy-Kellertouren, die 75 Min. dauern. Das Afrikaans Museum widmet sich der zweiten offiziellen Sprache des Landes. Auf dem über 300 Jahre alten Weingut ⑧ ✶ ✶ **Laborie Estate** an der Taillefert Street serviert Hetta van Deventer zum Abschluss feinste südafrikanische Landküche (www.laborie.co.za). Wandern Sie nach dem Essen noch ein Stück auf dem Laborie Wine Hiking Trail, bevor Sie die knapp 60 km auf der N 1 nach **Kapstadt** zurückfahren.

Weitere Ausflüge

Aber nicht nur Weingüter warten in der Umgebung von Kapstadt. Segler und Surfer schwärmen von der ✶ ✶ **West Coast**, wo sich die Wellen des Atlantik brechen. Die ✶ ✶ **Cederberge** besitzen bizarre Felsformationen und uralte Felsmalereien der San. Die reizvolle Route 62 führt zur Straußenhochburg Oudtshoorn und zu den gewaltigen Cango Caves. Nirgendwo auf der Welt kann man Wale von Land aus so gut beobachten wie in ✶ ✶ **Hermanus**. Die ✶ ✶ **Garden Route** erschließt eine der schönsten Küsten Südafrikas mit endlosen Traumständen am Indischen Ozean, verwunschenen Lagunen und üppigen Regenwäldern.

Topreiseziele rund um Kapstadt

Sehenswertes von A bis Z

WOLKENKRATZER, WATERFRONT UND VIKTORIANISCHE VILLEN, TAFELBERG, TOPMUSEEN UND TRAUMSTRÄNDE, MULTIKULTI, LEBENDIGE GESCHICHTE UND VIBRIERENDE AUFBRUCHSTIMMUNG – ENTDECKEN SIE KAPSTADT!

Adderley Street

E 3

Lage: City Bowl (Heerengracht bis Government Avenue)

Busse: Bus Terminal, Golden Acre

Klotzige Banken- und Versicherungsgebäude, aber auch schicke Geschäfte und bunte Blumenstände gehören zur historischen Hauptstraße zwischen ▶Heerengracht und ▶Company's Garden.

Banken- und Geschäftsstraße

Benannt wurde der obere Abschnitt der ▶Heerengracht 1849 nach dem britischen Politiker **Charles Bowyer Adderley** (1814 – 1905), der die Einrichtung einer Strafkolonie am Kap verhindert hatte. Die Adderley Street bildet das **Herz des Central Business District** (CBD) mit großen Bürogebäuden. Ab 1900 im Art-déco-Stil erbaute Komplexe wie das **Colosseum Building** an der Ecke zur Riebeeck Street und die 1913 von Sir Herbert Baker entworfene neoklassizistische First National Bank wurden durch wenig ansprechende Glas- und Betonbauten ergänzt. Vor dem 1970 errichteten Hauptbahnhof (**Central Station**) lockt der **Open-Air-Markt** mit einem Blumenmeer, Kleidern, Schuhen und Souvenirs. Neben dem Bus Terminal erhebt sich das in den 1970er-Jahren erbaute **Einkaufszentrum Golden Acre** – beim Bau wurde ein Wasserreservoir von 1663 freigelegt.

> ! **Baedeker** TIPP
>
> **Handmade**
> Im zweiten Stock des Colosseum Building findet man seit 2007 in der Albie Bailey ART Gallery junge Kunst vom Kap wie die Skulpturen von Ronel Jordaan und farbenfrohe Keramik der Kapstädter Künstlerin Clementina van der Walt (205 The Colosseum, 3 St. George's Mall, Di. – Fr. 10.00 – 17.00, Sa. 10.00 – 13.00 Uhr).

✳ Groote Kerk

🕐 Öffnungszeiten: Mo. – Fr. 10.00 – 14.00, Gottesdienste So. 10.00, 19.00

Ein erster Vorläufer der **ältesten Kirche Südafrikas** wurde 1678 geweiht. Ab 1700 folgte unter Gouverneur van der Stel ein Neubau, der Glockenturm konnte 1703 fertiggestellt werden. Bis 1841 erhielt die »Große Kirche« ihr heutiges Aussehen durch den Bremer Hermann Schütte. Das »Mutterhaus« der **holländisch-reformierten Kirche** (Nederduitse Gereformeerde Kerk, NGK) hat eine Orgel aus den 1950er-Jahren mitt 5917 Pfeifen. Schmuckstück ist die mit Löwen verzierte, 1789 eingebaute Kanzel, die der Freiburger Anton Anreith und Jan Graaff aus burmesischem Teakholz schnitzten (43 Adderley Street, Eingang Church Square; www.grootekerk.org.za).

Church Square

← *Ashuntifigur des Gold of Africa Museum und Abendstimmung an der Waterfront*

Auf dem neu gepflasterten Kirchplatz erinnert Anton van Wouws Statue **»Onze Jan«** an den burischen Zeitungsverleger und Vorsitzenden des Afrikander-Bond **Jan Hendrik Hofmeyr**, der sich 1909 um die Unionsverfassung verdient machte. Eine schlichte Betonplatte auf der Verkehrsinsel Spin Street markiert den Standort jenes Baumes, unter dem bis zum 1.12.1834 Sklaven versteigert wurden – eine neu gepflanzte Eiche symbolisiert heute die **Abschaffung der Sklaverei**.

Benefizkonzert vor der Slave Lodge: Kapstädter Kids sammeln für ihre Schule.

Das 1966 gegründete **Kulturhistorische Museum** in der Adderley Street 49 wurde 1998 zur Slave Lodge umbenannt. Ihre Ausstellung im Erdgeschoss widmet sich der **Geschichte der Sklaverei**. Das 1679 als Sklavenunterkunft errichtete Gebäude diente ab 1811 auch als Postamt, Bibliothek und Gerichtshof. Jüngste archäologische Grabungen belegen, dass fast 9000 Sklaven dieses Haus bewohnten, durchschnittlich 470, maximal 1000 gleichzeitig. Im Ostflügel lag eine Krankenstation für Khoikhoi-Frauen und Sklavinnen.

Im Obergeschoss zeigt die ägyptische Sammlung Funde, die Sir Flinders Petrie zwischen 1911 und 1913 machte. Ausgestellt ist außerdem kunstvolles europäisches **Tafelsilber** mit Teekannen und Schmuckdosen des 18. und 19. Jh.s und feinstes chinesisches Porzellan der Tang-Dynastie (618 – 907). Sehenswert ist auch eine **Apotheke** aus viktorianischer Zeit. Vor dem Eingang erinnert eine Statue an **Jan Christiaan Smuts** (1870 – 1950), der 1919 und 1939 als Premierminister Südafrikas amtierte.

★ ★
Slave Lodge

🕐
Öffnungszeiten:
Mo. – Fr.
10.00 – 16.30,
Sa. 9.30 – 13.00
◀ www.iziko.org.
za/slavelodge

★ ★ Bo-Kaap

D / E 2/3

Lage: zwischen Long Street und Signal Hill, Zugang via Wale Street

Internet: www.bokaap.co.za

Das hügelige Bo-Kaap – »über Kapstadt« – gilt als einer der ursprünglichsten Stadtbezirke. Minarette, Moscheen und kunterbunte Häuserfassaden sind attraktive Fotomotive. Auch junge Boutiquen und Kunstgalerien haben das charmante Viertel für sich entdeckt.

Geschichte Früheste europäische Siedlungsspuren gehen auf Jan de Waal und seine Gründung Waalendorp um 1760 zurück. Das teils bis heute von Kopfsteinpflastergassen durchzogene Bo-Kaap war über Jahrhunderte ein **Schmelztiegel** unterschiedlichster Kulturen und Religionen, heute leben hier vor allem Muslime. Erste Einwanderer – fälschlicherweise nur als **»Kap-Malaien«** bezeichnet – kamen ab 1658 als politische Exilanten, Sklaven oder Strafgefangene aus Indonesien, Sri Lanka, Indien und Ostafrika. Der Stadtteil trug unterschiedlichste

Farbe bekennen: das Bo-Kaap mit hübschen Häuschen in bunten Bonbonfarben

KARNEVAL IN KAPSTADT

Jedes Jahr am 2. Januar tanzen Tausende singend und musizierend durch die Straßen von CBD und Bo-Kaap, lassen ihre Hüte fliegen und ihre Schirmchen kreisen. Monatelang haben sich die über 150 farbenfrohen Spielmannszüge auf diesen Tag vorbereitet, den Höhepunkt des Cape Town Minstrel Carnival.

Ursprünglich feierten Sklaven und Freigelassene ihren einzigen freien Tag im Jahr, ab 1834 dann mit Festen und Umzügen auch die Abschaffung der Sklaverei. Wie sich der farbenfrohe Straßenumzug gestaltet, wurde maßgeblich von amerikanischen Seeleuten beeinflusst, die 1848 Ideen vom Mardi Gras in New Orleans mitbrachten. Während der Apartheid nutzten viele den Karnevalsumzug als politisches Sprachrohr. Nur selten griff die Polizei ein, da sie die **Moppies**, die witzigen Spottlieder im Kaapse-Taal-Dialekt, kaum verstand.

Kaapse Klopse

Auf »Voorloper«, Tambourmajor und Captain des jeweiligen **Kapstädter Karnevalvereins** (Kaapse Klopse) folgen die Narren (**»Cape Coons«**) mit Sonnenschirmchen, schrillbunten Kostümen und weiß geschminkt – eine Parodie auf die einstige weiße Herrschaft. Dazu ertönt Blasmusik mit Banjos, Trompeten und den klassischen Ghoema-Trommeln. In weißen, fingerlosen Handschuhen und Damenoutfit sind auch die **»Moffies«** aus Kapstadts Gay-Szene mit von der Partie.

»And the Winner is …«

Viele Kapstädter und Touristen verfolgen begeistert das stundenlange Spektakel der Spielleute (**Minstrels**) zwischen Bo-Kaap und Adderley Street. Die besten Gruppen und Sänger werden in sensationellen Finals ausgezeichnet – wo in 2009 wird noch entschieden (Infos: Kevin Momberg, kjmomberg@yahoo.com, **www.cape townminstrels.co.za**). Tickets können über **Computicket** (►S. 114) gebucht werden. Als Nelson Mandela 1998 Schirmherr des Karnevals wurde, war es amtlich: die Riesenparty ist Regenbogenkultur pur.

Szenekneipen, Cafés und Kunsthandwerk – die Long Street ist Lebensader der City.

Namen wie Slamse Buurt, Schotceskloof und Bo-Kaap, bis sich die Bezeichnung **Malay Quarter** durchsetzte – nur etwa ein Prozent des heute mehrheitlich von Coloureds bewohnten Viertels stammt tatsächlich aus Malaysia. Erst Anfang des 20. Jh.s überwog der Anteil der Muslime und der Group Areas Act zwang Menschen anderer Religionen und Ethnien zur Abwanderung.

★
Bo-Kaap-
Führungen ▶
Den Großteil der rund 10 000 Bewohner stellen bis heute Handwerker und Händler. Die **denkmalgeschützten bunten Häuschen** entstanden Ende des 18. bis Mitte des 19. Jh.s Cape Town Tourism (▶ S. 72) veranstaltet tgl. 9.15 – 10.30 Uhr Bo-Kaap-Spaziergänge. Zweieinhalbstündige Touren mit ortsansässigen Führern bietet **Bo-Kaap Guided Tours** (Tel. 021 / 422 15 54). Die würzige kapmalaiische Küche lernt man auf **Koch-Safaris** von Andulela kennen (▶ S. 113).

**Charmantes
Stadtviertel**
Die sympathische Atmosphäre, Farben, Gerüche und Genüsse des Bo-Kaap lassen sich am besten in der Wale, Rose, Leeuwen und Chiappini Street erleben. Trinken Sie einen Kaffee im **Rose Corner Café** gegenüber vom Bo-Kaap-Museum und probieren Sie ein kapmalaiisches Curry im Restaurant **Biesmiellah** in der Upper Wale Street 2. In der Kloof Street trifft sich Kapstadts junge Mittelschicht, die »Black Diamonds«, in den angesagten Cafés Bardeli und Camissa. Höhepunkt des Jahres ist der **Minstrel Carnival** am 2. Januar (▶Baedeker Special, S. 153).

Township Art
Barbara Jackson und Matkapelo Ngaka verkaufen in ihrer **Galerie Monkeybiz** in der Rose Street 65 schöne Glasperlenarbeiten. Über

450 Township-Frauen erhielten so Arbeit, die Erlöse dienen der Aids-Vorsorge (www.monkeybiz.co.za). Fast 100 Township-Bewohner arbeiten auch für das **Art Studio Streetwires** in der Shortmarket Street 77 – 79, wo man fantasievolle Kunst aus Draht kaufen kann (www.streetwires.co.za).

Seit 1978 erinnert das Museum in der Wale Street 71 an die kapholländischen Anfänge: **Jan de Waal** ließ das Gebäude 1763 – 1768 errichten. Ab 1862 diente es als Wohnsitz für Abu Bakr Effendi, der in britischem Auftrag zwischen rivalisierenden Muslimen vermittelte. Er begründete eine arabische Schule und verfasste sogar ein Buch in Afrikaans. Gezeigt werden Möbel aus Familienbesitz, eine Ausstellung über die zwei Dutzend ringförmig um Kapstadt liegenden **Kramnats** (heilige Grabstätten) und über die Geschichte des Viertels während der Apartheid. Eindrucksvoll erzählen die Schwarz-Weiß-Impressionen des Fotografen George Hallet vom **Leben in Bo-Kaap**.

> ✳
> **Bo-Kaap Museum**
>
> ⏱
> Öffnungszeiten:
> Mo. – Sa.
> 9.00 – 16.00
>
> www.iziko.org.za/
> bokaap

Keine 200 m trennen das Museum von **Südafrikas ältester Moschee**, die ab 1795 an der Dorp Street errichtet wurde – Besuch nur nach Vereinbarung. Gründer Tuan Guru (»Unser Lehrer«) kam 1780 als sunnitischer Lehrer ans Kap, sein Grab befindet sich auf dem ältesten islamischen Friedhof **Tana Baru**.

> **Auwal Moschee**

Die über 300 Jahre alte Long Street war früher die Grenze zwischen Bo-Kaap und City Bowl. Neun weitere Moscheen stehen in und um die Long Street, darunter seit 1881 die **Hanafee-Moschee** Ecke Long und Dorp Street. Kapstadts historische Vergnügungsmeile ist heute Treffpunkt der **multikulturellen Szene** mit kleinen Cafés, Restaurants und Bars, jungen Modeboutiquen, Galerien, Antiquitätenläden, Musik- und Secondhandgeschäften. Das **Blue Mountain Backpapers** in der Long Street 208 und die Jugendherberge **Purple Turtle** an der

> ✳ ✳
> **Long Street**
>
> ◀ Koloniales Erbe

> ❗ *Baedeker* TIPP
>
> **Pan African Market**
>
> Die größte Auswahl an traditionellem Kunsthandwerk aus ganz Afrika findet man auf drei Etagen in der Long Street 76. Außer den obligatorischen Masken, Holzfiguren und Schmuck werden hier auch landestypische Kleidung, ausgefallene Bilder und Blechspielzeug aus recycelten Dosen verkauft. Ihr Einkauf macht nicht nur Sie selbst glücklich: Mit dem Erlös werden über 300 Familien in den Townships unterstützt (Mo. – Fr. 9.00 bis 17.00, Sa. 9.00 – 13.00 Uhr).

Ecke zur Shortmarket Street schmücken die typischen Balkone und schmiedeeisernen Verzierungen der viktorianischen Zeit. Typisch afrikanische Küche und Livemusik gibts im legendären **Mama Africa** in der Long Street 178 (▶S. 66). Die restaurierten **Long Street Baths** an der Ecke Long und Buitensingle Street bieten in türkischen Dampfbädern der 1930er-Jahre wohltuende Wellness (Öffnungszeiten: tgl. 7.00 – 19.00 Uhr). Ab 1820 wirkte in der **Palm Tree Mosque** Jan van Boughies als Imam.

Sendinggestig Museum
Öffnungszeiten:
Mo.– Fr.
9.00 – 16.00

Vier korinthische Säulen gliedern die Fassade der ältesten Sklavenkirche Kapstadts in der Long Street 40. In der 1802 – 1804 erbauten **Missionskirche** wurden christianisierte Sklaven erstmals unterrichtet. Damals verweigerten Eigner die Taufe ihrer Sklaven, da sie fürchteten, diese später nicht weiter veräußern zu können, da Christen eigentlich keine Sklaven sein durften. Die neoklassizistische Kanzel ist aus südafrikanischen Yellow- und Stinkwood-Hölzern geschnitzt, die Orgel schuf Friedrich Ladegast.

Bredasdorp · Cape Agulhas

C/D 4

Lage: 170 km südöstlich von Kapstadt   **Einwohnerzahl:** 22 000

Weiter südlich geht es nicht. Nur 38 km trennen Bredasdorp vom Kap der Nadeln und seinem rotweißen Wahrzeichen für des Ende des afrikanischen Kontinents.

Bredasdorp
Die ruhige Kleinstadt wurde 1838 von dem Merino-Schafzüchter Michiel van Breda gegründet. Im **Shipwreck Museum** in der ehemaligen Independent Church kann man Strandgut und Überreste der 1815 gesunkenen »Arniston« bestaunen (Öffnungszeiten: Mo. – Fr. 9.00 bis 16.45, Sa., So. 11.00 – 15.45 Uhr). Am Ende der Van Riebeeck Road beginnen die Wanderwege durch das bis auf 368 m ansteigende **Heuninsberg Reserve**. Viele Protea- und Erika-Arten sind hier heimisch wie die im April / Mai rot leuchtende »Lilie von Bredasdorp«.

De Mond Nature Reserve
Im Feuchtgebiet de Mond an der Mündung des Heuningnes River nisten schwarze Austernfischer, Nilgänse und die seltenen Damara-Seeschwalben. Hier liegt auch ein schneeweißer Sandstrand.

Arniston
Die R 316 endet nach 26 km in Arniston (Hotel, ▶S. 157) mit der 200 Jahre alten **Fischersiedlung Kassiesbaai**. Seine fotogenen reetgedeckten Katen sind längst Nationaldenkmal. »Arniston« hieß der englische Truppentransporter, der 1815 vor der Küste sank – 372 Menschen ertranken. Die Region heißt auch **Waenhuiskrans** (Ochsenkarrenhöhle) nach einer riesigen, bei Ebbe zugänglichen Höhle, in der die ersten Siedler ihre Ochsengespanne unterbrachten.

► BREDASDORP ERLEBEN

*Hingucker:
die handbemalten
Kapula-Kerzen*

AUSKUNFT

Cape Agulhas Tourism Bureau
Long Street, Bredasdorp 7280
Tel. 028 / 424 2584
Fax 028 / 425 2731
www.tourismcapeagulhas.co.za

ESSEN

► Erschwinglich
Blue Parrot
Dirkie Uys Street, Bredasdorp
Tel. 028 / 425 1023
Im ehemaligen Pferdestall kocht
Wessel van Zyl Karoo-Lamm und
Schnecken mit Speck und Kirschen.

THE WARM ART OF AFRICA

Sie suchen noch ein stimmungsvolles
Mitbringsel? In der Kapula Gallery an
der Patterson Road in Bredasdorp
bekommen Sie wunderschöne, handbemalte Kerzen mit farbenfrohen
afrikanischen Mustern. Spannend ist
auch die Erfolgsstory der
Besitzerin Ilse Appelgryn – 2000
Südafrikas Unternehmerin des Jahres
(www.kapula.com).

ÜBERNACHTEN

► Komfortabel
Agulhas Country Lodge
Main Road, L'Agulhas 7287
Tel. 028 / 435 7650, Fax 028 / 435 7633
www.agulhascountrylodge.com
Das in den Hang gebaute
Natursteingebäude hat acht
geschmackvolle Balkonzimmer
mit Seeblick. Probieren Sie Sue
Fenwicks Cajun-Garnelen.

Kurz vor dem Kap stehen am Ortseingang von **Struisbaai/Struis Bay**
die restaurierten Reetdachhütten der **Hotagterklip Cottages**, die
ebenfalls unter Denkmalschutz gestellt wurden. Dank seines 14 km
langen Strandes haben viele Kapstädter eine Ferienwohnung in
L'Agulhas. Wie das windumtoste **»Nadelkap«** verweist der Ortsname
auf portugiesische Seefahrer, die die spitzen Felsen der vorgelagerten
Riffe fürchteten. Der 1849 eröffnete
Leuchtturm ist der zweitälteste des
Landes. Hier kann man sich über Vögel und Pflanzen im autofreien **Agulhas National Park** informieren. Pano-
ramablicke auf das Biotop verspricht
die Aussichtsplattform des Turms. Das
Museum im Erdgeschoss zeigt Fotos
der 56 Leuchttürme Südafrikas, Lam-
pen und Fokussierspiegel (Öffnungszeiten: Mo. – So. 9.00 – 16.30 Uhr).
Der Weg zum Nadelkap, dem **Sou-
thernmost Point**, ist für PKW frei. Auf

★
Cape Agulhas

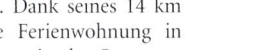

Baedeker TIPP

Candlelight Dinner

Das Arniston Spa Hotel an der Beach Road
hat nicht nur schicke Balkonzimmer mit
Meerblick und ein ausgezeichnetes Restaurant, es bietet auch Dinner bei Kerzenschein
in einem der Kassiesbaai-Häuschen – die
traditionellen Gerichte werden von Fischer-
frauen gekocht (www.arnistonhotel.com).

Cape Agulhas – die Südspitze Afrikas ist Treffpunkt zweier Ozeane

dem Gedenkstein beim Parkplatz ist die offizielle Trennlinie zwischen dem **Indischem Ozean** und dem **Atlantik** markiert.

De Hoop Nature and Marine Reserve

Das 34 000 ha große Naturreservat 40 km nordöstlich von Bredasdorp lohnt wegen seiner artenreichen Fynbos-Vegetation und herrlichen Dünenlandschaft. Auf dem **Whale Trail**, der sich über 54 km durch das Naturreservat zieht, kann man von Mai bis November am besten von den hohen Dünen bei Koppie Alleen Glattwale beobachten. Auch Kap-Zebras, Elenantilopen, Buntböcke, Paviane und Strauße leben hier (www.capenature.org.za).

★★ Cape of Good Hope

B 3

Lage: Südspitze der Kap-Halbinsel

Internet: www.capepoint.co.za
www.capepointroute.co.za

34° 21' 25'' Süd, 18° 28' 26'' Ost – am Kap der Guten Hoffnung muss man gewesen sein. Bis heute haben Seefahrer großen Respekt vor dem »Kap der Stürme«, an dem Indischer Ozean und Atlantik zusammenfließen.

Cape Point Route

Ob im Mietwagen oder Sightseeing-Bus: das laut Sir Francis Drake **»schönste Kap der Welt«** ist Höhepunkt der durch den ► **Table Mountain National Park** führenden Ein- oder Mehrtagestour um die Kaphalbinsel (►Tourenvorschlag, S. 143).

Kaphalbinsel *Orientierung*

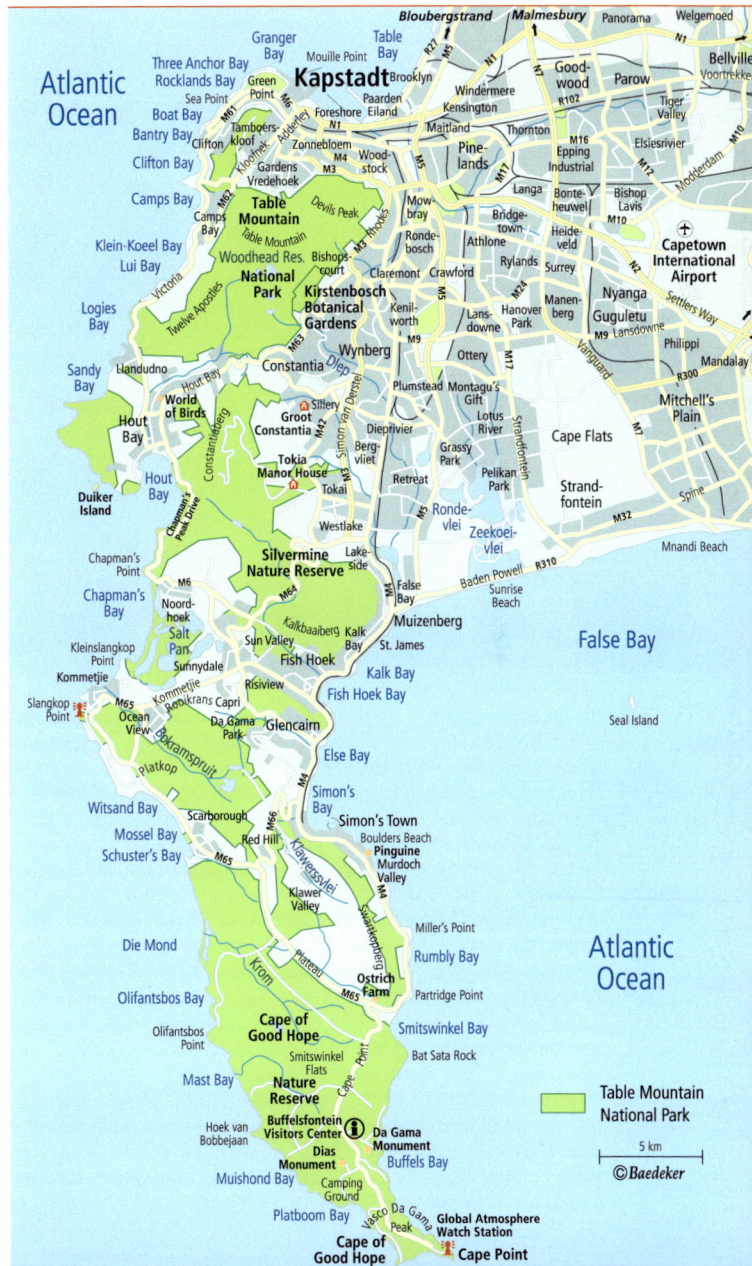

CAPE OF GOOD HOP

Im 1939 gegründeten, 2004 im Tafelberg-Nationalpark aufgegangenen Naturreservat gedeihen mehr als 1200 Arten von **Fynbos** und leben über 250 Vogelarten. Auch Zebras, Strauße, die seltenen Buntebok-Antilopen, Chakma-Paviane und Schildkröten sind hier heimisch. Von Mai bis November tummeln sich Wale und Delfine vor der Küste. Zentral liegt das in einem Farmhaus aus den 1740er-Jahren eingerichtete **Buffelsfontein Visitor Centre** mit Snackbar und Souvenirshop (www.tmnp.co.za). Hier können geführte Touren wie der zweitägige, 34 km lange Rundkurs des **Cape of Good Hope Hiking Trail** oder der 7 km lange **Shipwreck Trail** gebucht und Wanderkarten gekauft werden. Außerdem wird hier das **Olifantsbos Cottage** im Süden des Reservats vermietet mit drei Doppelzimmern, Küche, Kamin und direktem Zugang zum Strand. Auch im **Eland** und **Duiker Cottage** ist Platz für je sechs Personen.

Öffnungszeiten: April – Nov. tgl. 8.00 – 17.00, Dez., Jan. tgl. 7.00 – 19.30, Feb., März tgl. 8.00 – 18.00

Kap der Stürme

In Richtung Platboom Bay ragt eine Kopie jener »**Padrão**« mit Kreuz und Portugals Wappen auf, die der erste europäische Kapumsegler nahe Lüderitz/Namibia und bei Port Elizabeth hinterließ: Es war **Bartolomeu Diaz**, der 1488 das »**Cabo Tormentoso**« zum Kap der Stürme erkor. Portugals König João II. war über Diaz' Reisebericht so

34° 21' 25"
SOUTH LATITUDE

KA

entzückt, dass er es zukunftsfroh in **Cabo de Boa Esparança** umtaufte. Ebenso mit einem Kreuz geehrt ist Vasco da Gama. Sein Denkmal steht in Richtung Bordjiesrief Bay. Dort und an der **Buffels Bay** (Buffelsbaai) liegen geschützte Badebuchten. Zur Buffels Bay gehört außerdem die Höhle **Antonie's Gat**, in die der 1772 aus Indonesien versklavte **Lalu Abdul Kader Jaelani Dea Koasa** floh. 1775 war er aus dem Kerker des Old Court House in ► Simon`s Town entwischt, wurde steckbrieflich gesucht, aber auch vom örtlichen Farmer unterstützt und stieg zum Heiligen der Muslime am Kap auf. In seinen »Lusiaden« (Os Lusiadas) ersann Portugals Nationalpoet Camões 1572 den grässlichen **Kapgeist »Adamastor«** samt kohlrabenschwarzem Rachen, gelben Zähnen und ungekämmtem Bart. Der mythisch vorantike Gigant unterlag laut Dichter der Meeresnymphe Thetis und wurde zum Berg verwandelt Wächter der südlichen Ozeangestade. Als furchtbare Sturmwolke über dem Kap erschreckte das Ungeheuer Vasco

Wasser, Wind und Weite – ein Mal am Kap der Guten Hoffnung stehen!

? **WUSSTEN SIE SCHON …?**

■ … dass 1641 am Kap der echte »Fliegende Holländer« bei schwerem Wetter in Seenot geriet? Kapitän Hendrik van der Decken schwor damals Stein und Holzbein, die Umrundung notfalls bis zum Jüngsten Tag fortzusetzen! Noch heute meinen manche, sein Geisterschiff zu sichten.

! *Baedeker* TIPP

Rund ums Kap

Machen Sie ein Picknick am Cape Point und wandern Sie in 45 Minuten zum südwestlichsten Punkt Afrikas, dem Kap der Guten Hoffnung – mit dem obligatorischen Erinnerungsfoto. Schön ist auch die Erkundung per Mietrad auf einem 20 km langen Rundkurs. Wohl weltweit konkurrenzlos ist die geführte Kapumrundung im Kajak von Buffels Bay bis Olifantsbos Bay. Die Eskimorolle in den Schaumkronen des eiskalten Benguela-Stroms sollte man allerdings vorab beherrschen; Tel. 082 / 501 8930, www.kayakcapetown.co.za.

da Gama am 22. November 1497. André Brink nahm die Spuklegende als Parabel für seine tragische Liebesgeschichte »Cape of Storms: The First Life of Adamastor« (Landmark Tb 2007).

In Cape Point findet man mehrere Souvenirshops und das **Two Oceans Terrassenrestaurant** mit Panoramablick auf die False Bay (Tel. 021 / 780 9200, www.two-oceans.co.za). Zu Fuß über 130 Stufen oder bequemer mit der Standseilbahn des **Flying Dutchman** geht es rauf auf 238 m zum 1860 erbauten **Leuchtturm**. Dank

★★
Cape Point
einer Bürgerinitiative erstrahlt er seit 2007 in neuem Glanz. 600 Personen pro Stunde kann der »Fliegende Holländer« per Bahn hinaufbefördern.
Die nahe **Global Weather Station**, eine von 20 Wetterwarten weltweit zur Untersuchung des Erdklimas, wird vom deutschen Fraunhofer-Institut unterstützt.

Gefährliche
Südspitze Afrikas
Wolken und Nebel machten das alte Leuchtfeuer 900 Stunden im Jahr unsichtbar, so auch beim Schiffbruch der »Lusitania« am 18. April 1911. Nur durch das beherzte Eingreifen des Leuchtturmwärters, der am Strand eine Petroleumlampe schwang, konnten 774 Menschen gerettet werden. 1913 – 1919 wurde der **neue Leuchtturm** 87 m über Normalnull am Diaz Point gebaut. Sein Licht strahlt heute 63 km weit. Doch das Kap bleibt gefährlich: 1942 havarierte die »Thomas T. Tucker« und 1968 die »Phyllisia« – offiziell wurden bislang 26 Kapuntergänge und 600 entlang der Kaphalbinsel registriert.

★★ Castle of Good Hope

E / F 3

Lage: City Bowl, Zugang via Buitenkant Street   **Internet:** www.castleofgoodhope.co.za

Das älteste Steingebäude Südafrikas ist ein Publikumsmagnet ersten Ranges. Einst direkt am Meer gelegen, gilt die fünfzackige Festung heute als besterhaltene der VOC weltweit.

▸3 D-Abb. S. 164
In sieben Sprachen beschreibt die Burgbroschüre alles Sehenswerte des immer noch militärisch genutzten **Casteel de Goede Hoop**, das 1666 – 1679 nach Plänen des französischen Baumeisters Vaubon auf

den Ruinen eines Holzforts von 1652 entstand. Fast ein Viertel Jahrhundert dauerten die Renovierungsarbeiten, die 1993 abgeschlossen
werden konnten. Die **fünf Bastionen** der nie attackierten Burg wurden 1679 nach den wichtigsten Provinzen von Prinz Wilhelm II. von
Oranien benannt: Der westlichen Bastion Leerdam folgen im Uhrzei-
gersinn Buuren, Catzenellenbogen, Nassau und Oranje. Die Schiefer-
platten im Pflaster stammen aus Steinbrüchen am ▶ Signal Hill und
auf ▶ Robben Island. Die meisten Balken sind aus Pinienholz, das bis
1679 aus dem Baltikum zum Kap verschifft wurde.

Hauptattraktion ist die **William Fehr Collection** des deutschstämmi-
gen Sammlers W. Fehr, die Gemälde, Porzellan, Glas und Möbel der
Vereenigde Oost-Indische Compagnie (VOC) zeigt. Schauen Sie sich
Lady Anne Barnards Ballsaal aus dem späten 18. Jh. an, das Castle
Military Museum, den Delfin-Brunnen, die alte Schmiede und »Het
Backhuys«, das ehemalige Backhaus. Aufgrund steigender Feuchtig-
keit wurde das Burgverlies nie als Pulverkammer, sondern nur als
Gefängnis genutzt. Seit 2007 kann man im Militärmuseum auch
Schiffsmodelle und Wrackfunde aus der Frühzeit der Seefahrt be-
wundern, die vom Maritime Museum hierherverlagert wurden.

**Bollwerk der
Holländisch-
Ostindischen
Handels-
kompanie**

Immer wieder spannend: die Wachablösung vor dem Castle

CASTLE OF GOOD HOPE

✶ ✶ Breite Wassergräben und mächtige Mauern umgeben das älteste Steingebäude Südafrikas: 1666 wurde der Grundstein für die fünfeckige Festungsanlage der Holländisch-Ostindischen Handelskompanie (VOC) gelegt, 1674 bezogen die ersten Soldaten Quartier.

⏱ Öffnungszeiten:
Tgl. 9.00 – 16.00, Führungen: Mo. – Sa. 11.00, 12.00, 14.00 Uhr; www.castleofgoodhope.co.za

Kaplöwe – das Symbol von Macht und Stärke

① Wachablösung
Touristenmagnet sind die werktags um 10.00 Uhr stattfindende Schlüsselübergabe (Key Ceremony) und die Wachablösung (Changing the Guards) werktags um 12.00 Uhr.

② William Fehr Collection
Hauptattraktion der Festung ist die Kunstsammlung des deutschstämmigen William Fehr in der 1695 erbauten, ehemaligen Offiziersresidenz. Die Gemälde zeigen u.a. holländische Händler, Könige der Xhosa und Zulu, Khoikois und Gouverneure vom Ende des 17. bis ins frühe 19. Jahrhundert. Ausgestellt sind herrliche Stinkwood-Möbel aus heimischem Holz und kunstvolle Silberwaren des 18. / 19. Jhs, ein chinesischer Porzellanleuchter der Ming Dymnastie um 1400, japanische Vasen des 17. Jh.s und holländische Kristallgläser von 1745 mit dem Monogramm der VOC. Ölgemälde erzählen von schmucken Dreimastern und Handelsbeziehungen bis nach Asien.

③ Balkon
Alle Bekanntmachungen und Rechtsurteile wurden den Bürgern und Soldaten des Kaps vom 1790 neu erbauten Balkon verlesen. Das Basrelief im Giebeldreieck fertigte der Freiburger Bildhauer Anton Anreith.

④ Glockenturm
Einst erklang jede Stunde die Glocke, die 1697 in Amsterdam von Claude Frémy gegossen worden war und 300 kg wog – das Geläut konnte man 10 km weit hören.

⑤ Haupteingang
Im Giebeldreieck des klassizistischen Torbogens ist das Wappen der Niederlande mit seinem gekrönten Löwen und den sieben Einheitsspeeren abgebildet. Darunter sind die Wappen holländischer Städte wie Delft und Amsterdam zu sehen, in denen die VOC einen Amtssitz hatte.

⑥ Sonnenuhr
Die Zeit wurde am Kap mit Sonnenuhren bestimmt. Nachts und bei Bewölkung verwendete man Sanduhren, die stündlich von einem »Rondeganger« umgedreht wurden, der auch die Glocke läuten musste.

⑦ Castle Military Museum
Der einstige Zugang von See ist heute Eingang zum Militärmuseum. Hier kann man sich über das Kapregiment informieren und historische Uniformen bestaunen. Eindrucksvoll ist eine Ausstellung über die Burenkriege im ersten Stock, wo auch der Khoikoi gedacht wird, die im Dienst der Briten standen, und der vielen Frauen und Kinder, die in den britischen Konzentrationslagern interniert waren – schlechte Ernährung, mangelnde Hygiene und unzureichende ärztliche Betreuung kosteten mehr als 26 000 von ihnen das Leben.

⑧ Dolphin Pool
Nach Skizzen, die Lady Anne Barnard 1793 vom ursprünglichen Delfin-Brunnen gezeichnet hatte, konnte der Springbrunnen der »mythischen Meeresbewohner« 1985 rekonstruiert werden.

⑨ Torbogen
Holzpflöcke dienten im Torbogen als Kopfsteinpflaster, damit man im Winter nicht durch den Matsch laufen musste und das Geräusch der durchfahrenden Kutschen gedämpft wurde.

⑩ De Goewerneur Restaurant
Südafrikanische Küche wird Mo. – Sa. 10.00 bis 16.00 Uhr in den Arkaden neben der Buuren Bastion serviert – Wünsche wie »Frühstück auf der Bastion« oder »Dinner in the Dungeon« erfüllt Diana Bezuidenhout, Tel. 021 / 787 1260.

Auch viele Schulausflüge gehen ins South African Museum am Südende des Kompaniegartens.

land gen Kairo«. Ein Café lädt zur Pause, manchmal findet auch ein Kunsthandwerkermarkt statt. Über die **Open-Air-Konzerte** im Park informiert das Büro der Cape Town Gardens in der Queen Victoria Street 19 (Tel. 021 / 400 25 21).

🕐

Am Nordende des Kompaniegartens in der Queen Victoria Street 5 steht die **Nationalbibliothek von Südafrika** – seit 1999 teilt die ehemalige South African Library diesen Titel mit der Staatsbibliothek von Pretoria. 1818 verfügte Lord Charles Somerset die Errichtung dieser ersten öffentlichen Bibliothek am Kap, finanziert wurde sie durch eine Weinhandelssteuer. Erste Heimstatt des schon 1761 von Joachim Nicolaus von Dessin begründeten Bücherberges wurde 1822 die heutige Slave Lodge (▸ S. 151). 1857 erschloss Gouverneur Grey den neuen Baugrund am Company's Garden, 1860 eröffnete Prinz Alfred die Bibliothek. Großzügige Schenkungen folgten, darunter 1861 Sir George Greys Sammlung kostbarer Mittelalter- und Renaissance-Manuskripte. Zu den Schätzen gehören auch Zeitungen der Kolonialära und frühe Reiseberichte. Alte Landkarten, Aufzeichnungen von Khoikhoi und Skizzen der Kap-Flora und Fauna von Heinrich Claudius werden unter www.digital-fine-art.co.za gezeigt.

★
National Library of South Africa

🕐
Öffnungszeiten:
Mo., Di., Do., Fr.
9.00 – 17.00,
Mi. 10.00 – 17.00

www.nlsa.ac.za

Noch im Aufbau befindet sich das angeschlossene **Buchzentrum** in einem 1906 errichteten Prachtbau an der Victoria Street 62 (www.nlsa.ac.za/NLSA/centreforthebook). Direktorin Elisabeth Anderson widmet sich vorrangig der **Förderung von Kindern, jungen Literaten und Kleinverlegern** sowie der Bekämpfung des Analphabetentums –

Centre for the Book

! *Baedeker* TIPP

Geschichte hautnah

Nur wenige Schritte trennen den Company's Garden von den Western Cape Archives. Der Riesenfundus an Originaldokumenten zu Historie und Alltag Kapstadts und der Kap-Provinz kann nach Voranmeldung besichtigt werden (72 Roeland Street, Tel. 021 / 466 81 00, Öffnungszeiten: Mo. – Mi., Fr. 8.00 – 16.00 Uhr, Do. 8.00 – 19.00 Uhr, erster Sa. im Monat 9.00 – 12.00 Uhr; Eintritt frei; www.national.archives.gov.za).

über 8 Mio. Südafrikaner sind davon betroffen. Ein sehr erfolgreich geförderter Buchtitel war beispielsweise »On the Road of Hope« von behinderten Frauen aus dem ▶ Township Khayelitsha. Das elegante Ambiente des Zentrums wird gern für Hochzeiten, Filmaufnahmen oder Modenschauen genutzt. Während der Kapstädter Buchmesse finden hier auch Lesungen statt (Öffnungszeiten: Mo. bis Fr. 8.30 – 16.30 Uhr, www.cape townbookfair.com).

✳ Constantia Valley

Karte, S. 159

Lage: Südlicher Vorort Kapstadts

Anfahrt: M 3 nach Muizenberg bis Exit 14, dann M 41 Richtung Constantia

Helles Zitronengelb oder dunkles Ziegelrot, frische Säure oder erdiges Aroma, Sauvignon Blanc, Merlot oder lieber Pinotage? Die Wine Route im noblen Villenvorort Constantia führt zu den ältesten Weingütern Südafrikas – probieren Sie die edlen Tropfen bei einer Kellerführung am Kap.

✳
Alphen Country House Hotel

Tel.
021/ 794 5011

www.
alphen.co.za ▶

Einen guten Einblick in die **Geschichte der Weinregion** gibt das 1714 erbaute Landhotel am Alphen Drive in Constantia. Seit 1850 im Besitz der Familie Cloete, bilden deren Originalmöbel und Gemälde einen musealen Schatz. Im gediegenen **Cloete's Restaurant** dinierten schon Mark Twain und George Bernard Shaw. Werfen Sie auch einen Blick in den The Boer 'n Brit Pub. Auf der Südterrasse lud einst Lord Somerset zum Jagdfrühstück, duellierte sich Josias Cloete mit Waterloo-Veteran **Dr. James Barry** (1795 – 1865), der in Kapstadt erste Kaiserschnitte und Weinbäderkuren durchführte. Nach dem Tode des Armeearztes entdeckte man, dass Barry, der im Krimkrieg heftig mit Florence Nightingale stritt, eine Frau war – vermutlich Margaret Bulkley aus Belfast. Tipp für Wanderer: der Alphen Hiking Trail am Deep River entlang in den Cecilia Forest.

✳ ✳
Groot Constantia

www.
iziko.org.za/
grootcon/ ▶

Anno 1685 erhielt **Gouverneur Simon van der Stel** östlich des Tafelbergs 250 ha in bester Lage als Privatresidenz und taufte das Land nach der Enkelin eines VOC-Gönners, Constantia van Goens. Das herrliche Anwesen ist somit eines der ältesten Weingüter Südafrikas. Ab 1778 produzierte man hier süße Dessertweine, die schon Bismarck, Ludwig XVI. und Napoleon beeindruckten. Der Niedergang kam im 19. Jh. mit der Reblauskrise, 1885 ging das Gut in staatliche Hände über. Erst 100 Jahre später begann die Wiederbelebung, heute ist Groot Constantia ein **Touristenmagnet**, werden hier auf 90 ha jährlich über 550 000 Flaschen Pinotage, Shiraz, Merlot, Cabernet Sauvignon, Chardonnay und Sauvignon Blanc produziert.

Eine mächtige Eichenallee führt zum 1818 erbauten **Herrenhaus im kapholländischen Stil**, das jetzt als Museum mit eleganten Möbeln des 18. Jh.s eingerichtet ist. Werfen Sie einen Blick in Studierzimmer, Speisesaal, Küche und Kupferschmiede. Vom Schlafzimmer im Ostflügel hat man einen traumhaften Blick auf den Garten und die Rebberge. Im **Weinmuseum**, dessen Ziergiebel Meister Anton Anreith schuf, kann man Fässer, Weingläser und Dekantiergefäße von der Antike bis zum frühen 20. Jh. bewundern. Im Kutschenhaus am Jonkershuis sind Mühlkarren, Sechsspänner und ein Vortrekker-Karren zu sehen. Das **Iziko Orientation Centre** im einstigen Sklavenquartier erzählt von der Fronarbeit der San und anderer Sklaven – die ersten kamen 1661 aus Angola und Benin, später aus Madagaskar, Mosambik und Südostasien. Geschichte schrieben auch Hendrik Cloetes Butler August van Bengale und die Kammerzofe Sabina van de Kaap.

Öffnungszeiten:
Tgl. 10.00 – 17.00,
tgl. Weinproben und
Kellerführungen

Längst Nationalerbe: das Manor House von Groot Constantia ist heute Museum.

Constantia Valley – Keimzelle südafrikanischer Weinkultur

Klein Constantia

www.
kleinconstantia.
com ▶

🕐
Öffnungszeiten:
Mo. – Fr.
9.00 – 17.00,
Sa. 9.00 – 13.00,
tgl. Weinproben

✳ Als Constantia 1716 dreigeteilt wurde, entstand dieses kleinere Weingut, das ebenfalls ein hübsches Herrenhaus aus dem 18. Jh. besitzt. Am Eingangstor steht der Kramat zu Ehren Scheich Abdurachman Malebe Shahs, der 1661 von Sumatra ans Kap verbannt wurde, wo er im Constantia Valley meditierte. Angebaut werden 70 % weiße und 30% rote Rebsorten. Eine Weinprobe sollte unbedingt dem aromatischen Sauvignon Blanc und dem im Barrique ausgebauten roten Marlbrook gelten. Ein schönes Mitbringsel sind die Halbliterflaschen des legendären **Vin de Constance**, einem honigfarbenen, süßen Dessertwein mit einem Hauch von Muskat, dessen Vorläufer schon Friedrich der Große und Napoleon zu schätzen wussten. Passend dazu: das 2006 erschienene Kochbuch »Vin de Constance Recipe Book« von Starkoch Michel Roux Jr.

**Gourmettreff
Constantia Uitsig**

www.
constantiauitsig.
co.za ▶

✳ Kulinarische Höhenflüge verspricht der Besuch auf dem Weingut Constantia Uitsig, das auch hochdekorierte Weine keltert. Im »Uitsig Restaurant« überzeugt Frank Swainston mit leckeren, mediterranen Gerichten, im preisgekrönten **»La Colombe«** serviert Frank Dangereux provenzalische Küche der Spitzenklasse. Lunch und Frühstück können Sie auf der Sonnenterrasse des Spanschemat River Café genießen (Tel. 021 / 794 3010, Öffnungszeiten: Mo. – Fr. 9.00 – 17.00, Sa., So. 10.00 – 17.00 Uhr).

**Buiten-
verwachting**

✳ Die Geschichte des Weinguts an der Klein Constantia Road begann 1793, als 80 ha Land von Groot Constantia an Cornelius Brink gingen. Ab 1825 pflanzte Ryk Arnoldus Cloete 90 000 Weinstöcke und begründete hier die Tradition des Weinbaus. Neubesitzer war ab 1866 der legendäre Oom Danie Lategan, der täglich eine frisch gepflückte Kamelie im Revers trug. 1980 kauften Christine und Richard Müller das heruntergekommene Gut, renovierten es und setzten neue Rebstöcke. Die Wiederbelebung brachte schon im ersten Jahr 100 t Ernte und wurde so dem Namen »Jenseits aller Erwartungen« mehr als gerecht. **Höchstprämierte Weine** sind heute der spritzige Buiten Blanc und der im Bordeaux-Stil erzeugte, rubinrote Christine, den South African Airways seit 2007 auch in der First Class anbietet. Im Café Petite gibt es unwiderstehliche österreichische Mehlspeisen und Kuchen. Beim Picknick-Lunch sitzt man unter schattigen Eichen vor dem eleganten **Manor House** (Öffnungszeiten: Mo. – Fr. 9.00 – 17.00, Sa. 9.00 bis 13.00 Uhr, tgl. Weinproben, Picknick-Lunch Nov. – April Mo. – Sa. ab 12.30 Uhr, www.buitenverwachting.co.za). ⊙

Das **älteste Weingut**, die Steenberg Farm, wurde 1682 gegründet. Preisgekrönt sind seine Sauvignon Blancs und Merlot-Weine (Öffnungszeiten: Mo. – Fr. 8.30 – 16.30, Sa. 9.00 – 13.00 Uhr; tgl. Weinproben). Traumhaft logieren kann man im **5-Sterne-Steenberg-Boutiquehotel** mit exquisitem Restaurant und herrlichem **18-Loch-Golfplatz** (www.steenberghotel.com). Das nahe **Tokai Forest Arboretum** besteht seit 1694. Südafrikas ältester Baumpark mit Eichen und kalifornischen Redwoods ist ideal für Wanderer und Mountainbiker.

Steenberg Vineyards

◀ Steenberg Hotel

★ ★ District Six Museum

E 4

Lage: 25a Buitenkant Street, Zonnebloem   **Internet:** www.districtsix.co.za

Bei fast allen Anbietern von ▶Township-Touren gehört das Apartheid-Museum zum Programm, das mit Fotos, alten Straßenschildern, Alltagsszenen und Augenzeugenberichten vom legendären sechsten Distrikt Kapstadts erzählt.

Die um 1800 beginnende Parzellierung des Farmlandes unterhalb vom Devil's Peak läutete die Geschichte des District Six ein, auch kurz **D 6** genannt. Schon 1840, als man Kapstadt in zwölf Stadtteile gliederte, wohnten hier 3000 Menschen in schmucken, meist zweigeschossigen Häusern. 1860 wurde in dieses Gebiet das **Zonnebloem College** verlegt, in dem Söhne und einige wenige Töchter von Xho-

Eindrücklich erzählt das District Six Museum vom legendären sechsten Bezirk.

🕐
Öffnungszeiten:
Mo. 9.00 – 15.00,
Di. – Sa.
9.00 – 16.00,
So. n. V.,
Tel. 021 / 462 4050

sa-Häuptlingen zu schwarzen Ladies und Gentlemen erzogen wurden. 1867 teilte der Municipal Act die Stadt in sechs Bezirke, der **Sixth Municipal District** war geboren. Laut Zensus von 1865 lebten damals in Kapstadt 28 400 Weiße sowie 13 300 »Hottentotten und Kaffer«. Die Statistik wies 9000 Arbeiter, 1400 Händler, 3200 Handwerker und 2300 Hausangestellte aus.

Pulsierendes Stadtviertel

Ein Großteil dieser Arbeiterschaft lebte im armen **District Six**, der ab 1880 auch zum Auffangbecken für Neuankömmlinge wurde. **Einwanderer** aller Kontinente, Hautfarben und Religionen siedelten rings um die nicht mehr existierende **Hanover Street** und veränderten das Viertel binnen Kurzem zum **multikulturellen Schmelztiegel**. Die hier ab 1870 in ausgefallenen Kostümen abgehaltenen Paraden markieren die Geburtsstunde des **Minstrel Carnivals**, des Neujahrskarnevals (► Baedeker Special, S. 153). Auch die Wurzeln des südafrikanischen **Jazz** lagen in dieser »fantastischen Stadt in der Stadt« (Abdullah Ibrahim, ► S. 46). Die Bevölkerung arbeitete in den Textil- und Tabakfabriken von Woodstock und am Hafen, das Public Wash House an der Hanover Street galt als Kapstadts Waschküche. Fleißig wurden dort Krinolinen gebügelt und Hemdkragen gestärkt. Nach der Pockenepidemie von 1882 und der Beulenpest 1901 führte die Angst vor Ansteckung 1901 zur Ausweisung aller Schwarzen aus dem District Six. Wohlhabende Weiße zogen weg und bald bildeten Farbige und Einwanderer die Mehrheit. 1914 wütete die Tuberkulose in D 6, vier Jahre später tötete die Spanische Grippe fast 6400 Kapstädter.

Zwangs- umsiedlung

Doch erst das **Apartheidregime** sollte das Schicksal des Viertels besiegeln: Am 11. Feb. 1966 wurde der District Six zum **Gebiet nur für**

Weiße erklärt. »Die Menschen in D 6 seien kriminell und gefährlich, der Bezirk selbst ein Slum und Hort der Spielsucht, Trunkenheit und Prostitution«, hieß es in der Begründung für die Zwangsumsiedlung in die unwirtlichen **Cape Flats**. Fast 60 000 Farbige wurden 1968 bis 1982 in die berüchtigten ▶Townships 25 km weiter südlich umgesiedelt und ihre Häuser dem Erdboden gleichgemacht. 1985 erhielt D 6 offiziell den Namen **Zonnebloem**, Sonnenblume. Nun wohnten hier rund 3500 Weiße, zumeist Staatsangestellte.

Seit 2003 wird an der **Rekonstruktion des Viertels** gearbeitet. Die ersten 24 Häuser gingen an ehemalige Bewohner – Nelson Mandela persönlich übergab die Schlüssel am 11. Feb. 2004 an den 87-jährigen Ebrahim Murat und die 82-jährige Dan Ndzabela. Bis zu 4000 Familien sollen in den nächsten Jahren zurückkehren.

Das Brachland von D 6 zeigt bis heute das Werk von Abrissbirne und Bulldozer. Nur durch heftige internationale Proteste konnten die Moschee in der Muir Street und die **Holy Cross Church** nahe der Keizergracht Street – der Nachfolgerin der Hanover Street – erhalten werden. Dort erinnert auch die Wandmalerei »The earth cries out« von Peggy Delport an die Hendricks-Familie, die als Letzte ihr Haus räumte. Eine 1989 an der Moravian Church angebrachte Plakette gedenkt der Gruppe HODS (Hands off District Six), deren Nachfolge-Organisation ab 1994 das District Six Museum aufbaute. Die Kirche steht heute auf dem Areal der **Cape Peninsula University of Technology**, mit fast 26 000 Studenten die größte Universität der Western Cape Province (www. cput.ac.za). *(Hands off? Hands on!)*

Das District Six Museum ist in der 170 Jahre alten **Methodist Mission** an der Harrington Street untergebracht, die als Freiheitskirche im Kampf gegen die Apartheid gilt. Ehemalige D 6 -Bewohner managen heute das Museum, in dem die **Multimedia-Ausstellung »Digging deeper«** mit Fotos, Gemälden, Straßenschildern und Alltagsgeschichten die legendäre Atmosphäre des Viertels zu neuem Leben erweckt (▶Abb. S. 36). Zum Museumsfundus gehören über 14 000 historische Aufnahmen renommierter Fotografen wie Jackie Heyns, Jimi Matthews und Cloete Breytenbach, einmalig ist das von Jazzfan Ants Kirsipuu aufgebaute Tonarchiv. Bücher zum Thema D 6 sind im Little Wonder Bookshop erhältlich, der auch Startpunkt für geführte **Touren durch den District Six** ist (Reservierung: Tel. 021 / 466 7200). Im **Museumscafé** erzählt Menisha Collins Anekdoten aus dem Viertel. *(Tiefer schürfen …)*

! *Baedeker* TIPP

D 6 on Tour

Einfühlsam und mit sehr viel Witz hat Richard Rive in »Buckingham Palace« (Fischer Tachenbuch 2002), dem Synonym für den Eaton Place in D 6, seinen alten Wohnbezirk literarisch verewigt. Das weltweit mit Erfolg tourende Rhythm & Blues-Musical »District Six« komponierten David Kramer und Taliep Petersen 1986 (www.musicals.co.za).

Durbanville

B 2

Lage: 23 km nordöstlich von Kapstadt
(N 1, Exit 23, R 302)

Internet: www.durbanville.info

Schick shoppen, Surfen, Kunsthandwerk und edle Weine – zur Tour in die nördlichen Vororte Kapstadts gehören wunderschöne Strände und eine Weinroute durch die Durbanville Hills.

Century City

Öffnungszeiten:
Tgl. 9.00 – 21.00

Der Ausflug könnte bereits an Exit 10 der N 1 enden, wo zur Jahrtausendwende Kapstadts größte **Shopping Mall** entstand. Entlang dem **Canal Walk** sind alle nationalen und internationalen Markennamen vertreten (www.canalwalk.co.za). **Shuttlebusse** pendeln mehrmals täglich zu den großen Hotels im Zentrum von Kapstadt, nach Green Point und Seapoint. Öffentliche Busse fahren Mo. – Sa. ab Golden Acre/Adderley Street die 12 km zur »Jahrhundertstadt«. Im Zentrum am Canal Walk 407 wartet auf Kinder das multimediale **MTNScien Centre** mit spannenden, interaktiven Experimenten (Öffnungszeiten: So. 10.00 – 18.00, Mo. – Do. 9.30 – 18.00, Fr., Sa. 9.30 – 20.00 Uhr; www.mtnsciencentre.org.za). Weitere Attraktionen sind das 16 ha große Feuchtbiotop **Intaka Island** und der Vergnügungspark **Ratanga Junction** mit Achterbahn, Krokodilschlucht und Varieté (Öffnungszeiten: tgl. 10.00 – 17.00 Uhr, www. ratanga.co.za).

Shoppen, Schlemmen und Staunen in der Century City

Den **schönsten Panoramablick** auf Kapstadts Hausberg hat man 15 km nördlich der City am kilometerlangen, weißen Bloubergstrand (▶Abb. S. 36 / 37). Bei den Klippen am Parkplatz brechen sich die tosenden Wellen des Atlantiks. Zum Baden ist es meist zu windig und zu kalt, dafür kann man den **Kitesurfern** vor der Kulisse des Tafelbergs zusehen, der häufig in blauem Dunst verschwindet – daher der Name. Am Blaubergstrand, wo die Bucht einen kleinen Knick macht und den Südost-Passat genau sideshore blasen lässt, werden bedeutende internationale Surf-Wettbewerbe ausgetragen.

✶ ✶
Bloubergstrand

✶
◀ Surf-Sport

Weiter entlang der Küstenstraße, die immer wieder herrliche Ausblicke bietet, erreicht man die Dünenlandschaft des breiten Melkbosstrandes mit einem großen **Golfplatz** inmitten von herrlichem Fynbos und einem der wenigen Campingplätze im Grossraum Kapstadt.

Melkbosstrand

Bevor man 20 Autominuten nordöstlich von Kapstadt Durbanville erreicht, passiert man auf der N 1 noch das Mega-Einkaufszentrum **Tygerberg Centre** mit eigener Waterfront. Durbanville feierte 2006 sein 200-jähriges Bestehen und ist heute Teil der Gemeinde City of Tygerberg. Im Tygerberg Valley wird nach wie vor überwiegend Afrikaans gesprochen. Früher trafen sich Farmer der Umgebung in Pampoenkraal, dem »Kürbiswall« unterhalb der Durbanville Hills. Nach »Jan« Jacobus Uys, Urenkel des ersten Uys am Kap, hieß die Siedlung später Johannesfontein, zu Ehren von Kapgouverneur Benjamin D'Urban (1834 – 1838) dann Durbanville. Die restaurierte Windmühle **»Onze Molen«** geht bis auf Uys zurück. Stolz ist man auf den

Durbanville

! *Baedeker* TIPP

Keramik, Lack und Ethnoschmuck

An jedem ersten Sa. im Monat, im Dez. auch So., findet unter den alten Eichen im Garten von Rust en Vrede 8.30 – 14.00 Uhr der Durbanville Craft Market statt, auf dem mehr als 200 Kunsthandwerker ausstellen. Nachtmärkte gibt's am letzten Fr. im Nov. und letzten Fr. vor Weihnachten 17.00 – 22.00 Uhr; www.durbanvillecraftmarket.co.za.

Rosengarten an der Durban Road mit über 500 Rosensorten. Der 18-Loch-**Golfplatz** gilt als schönster der Umgebung. Denkmalgeschützte Bauten des 19. und frühen 20. Jh.s sind die holländisch-reformierte Kirche an der Weyers Avenue und die edwardianische Residenz Kings Court an der Church Street.

Im Kulturzentrum an der Wellington Road 10 informiert **Tygerberg Tourism**, sind ein **Töpfermuseum** und die **Rust-en-Vrede Art Gallery** für zeitgenössische Kunst untergebracht (Öffnungszeiten: Mo. – Fr. 9.00 – 17.00, Sa. 8.30 – 12.30 Uhr). Der 1840 – 1850 im kapholländischen Stil begonnene **Drostenhof Rust-en-Vrede** war bis 1856 Polizeistation, später Schule und Gericht. Dichterlesungen im Galeriecafé werden unter www.litnet.co.za angekündigt.

✶
◀ Rust-en-Vrede
Cultural Centre
☉

Seit dem 18. Jh. wurden in den Hügeln um Durbanville Reben gepflanzt. Die Weinroute verbindet heute **sieben Weingüter**, die vor allem Cabernet Sauvignon, Shiraz und Merlot anbauen, aber auch

◀ Durbanville
Wine Route

Chardonnay und Sauvignon Blanc – täglich Führungen und Weinproben bei Winzer Martin Moore an der M 13, kurz hinter der Kreuzung mit der Contermanskloof Road (www.durbanvillehills.co.za).

Tygerberg Zoo   Weiter auf der N 1 in Richtung ►Paarl führt der Exit 39 zum einzigen Zoo der Kap-Provinz. Auf 24 ha kann man hier u. a. Tiger, Löwen, Zebras, Geparden und Affen beobachten (Öffnungszeiten: tgl. 9.00 bis 17.00 Uhr, www.tygerbergzoo.co.za).

✶✶ Franschhoek

C 3

Lage : 85 km östlich von Kapstadt;   **Einwohner :** 4 000
Anfahrt über N 1 bis Paarl, dann R 45

Nicht nur der Name des Winzerdörfchens klingt französisch. »Wie Gott in Frankreich« kann man hier wunderbare Weine kosten und herrlich schlemmen – folgen sie der Franschhoek Wine Route zu berühmten Weinkellern am Kap.

Der elegant geschwungene Giebel der Town Hall ist typisch kapholländischer Stil.

Franschhoek Orientierung

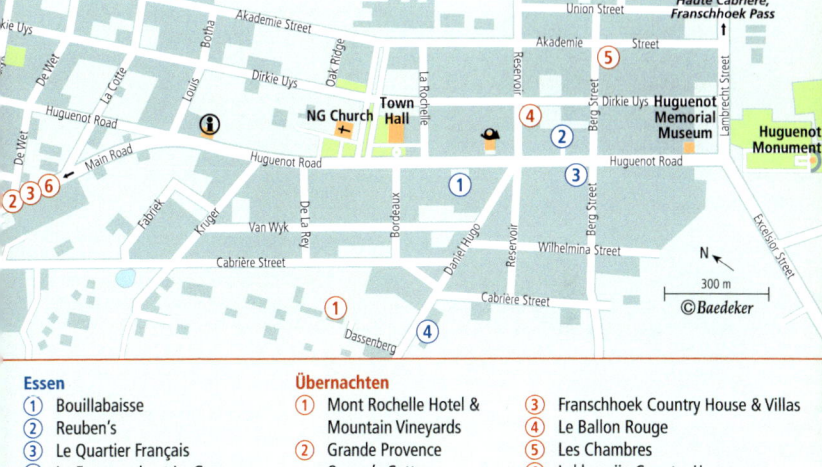

Essen
① Bouillabaisse
② Reuben's
③ Le Quartier Français
④ La Fromagerie at La Grange

Übernachten
① Mont Rochelle Hotel & Mountain Vineyards
② Grande Provence Owner's Cottage
③ Franschhoek Country House & Villas
④ Le Ballon Rouge
⑤ Les Chambres
⑥ Lekkerwijn Country House

Franschhoeks Geschichte begann 1688 mit der Ankunft von 277 **Hugenotten**, die nach der Aufhebung des Edikts von Nantes aller religiösen und bürgerlichen Rechte beraubt aus ihrer Heimat flohen. Religionsfreiheit wurde ihnen am Kap ebenso garantiert wie eine Landschenkung im damals **Oliphantshoek** (Elefanteneck) genannten Tal. Die Elefantenherden waren rasch dezimiert, 1847 wurde der letzte Dickhäuter erlegt. Der Weinbau begann mit den ersten hugenottischen Einwanderern, mindestens drei von ihnen waren ausgewiesene Winzer. Heute können zahlreiche **Weingüter im Franschhoek Valley** zwecks Kellertour und Weinprobe besucht werden, gilt Franschhoek als **Gourmethochburg** am Kap, reihen sich in der **Huguenot Street** neben der kapholländischen **Town Hall** erstklassige Restaurants, schicke Boutiquen und kleine Kunstgalerien aneinander.

★ ★
Charmante »französische Ecke«

◀ Wine and Food Capital of the Cape

Das zur 250-Jahr-Feier des Weindorfes 1938 von C. Steynberg gestaltete **Hugenottendenkmal** am Südende der Huguenot Road erinnert an die Glaubensflüchtlinge. Das Hugenottenkreuz auf dem vierbögigen Monument und die zentrale Figur einer Frau mit Bibel und zerbrochener Kette symbolisieren den Neuanfang. Im Museum ist die Geschichte Franschhoeks und die Genealogie wichtiger Familiennamen dokumentiert. Pausentipp: Probieren Sie die frisch gebackenen Scones im **Café Antoinette** (Öffnungszeiten: Mo. – Sa. 9.00 bis 17.00, So. 14.00 – 17.00 Uhr).

Huguenot Memorial Museum

◀ www.
museum.co.za

⊙

Multimedial wird im alten Weinkeller von 1740 auf Gut **Solms-Delta** an der R 45 Richtung ▶ Paarl die für das Drakenstein Valley und

Museum van de Caab

► FRANSCHHOEK ERLEBEN

AUSKUNFT

Franschhoek Wine Valley Tourist Association
29a Huguenot Road, Franschhoek
Tel. 021 / 876 3603, Fax 021 / 876 2768
www.franschhoek.org.za
www.tourismfranschhoek.co.za

HAUCHZART

In der Huguenot Road 62 gibt's bei Huguenot Fine Chocolates edle Pralinen nach belgischem Rezept – probieren Sie die Schokoladentrüffel mit südafrikanischem Amarula-Likör!

ESSEN

► Fein & teuer

① **Bouillabaisse**
38 Main Road, Tel. 021 / 876 4430
www.seafooddeli.co.za
Schauen Sie Camil Haas über die Schulter, wenn er frische Austern, King Klip und Riesengarnelen zubereitet. Bei der Weinauswahl hilft Ehefrau und Sommelier Ingrid.

② **Reuben's**
9 Huguenot Road, Tel. 021 / 876 3772
www.reubens.co.za
Reuben Riffel, »Südafrikas Koch des Jahres 2005«, serviert in seiner Edelbrasserie wahre Köstlichkeiten – unser Tipp: Tandoori-Garnelen und karamellisierte Lemon Tart. Der Bartresen ist übrigens der Flügel einer alten DC 10.

Baedeker-Empfehlung

③ **Le Quartier Français**
16 Hugenot Road, Tel. 021 / 876 2151
www.lqf.co.za (unbedingt reservieren!)
Gegrillte Jakobsmuscheln, mariniertes Warzenschwein oder Wildbeeren-Soufflé – das Gourmetrestaurant gehört seit Jahren zu den besten Adressen Südafrikas. Zum Dinner im »Tasting Room« werden 4 bis 8 Gänge serviert; preisgünstige Alternative: das Bistro »Ici« mit Gartenterrasse. Das Erfolgsgespann – Besitzerin Susan Huxter, Direktorin Linda Coltart und Chefköchin Margot Janse – bietet außerdem 15 luxuriöse Doppelzimmer und drei Suiten. Die Damen sind auch sozial sehr engagiert, bei KUSASA, das Bildungs- und Aids-Projekte in Townships organisiert (www.thekusasaproject.org).

► Erschwinglich

④ **La Fromagerie at La Grange**
13 Daniel Hugo Street
Tel. 021 / 876 2155
Die 200 Jahre alte Scheune ist populärer Treff zum Lunch – am Schluss können Sie zwischen 40 verschiedenen südafrikanischen Käsesorten wählen! Besitzer Derk Blaisse ist Jazzpianist und spielt mit seiner Band von Nov. bis Ostern jeden Fr. ab 17.30 Uhr.

ÜBERNACHTEN

► Luxus

① **Mont Rochelle Hotel & Mountain Vineyards**
Dassenberg Road
Franschhoek 7690
Tel. 021 / 876 2770
Fax 021 / 876 3788
www.montrochelle.co.za
Ultimative Erlebnisse für Weingourmets bietet das 2006 wieder eröffnete 5-Sterne-Boutiquehotel mit 16 traum-

Schöner wohnen in den Villen des Franschhoek Country House

③ *Franschhoek Country House & Villas*
P.O. Box 328, Franschhoek 7690
Tel. 021 / 876 3386
Fax 021 / 876 2744, www.fch.co.za
2 km östlich vom Ortskern
Genuss pur verspricht das wunderschöne Landgasthaus in einer ehemaligen Parfümerie aus dem späten 19. Jh. mit 14 eleganten Zimmern, 12 neuen, traumhaft schönen Villa-Suiten, zwei Schwimmbädern und eigenem Weinkeller. Gespeist wird im preisgekrönten Monneaux Restaurant – probieren Sie Adrian Buchanans Entenbrust mit Trüffelmus und seine Pecannuss Pie.

haften Zimmern und sechs Edelsuiten. Im kapholländischen Manor House verwöhnen zwei Restaurants mit provenzalischer Haute Cuisine. Aus den Fässern im Weinkeller können Sie ihren eigenen Blend zusammenstellen.

② *Grande Provence*
Owner's Cottage
Main Road, Franschhoek 7690
Tel. 021 / 876 8600, Fax 021 / 876 8601
www.grandeprovence.co.za
Stilvolle Kolonial- und Designermöbel sorgen in der romantischen Luxusvilla auf dem Weingut Grande Provence für eine wunderbare Atmosphäre. Lassen Sie sich die leichte Küche von Chefkoch Peter Tempelhoff schmecken und probieren Sie bei einer Kellertour die preisgekrönten Weine (Führungen tgl. 11.00, 15.00 Uhr, Weinproben tgl. 10.00 – 18.00 Uhr). Im Skulpturengarten stellen junge Bildhauer wie Jacques Dhont und Angus van Zyl Taylor aus.

▶ **Komfortabel**
④ *Le Ballon Rouge*
7 Reservoir Street East
Franschhoek 7690
Tel. 021 / 876 2651, Fax 021 / 876 3743
www.leballonrouge.co.za; 10 Z.
Liebevoll restauriertes viktorianisches Gästehaus mit Pool, provenzalischer Küche und knusprigen Croissants zum Frühstück.

⑤ *Les Chambres*
3, Berg Street, Franschhoek 7690
Tel. 021 / 876 3136, Fax 021 / 876 2798, www.leschambres.co.za
Elegantes Stadthaus mit vier romantischen Zimmern im viktorianischen Stil.

▶ **Günstig**
⑥ *Lekkerwijn Country House*
Groot Drakenstein 7680
Tel. 021 / 874 1122, Fax 021 / 874 1465
www.lekkerwijn.com
Am Fuß der Groot-Drakenstein-Berge heißt Wendy Pickstone Sie in einem kapholländischen Landhaus willkommen, das Ihr Großvater erbaut hat. B & B oder Feriencottage, Weinproben und Lunch.

BEIM BUBBLY BARON

Der Erfolg des Weingutes Haute Cabrière in Franschhoek begann 1982 in aller Stille. Parallel arbeitete Achim von Arnim damals noch als Kellermeister in Boschendal. Furore machte der »Sekt-Baron« ab 1994 mit Südafrikas erstem Schaumwein »Pierre Jourdan«.

Eine knallrote Ente tuckert durch die steilen Rebhänge oberhalb von **Haute Cabrière**, rumpelt in einer Schleife um das in den Hang gebaute, preisgekrönte **Gourmetrestaurant**, in dem Chefkoch Matthew Gordon mit Gattin Nicky eifrig Vorbereitungen trifft, passiert das **Besucherzentrum** in den neogotischen Kellergewölben, um schließlich auf ihrem Parkplatz mit sanftem Ruck zum Stillstand zu kommen. Der Tür seines 2 CV Baujahr 1967 entsteigt **Achim von Arnim**, Anfang 60, ein Hüne mit Gardemaß. Der Spross des seit 1204 verbürgten Brandenburgischen Uradels legt keinen größeren Wert auf Siegelring und Adelstitel, wohl aber auf guten Humor. Sein Medientitel **»Champagnerbaron«** sei eine Hommage an den Erfolg des ersten südafrikanischen Sektes »Pierre Jourdan«. Frotzeleien fechten den überaus kommunikativen Marketing-Profi nicht an. Wichtiger ist von Arnim der Blick über die 11 ha Reben oberhalb der Kelterei. Deren Hanglage an der Flanke des Franschhoek-Passes erlaubt, die Traubenernte bequem durch das Dach einzufüllen.

»10 000 Weinstöcke pro Hektar, wie in Burgund,« resümiert der Baron. »Alles Handarbeit!« Im Besucherzentrum hängen jene Schuhe, mit denen von Arnim die Erde oberhalb der alten Kiesgrube von Franschhoek einst entdeckte. Gleicher Lehm wie in Burgund klebte an seinen Sohlen – perfekt für **Pinot Noir** und **Chardonnay**! Als viele Südafrika den Rücken kehrten, wagte er die Realisierung seines Traums: rund 2 Mio. Euro waren investiert, ehe der große Umzug vom Burgund gen Haute Cabrière stattfand. Ein denkwürdiges Datum: 300 Jahre zuvor, am 22. Dezember 1694, erhielt der Hugenotte Pierre Jourdan Land am Ufer des Franschhoek. Er nannte es Cabrière nach dem Ort in der Nähe von Avignon.

»Sonne, Erde, Wein und Mensch« …

lautet das Credo des erfolgreichen Winzers, das den Weinbau zur Kunst erhebt. Von Arnims Karriere begann beim Önologen Karl Werner in Kapstadt. Es folgte ein Jahr bei Karl-Josef Hoch in Neustadt an der Weinstraße,

ehe es 1967 weiter zur Winzerakademie von Geisenheim ging. Dort studierte er Weinbau und Kelterkunst. An der Mosel traf er dann eine Winzertochter: Hildegard von Arnim ist nun fast 40 Jahre mit ihm verheiratet, gemeinsam haben sie vier Kinder. Achim von Arnim ist stolz darauf, dass seine Familie bereits in fünfter Generation mit je einem deutschen und südafrikanischen Elternteil aufwartet. Von seiner Mutter habe er die Liebe zur Kunst geerbt, von seinem Vater den Sinn für Humor.

Samstags zur »Sabrage«

Natürlich, so von Arnim, dürfe er seinen Schaumwein nicht Champagner nennen, auch wenn er streng nach dem klassischen Champagnerverfahren entweder in der Blanc de Blanc-Version – ausschließlich Chardonnay – oder als Cuvée Brut – zusätzlich mit Pinot Noir – ausgebaut wird. Zur Weinprobe unter dem von zwei Büffelhörnern gekrönten Wappen der von Arnims wird der **Pierre Jourdan Brut** verkostet: 60 % Chardonnay, 40 % Pinot Noir. Zur Entkorkung bittet von Arnim eine Dame, mit der er die »Sabrage« zelebriert. Die **Flaschenöffnung per Säbel** praktizierten einst französische Kavallerie-Offiziere, wenn Korken klemmten oder abgebrochen waren. Offiziere, so Achim von Arnim genüsslich, stürben zwar jederzeit bereitwillig fürs Vaterland, dies aber nie durstig. Das Dekantieren durch gezielten Säbelhieb gegen den oberen Flaschenhals trennt Korken und Flaschenende komplett ab – ein aufgespanntes Netz fängt die Scherben auf.

»Entdecke dich selbst« ...

fordert der Ausstellungskatalog »Naked«, den Achim von Arnim 2005 herausgab. Darin sind seine Gedichte, Prosa und rund 60 Gemälde aus vier Jahrzehnten zusammengestellt. Dabei steht er in bester Tradition großer Vorfahren: Namensvetter Ludwig Achim von Arnim war mit seiner Liedsammlung »Des Knaben Wunderhorn« ein Hauptvertreter der deutschen Romantik, dessen Gattin Bettina wurde durch ihren Briefwechsel mit Goethe berühmt. Gemälde von von Arnims schmücken die Gewölbe von Haute Cabrière. Natürlich darf auch die knallrote Ente nicht fehlen: »Red Deux Chevaux« von 2004 leuchtet auf 39 cm x 49 cm Leinwand. Kellertouren mit **Weinprobe und Sabrage**: Sa. 11.00 – 13.00 Uhr, Tel. 021 / 876 2630, www.cabriere.co.za; **Weinverkauf**: Mo. – Fr. 8.30 – 16.30, Sa. 11.00 – 14.00 Uhr. Genuss pur: Reservieren Sie eine »wahre Vermählung von Essen und Wein« im Cellar Restaurant **Haute Cabrière**, Tel. 021 / 876 3688, www.hautecabriere.com.

Das Hugenottendenkmal erinnert an die französischen Glaubensflüchtlinge.

Franschhoek beispielhafte Gutsgeschichte erzählt. Archäologische Grabungen legen hier derzeit eine steinzeitliche Siedlung der Khoisan frei (Öffnungszeiten: tgl. 9.00 – 17.00 Uhr, www.solms-delta.co.za).

★★
Franschhoek
Wine Route

Mehr als zwei Dutzend **Weingüter** laden zu Verkostung und Verkauf in und um Franschhoek ein (www.franschhoekwines.co.za). Auf **La Motte** an der R 45 in Richtung ▶Paarl wurde 1752 erstmals Wein angebaut und das schöne Herrenhaus erbaut. Die Leidenschaft des Winzerteams um Jacques Bormans gilt dem auch 2007 wieder preisgekrönten ziegelroten Shiraz (Weinproben: Mo. – Fr. 9.00 bis 16.30 Uhr, Sa. 9.00 – 15.00 Uhr; www.la-motte.com).

Auf Gut **Dieu Donné** an den Ausläufern der Franschhoek Mountains zaubert Winzer Stephan du Toit international prämierte Weißweine (www.dieudonnevineyards.com).

Grande Provence bietet nicht nur edle Tropfen, sondern auch erlesene Küche und junge Kunst vom Kap (▶ S. 179). Weltklasse-Weine produziert auch **Graham**

! *Baedeker* TIPP

Wald und Tal

Vor über 350 Jahren legte der Hugenotte Jean Le Long den Grundstein für das wunderschöne Weingut Boschendal an der R 310 Richtung ▶Stellenbosch. Weinproben finden in dem 1812 erbauten Herrenhaus »La Rhône« mit Yellowwood-Böden und Original-Möbeln des 19. Jh.s statt. Kosten sie den rubinroten, leicht nach Schokolade duftenden Shiraz, der in französischer Eiche ausgebaut wird. Mit feinster provenzalischer Küche verwöhnen das Gourmetrestaurant und der Picknick-Lunch (Öffnungszeiten: tgl. 8.30 – 16.30 Uhr, Kellerführungen 10.30 und 11.30 Uhr n. V., Tel. 021 / 870 4272, www.boschendal.com).

Beck (www.grahambeckwines.com), der bei **Achim von Arnim** auf Gut Haute Cabrière lernte (► Baedeker Special, S. 180). Spezialität auf der Weinfarm **Chamonix**, wo man außerdem sehr schön wohnen und essen kann, ist der Kräuterschnaps Schwedisch Bitter (www.chamonix.co.za). Ein Muss für Grappa-Liebhaber ist der Besuch bei Südafrikas Brennstar, dem gebürtigen Karlsruher **Helmut Wilderer** an der R 45 Richtung ►Paarl (www.wilderer.co.za).

★★
Vier-Pässe-Tour

Outdoor-Freunde können auf einer Tagestour über den 701 m hohen **Franschhoek Pass** Spitzenweingüter mit traumhaften Panoramaaussichten verbinden. Die Strecke führt rund um das 25 000 ha große **Hottentots Holland Nature Reserve**, in dem Antilopen, Springböcke, Luchse, Schakale und Leoparden heimisch sind. Wanderer können das Reservat auf dem **Boland Hiking Trail** erkunden. Kurz vor ►Stellenbosch führt die R 310 über den 336 m hohen **Helshoogte Pass** zu den renommierten Weingütern **Thelema** (www.thelema.co.za) und **Tokara** – reservieren Sie einen Tisch bei Starkoch Etienne Bonthuys (Tel. 021 / 808 5959, www.tokararestaurant.co.za). Auf der N 2 fährt man weiter über den spektakulären **Sir Lowry's Pass** (402 m) bis zum Abzweig nach Grabouw auf die R 321. Über den 525 m hohen **Viljoen Pass** kommt man zurück nach Franschhoek.

Atemberaubend: der Panoramablick vom Franschhoek Pass

✳ ✳ Garden Route

F–H 3/4

Lage: 430 – 640 km östlich von Kapstadt   **Internet:** www.tourismgardenroute.co.za

Zwischen Mossel Bay und der Mündung des Storms River erschließt die Garden Route einen der schönsten Küstenabschnitte Südafrikas. Weiße Traumstrände und verwunschene Lagunen, üppige Regenwälder und majestätische Berge, fruchtbare Täler und verträumte Weiler – ein Garten Eden am Indischen Ozean.

✳ Mossel Bay

Historische Hauptstadt der Garden Route

Auf halber Strecke zwischen Kapstadt und Port Elizabeth erreicht man Mossel Bay (90 000 Einw.) mit einem malerischen Hafen, **kilometerlangen Sandstränden** und 300 Tagen Sonnenschein im Jahr. Nachdem Bartolomeu Diaz das ▶Cape of Good Hope umrundet hatte, betrat er 1488 in der **»Muschelbucht«** als erster Europäer südafrikanischen Boden. Ihm folgte zehn Jahre später Vasco da Gama, der einen friedlichen Handel mit den Khoikhoi begann. Im Februar wird das große Diazfest gefeiert, im Juli das Super-Splash-Wassersportfest.

✳ ✳
Bartolomeu Dias Museum Complex

Der Museumskomplex in der Market Street zeigt eine Replik der winzigen **mittelalterlichen Karavelle**, mit der Diaz das Kap umsegelte. Sie wurde zum 500. Jahrestag der Landung des berühmten Seefahrers in Portugal nachgebaut und dann auf Diaz' Route von Lissabon

Garden Route *Orientierung*

nach Mossel Bay gesegelt. Im »Touch tank« des **Shell Museum & Aquarium** kann man Austern und andere Muscheln berühren. Ein Stiefel im Geäst des mächtigen **Post Office Milkwood Tree** diente Seefahrern einst als Briefkasten – 1500 hinterlegte Pedro de Alaide hier eine Warnung vor Unruhen bei Kalkutta. Heute können Besucher in einem steinernen Stiefel Postkarten deponieren, Leerung ist zweimal täglich. Noch immer sprudelt die von Diaz »Aguada de Sao Bras« getaufte Quelle, aus der die Schiffe einst ihre Frischwasservorräte auffüllten. Ein Kreuz erinnert an die älteste Kapelle Südafrikas, die

Replik der kleinen Karavelle, mit der Diaz 1488 ums Kap der Guten Hoffnung segelte.

der portugiesische Admiral da Nova 1501 errichtete. Im Ethnobotanischen Garten wachsen Heilpflanzen der San. Die weiß getünchten Munrohoek Cottages baute Alexander Munro um 1830 – sein Sohn erhielt die erste Walfanglizenz (Öffnungszeiten: Mo. – Fr. 9.00 bis 16.45, Sa., So. 9.00 – 15.45 Uhr).

DIE LANGKLOOF

Avontuur · Haarlem · Gaviota · Opkoms
Prince Alfred's Pass · Luth. Mission Church · Ongeleë · Misgund · Nuweplaas · Brijnklip
Langkloof Mountains · Louterwater · Krakeelrivier · Joubertina · Twee Riviere · Nooitgedacht
Die Vlug · Formosa Nature Reserve · Palmiet · Hoëkop 1497m · Tsitsikamma Mountains · Kompanjiesdrif
Krusvallei · Spitskop 627m · Keurbooms · Kur-land · Keubos Hut · Heuningbos Hut · Heights · Kammiebos · Jagerbo
Diepwalle · Keurbooms River · The Crags · Bloukrans Hut · Bloukrans Pass · Coldstream · Klein-bos · Lottering · Big Tree · Paul Sauer Bridge · Sandrif · Witelskop 1251m · Witelsbos
King Edward VII Big Tree · Plettenberg Bay Game Reserve · Monkey-land · Bungee Jumping · Stormsriver · Fairview
Knysna Big Tree · Elephant Park · Wittedrif · Keurboomrivier · Nature's Valley · André Hut · Oakhurst Hut · Tsitsikamma Coastal National Park
Harker-ville · Knysna Forest · Plettenberg Bay · Scott Hut · Storms River Mouth Restcamp · Misty Mountain Nature Reserve · The Fernery at Forest Ferns · Oubosstrand
Noetzie · Kranshoek · Whale Rock · Cape Seal · Robberg Nature Reserve · 10 km · ©Baedeker

Indian Ocean

Outeniqua Choo-Tjoe Train
Tsitsikamma Hiking Trail
Otter Hiking Trail
Dolphin Trail

Highlights der Garden Route

Mossel Bay
Wie segelte Diaz ums Kap?
▶ Seite 184

Knysna
Austern schlürfen im Paradies
▶ Seite 191

Botlierskop Game Reserve
Elefanten, Löwen und schwarze Impalas
▶ Seite 186

Plettenberg Bay
Bummeln und Baden an Traumstränden
▶ Seite 194

Outeniqua Choo-Tjoe Train
Nostalgie auf Schienen
▶ Seite 189

Tsitsikamma National Park
Treetop Hopping in Urwaldwipfeln
▶ Seite 198

Seal Island
Ausflugsschiffe fahren vom Hafen in Mossal Bay zum vorgelagerten Seal Island, das Tausende von **Seehunden**, Pinguine, Tölpel und Kormorane bevölkern. Unterwegs kann man häufig Haie sehen.

Cape St. Blaize Lighthouse
Östlich von Mossal Bay blinkt auf der Landzunge **The Point** seit 1864 ein **Leuchtturm**. Hier kann man die majestätischen Humpback- und Glattwale vorbeiziehen sehen. Beim The Point Hotel mit einem natürlichen Gezeitenpool beginnt der **St. Blaize Trail**, der über 15 km an der Küste entlang nach Dana Bay führt.

Prähistorische Funde
In der einst 15 m über heutigem Meeresniveau liegenden Höhle am **Pinnacle Point**, 13 km westlich von Mossel Bay, wurden 2007 versteinerte Knochen, Steinklingen und Überreste von Schalentieren freige-

! **Baedeker TIPP**

Botlierskop Private Game Reserve

Malariafrei kann man keine 20 km nördlich von Mossel Bay im Botlierskop-Wildreservat auf Safari gehen. 2500 ha ehemaliges Farmland sind heute Heimat von Löwen, Elefanten, Nashörnern, Zebras, Büffeln und schwarzen (!) Impalas. Im Geländewagen, zu Fuß, zu Pferd oder auf dem Rücken eines Elefanten geht es auf die Pirsch. Am Fluss liegen 19 Luxuszelte im nostalgischen Kolonialstil mit Holzterrasse und Himmelbetten (Little Brak River, Mossel Bay, Tel. 044/696 6055, Fax 044/696 6272, www.botlierskop.co.za).

▶ MOSSEL BAY ERLEBEN

AUSKUNFT
Mossel Bay Tourism
Market Street, Mossel Bay
Tel. 044 / 691 2202
www.visitmosselbay.co.za

FACETTENREICHE GARDEN ROUTE
Wer nicht selber fahren will, kann die Highlights der Garden Route auch auf einer organisierten Tour besuchen, die von vielen Reiseveranstaltern angeboten wird (www. tourismcape gardenroute.co.za). 3, 6 oder 8 Tage dauern die geführten Kleingruppenreisen von Karawane, die von Kapstadt aus über die Winzerhochburg ►Stellenbosch, eine Straußenfarm in Oudtshoorn und die Walküste um ►Hermanus zur Garden Route führen. Hier geht es zum Diaz-Museum in Mossel Bay und auf Pirschfahrt ins Botlierskop-Wildreservat. Auch ein Bummel durch die charmante Lagunenstadt Knysna, die Traumstrände von Plettenberg Bay und die abenteuerliche Hängebrücke über den Storms River stehen auf dem Programm (www.karawane.de).

WAL-BEKANNTSCHAFTEN
Am Vincent Quay legt zwischen Juli und Oktober das Segelschiff »Romonza« ab, das draußen in der Bucht bis auf 50 m an die Wale heranfährt (www.mosselbay.co.za / romonza). Adrenalin pur versprechen Roy und Jacky Portway, die von ihrem 15-m-Katamaran aus Tauchgänge im Käfig anbieten, um Weiße Haie zu beobachten (www.sharkafrica.co.za).

ESSEN
► Erschwinglich
Café Gannet
Market Street, Mossel Bay

Tel. 044 / 691 1885
www.oldposttree.co.za
Haisteak, Kingklip oder frische Muscheln – Cuan Payne ist für seine ausgezeichneten Meeresfrüchte bekannt. Das Restaurant beim Diaz-Museum gehört zum eleganten Protea Hotel Bay in der ehemaligen Handelsstation von 1846 mit Blick auf die Santos Bay.

ÜBERNACHTEN
► Komfortabel
Eight Bells Mountain Inn
An der R 328 von Mossel Bay Richtung Oudtshoorn
Tel. 044 / 631 0000
Fax 044 / 631 0004
www.eightbells.co.za
35 km nördlich von Mossel Bay am Fuß des Robinson-Passes bieten Jean und Peter Brown im 2008 renovierten Guesthouse gemütliche Atmosphäre, einen bezaubernden Garten, Pool, Reiten und Tennis.

Bay Lodge On The Beach
29 Bob Bouwer Crescent Bayview Mossel Bay, Tel. 044 / 695 0690
Fax 044 / 695 1711
www.bay-lodge.co.za
Jan und Lydia Kruger haben acht schöne Zimmer direkt am Meer, gefrühstückt wird mit Blick auf den kilometerlangen Sandstrand.

► Günstig
Allemans Dorphuis
94 Montagu Street, Mossel Bay
Tel. 044 / 690 3621
www.mosselbay.co.za/allemans
Liebevoll restauriertes viktorianisches Haus mit 6 Zimmern beim Hafen

legt, die belegen, dass erste Menschen hier schon vor 164 000 Jahren lebten und das Meer als Nahrungsquelle nutzten. In der **Blombos Cave**, 20 km östlich von Still Bay, wurden 77 000 Jahre alte Speerspitzen und eine Steinzeitkette aus Schneckenhäusern und Tiersehnen gefunden, die zu den ältesten Kunstwerken der Menschheit zählen – sie befinden sich heute im ▶South African Museum in Kapstadt.

George

★★
Mekka des Golfsports

Die 1811 gegründete und nach Englands König George III. benannte **größte Stadt an der Garden Route** (140 000 Einw.) thront auf einem Plateau am Fuß der Outeniqua Mountains. Vor über 100 Jahren pries der britische Romancier Anthony Trollope George als »das schönste Dorf der Welt«. Heute zieht es vor allem als Endpunkt des **Outeniqua Choo-Tjoe Train** und als Mekka des Golfsports Gäste an.

George Museum ▶

Das Museum im 1811 errichteten **Old Drostdy** an der Courteney Street widmet sich der Geschichte der Region. Ausgestellt sind auch Sammlerstücke des Verlegers des George & Knysna Herald, Charles Sayer, wie mechanische Musikinstrumente und Schreibmaschinen (Öffnungszeiten: Mo. – Fr. 9.00 – 16.30, Sa. 10.00 – 12.30 Uhr).

Südafrikas Nr. 1: auf den Meisterschaftsplätzen des Fancourt Hotel & Golf Estate sind auch Gastspieler gern gesehen.

▶ GEORGE ERLEBEN

AUSKUNFT

**Garden Route
Regional Tourism**
34 York Street, George
Tel. 044 / 873 6314
www.tourismgardenroute.co.za

**The City of
George Tourism**
124 York Street, George
Tel. 044 / 801 9295
www.tourismgeorge.co.za

OUTENIQUA CHOO-TJOE TRAIN

Mit Volldampf voraus!
Der beliebte historische Dampfzug
verkehrte bis Herbst 2006 zwischen
dem Bahnhof von George und
Knysna. Ein Bergrutsch vor
Knysna zwang zum Kurswechsel
auf die Gleisstrecke Diaz-Museum
Mossel Bay – Railway Museum
George. Abfahrt: April – Aug. Mo.,
Mi., Fr., Sept. – März Mo. – Sa.
10.00 Uhr ab George, 14.15 Uhr
ab Mossel Bay; Mitte Dez. – Mitte
Jan. auch 10.10 Uhr ab Mossel Bay
und 14.00 Uhr ab George.
Bahnauskunft:
Tel. 044 / 801 8288
www.onlinesources.co.za/chootjoe.

ESSEN

▶ Fein & teuer

**The Conservatory
at Meade House**
91 Meade Street, George
Tel. 044 / 874 1938
www.meadehouse.co.za
Darren Roberts, einst Chefkoch im
Fancourt Hotel, zaubert in einem der
ältesten und schönsten Gebäude der
Stadt herrliche Gerichte wie die
Trawlerman's Pie mit Muscheln, Fisch
und Krabben.

Baedeker-Empfehlung

THE GOLFER

Putten auf hohem Niveau
Auf Ihrer To-do-Liste fehlt
noch die Nr. 1 der südafrikanischen Golfplätze? Laut
Golf Digest Magazine ist
das der Montagu-Platz
des Fancourt Hotel.
Weltklasseniveau ver-
sprechen ebenso der
Fancourt-Outeniqua-
Golfplatz und
der 2001
von Gary
Player entworfene Links-Platz, auf dem man
leicht das Gefühl hat, an der schottischen
Küste zu spielen. Bramble Hill ist eine
öffentliche »Pay for Play«-Anlage. Auch
Nicht-Hotelgäste können hier die Golf-
schläger schwingen (Fancourt Hotel &
Country Club Estate, s.u.).

ÜBERNACHTEN

▶ Luxus

**Fancourt Hotel,
Country Club & Golf Estate**
Montagu Street, Blanco, George
Tel. 044 / 804 0000, Fax 044 / 804 0700
www.fancourt.com
Ohne Zweifel eines der besten Golfresorts der Welt mit drei hochkaräti-
gen Meisterschaftsplätzen. Dazu erlesene Zimmer mit Panoramablick
auf die Outeniqua Mountains,
Feinschmeckerrestaurants und zur
Entspannung römische Bäder, Jacuzzi
und Pool.

Serendipity Guesthouse
Freesia Avenue, Wilderness
Tel. 044 / 877 0433, Fax 086 / 671 7992
www.serendipitywilderness.com
Lizelle Stolze verwöhnt mit Haute

Cuisine im stilvollen Gästehaus an der Lagune. Die vier Zimmer haben direkten Zugang zum Wasser.

▶ **Komfortabel**

The Dune Guest Lodge
31 Die Duin, Wilderness
Tel. / Fax 044 / 877 0298
www.thedune.co.za
Auf der Düne am Wilderness Beach thront die schöne Lodge von Gary und Melisa Grimes. In allen vier Zimmern genießt man einen traumhaften Blick aufs Meer.

The Waves
6 Beach Road, Victoria Bay
Tel. 044 / 889 0166, www.portfolio collection.com/go/TheWaves
Perfekte Lage in der bezaubernden Victoria Bay. Über einen Holzsteg erreicht man das charmante Häuschen von 1906 mit drei Zimmern und zwei Ferienwohnungen.

▶ **Günstig**

Land's End
The Point, Victoria Bay
Tel. 044 / 889 0123
Fax. 044 / 889 0141
www.vicbay.com
Nur Gäste der B & Bs dürfen mit dem Auto in der winzigen Victoria Bay parken. Das letzte Haus am Ende der Bucht bietet vier gemütliche Zimmer direkt am Strand.

Dutch Reformed Church ▶ Die holländisch reformierte Kirche an der Meade Street entstand 1842 und besitzt eine Kanzel aus Stinkwood, Pfeiler und Kuppel sind aus Yellowwood. Die 1843 geweihte Kirche **St. Peter und Paul** ist das älteste katholische Gotteshaus Südafrikas.

✳ Outeniqua Railway Museum ▶ Bevor man sich in das nostalgische **Outeniqua Choo-Tjoe-Schmalspurbähnchen** setzt (▶ S. 189), sollte man einen Blick in das Eisenbahnmuseum werfen. Hier sind 13 Loks, Wagen und Oldtimer zu bewundern, darunter der Royal Train 1947 und Paul Krügers Privatwaggon (Öffnungszeiten: Mo. – Sa. 8.00 – 17.00 Uhr). 🕐

✳ **Outeniqua Hiking Trail** Sieben Tage braucht man für den **108 km langen Wanderweg** durch die von den Khoikoi »Honigträger« genannten Berge. Er verläuft von Beervlei im Bergplaas State Forest bis zur Endstation Harkerville Forest nahe Knysna (www.tiscover.co.za/outeniqua-naturereserve). Alternativ zur N 2 führt die teilweise unbefestigte Schotterpiste der **Seven Passes Road** von George durch dichte Urwälder und vorbei an grünen Wiesen und alten Farmen nach Knysna. Wie viele andere wurden die »sieben Pässe« – Swart River, Kaaimans, Touw River, Hoogekral, Karatara, Homtini und Phantom – mit ihren Tälern und Schluchten ab 1867 von **Thomas Bain** erschlossen.

> **!** *Baedeker* TIPP
>
> **Im Kanu durch die Wildnis**
>
> Paddeln Sie von Wilderness bis zum Ende des ruhigen, 10 bis 15 m breiten Touw River. Eine gute halbe Stunde läuft man von dort durch den Regenwald bis zu einem Wasserfall, der zum Baden einlädt, bevor man sich auf den Rückweg macht. Kanus vermietet Eden Adventures, die auch geführte Touren anbieten (Eden Adventures, Tel. / Fax 044 / 877 0179, www.eden.co.za).

Rosa Flamingos, Störche, Kingfisher – die herrliche Seelandschaft 15 km östlich von George ist ein **Paradies für Wasservögel**. Sechs Wanderwege erschließen »The Lakes«, der 10 km lange **Pied Kingfisher Trail** führt als Rundweg vom Ebb & Flow Visitor Center am Serpentine-Fluss entlang zum Meer. Am kilometerlangen, oft unberührten Sandstrand kann man in der Saison Wale und Delfine sichten.

✶ ✶
Wilderness
National Park

Auch die östlich anschließende Dünenlandschaft zwischen Sedgefield und Buffels Bay ist ein **Vogelparadies** mit 14 km langen Stränden. Am Süßwassersee **Groenvlei** leben Otter und grüne Meerkatzen.

✶
Goukamma
Nature Reserve

Kurz vor Knysna lohnt ein Abstecher zur Geisterstadt Millwood. 1876 wurde hier in den Wäldern Gold gefunden, was einen regelrechten **Goldrausch** auslöste. Um 1885 lebten in den Camps von Millwood fast 1000 Goldgräber. Als am Witwatersrand in Transvaal 1886 Gold entdeckt wurde, zogen die meisten Schürfer dorthin, 1924 wurde die letzte Goldmine geschlossen. Heute lässt man den Gold Rush im Materolli Museum und bei einer Tour durch die Bendigo Mine wieder aufleben (Öffnungszeiten: Di. – So. 10.30 – 16.00 Uhr). ⊙

Millwood
Goldfields &
Bendigo Mine

✶ ✶ Knysna

Mit seiner wundervollen Lagune am Fuß der Outeniquaberge ist Knysna – sprich »naisnah« – ein wahres **Urlaubsparadies**. Über 200 Fischarten und sogar Seepferdchen leben in den Salzwasserseen und

Lagunenstadt
am Indischen
Ozean

Fangfrische Knysna-Austern gibt's im »Oystercatcher« an der Waterfront.

KNYSNA ERLEBEN

AUSKUNFT

Knysna Tourist Centre
40 Main Road, Knysna
Tel. 044 / 382 0303
www.tourismknysna.co.za

FIT FOR FUN?

Bootstouren, Segeltörns und Sundowner Cruises mit Champagner und Austern können direkt an der Waterfront gebucht werden. Mit einem Quad in die Berge, im Kanu durch die Lagune oder spektakuläres Abseilen vom 121 m hohen Western Head – Seal Adventures an der Waterfront garantiert spannende Erlebnisse (Tel. 044 / 382 5599, www.seal adventures.co.za). Am Eastern Head hat man die Möglichkeit, zum Wrack »Paquita« zu tauchen, das auf 15 m Tiefe liegt (www. headsadventurecentre.co.za).

ESSEN

▶ **Erschwinglich**
34° South
Knysna Quays, Waterfront
Tel. 044 / 382 7268
www.34-south.com
Im Laden werden Seafood-Feinkost und erlesene Weine verkauft, auf der Terrasse fangfrische Meeresfrüchte und Austern serviert.

The Dry Dock
Waterfront Shop 1, Tel. 044 / 382 7310
Küchenchef Rudys Spezialitäten: Saldhana-Muscheln, gegrillte Riesengarnelen und der Fang des Tages mit Zitrone, Ananas und Chili

ÜBERNACHTEN

▶ **Luxus**
The St. James of Knysna
The Point

P.O. Box 1242
Knysna 6570
Tel. 044 / 382 6750
Fax 044 / 382 6756
www.stjames.co.za
Traumhafte 5-Sterne-Nobelherberge mit Feinschmeckerrestaurant und großem Garten am Ufer der Lagune. Buchen Sie ein Zimmer im Herrenhaus mit Seeblick.

Baedeker-Empfehlung

Phantom Forest
Eco Reserve and Lodge
Phantom Pass Road
7 km vor Knysna
Tel. 044 / 386 0046
www.phantomforest.com
In der preisgekrönten Öko-Lodge oberhalb des Knysna River serviert das Forest Boma in einer klassischen Rundhütte köstliche afrikanische Menüs. An Tausend und eine Nacht erinnert das marokkanische Dinner im Chutzpah. In Samt und Seide übernachtet man in den zehn Baumsuiten mit Panoramablick, Wellness im Einklang mit der Natur versprechen die Massagen am Pool.

▶ **Komfortabel**
Leisure Isle Lodge
87 Bayswater Drive
Leisure Isle, Knysna 6570
Tel. 044 / 384 0462
Fax 044 / 384 1027
www.leisureislelodge.co.za
Eine Oase der Ruhe mit 11 geschmackvollen Zimmern auf der Laguneninsel Leisure Island. Lauschen Sie beim Dinner in Daniela's Restaurant dem Meeresrauschen der Bollard Bay und lassen Sie sich im Spa mit indischer Massage verwöhnen.

Sümpfen, die zum **Nationalen Naturdenkmal** erklärt wurden. Hotels, Ferienhäuser und Pensionen säumen die 21 ha große Lagune, deren Ausgang zum Meer zwei gigantische Sandsteinfelsen bewachen: die **Knysna Heads.** Von der quirligen **Waterfront** mit Fischlokalen, Souvenirläden und kleinen Boutiquen fahren Ausflugsboote, das schwimmende Restaurant »John Benn« und der Schaufelraddampfer »Rivercat« zur Knysna-Höhe. Vier Stunden dauert eine Bootstour bis zum Featherbed-Naturreservat mit mächtigen Milkwoodbäumen und »Blues Duikers«, der kleinsten Antilopenart Südafrikas (www.featherbed.co.za). Der berühmte Dampfzug **Outeniqua Choo-Tjoe,** der früher zwischen George und Knysna fuhr, pendelt nun zwischen George und Mossel Bay (►S. 189).

Knysna National Lake Area

★

◄ Featherbed Nature Reserve

Knysnas Stadtgeschichte beginnt 1803 mit **George Rex** (1765–1839). Sein aufwendiger Lebensstil stützte die Vermutung, er sei ein unehelicher Sohn des englischen Königs George III., der Großbritannien hatte verlassen müssen. Offiziell wurde Knysna aber erst 1825 vom Gouverneur des Kaps gegründet. Schick **shoppen** kann man im Woodmill Lane Centre und in der lebhaften **Main Street**. Dem Stadtgründer George Rex und dem Goldrausch im 19. Jh. widmet sich das **Millwood House** an der Queens Street, das ursprünglich im Goldgräbercamp Millwood stand (► S. 191; Öffnungszeiten: Mo. – Fr. 9.00 – 16.30, Sa. 9.30 – 12.30 Uhr). In der benachbarten Knysna Fine Arts Gallery (Nr. 45) stellen **junge Künstler** der Region aus (www.fi nearts.co.za). Vier Biersorten werden in der kleinen **Mitchell's Brewery** am Vigilance Drive gebraut (Führungen Mo. – Fr. 10.30, 15.00 Uhr; www.mitchellsknysnabrewery.com). Über 100 Fynbos-Arten sind nördlich der Innenstadt im **Pledge Park** erklärt.

Bummeln und Baden

! *Baedeker* TIPP

Knysna Oysters

In der Lagune werden erstklassige Austern gezüchtet. Zehn Tage dauert im Juli das **Oyster Festival**, das alljährlich Zehntausende von Besuchern anlockt. Probieren Sie auch die »wild coastal oysters«, die an den Felsen zwischen Riversdale und Tsitsikamma geerntet werden. Frisch, günstig und zünftig bekommt man die Gourmet-Muscheln in der **Knysna Oyster Company** (Tel. 044 / 382 6941) in der Long Street auf Thesen Island, beim **Oystercatcher** (Tel. 044 / 382 9995) an der Waterfront und im **Paquita's** (Tel. 044 / 384 0408) am George Rex Drive bei den Knysna Heads.

Brenton-on-Sea Am Nordwestzipfel der Lagune zweigt eine Stichstraße nach Brenton-on-Sea ab. Sie passiert das **Belvidere Estate** mit einer 1855 errichteten Privatkapelle vom Schwiegersohn des legendären George Rex. Das Herrenhaus von 1849 ist heute ein 4-Sterne-Hotel (www.belvidere.co.za). Genießen Sie den Sonnenuntergang nach einem Badetag am **herrlichen Sandstrand** von Brenton Beach.

Prince Alfred's Pass Eine spektakuläre, stellenweise aber sehr schlechte Straße führt nördlich durch die Outeniqua-Berge über den 1864–1867 erbauten Prince Alfred's Pass nach **Avontuur** im Langkloof-Tal – auch diese Passstraße gehört zu den Glanzleistungen von **Thomas Bain**.

✳
Knysna Forest

www.
knysnaforesttours.
co.za ▶

Das mit 80 000 ha **größte Waldgebiet Südafrikas**, das sich zwischen Knysna und Plettenberg Bay erstreckt, entdeckt man am besten auf den drei **Elephant Walks** ab der Diepvalle Forest Station – Anfahrt über die R 339 Richtung Uniondale. Geführte Touren dauern 3 bis 6 Stunden. Der Weg führt vorbei am **King Edward VII Tree**, einem 46 m hohen, mindestens 600 Jahre alten Yellowwood-Baum. Nur hier heimisch ist der hellgrüne Papageienvogel **Knysna Loerie** (Tauraco corythaix), den man am besten während des Fluges erkennt, weil seine Flügel an der Unterseite kaminrot leuchten ▶(Abb. S. 100).
Der anspruchsvolle, 9 km lange Rundweg **Kranshoek Walk** folgt der dramatischen Felsenküste Richtung Plettenberg. Für den **Perdkop Tough Nature Walk**, der von der Harkerville Forest Station 10 km durch Wald und Schluchten führt, braucht man gute Kondition und ein Permit, das man an der Station bekommt. Ein einfacher, 6 km langer Rundweg für Wanderer und Mountainbiker erschließt die Küstenregion um die **Harkerville Lodge** (www.harkerville.co.za).

✳
Knysna Elephant Park

🕐

Ein tolles Erlebnis für die ganze Familie ist der Elefantenpark 9 km vor Plettenberg Bay. Ende des 19. Jh.s gab es im Knysna Forest noch 600 Elefanten, heute leben wieder sechs Elefanten im Park, die allerdings aus dem Krüger-Nationalpark stammen. Eine Führung dauert etwa zwei Stunden – **Füttern und Streicheln inklusive**. Das Museum im Haupthaus informiert über die Dickhäuter (Öffnungszeiten: tgl. 8.30 – 16.30 Uhr; www.knysnaelephantpark.co.za).

✳ Plettenberg Bay

✳✳
Traumstrände am Indischen Ozean

Türkisblaues Meer und endlose, weiße Sandstrände machen Plettenberg, von den Einheimischen liebevoll **»Plett«** genannt, zu einem der **beliebtesten Badeorte** an der Garden Route mit zahlreichen Hotels, schicken **Shopping Malls** und drei ausgezeichneten **Golfplätzen**. Wer etwas auf sich hält, hat »im St. Tropez Südafrikas« ein Feriendomizil, sodass die Einwohnerzahl in der Urlaubszeit von 10 000 auf 80 000 ansteigt – die Preise sind entsprechend. Durchschnittlich 320 Tage im Jahr scheint hier die Sonne, die Wassertemperatur liegt meist über 20 °C. Schon 1576 erkannte der portugiesische Seefahrer Mes-

Endlos, weiß und wunderschön: Plettenbergs Sandstrände am Indischen Ozean

quita da Perestrolo die Vorzüge der »wunderschönen Bucht« und taufte sie **»Baia formosa«**. Ende des 18. Jh.s erhielt der Ort seinen Namen nach Gouverneur Joachim von Plettenberg. Berühmt ist das **All That Jazz Festival** im September. Als Südafrikas **Polo-Metropole** ist Plett zu Ostern und im Dezember Treff des Jetsets.

Auf ein- bis vierstündigen **Wandertouren** kann man 8 km südlich von Plett die Robberg-Halbinsel erkunden mit einer **Seehundkolonie** am »Mountain of the Seal« (www.robbergwalks.homestead.com).

★
Robberg Nature Reserve

Beliebtes Revier für **Kanufahrten** ist 5 km nördlich von Plett der Keurbooms River, den man in zwei Tagen hinaufpaddeln kann. Boote vermietet der Angling Club (Tel. 044 / 535 9740).

Keurbooms River Nature Reserve

Verpassen Sie auf keinen Fall die Touren durch das »Land der Affen«, einen 12 ha großen Wald, in dem Lemuren, Totenkopfäffchen, Paviane, Gibbons und Meerkatzen leben, die aus Zoos, Privathaushalten oder Pharma-Labors in die Freiheit geholt wurden. Höhepunkt ist eine 128 m lange Seilbrücke. Spazieren Sie auch durch das »Bird of

★★
Monkeyland

▶ PLETTENBERG BAY ERLEBEN

AUSKUNFT

Plettenberg Bay Tourism
Main Street
Shop 35 Melville's Corner
Centre, Plettenberg Bay
Tel. 044 / 533 4065
www.goplett.co.za
www.tourismplettenbergbay.co.za

»FATBOYS«

... nennt man in Plett auch gern die Wale. Genauso heißt das größte Schiff von Ocean Safaris (Hopwood Street, Tel. 044 / 533 4963, www.oceansafaris.co.za), das zur Walbeobachtung hinausfährt. Vor der Küste kann man Glatt- und Buckelwale sichten, am Arch Rock tummeln sich Bottlenose-Delfine, auf der Robberg-Halbinsel Tausende von Seehunden. Die Boote von Ocean Adventures starten zum Whale Watching ab Central Beach (Tel. 044 / 533 4897, www.oceanadventures.co.za).

ADRENALIN PUR

Die Grenze zwischen Eastern und Western Cape markiert die Bloukrans River Bridge. Hier kann man den laut Guinness-Buch weltweit höchsten kommerziellen Bungee-Sprung aus 216 m Höhe wagen. Oder sausen Sie im Flying Fox an einem 200 m langen Kabel den Brückenbogen entlang (www.faceadrenalin.com).

ESSEN

▶ **Erschwinglich**
Cornuti al Mare
1 Perestrella Street, Plettenberg Bay
Tel. 044 / 533 1277
Der Treff in Plett! Bei den »Gehörnten am Meer« heißt es sehen und gesehen werden! Ausgezeichnete Pizzen, saftiger Thun mit Couscous, Bier vom Fass und gute Weine.

Nguni
The White House, 6 Crescent Street
Plettenberg Bay, Tel. 044 / 533 6710
Spezialität sind geräucherter Kudu, Springbock-Salat und geschmorte Lammkeule.

ÜBERNACHTEN

▶ **Luxus**
The Plettenberg
Look-out Rocks, P.O. Box 719
Plettenberg Bay 6600
Tel. 044 / 533 2030
Fax 044 / 533 2074
www.plettenberg.com
Strahlend weiß thront das 5-Sterne-Relais & Chateaux Hotel mit 38 Zimmern auf einem Felsvorsprung mit atemberaubendem Blick aufs Meer. Probieren Sie die köstlichen Fischgerichte im Restaurant Sand und lassen Sie sich im Carchele Spa verwöhnen.

Baedeker-Empfehlung

Tsala Treetop Lodge
P.O. Box 454, Plettenberg Bay 6600
Tel. 044 / 501 1111, Fax 044 / 501 1100
www.hunterhotels.com
10 km westlich von Plettenberg Spektakuläre Lodge in den Baumkronen des undurchdringlichen Tsitsikamma-Nationalparks. Hölzerne Stege schlängeln sich 6 m über dem Waldboden zu zehn extravaganten Suiten aus Stein, Holz und Glas, die ein ungewöhnlich romantisches Urlaubserlebnis versprechen. Köstliche panafrikanische Küche und Topservice.

▶ **Komfortabel**
Southern Cross Beach Hotel
1 Capricorn Lane
Plettenberg Bay 6600

Stilvoll schlemmen und schlafen: »The Plettenberg« lässt keine Wünsche offen.

Tel. 044 / 533 3868, Fax 044 / 533 3866
www.southerncrossbeach.co.za
Direkt am Strand liegt die
elegante Villa im Kolonialstil mit
5 Zimmern in den Farben von
Sand, Himmel und Meer.

Tsitsikamma Lodge
P.O. Box 10, Storms River 6308
Tel. 042 / 280 3802, Fax 042 / 280 3702
www.tsitsikamma.com
Preisgekrönte Anlage 75 km westlich
von Plettenberg mit 30 Blockhütten,

die alle einen Jacuzzi, eine eigene
Veranda und Grillecke haben.
Gemütliches Restaurant mit süd-
afrikanischer Hausmannskost.

► **Günstig**
Dolphins' Playground B & B
3 Tillamook Avenue
Plettenberg Bay 6600
Tel. 044 / 5333654
www.dolphinsplayground.co.za
Nette Zimmer mit Seeblick am
Robberg Beach

Eden«, eine der größten Vogelvolieren der Welt. 16 km östlich von
Plettenberg an der N 2, Ausfahrt Forest Hall (Öffnungszeiten: tgl.
8.00 – 18.00 Uhr, www.monkeyland.co.za).

Noch immer ein Geheimtipp ist das Dörfchen Nature's Valley, das
abseits der N 2 an der R102 liegt, die sich in die Schlucht des Groot
River hinunterwindet, der hier eine paradiesische Lagune gebildet
hat. Gehen Sie an den **endlosen, weißen Sandstrand**, wo man mit
etwas Glück Ottern in freier Wildbahn begegnen kann. Oder wandern Sie auf dem **Kalanderkloof Trail**, einem 6 km langen Rundweg,
durch den dichten Küstenwald zu riesigen Yellowwood-Bäumen.

Nature's Valley

»LAND DES VIELEN WASSERS«

... nannten die Khoisan vor über 2000 Jahren das Mündungsdelta des Storms River: »Tsitsikamma«. Der 1964 eröffnete Nationalpark schützt einen 80 km langen, weitgehend unberührten Küstenstreifen mit einem der letzten Urwälder Südafrikas – ein Traum für alle Naturfreunde und Wanderer.

Wasserreiche Flüsse und 1200 mm Niederschläge im Jahr sorgen für üppige Fynbos-Vegetation in der wild zerklüfteten Berg- und Küstenlandschaft, die besonders Wanderer, aber auch Kanuten, Mountainbiker und andere Adventure-Sportler anzieht. Der **Tsitsikamma Coastal National Park** ist ein Vogelparadies und Heimat für grüne Meerkatzen, Paviane, Fischotter und kleine Antilopen. Taucher finden eine fantastische Meeresfauna. Häufig sind Delfine und Wale vor der Küste zu sehen. Der Park ist das ganze Jahr täglich geöffnet und es gibt tolle Unterkünfte (►S. 196). Die meisten Besucher wählen den kurzen Weg vom Storms River Mouth Restcamp zur Mündung des Flusses und über die 2006 komplett renovierte **Stormsriver Mouth Bridge** zu einem Aussichtspunkt mit Seeblick. Unterwegs erklären Schilder die einzigartige Pflanzenwelt mit Riesenfarnen, Orchi-deen und 40 m hohen, jahrhundertealten Yellowwood-Bäumen. Unerschrockene lassen sich im Boot den Storm River hinaufschippern. Einmalig in Afrika ist die dreistündige **Treetop Canopy Tour** durch die Wipfelwelt des Regenwaldes. Im sicheren Sitz am Stahlseil rauscht man in 30 m Höhe durch die Baumkronen zu zehn Plattformen (www.treetoptour.com).

Auf der Spur des Otters

Drei der schönsten Wanderwege Südafrikas erschließen den Nationalpark (►S. 185): Aufgrund seiner Beliebtheit muss der anspruchsvolle, 42 km lange **Otter Trail**, der von der Mündung des Storms River über die Küstenklippen nach Nature's Valley führt, ein Jahr im Voraus gebucht werden (www.san parks.org, www.footprint.co.za/otter. htm). Der weniger besuchte **Tsitsikamma Trail** verläuft über 64 km in umgekehrter Richtung durchs Landesinnere (MTO Ecotourism, George, Tel. 044 874 4363, www.mtoecotou rism.co.za, www.tsitsikamma.info). Otter und Tsitsikamma Trail sind beide in fünf Tagen zu absolvieren. Einfacher ist der 17 km lange **Dolphin Trail** vom Storms bis zum Sanddrift River mit Gepäcktransport und zwei Übernachtungen in wunderschönen Lodges (www.dolphintrail.co.za).

Beim **Tsitsikamma Coastal National Park** steht 1 km östlich vom Storms River nahe der N 2 der **Big Tree** (Groot Boom), ein riesiger Yellowwood-Baum, der über 800 Jahre alt sein soll. Er ist 37 m hoch und acht Personen sind nötig, um den Stamm von 8,5 m Durchmesser zu umfassen. Das östliche Ende der Garden Route markiert die **Paul Sauer Bridge**. In 130 m Höhe überspannt der gewaltige Brückenbogen den **Storms River**. Vom Aussichtspunkt westlich der Brücke hat man einen fantastischen Blick auf den **Tsitsikamma State Forest** nördlich der N 2 mit dichtem Regenwald und vielen Urwaldbäumen, die 50 m und höher sind. Pilze, Moose und Flechten deuten auf starke Niederschläge. An der Paul-Sauer-Brücke beginnt ein 4 km langer Wanderweg zum Big Tree.

Urwaldriesen

! *Baedeker* TIPP

Take a walk on the wild side

Nur eine Viertelstunde fährt man zum 2000 ha großen Plettenberg Bay Game Reserve, einem privaten Tierreservat bei Wittedrift, 7 km nordwestlich von Plettenberg. Zu Pferd, zu Fuß oder im offenen Geländewagen geht es zwei Stunden auf die Pirsch zu Nashörnern, Löwen, Büffeln, Zebras, Gnus, Flusspferden, Springböcken, Impalas und Giraffen. Wer über Nacht bleiben will: Uur Baroness Game Lodge gehören fünf Edelsuiten und zwei schöne Cottages (Uniondale / Wittedrift Road, Tel. 044 / 535 0000, www.plettenbergbaygamereserve.co.za).

»Big Five« malariafrei

Viele Südafrika-Reisende verbinden die Garden Route mit einer Safari in den malariafreien **Wildreservaten der Eastern Cape Provinz** zwischen **Port Elizabeth** und Grahamstown. Immer mehr Farmer haben hier in den letzten Jahren ihre Viehhaltung aufgegeben und private Wildreservate eingerichtet, in denen nun Großwild wie Elefanten, Löwen und Giraffen leben.

Out of Africa Feeling

Spannende Wildtierbeobachtung garantiert der staatliche Addo-Elefantenpark 75 km nördlich von Port Elizabeth. Im 1931 gegründeten, mit 164 000 ha drittgrößten Nationalpark Südafrikas sind nicht nur über **400 Elefanten** heimisch, sondern auch Büffel, Spitzmaulnashörner, Antilopen, Löwen, Leoparden, Hyänen, Erdmännchen und unzählige Vogelarten. Bis 2010 soll der Nationalpark auf fast 360 000 ha samt Marineschutzpark bis zum Indischen Ozean ausgeweitet werden und dann die weltweit größte Population an Cape

✷ ✷

Addo Elephant National Park

◄ www.sanparks. org/parks/addo

Stars der Steppe: Dickhäuterfamilien im Addo Elephant Park

gannets (Kaptölpeln) und neben den großen Landtieren auch Wale und den weißen Hai beheimaten – die **Big Seven**! Ausgebildete **»Eyethu Hop-on«-Reiseleiter**, die einem zeigen, wo sich die Tiere gerade aufhalten, können im Park gebucht werden – die Guides fahren dann im Mietwagen mit.

⁎ ⁎
**Shamwari
Game Reserve**

Auch das **private Wildreservat** auf halbem Weg zwischen Port Elizabeth und Grahamstown ist Lebensraum für afrikanisches Großwild. Adrian Gardiner verwirklichte hier seinen Traum, 25 000 ha ehemaliges Farmland am Bushman's River in ein Schutzgebiet für die **»Big Five«** umzuwandeln mit sechs luxuriösen Suiten im Ethnostil. Jeden Tag stehen zwei Pirschfahrten im offenen Geländewagen auf dem Programm, die zu Nashörnern, Giraffen, Elefanten, Zebras, Löwen, Leoparden, Büffeln, Antilopen und Wasserböcken führen (www.shamwari.com).

> **!** ## Baedeker TIPP
>
> ### Ein Traum von Afrika
>
> Im Süden des Addo-Parks erhielt das Gorah Elephant Camp mit 11 strohgedeckten Luxuszelten im Kolonialstil als erste Lodge eine private Konzession. Vom eleganten Restaurant und der Terrasse am Pool sieht man die Tiere zur nahen Wasserstelle ziehen. Unvergesslich: das Dinner bei Kerzenlicht (www.hunter-hotels.com). Ebenfalls 5-Sterne-Niveau haben die neun Suiten der 2006 eröffneten Nguni River Lodge. Sie liegt erhöht mit herrlichem Blick über die Ebene (www.ngunilodges.co.za). Neun komfortable Zimmer hat das nostalgische Elephant House, 7 km außerhalb des Parks – Tipp: Buchen Sie einen Elefantenritt durch die Zuurberg-Berge (www.elephanthouse.co.za).

Knapp 15 km östlich an der N 2 liegt der Eingang zum 7500 ha großen **privaten Wildreservat** Lalibela, Heimat von Geparden, Giraffen, Flusspferden, Zebras, Gnus, Hyänen, Elenantilopen, Kudus und Buschböcken. Drei romanitsche Lodges mit Pool, Aussichtsdeck und leckerer afrikanischer Küche – buchen Sie die Tree Tops Lodge mit 8 Zimmern auf hölzernen Plattformen zwischen den Urwaldwipfeln (www.lalibela.net).

＊＊
Lalibela
Game Reserve

＊ Government Avenue

E 3/4

Lage: City Bowl, zwischen Adderley Street und Orange Road

Mächtige Eichen säumen Kapstadts Vorzeigepromenade. Hier haben Parlament und Staatspräsident ihren Sitz, befinden sich das ►South African Museum, das ►Jewish Museum und die ►South African National Gallery, schlägt das kulturelle Herz der Stadt.

Am Nordende der Government Avenue tagt von Januar bis Juni **Südafrikas Parlament**. Eine Stunde dauern die kostenlosen Führungen;

Houses of
Parliament

Im Houses of Parliament hielt Nelson Mandela 1994 seine Antrittsrede als Präsident des neuen Südafrika.

! Baedeker TIPP

Tea time im »Nellie«

Laut der Londoner »Sunday Times« wird im legendären Mount Nelson Hotel an der Orange Road der beste Tee der Welt serviert. Gönnen Sie sich eine Teepause auf der wunderschönen Gartenterrasse der Nobelherberge und bestellen Sie dazu Lachssandwiches, südafrikanischen Käse, die unwiderstehlichen Petit Fours und die berühmten Scones mit Erdbeermarmelade. Afternoon Tea 14.30 – 17.30 Uhr, www.mountnelson.co.za.

⏱ **Führungen:**
Mo. – Fr.
8.00 – 12.00

www.parliament.
gov.za

Anmeldung im **Tours Office**, Tel. 021 / 503 2266, Treffpunkt 15 Minuten vor Beginn im Gebäude 90 Plein Street – Reisepass nicht vergessen! Den Besuch von Parlamentsdebatten ermöglicht nur das Public Relations Office (Tel. 021 / 403 2460). Nach der Grundsteinlegung 1875 durch Sir Henry Barkly begleiteten Querelen 1885 die Eröffnung des neoklassizistischen Gebäudes mit korinthischen Säulen. Erst Henry Greaves vollendete den Bau. Den Garten ziert eine Statue von Queen Victoria. Im Sitzungssaal ereignete sich am 6. Sept. 1966 ein Polit-Thriller: Der Parlamentsangestellte Demitrios Tsafen ermordete den Apartheid-Chefideologen und Ministerpräsidenten Hendrik Verwoerd durch vier Messerstiche.

De Tuynhuis

Die **Residenz des Staatspräsidenten** kann nicht besichtigt werden. 1701 als Gästehaus errichtet, wurde das »Gartenhaus« 1751 aufgestockt und erhielt 1795 sein heutiges Aussehen durch Louis Thibault. Anton Anreith schuf den Ziergiebel mit Neptun, Merkur und den Insignien der VOC, dem ältesten Firmenlogo der Welt.

★
Bertram House Museum
⏱
Öffnungszeiten:
Di. – Do.
10.00 – 16.30

www.
iziko.org.za/bertram

Einblicke in den **kolonialen Lebensstil des 19. Jh.s** gibt das Bertram-Museum am Südende der Government Avenue. Älteste Berichte über den spätgeorgianischen Klinkerbau datieren auf 1794, als einem Andreas Momsen das Areal geschenkt wurde. Ab 1839 soll der Notar John Barker das heutige Anwesen errichtet und es nach seiner Gattin Ann Bertram Findlay benannt haben. Ein spiralförmiger Treppenaufgang führt in das 1984 eröffnete Museum, dessen Kern die Lidderdale-Schenkung bildet mit Möbeln aus der zweiten Hälfte des 18. Jh.s sowie kostbarem englischen und chinesischen Porzellan. Am Piano von 1906 erklingt im Sommer Kammermusik.

Nur ein paar Schritte entfernt in der Orange Street 37 liegt mit der **Michaelis Art School** (www.michaelis.uct.ac.za) die Topadresse im Bereich der Kunstausbildung. Nebenan am Hiddingh Campus feierte das kreative **Little Theatre** 2006 sein 75. Jubiläum.

Grand Parade

E 3

Lage: zwischen Darling und Castle Street,
City Bowl

Seit 1710 verbindet der alte Exerzierplatz das ► Castle of Good Hope mit der ► Adderley Street. Jeden Mittwoch und Samstag verwandelt sich der riesige Platz in einen bunten Trödelmarkt.

Der Trafalgar Place mit seinem bunten **Blumenmarkt** öffnet den Zugang von der ► Adderley Street zum »Großen Paradeplatz«, auf dem Mittwoch und Samstag ein großer **Kleider- und Lebensmittelmarkt** veranstaltet wird. Sonst können hier bis zu 600 PKW parken. An der Seite zur Plein Street markieren rote Linien den Standort des ersten, von Jan van Riebeeck errichteten Lehm- und Holzforts. Die Grand Parade dient politischen Kundgebungen oder Veranstaltungen wie der vierten Straßenfußball-WM der Obdachlosen 2006 – Präsident Mbeki und Tausende von Fans bejubelten damals über 1800 Tore der 48 teilnehmenden Nationen.

Paradeplatz und Trödelmarkt

Marktstände statt Militär: auf dem »Großen Paradeplatz« ist samstags Flohmarkt.

City Hall

Mehr als 100 000 Menschen hörten am 11. Februar 1990 Nelson Mandela zu, als er direkt nach seiner Freilassung vom Balkon des **Rathauses** seine berühmte Freiheitsrede hielt – der »Madiba« forderte Frieden und das Wahlrecht für die schwarze Mehrheit. Das aus Tafelberg-Sandstein im Stil der Neorenaissance erbaute Rathaus an der Darling Street wurde 1905 fertiggestellt. Zur Innenausstattung gehören kunstvolle Mosaike, Marmortreppen und eine von Norman Beard gebaute Orgel mit 3165 Pfeifen, die König Edward VII. und Königin Alexandra gewidmet ist. Im 60 m hohen Glockenturm erklingt seit 1923 ein Glockenspiel nach Vorbild des Londoner Big Ben. Donnerstag und Sonntag veranstaltet das **Cape Town Philharmonic Orchestra (CPO)** in der City Hall hervorragende klassische Konzerte. Das ambitionierte Cape Town Philharmonic Youth Orchestra fördert seit 2003 Jugendliche aller Hautfarben.

Ticketservice:
Tel. 021 / 465 2029,
www.cpo.org.za ►

Nelson Mandela Library

Die früher in der City Hall untergebrachte Stadtbücherei wurde 2007 in der benachbarten **Old Drill Hall** neu eröffnet – das Gebäude war dank einer 2-Mio.-$-Spende der New Yorker Carnegie Foundation restauriert worden.

✷ ✷ Greenmarket Square

E 3

Lage: City Bowl

Kapstadts schönste Art-déco-Bauten stehen am Greenmarket Square, dem pulsierenden Herz der »Mother City«. Von Montag bis Samstag ein einziger Flohmarkt, wird hier um Holzschnitzereien, Schmuck, Leder und Recyclingkunst gefeilscht.

✷ ✷
Afrikanisches Kunsthandwerk

Buntes Treiben wartet auf dem kopfsteingepflasterten, **ältesten Marktplatz des Landes**, der seinen Namen dem früheren Gemüsemarkt verdankt. **Händler aus ganz Afrika** bieten hier ihre Holzmasken, bunten Ketten, farbenfrohen Tücher und Townshipkunst an, die natürlich auch die Fußball-WM 2010 thematisiert. Sehr hübsch ist die aus Draht und Perlen gefertigte Weihnachtsbaum-Dekoration. Gegen ein kleines Trinkgeld lässt sich der lustige **»Eggie Man«** mit seinem meterhohen Kopfschmuck aus ausgeblasenen Eiern auch gern fotografieren.

⏰
Öffnungszeiten:
Mo. – Sa.
10.00 – 16.00

✷
Old Town House

Unter der Ägide des populären Gouverneurs Rijk Tulbagh entstand 1755 – 1761 das **alte Rathaus** im Kap-Rokoko-Stil, zunächst als Sitz der Stadtwache, dann auch von Magistrat, Gericht und Polizei. Nachdem 1905 das neue Rathaus an der ►Grand Parade erbaut worden war, zog hier 1916 Kapstadts älteste Kunstsammlung ein. **Sir Max Michaelis** wird mit einer Bronzebüste von Moses Kottler über der Brunnenanlage im Innenhof geehrt und ist durch Spenden für

✷ ✷
Michaelis
Art Collection ►

Hier gibt's alles: Holzschnitzereien, Perlenschmuck, Specksteineier ...

ein Krankenhaus, Büchereien und die Michaelis School of Fine Arts als Mäzen Kapstadts sehr bekannt. Die Umwandlung zum Kunsttempel dankt Kapstadt indes Lady Florence Philipps: Sie animierte den britischen Sammler Sir Hugh Lane, alte niederländische Meister zu kaufen, und überzeugte 1914 Sir Max, Südafrika diese Sammlung zu schenken. Auf zwei Etagen sind Werke niederländischer und flämischer Maler des 16. – 18. Jh.s zu sehen, darunter Studien von 1639 zu **Rembrandt van Rijns** Selbstporträt und »Rückkehr des verlorenen Sohnes«, das »Holländische Schiff in einer fremden Bucht« von Ludolf Bakhuizen (1631 – 1708), »Das Haupt eines alten Mannes« aus der Schule Rembrandts, das »Porträt einer Dame« von **Franz Hals** (1583 – 1666), »Der tanzende Hund« von **Jan Steen** (1623 – 1667) und das Porträt »Johan Oxenstierna« aus der Werkstatt van Dycks (1599 – 1641). Einen guten Ruf genießen auch die Konzerte und die Wechselausstellungen zeitgenössischer Kunst.

🕐
Öffnungszeiten:
Mo. – Fr.
10.00 – 17.00,
Sa. 10.00 – 16.00

www.iziko.org.za/
michaelis

Antiquitäten und **zeitgenössische südafrikanische Kunst** findet man in den kleinen Läden und Kunstgalerien der Church Street wie die AVA Gallery (Nr. 35), The Cape Gallery (Nr. 60) oder »art 1« (Nr. 66; ▶ S. 105). Ein **Straßenmarkt** bietet im Sommer tgl., im Winter Do. bis Sa. 8.00 – 14.00 Uhr Antikes, Kitsch und Secondhand. Für eine Shoppingpause setzt man sich am besten ins **Café Mozart**, wo Klassikmelodien erklingen (▶ S. 86).

★
Church Street

Keimzelle Kapstadts ist der van Riebeeck Square, wo der Stadtgründer einst seine ersten Zelte aufschlug (▶ Berühmte Persönlichkeiten). Die **St. Stephen's Church** von 1799 diente zuerst als Theater, Oper und Schule, ehe sie 1839 zur holländisch-reformierten Kirche wurde.

Van Riebeeck Square

Heritage Square

Nur lautstarker Bürgerprotest verhinderte Mitte der 1990er-Jahre gegenüber am Heritage Square den Abriss der historischen Gebäude. Den Platz säumen Bars und kleine Cafés wie das populäre **Africa Café** in einem knallgelben kapgeorgianischen Haus des 18. Jh.s an der Ecke zur Shortmarket Street (▶S. 84).

✳ **Green Point**

C/D 1

Lage: Nordwestlich der V & A Waterfront

Alle 15 Minuten fährt der Waterfront Bus von der Victoria Wharf über Green Point zur Seepromenade von Sea Point. Green Point eignet sich hervorragend für einen Sonntagsausflug oder einen Spaziergang am Meer. Fußballfans müssen natürlich einen Blick auf das neue WM-Stadion werfen.

Cape Medical Museum
🕐
Öffnungszeiten:
Di. – Fr.
9.00 – 16.00

Das Museum am Westende der ▶V & A Waterfront in der Portswood Road widmet sich westlicher und afrikanischer Medizingeschichte. Kräuterwissen und Heiltänze der San, Ngoni- und Muti-Medizin der Xhosa und Zulu-Sangomas oder die asiatischen Heiltraditionen der Kapmalaien werden ebenso vorgestellt wie ein Krankenzimmer und eine Zahnarztpraxis der viktorianischen Zeit. Auch über verheerende Epidemien und Aids wird informiert (www.museums.org.za/cmm).

Breakwater Lodge
www.
bwl.co.za/de ▶

Gegenüber stand einst das **Breakwater Prison**. Das Gebäude ist heute teils Hotel, teils Graduate School of Business der Universität. Das erste Gefängnis wurde 1859 mit 60-Mann-Schlafsälen für zum Hafenbau abkommandierte Häftlinge errichtet. Auch jene San, die Dr. Wilhelm Bleek (▶ Berühmte Persönlichkeiten) in sein Heim holte, waren hier eingesperrt. Als freie Hausangestellte berichteten sie ihm später über ihre Sprache und Kultur. Der heutige Bau geht auf 1902 zurück, als Häftlinge bereits nach Hautfarbe getrennt waren. Ab 1926 wohnten hier farbige Hafenarbeiter. Am Ende der Einzelzellen am oberen Parkplatz steht eine ab 1890 eingesetzte **Tretmühle**, mit der Gefangene für Bagatelldelikte gezüchtigt wurden.

The Foundry

Im 100 Jahre alten Klinkerbau der ehemaligen Eisengießerei The Foundry an der Preswick Street findet man heute nette **Designerläden** und das Spitzenrestaurant **Beluga** (▶S. 83).

✳
Greenpoint Stadium

Auf den Green Point Commons entsteht bis Herbst 2009 für die **Fußball-WM 2010** eine neue, mit 68 000 Plätzen und einziehbarer Dachkonstruktion ausgestattete **Arena der Superlative**, die das alte Greenpoint-Stadion ersetzen wird, das 2007 abgerissen wurde. Die Hamburger Architektengruppe Gerkan, Merg & Partner realisiert den mit 280 Mio. Euro teuersten Neubau der WM. Ab 2011 finden hier Fuß-

Überglücklich hielt Nelson Mandela 2004 den FIFA-Pokal in Händen – unermüdlich hatte der damals schon 85-jährige Ex-Präsident Südafrikas für die Bewerbung seines Landes geworben.

FUSSBALL-WM 2010

Im Juni 2010 werden sich die Augen von Millionen Besuchern und Milliarden Fernsehzuschauern auf die Südspitze Afrikas richten, wenn hier von 32 Nationen die 19. Fußballweltmeisterschaft ausgetragen wird, die zweitgrößte Sportveranstaltung der Welt.

Das Eröffnungsspiel findet am 11. Juni, das Finale am 11. Juli 2010 statt. Ende 2009 werden die WM-Erstrunden für die **neun WM-Spielorte** Südafrikas ausgelost. Fünf Spiele der ersten Runde, ein Achtel-, ein Viertel- und ein Halbfinale werden in Kapstadts neuem, zentralen **Green Point Stadium** ausgetragen. Dabei präsentiert sich die »Mutterstadt« als Spielort der kurzen Wege, mit herausragendem kulturellen Beiprogramm, Tophotels und Gourmetküche. »Cool off areas« heißen die **Fanmeilen**, die überall am Westkap aus dem Boden schießen: 100 solarbetriebene **Großbildwände** werden dank deutscher Sponsoren errichtet. Denn auch Nicht-TV-Besitzer sollen das Ereignis verfolgen können. Das sportbegeisterte Südafrika ist bekannt als fairer Gastgeber, der nicht nur sein **Nationalteam »Bafana Bafana«** (Jungs, Jungs), sondern alle Mannschaften anfeuern wird. Trotzdem geht die Regierung Mbeki auf Nummer Sicher: 2010 wird allein die National Police Force über 190 000 starke Männer verfügen. Zur WM werden über 10 Mio. Besucher erwartet, Südafrikas Flughäfen sollen 22 Mio. Ankünfte verkraften. Hektisch wird überall am Ausbau gearbeitet. Im Greenpoint-Stadion war man 2008 dem vorgegebenen FIFA-Zeitplan zwar sogar voraus, aber es fehlt nach wie vor an Betten, Transportmitteln und ausreichender Stromversorgung.

Für Kapstädter Fußballfans, ob von Ajax Cape Town oder Konkurrent Santos, ist die **Vuvuzela** ein Muss. Die dem Kudu-Hirtenhorn nachempfundene Plastiktrompete erzeugt ein ohrenbetäubendes Geräusch, das einer herannahenden Elefantenherde ähnelt. Zwei Farbkombinationen aus Soweto sollte man in Kapstadt jedoch meiden: Die Fans der Orlando Pirates posaunen mit weiß oder schwarz bemalten Vuvuzelas, die Kaiser Chiefs mit gelben. Beste Lösung zur WM: Vuvuzelas in den Landesfarben.

FIFA Worldcup 2010

www.southafrica.info/2010
www.worldcup2010southafrica.com
www.fifa.com/worldcup
www.swc2010.com

ballspiele von Kapstadts Erstligaclubs **Ajax Cape Town** und **Santos** sowie Rugbymatches statt. 20 Großbildschirme werden zur WM in Kapstadt aufgestellt. Sonn- und feiertags ist von 8.30 – 17.00 Uhr **Flohmarkt** zwischen Stadion und Western Boulevard.

Fort Wynyard 1861 beorderte General Robert H. Wynyard (1802 – 1864), Kommandeur der britischen Truppen in Südafrika, 100 Gefängnisinsassen zu Erd- und Maurerarbeiten an die Artilleriestellung **»Kyk in die Pot**«. 68-Pfünder wurden zur Sicherung auf die Table Bay ausgerichtet, »Kyk in die Pot« dann in Fort Wynyard umgetauft. Heute wacht es über die Segel- und Motorboothäfen der **Granger Bay**.

Mouille Point 1824 errichtete Hermann Schütte den 20 m hohen, rotweiß gestreiften **Leuchtturm** am Mouille Point, 1926 kam das Nebelhorn hinzu. Das Leuchtfeuer strahlt 55 km auf die See, konnte aber weder den Untergang des Dampfers »Athens« 1865 noch die Havarie des Frachters »Seafarer« 1966 vor Green Point verhindern.

✱ Sea Point Während der Apartheid war Sea Point ein rein weißer Bezirk, heute befindet sich der dicht besiedelte Stadtteil im Umbruch. Seine über 10 km lange **Seepromenade**, die abends von bunten Lichterketten beleuchtet wird, ist beliebte Rennstrecke für Inlineskater und Jogger, hier flanieren Touristen aus aller Welt, sieht man Straßenmusiker, wohlsituierte Senioren oder auch Kapstadts Stadtstreicher, die »Bergies«. Statt eines Sprungs in den eiskalten Atlantik kann man an der Beach Road im 24 °C warmen Meerwasserbecken des **Sea Point Pavilion** baden. Sonntagvormittag trainieren hier Langstreckenschwimmer für Kraulausflüge nach ▶ Robben Island (Öffnungszeiten: Mitte Okt. – Mitte April 7.00 bis 19.00, Mitte April – Mitte Okt. 8.30 – 17.00 Uhr, www.cape swim com/seapointpool.htm).

> **! Baedeker TIPP**
>
> **Jazz wanted**
>
> Nicht nur Jazzfreunde kommen sonntags gern zum Brunch ins »Harvey's«, wenn Amanda Tiffin, Zelda Benjamin oder Sylvia Mdunyelwa live spielen – Sonntagszeitung und ein Gläschen Sekt sind inklusive. Das Terrassenrestaurant des Winchester Mansions Hotel liegt direkt an der Strandpromenade von Sea Point (Beach Road 223, Tel. 021 / 434 2351, Buffet: So. 11.00 – 14.00 Uhr, www.winchester.co.za).

✱ Camps Bay, Clifton Bay Südlich von See Point liegen **Kapstadts Nobelvororte** Camps Bay und Clifton. Beide Badeorte gelten als beliebte Residenzen deutscher Urlauber und Auswanderer. Das Round House an der Kloof Street in Clifton Bay diente einst Lord Charles Somerset als Jagdsitz. Internationale Künstler präsentiert Pieter Toerien in Camps Bay im **Theatre on the Bay** (▶ S. 114). Über der Victoria Road (M 6) türmen sich die mächtigen Gipfel der **Twelve Apostels** (▶ Abb. S. 16). Exklusive Villen säumen weiter südlich auch die Berghänge von **Llandudno**. FKK-Anhänger treffen sich hier an der **Sandy Bay**.

Sand and the City: Clifton und Camps Bay stehen für weiße Traumstrände und schicke Trendlokale.

Heerengracht

E/F 2/3

Lage: Stadtzentrum; zwischen Adderley Ecke Riebeeck Street und Foreshore

Busse: Bus Terminal (Golden Acre), Wasser-Taxis (Roggebaai Canal)

Mit Eröffnung des International Convention Centre und des Roggebaai Canal im Sommer 2003 wurde auch Kapstadts älteste Straße zwischen ▶ V & A Waterfront und City Bowl zum palmengesäumten Boulevard mit Blumenbeeten und Rasenflächen umgestaltet.

Einst verlief die Heerengracht vom alten Hafenpier bis zum Mount Nelson Hotel. Brücken querten den zwischen ▶ Company's Garden und Hafen angelegten, im 19. Jh.s verfüllten **Kanal**. Die obere Hälfte wurde später in ▶ Adderley Street und ▶ Government Avenue umbenannt. Bis 1940 blieb der untere Abschnitt die direkteste Verbindung zum Hafen, ehe die **Landgewinnung** des Foreshore Viertels auch der Heerengracht eine neue Bestimmung zuwies. Mit Musik und Umzügen werden Anfang Dezember an der **Heerengracht Fountain** die Sommersaison und die Weihnachtsbeleuchtung eröffnet.

Vom Kanal zum Boulevard

◀ City of lights

Auf Höhe der Hans Strijdom Street erinnern zwei Bronzestatuen an den ersten Landgang des Stadtgründers am 6. April 1652. John Tweeds Statue von **Jan van Riebeeck** (▶ Berühmte Persönlichkeiten) war ein Geschenk von Cecil Rhodes an die Stadt. Riebeecks Gattin Maria de la Queillerie wurde 1952 im Auftrag der van Riebeeck Society zur 300-Jahr-Feier Kapstadts mit einer Statue des Niederländers Dirk Wolbers geehrt.

Van Riebeeck Statues

Cape Town International Convention Centre (CTICC)

www.capetown convention.co.za, www.cticc.co.za ►

Am Kreisverkehr zur Coen Steytler Avenue wird **Bartholomeu Diaz** mit einer Statue gewürdigt, der 1488 als erster Europäer das Kap umrundete. Den Abschluss der zur Jahrtausendwende bis zum Duncan Dock verlängerten Heerengracht bildet seit 2003 das **Internationale Kongresszentrum** mit zwei Auditorien für 2000 Zuhörer und mehr als 10 000 m² Ausstellungsfläche. Im großen Ballsaal können bis zu 2000 Gäste speisen. Ästhetischer Blickfang im Komplex sind Kunstwerke mit Bezug auf das Kap. Von der Dachterrasse sieht man auf den Tafelberg. Das Foyer mündet auf den **Convention Square** mit dem Westin Grand Cape Town Arabella Quays Hotel und dem **Roggebaai Canal**, der zur ►V & A Waterfront führt.

Desmond Tutu Peace Centre

www.tutu.org ►

Peace Museum ►

Für das von Erzbischof Desmond Tutu (►Berühmte Persönlichkeiten) vorgeschlagene **Friedenszentrum** stellte die Stadt Kapstadt 2005 am CTICC knapp 4000 m² bereit, für die Entwürfe zeichneten Van der Merwe, Miszewsky und Luyanda Mpahlwa verantwortlich. Nach Fertigstellung wird sich das Zentrum der globalen **Friedensbewegung** widmen. Trainingsprogramme und Studiengänge mit Universitätsdiplom sind ebenso vorgesehen wie Ausstellungssäle, Konferenzräume, Theater, Bibliothek und Buchhandlung. Im integrierten **Friedensmuseum** soll u. a. die seit 2007 auf Welttournee befindliche Ausstellung »The Hands that shape Humanity« ihre ständige Heimstatt erhalten. Der Desmond Tutu Peace Trust arbeitet im nahen ABSA-Hochhaus am Thibault Square (www.tutufoundation-usa.org).

✷ ✷ **Hermanus**

C 4

Lage : 110 km östlich von Kapstadt   **Einwohnerzahl :** 13 000

Schon vor 80 Jahren schwärmten Londoner Lungenärzte von der Champagner-Brise an der Walker Bay. Hermanus ist aber nicht nur das prominenteste Seebad an der ►Overberg-Küste, sondern vor allem »Walhauptstadt der Welt« – nirgendwo sonst kann man die gewaltigen Meeressäuger von Land aus so gut beobachten.

❗ *Baedeker* TIPP

Leinen los!

Um die sanften Riesen aus nächster Nähe beobachten zu können, dürfen zwei Ausflugsboote auf einer 2-stündigen Tour bis auf 50 m an die Wale heranfahren. Southern Right Charters, The Whale Shack, New Harbour, Tel. 028 / 316 3154; Hermanus Whale Cruises, New Harbour, Tel. 028 / 313 2722, www.hermanus-whale-cruises.co.za.

Seinen Namen verdankt die Walhochburg dem Wanderprediger Hermanus Pieters, der sich hier 1830 niederließ. Die Walker Bay wurde 1904 nach einem verdienten Offizier der Royal Navy benannt. Einer der ersten Kurgäste war **Sir William Hoy**, Direktor der südafrikanischen Eisenbahn. Erfolgreich

Hermanus *Orientierung*

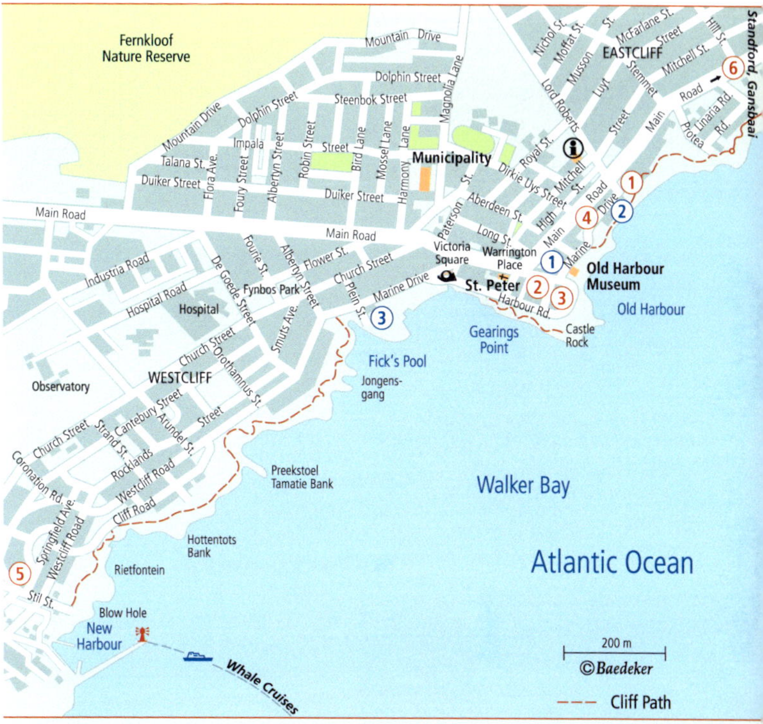

Fernkloof
Nature Reserve

Mountain Drive

EASTCLIFF

Standford, Gansbai

McFarlane St.

Nichol St.

Moffat St.

Musson St.

Mitchell St.

Dolphin Street

Steenbok Street

Mountain Drive

Dolphin Street

Magnolia Lane

Bird Lane

Mossel Lane

Lane

Royal St.

Main St.

Link Road

Protea Rd.

Linaria Rd.

Road

Talana Ave.

Impala Street

Robin Street

Foury Street

Albertyn Street

Flora Ave.

Municipality

Dirkie Uys Street

Paterson St.

Aberdeen St.

Mitchell St.

High St.

Main Drive

Duiker Street

Duiker Street

Main Road

Main Road

Main Road

Long St.

Warrington Place

Victoria Square

(1)

St. Peter

(2) (3)

Old Harbour Museum

Old Harbour

Industria Road

Fourie St.

Flower St.

Church Street

Church Street

Marine Drive

Harbour Rd.

(3)

Gearings Point

Castle Rock

Hospital Road

Fynbos Park

Hospital

De Goede Street

Smuts Ave.

Church Street

Fick's Pool

Jongens-gang

Observatory

WESTCLIFF

Canterbury Street

Strand Street

Prunser St.

Voortrekker St.

Coronation Rd.

Church Street

Rocklands

Westcliff Road

Cliff Road

Preekstoel
Tamatie Bank

Walker Bay

Springfield Ave.

Westcliff Road

Hottentots Bank

Rietfontein

Atlantic Ocean

(5)

Stil St.

Blow Hole

New Harbour

Whale Cruises

200 m

©Baedeker

––––– Cliff Path

Essen
(1) Burgundy
(2) Bientang's Cave
(3) The Harbour Rock

Übernachten
(1) The Marine Hermanus
(2) Auberge Burgundy
(3) Harbour House
(4) Misty Waves
(5) Whale Rock Lodge
(6) Walker Bay Lodge

blockierte der Naturfreund den Anschluss ans Schienennetz, sodass nie ein Gleis zum alten Bahnhof an der Mitchell Street führte. Hoy ist mit seiner Frau am **Hoy's Koppie** begraben, dem wohl schönsten Aussichtspunkt der Stadt.

★
Old Harbour

Rings um den alten Fischereihafen kann man zwischen ausgezeichneten Restaurants und kleinen Cafés wie dem Cubana oder dem Mugg & Bean wählen. Im **Old Harbour Museum** liegen restaurierte Fischkutter von 1855 – 1961 vor Anker, das **Fisherman's Village Photo Cottage** erzählt mit historischen Schwarz-Weiß-Aufnahmen vom harten Leben auf See (Öffnungszeiten: Mo. – Sa. 9.00 – 13.00, 14.00 bis 17.00 Uhr). Im neuen **Whale Museum** am Marktplatz sollte man sich unbedingt den Film über das Leben von Walen und Delfinen an-

► HERMANUS ERLEBEN

AUSKUNFT

Hermanus Tourism
Old Station Building
Mitchell Street, Hermanus
Tel. 028 / 312 2629
www.hermanus.co.za
www.hermanus.com

WHALE WATCHING & FESTIVAL

Wo man zwischen Juni und Anfang
Dezember Wale in der Walker Bay
beobachten kann, sagt Ihnen der
»Walausrufer« (► Baedeker Special,
S. 214) oder die Whale Hotline,
Tel. 028 / 312 2629. Im Sept. feiert
ganz Hermanus mit Ausstellungen,
Theater und Musik beim »Kalfiefees«
die Ankunft der Wale;
Festival Office: Tel. 028 / 313 0928
www.whalefestival.co.za.

*Reetgedeckte Idylle: das Harbour
House oberhalb vom alten Hafen*

ÜBERNACHTEN

► **Luxus**

① **The Marine Hermanus**
Marine Drive
P.O. Box 9, Hermanus 7200
Tel. 028 / 313 1000, Fax 028 / 313 0160
www.marine-hermanus.co.za
Vom Bett aus dem Gesang der Wale
lauschen! Spektakulär ist allein schon

die Lage hoch über den Klippen am
Meer. Das elegante Gebäude von 1890
hat 43 wunderschöne Zimmer und
Suiten. Für kulinarische Köstlichkeiten
sorgt das Pavilion Restaurant, im
Seafood at the Marine sollten Sie
die Curry-Spezialitäten bestellen.

② **Auberge Burgundy**
16 Harbour Road, Hermanus 7200
Tel. 028 313 1201, Fax 028 / 313 1204
www.auberge.co.za
Nicht in Burgund, sondern in der
Provence glaubt man sich in dieser
zauberhaften Villa. 17 luxuriöse Zimmer, ein Traum ist das Penthouse für
sechs Personen. Schattiger Innenhof
mit Pool, von den Balkonen herrlicher
Blick über die Bay.

► **Komfortabel**

③ **Harbour House**
22 Marine Drive, Hermanus 7200
Tel. 028 / 312 1799
www.harbourhuse-hermanus.co.za
Bezaubernde, reetgedeckte Oase
oberhalb des alten Hafens mit fünf
stilvollen Zimmern, Pool und Garten

④ **Misty Waves**
21 Marine Drive, Hermanus 7200
Tel. 028 / 313 8460, Fax 028 / 312 1755
www.hermanusmistybeach.co.za
Romantisches Boutique-Hotel am
Meer mit 24 geschmackvollen
Zimmern, Pool und Garten.
Candlelight Dinner im Waves Restau-
rant mit Blick über die Walker Bay.

⑤ **Whale Rock Lodge**
26 Springfield Ave, Hermanus 7200
Tel. 028 / 313 0014, Fax 028 / 312 2932
www.whalerock.co.za
Strahlend weißes, reetgedecktes
Häuschen mit 11 hübschen Zimmern,
offenem Kamin und Pool

▶ Günstig

⑥ **Walker Bay Lodge**
323 Main Road, Hermanus 7200
Tel. 028 / 312 2585
www.thevillage-collection.co.za
Hier fühlt man sich wie zu Hause:
familiäre Atmosphäre, drei bezaubernde Doppelzimmer und ein fantastischer Blick über die Bucht.

ESSEN
▶ Erschwinglich

② **Bientang's Cave**
Marine Drive, Tel. 028 312 3454
www.bientangscave.com
Tgl. 11.30 – 16.00, Dinner n. V.
An den Klippen 100 m vom alten
Hafen gibt es leckere Meersfrüchte

im »besten Walbeobachtungs-
restaurant der Welt«.

▶ Preiswert

③ **The Harbour Rock**
New Harbour
Tel. 028 / 312 2920
www.harbourrock.co.za
Tolle Sicht auf die Walker Bay und die
Berge. Probieren Sie den gegrillten
Lachs, Muscheln in Kokosnusscreme
oder Sushi an der Bar.

▶ Fein & teuer

Baedeker-Empfehlung

① **Burgundy**
Marine Drive
Tel. 028 / 312 2800
www.burgundyrestaurant.co.za
Die zwei Cottages von 1875 am Alten Hafen
gelten als die beste Adresse für Fisch, aber
auch das Rinderfilet mit karamellisierten
Zwiebeln ist ein Gedicht. Reservieren Sie
einen Terrassentisch mit Seeblick.

sehen (Vorführung: tgl. 10.00 und 15.00 Uhr), bevor man dem Walausrufer auf den **Whale Walk** folgt (Start: 10.40, 15.40 Uhr).

Umgebung von Hermanus

Paraglider nutzen die steten Aufwinde der sich hinter Golfplatz und ✳
Hermanus Hights erhebenden Kleinriver Mountains. Hier erstreckt **Fernkloof Nature**
sich das 1800 ha große Fernkloof-Naturreservat, zu dem auch der **Reserve**
12 km lange **Klippenweg** vom Neuen Hafen nach Grotto Beach gehört. Durch den Höhenunterschied von Meeresniveau bis auf 842 m ✳ ✳
gedeihen hier über 1000 unterschiedliche **Fynbos**-Arten wie Erika   ◀ Cliff Path
und Proteen und der widerstandsfähige weiße Milkwood-Baum. Star
aber ist zweifellos die größte fleischfressende Pflanze der Erde: Der
bis zu 2 m hohe, seltene **Fliegenbusch** (Vlieëbos) mit haarigen Blät- Öffnungszeiten:
tern, der in perfekter Symbiose mit der Käferart Pameridea Miridae Tgl. 7.00 – 19.00
lebt, existiert nur in der Kapflora. Zu den mehr als 90 Vogelarten
zählen der Königsadler und der **Paradieskranich** – Südafrikas Natio- ◀ Weiter auf S. 216

Walausrufer Zolile Baleni weiß, wo die sanften Meeresriesen auftauchen.

»WALE IN SICHT!«

Seltene, auch merkwürdige Berufe gibt es viele. Hermanus aber, die selbst ernannte Hauptstadt der Wale und einer der besten Orte rund um den Globus, um von Land aus die grauen Giganten zu beobachten, hat den weltweit einzigen »Whale Crier«. Derzeitiger »Walausrufer« ist Zolile Baleni – witzigerweise bedeudet »Balena« in den romanischen Sprachen »Wal«.

»Boerwors« dröhnt es lachend aus dem Hintergrund, als sich das europäische Pärchen am Neuen Hafen von Hermanus mit dem Walausrufer zum Gruppenfoto postiert – die »Burenwurst« ist die südafrikanische Variante für ein »Cheese«-Lächeln. Zolile Baleni, der in Afrikaans »enigste walvisroeper in die wereld«, setzt ein breites Grinsen auf. Seit 2006 hat der sympathische Mittvierziger den wahrscheinlich »besten Job«, den Hermanus zu bieten hat. Erster Walausrufer der Stadt war 1992 Pieter Classen, der das Amt 1998 an Wilson Salukusana weitergab. Nach dessen Pensionierung spaziert nun Zolile Baleni täglich außer Mittwoch zwischen 10.00 und 16.00 Uhr als eine Art moderner »Strandloper« die Seepromenade von Hermanus entlang, um Gästen herannahende Walherden zu verkünden.

Frisch aus dem Meer

Dafür tutet Zolile in sein Kelp-Horn, das, wie sein Lederhut mit einer stilisierten Walflosse als Feder und die Tafeln mit den Tonsignalen, sein Markenzeichen ist. Das einer antiken Lure ähnelnde Kelp-Horn baute Brian Alkatel. Der siebzigjährige Veteran der ökologisch aktiven Walker Bay Action Group hat mit dafür gesorgt, dass seit 2001 das geschützte »Walker Bay Whale Sanctuary« existiert. Fischerei und Ausflugsverkehr der zum Whale Watching auslaufenden Boote sind seither streng reglementiert. »Fresh from the sea« hat Brian sein Werk am Ende des Kelp-Horns in weißer Farbe firmiert. Er hat den bis zu 6 m langen, auf felsigem Grund wachsenden Seetang selbst geerntet, dann an der berühmten »Champagnerluft« von Hermanus getrocknet und schließlich bemalt und lackiert.

Genauso wie beim Morsecode tutet Zolile Baleni mit dem Horn lange und kurze Tonsignale, deren Bedeutung man auf seinen Sandwich-Tafeln an Brust und Rücken ablesen kann. 1 x lang und 1 x kurz heißt z. B. Wale vor dem Neuen Hafen, 1 x lang, 1 x kurz und wieder 1 x lang steht für den Old Harbour, 3 x kurz ist das Signal für den Roman Rock.

Hotspots

Eigentlich müsste der Walausrufer die gesamte Küste entlang des 15 km langen Klippenwegs im Auge behalten: New Harbour und Siever's Point, Preekstoel und Old Harbour, Kwaaiwater und Roman Rock, Fick's Pool und Vöelsklip. Aber das ist kaum zu schaffen. Und so wird Herr Baleni ständig per Handy über Wale in der Walker Bay informiert. Die besten Beobachtungsplätze seien, so Zolile, der **Old Harbour, Roman Rock und Siever's Point**. Es gibt auch eine **Wal-Hotline**, Tel. 028 / 312 2629. Oder Sie rufen Baleni an, Tel. 079 / 854 0684. Sein Job bringt monatlich rund 240 Euro plus Trinkgeld in die Familienkasse. Das freut seine Frau Ruth, die als Grundschullehrerin arbeitet. Dass Ruth im Hebräischen »Freundschaft« bedeutet, findet Zolile überaus passend. Und dann erzählt er von seinem Töchterchen Inga, die »Sehnsucht« in der Xhosa-Sprache heißt, und dem Sohn Sandile, dessen Name für »Wir sind zusammen« steht.

Whale Watching

Der erste Blick ist der schwierigste. Oft liegen die Wale in den Buchten nebeneinander wie U-Boote, ohne sichtbare Rückenflosse. Erst langsam unterscheidet das Auge die riesigen, schwarzen Leiber von dunklen Wolkenschatten oder plötzlichen Tiefen im grünen Meer. Gestern seien allein 20 Southern Right Whales an Siever's Point gewesen, erläutert Zolile – die bis zu 18 m langen **Südlichen Glattwale** kann man sogar in Strandnähe sichten. Erfahrung und Wissen im Ausspähen von **Southern Right, Bryde- und Buckelwale, Delfinen** und **Orcas** hat Zolile vom Vorgänger übernommen und zudem eifrig Bücher studiert. Weniger die Schwanzflossen als die Walfontänen dienen ihm als Orientierung. Da die Tiere zum Kalben in die Walker Bay schwimmen, ist Zolile besonders stolz auf die Sichtung von Walbabys. Nach der Tragezeit von 13 Monaten sind sie schon 6 m lang. Eines war 2007 sogar ein Albino. Das ist keine Seltenheit: 4 % aller Glattwale werden so geboren, doch kaum ein Kalb verlässt die Bucht als neuer Moby Dick. Die Haut dunkelt zügig nach. Zolile Balenis Walsaison dauert von **Juni bis November**. Den Rest des Jahres stehen Schulvorträge, Termine in Hermanus und die Wal-Lektüre an. Mittlerweile ist Balenis Beruf auch literarisch verewigt. In seiner Novelle **»Der Walausrufer«** erzählt Zakes Mda von der Liebe des »Whale caller« von Hermanus zu dem Glattwalweibchen »Sharisha« (Unionsverlag, 2006).

In der Walker Bay schwimmen die Wale ganz nah an die Küste

www.
fernkloof.com ▶

nalvogel. Auf den mehr als 50 km langen Wanderwegen kann man Rehböcken, Klippspringern, Stachelschweinen und Hasen begegnen (Besucherzentrum und Picknickplätze, Tel. 028 / 313 8100).

Hemel en Aarde Valley Wine Route

Einen hervorragenden Ruf genießen die fünf Weingüter im Himmel-und-Erde-Tal. Probieren Sie auf Gut **Hamilton Russel** an der R 320 Richtung Caledon den goldfarbenen Chardonnay und den in Barriques ausgebauten Pinot Noir (Weinprobe: Mo.– Fr. 9.00 – 17.00, Sa. 9.00 – 13.00 Uhr). Der in französischen Eichenfässern gereifte Cuvée Galpin Peak Pinot Noir von **Bouchard Finlayson** erhielt 2007 als einziger Pinot Noir Südafrikas fünf Sterne (Weinprobe: Mo.– Fr. 9.00 bis 17.00, Sa. 9.30 – 12.30 Uhr, www.bouchardfinlayson.co.za).

Stanford

2007 feierte das beschauliche Dorf 24 km östlich von Hermanus sein 150-jähriges Bestehen. Gründer war **Captain Robert Stanford**, der untrennbar mit den Ereignissen von 1849 verbunden ist, als die Briten aus Kapstadt eine Strafkolonie machen wollten. Damals vertrat Charles B. Adderley die Kapstädter Bürger im Streit um die Versorgung von Gefangenenschiffen. Stanford, noch im Dienste Ihrer Majestät, belieferte schließlich widerwillig die Häftlingsschiffe und fiel am empörten Kap in Ungnade. Der angeblich eidbrüchige Kollaborateur musste alles verkaufen, die Krone ließ ihn im Stich – 1877 starb er völlig verarmt in Manchester.

Wer gern nach **Antiquitäten** stöbert, sollte in den New Junk Shop in der Queen Victoria Street 11 reinschauen. In den Kupferkesseln der **Birkenhead Micro-Brewery** werden vier Sorten Bier gebraut – probieren Sie das »Black Snake« (Führungen tgl. 10.00 – 16.00 Uhr).

Gansbaai

Am Südostende der Walker Bay treffen sich in **De Kelders** und im netten Fischerdörfchen Gansbaai die Freunde des **Weißen Hais**. Käfigtauchfahrten nach **Dyer Island** starten um 7.45 Uhr am Kleinbaai-Hafen, wo auch Walbeobachtungen angeboten werden (www.dive.co.za, www.whalewatching.co.za). Immer wieder wurden die Klippen am **Danger Point** Schiffen zum Verhängnis – 1852 sank der britische Truppentransporter »Birkenhead« und 445 Menschen ertranken. Als der Kapitän den bis dato üblichen Befehl »Rette sich, wer kann« gab, warteten die Soldaten trotzdem, bis alle sieben Frauen und 13 Kinder in den Rettungsbooten waren – und prägten die neue Seenotregel **»Frauen und Kinder zuerst!«**. An Bord befanden sich auch 3 t Gold, die bis auf einige Goldmünzen spurlos verschwunden sind. Erst 1895 wurde der Leuchtturm errichtet.

◄ Whale Watching, White Shark Tour

In Kleinmond an der **Hangklip Coast**, 23 km westlich von Hermanus, können Aktivurlauber zwischen Mountainbike Trail, Klippspringer-Wanderweg, Kajak-, Angel- und Tauchtouren wählen. Einmalig am Kap: an der Bot-River-Lagune leben **Wildpferde**. Die Harbour Road säumen Fischlokale, Kunst- und Kuriositätenläden, das beste Pfeffersteak serviert das Restaurant The View an der Main Road 2 (Tel. 028 / 271 4937). Nach Voranmeldung zeigt das **Toy Museum** in der 2nd Ave 93 seine Spielzeugautos und Puppen (Tel. 028 / 271 3798).

Kleinmond

Das erste **UNESCO-Biosphären-Reservat** Südafrikas schützt nordwestlich von Kleinmond über 1600 **Fynbos**-Arten, riesige Protea-Büsche und Yellowwood-Bäume. Falken und Fischadler kreisen über den zerklüfteten Bergen, in denen Greisböcke und Leoparden leben. Mountainbiker können zwischen der Kogelberg-Route und dem Tal des Palmiet River wählen, zwischen Juni und September werden auf dem Fluss auch Kajak-Touren angeboten (www.capenature.co.za).

★
Kogelberg Biosphere Reserve

Im Frühling blüht im **Harold Porter National Botanical Garden** an der R44 die artenreiche Fynbos-Vegetation (Öffnungszeiten: tgl. 8.00 – 16.30 Uhr). Am benachbarten **Stoney Point** lebt seit 1982 eine kleine Kolonie afrikanischer **Brillenpinguine**.

Betty's Bay
◔

Hout Bay

Karte S. 159

Lage: 20 km südlich von Kapstadt

Willkommen in der »Republik Hout Bay«! Am Hafen der herrlichen »Holzbucht« kann man Meerestiere frisch vom Kutter kaufen oder man bestellt sich Hummer und Snoek in einem der Fischlokale.

In seinen Tagebüchern beschrieb Jan van Riebeeck 1652 den einstigen Waldreichtum der Bucht, die er »Houtbaai«, **»Holzbucht«** taufte. Sie lieferte Baumaterial für van Riebeecks Schiffe und das Fort. Die Kanonen in den Ruinen des 1795 – 1802 errichteten **East Fort** erin-

Stadtgeschichte

▶ HOUT BAY ERLEBEN

AUSKUNFT

Tourist Information
4 Andrews Road, Hout Bay
Tel. 021 / 791 8380
www.houtbayholiday.co.za

SNOEK DERBY

Wer den größten Snoek – eine Art
Seehecht – fängt, ist Sieger beim
alljährlichen Snoek Festival, dem
quirligen Hafenfest im August.

ESSEN

▶ **Erschwinglich**
The Wharfside Grill
Mariner's Wharf, Harbour Road
Tel. 021 / 790 1100
www.marinerswharf.co.za
Im populären Fischrestaurant am
Hafen wird der Fang des Tages
lecker zubereitet.

Comida
Main Road, Tel. 021 / 791 1166
www.comida.co.za
Knusprige Ente und Thai-Gemüse mit
Zitronengras gehören zu den Spezialitäten von Küchenchefin Sue – und
die beste Pizza am Kap! Bier vom Fass
und Panoramablick bis zum Sentinel.

ÜBERNACHTEN

▶ **Luxus**
Hout Bay Manor
Baviaanskloof, Off Main Road
Hout Bay 7872
Tel. 021 / 790 0116, Fax 021 / 790 0118
www.houtbaymanor.com
Hinter der kapholländischen Fassade
von 1871 überrascht das 2007 neu
gestaltete 5-Sterne-Hotel mit einem
Feuerwerk der Farben: Kap-Künstler
der Moderne, Xhosa-Masken und
Zulu-Schmuck. Spitzenkoch Alexan-
der Müller serviert im edlen »Pure«
Kingklip mit Mielie Pap Soufflé.

▶ **Komfortabel**
Amblewood Guest House
43 Skaife Street, Hout Bay 7806
Tel. 021 / 790 1570
Fax 021 / 790 1571
www.amblewood.co.za
June und Trevor Kruger haben drei
liebevoll dekorierte Doppelzimmer.
Relaxen Sie am Pool mit spektakulärer
Aussicht auf die Bucht.

Victoria Views
94 Victoria Avenue, Hout Bay 7806
Tel. 021 / 790 0085
Fax 021 / 790 4591
www.victoriaviews.co.za
Vier wunderschöne Doppelzimmer,
Pool und Blick auf die Berge. Zum
Frühstück gibt's knusprige Croissants!

Butterfly Haven Castle
Blackwood Drive
Constantia Nek, Hout Bay
Tel. 021 / 790 0276, Fax 021 / 790 7940
www.capestay.co.za/butterflyhaven
Sie suchen etwas Außergewöhnliches?
Wie wäre es mit einer magischen Burg
in einem verwunschenen Garten mit
Abenteuerspielplatz und Wellnessbe-
reich? Mit dem Erlös wird auch das
Kinderhilfsprogramm Kids Can un-
terstützt (www.freethechildren.com).

Baedeker-Empfehlung

DUIKER ISLAND CRUISES

Beliebt sind Bootsfahrten nach Duiker
Island. Auf den Klippen der winzigen
Insel tummeln sich über 6000 Pelzrobben.
Glasbodenboote und Katamarane fahren
alle halbe Stunde von Hout Bay: Circe
Launches, Tel. 021 / 790 1040, www.circe-
launches.co.za; Drumbeat charters, Tel.
021 / 791 4441; nauticat Charters, Tel.
021 / 790 7278, www.nauticatcharters.co.za.

![Alle halbe Stunde legt die »Nauticat« zur Robbeninsel Duiker Island ab.](image)

Alle halbe Stunde legt die »Nauticat« zur Robbeninsel Duiker Island ab.

nern an die Rivalitäten der Kolonialmächte. Im **Hout Bay Museum** an der St. Andrews Road 4 ist nicht nur die Stadtgeschichte dokumentiert, sondern auch der Bau des spektakulären Chapman's Peak Drive (Öffnungszeiten: Di. – Fr. 8.30 – 16.30, Sa. 10.00 – 15.30 Uhr).

In der **Mariner's Wharf** am Hafen kann man frische Austern und geräucherten Snoek essen. Hier starten auch die Schiffstouren um den Hausberg Sentinel zur Robbeninsel Duiker Island (▶ S. 218). Über die Entwicklung der Fangmethoden informiert das **SA Fisheries Museum** an der Harbour Road (Öffnungszeiten: Mo. – Fr. 8.00 – 16.00 Uhr).

> ## ! Baedeker TIPP
>
> ### Simply the best!
>
> Da sind sich auch die Kapstädter einig: Die besten Fish & Chips am Kap gibts in Hout Bay am Ende der Harbour Road bei »Fish on the Rocks«, tgl. 10.30 – 20.15 Uhr.

★

World of Birds

Mit 4 ha sind die riesigen, begehbaren Volieren nördlich an der Valley Road **Afrikas größter Vogelpark**. Kinder lieben die Zwerg-Seidenäffchen im »Monkey Jungle« (Öffnungszeiten: tgl. 9.00 – 17.00 Uhr; www.worldofbirds.org).

Imizamo Yethu Township

Zwei Stunden dauern die geführten Spaziergänge von **Township Tours SA** (Tel. 083 / 719 4870, www.suedafrika.net/imizamoyethu) durch die Township an der Main Road – unterwegs treffen Sie eine Sangoma und probieren traditionelle Gerichte. Abendtouren samt Essen, Tanz und Chorgesang veranstaltet **Dinner at Mandela's** (Tel. 021 / 790 5817, www.dinneratmandelas.co.za).

In den massiven Fels gesprengt: der berühmte Chapman's Peak Drive

★★ Chapman's Peak Drive

www.chapmans
peakdrive.co.za ▶

Am Südende der Hout Bay beginnt **eine der spektakulärsten Küstenstraßen der Welt.** In siebenjähriger Bauzeit sprengten italienische Gefangene die Trasse bis 1922 in den Berg. Ihren Namen verdankt die Panoramastraße dem englischen Seemann John Chapman, der hier 1607 an Land ging. Über 9 km windet sich die **mautpflichtige** Traumroute in Höhen bis zu 150 m über dem Meer bis **Noordhoek** mit seinen netten kleinen Läden, Restaurants und 5 km langem Strand, der als **Surferparadies** gilt. Am Beginn des Chapman's Peak Drive blickt seit 1963 von einem Felsen Ivan Mitford-Barbertons **Bronzeleopard** über die Flora Bay – der letzte Leopard wurde 1930 erlegt. Hinter fast jeder der 114 Kurven öffnen sich neue atemberaubende Ausblicke, die auch deutsche Automobilhersteller gern für ihre Werbung nutzen. Höhepunkt der zahlreichen Parkbuchten ist der **Chapman's Point**. Trotz Lawinennetze und Renovierung 2003 und 2007 sorgen Steinschlag oder Schlechtwetter immer wieder für Sperrungen. Der Chapman's Peak ist auch Teilstrecke des alljährlichen **Two Oceans Marathon** und der **Cape Argus Cycle Tour**, dem größten Radrennen der Welt.

Kommetjie

Der außerordentliche Gouverneur der VOC, Baron Gustav Wilhelm van Imhoff, vermachte das Gebiet von Kommetjie nach 1743 seiner tüchtigen Gattin Christina Rousseau, die mit ihrer Farm »Zwaansweide« sehr erfolgreich die VOC belieferte. Heute kann man auf der **Imhoff-Farm** an der Kommetjie Road gut essen und Kunstwerk aus der Region erwerben sowie Strandausritte oder Dromedarausflüge buchen. Shaun und Tracey führen zu Schlangen und Reptilien (Öffnungszeiten: Di. – So. 10.00 – 17.00 Uhr, www.imhoff farm.co.za).

✶ ✶ Kirstenbosch National Botanical Garden

F 9/10

Lage: Rhodes Drive, Newlands (Kapstadt)

Internet: www.sanbi.org/frames/ kirstfram.htm

Ein Muss nicht nur für alle Naturfreunde und Pflanzenliebhaber ist Kirstenbosch mit einem der schönsten Botanischen Gärten der Welt – als sichernde »Genbank« der geschützten Kapflora steht er seit 2004 auch auf der Liste des UNESCO-Weltnaturerbes.

Die Busse von Golden Arrow (www.gabs.co.za) fahren Mo. – Fr. dreimal tgl. vom Busterminal Golden Acre / Adderley Street in 70 Minuten zum Garten, der letzte Bus von Kirstenbosch zurück ins

Anreise mit dem Bus

Kirstenbosch National Botanical Garden

Map legend:
1 Baumfarnkräuter und Schatten liebende Pflanzen
2 Mustergärten
3 gefährdete Pflanzen
4 Unkrautgarten

Silvertree Trail
Yellowwood Trail

Map labels: Irrigation Dam (No Entry), Proteas, Proteas, Fynbos Walk, Buchus, Reservoirs, Fynbos Walk, Fynbos Garden, Seed Orchad, Ericas, WC, Cycads, Colonel Bird's Bath, Pearson's Grave, WC, Restios, Koppie, Braille-Trail, Nursery Stream, Skeleton Stream, Viewing Deck, Arboretum, Dell, Useful Plants, Smuts Track, Education Centre, WC, Van Riebeeck's Hedge, Mathew's Rockery, Lecture Hall, Tearoom, Rycroft Gate 3, Vygies, Fragrance Garden, WC, Plant Sales, Concert Stage, Main Pond, Water-wise Garden, Restaurant, Gate 2 Garden Centre, Curator's Office, WC, Annuals, Rhodes Drive, Peninsula Garden, Botanical Society, Vlei Garden, Nursery (No Entry), Camphor Avenue, Restaurant, Sculpture Garden, WC, Service Gate, Con-servatory, Restaurant, Gate 1 Visitors Centre, Ficus Avenue, Pearson House, Rhodes Drive, Main Gate, NBI Head Office, Research Centre, Claremont, Cape Town, N, 200 m, © Baedeker

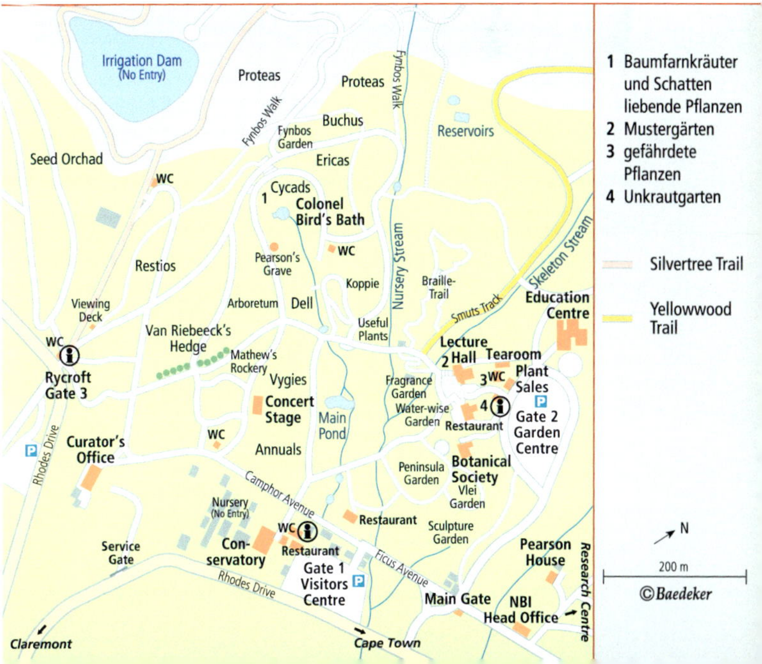

Im Rausch der Farben: auch Perlhühner lieben den Botanischen Garten.

Zentrum geht 16.30 Uhr. Mehrmals täglich halten die offenen **»Hop on hop off«**-Doppeldeckerbusse von Cape Town Explorer (www.the capetownpass.com) und City Sightseeing (www.citysightseeing.co.za) am Haupteingang des Botanischen Gartens.

★ ★
**Fantastische
Gartenanlage**

🕐
Öffnungszeiten:
Sept. – März
tgl. 8.00 – 19.00,
April – Aug.
tgl. 8.00 – 18.00

Führungen:
Di. 10.00, 11.00,
Mi., Do., Fr., Sa.
10.00

Im Jahre 1660 wurden die Grenzen der kleinen Kapkolonie mit einer Hecke aus Wildmandelbüschen markiert. Reste dieser Hecke bilden als **van Riebeeck Hedge** den ältesten Teil der spektakulären Gartenanlage. Hier in der Senke **(The Dell)** liegen auch das im Scherenschnitt eines gefiederten Zweibeiners mit viel britischem Humor von Colonel Christopher Bird 1811 angelegte Vogelbad, der Otterteich und das Cycad Amphitheatre mit den frühesten botanischen Anpflanzungen. Die wahre Geburtsstunde des Gartens schlug aber erst 1895, als Cecil Rhodes das Gelände erwarb. Nördlich des heutigen **Visitor's Centre** ließ der Gouverneur 1898 zu Ehren Queen Victorias die Rhodes Avenue mit seltenen Bäumen aus allen Winkeln des British Empire anlegen, die jetzige **Camphor Avenue** (Kampferallee). Nach Rhodes' Tod 1902 gelangte das 528 ha große Areal in Staatsbesitz. Ein Jahr später begann Prof. Harold Pearson als erster Direktor mit dem Gartenaufbau. Sein Grab in der Senke trägt das Epitaph »If ye seek his monument, look around You« – das können Sie mit einem **Audio Guide** (auch in Deutsch), auf **Führungen** oder gar im Golf Cart tun.

Nehmen Sie sich **mindestens einen halben Tag** Zeit, um durch den herrlichen Garten zu wandern, der fast das ganze Jahr über, vor allem aber im Frühling ein **farbenprächtiges Blütenmeer** ist. Für Blinde gibt es einen speziellen **Blindenweg** mit Führungsseil, der **Duft-garten** betört mit aromatischen Pflanzen. Berühmtester Vertreter des Kap-**Fynbos** ist die **Protea**, Südafrikas Nationalblume, die hier in allen Größen und Farben von rosa, weiß, rot und silbern bis gelb gedeiht. Im **Erica Garden** wachsen 600 verschiedene Heidekrautarten, im **Steingarten** sieht man Sträucher aus Trockengebieten des Landes. Über Holzplanken läuft man durch ein natürliches **Sumpfgebiet**, im **Arboretum** werden 450 Baumarten Südafrikas vorgestellt. Der **Haus-garten** ist mit Blumenzwiebeln vom Kap bepflanzt.

Für kulinarisches Wohlbefinden sorgen das erstklassige Restaurant **Silvertree** (Tel. 021 / 762 9585) und der **Kirstenbosch Tea Room** (Tel. 021 / 797 4883). Das Caffe Botanica (Tel. 021 / 762 6841) gehört zum **Visitor's Centre**, wo auch eine Skulpturengalerie, eine Buchhandlung und ein Souvenirshop untergebracht sind.

Karoo-Lamm und Rooibostee

Im Gartenzentrum der renommierten Botanical Society of South Africa (www.botanicalsociety.org.za) finden Pflanzenliebhaber Fynbos-gewächse und **seltene Samen**, die per Post in die Heimat gesandt werden können – wie wär's mit der blau-orangenen Strelitzie »Mandela's Gold«? Die alljährliche **Garden Fair** wird im Feb. / März veranstaltet. Vor dem Protea Village öffnet im Sommer am letzten So. im Monat von 9.00 bis 15.00 Uhr ein **Kunsthandwerkermarkt**.

Kirstenbosch Garden Centre
🕐
Öffnungszeiten:
Tgl. 9.00 – 17.00

Umgebung des Botanischen Gartens Kirstenbosch

Der kostenlose Besuch der drittgrößten Brauerei der Welt, der **South African Breweries** an der Main Road 3, ist nach Voranmeldung möglich, Tel. 021 / 658 7386 – natürlich können Sie auch ein »Castle« probieren. Tausende enthusiastischer Fans begrüßten am 29. Oktober 2007 die siegreichen World Cup Boks im **Fedsure Park Newlands**

Newlands

! Baedeker TIPP

Summer Sunset Concerts

Von Ende November bis Anfang April erklingen So. um 17.30 Uhr die berühmten Freiluftkonzerte. Meist handelt es sich um klassische Konzerte, manchmal aber auch um Jazz oder Township-Musik. Zuhörer können auf den gepflegten Rasenflächen picknicken und entspannen. Von Juli bis Anfang Sept. werden Sonntagmorgen im Kirstenbosch Tea Room die Pick'n Pay-Kammermusikkonzerte veranstaltet – aktuelles Programm unter Tel. 021 / 761 2866, www.sanbi.org/frames/whatsonfram.htm.

Rugby Stadium an der Boundary Round. In Kapstadts Rugby-Kathedrale wird seit 1890 nach dem Leder gejagt. Neben regulären Ligaspielen um das »lekker Ding«, das Rugby-Ei, werden auch Fußballspiele von Ajax Cape Town angepfiffen (www.wp.rugby. com).

✳ Rugby Museum ►
Nur einen Touch-Down-Sprint entfernt erzählt das Museum im Sportwissenschaftlichen Institut Südafrikas von berühmten Spielern wie Naas Botha, Joel Stransky oder Frik du Preez. Und natürlich von den **Weltmeistern 2007**, den Helden von Paris um Kapitän Percy »U Beauty« Montgomery (Öffnungszeiten: Mo. – Fr. 10.00 – 16.30 Uhr, www.sarugby.co.za). Führungen zu den Sportstätten und zum Newlands Cricket Ground – Spielort der südafrikanischen »Proteas«– veranstaltet Newlands Tours. Sie enden mit einem Lunch in der **Josephine Mill**, Kapstadts ältester Wassermühle, die im Kapsommer auch klassische Open-Air-Konzerte veranstaltet (www.newlands tours.co.za).

Claremont
In den Ateliers des **Montebello Design Centre**, 31 Newlands Avenue, produzieren mehr als 50 Künstler und Kunsthandwerker Musikinstrumente, Keramik und Schmuck (Öffnungszeiten: Mo. – Fr. 9.00 bis 17.00, Sa. 9.00 – 16.00 Uhr; www.montebello.co.za). Schick shoppen kann man sieben Tage die Woche in den Modeboutiquen des **Cavendish Square** (www.cavendish.co.za).

Muizenberg

B 4

Lage : 35 km südlich der City;
Anfahrt via M 3 und M 4

An der Strandpromenade zeugen viktorianische Villen von der Blütezeit um 1900, als betuchte Kapstädter Muizenberg zum mondänen Seebad machten. Markenzeichen wurden die bunten Badehäuschen am kilometerlangen breiten Sandstrand – bis heute Topziel für Surfer und Sonnenanbeter.

Joan St Leger Lindbergh Arts Centre
Für die Architektur der Strandvillen war maßgeblich Sir Herbert Baker verantwortlich. Er bewohnte in der Beach Road das Haus Sandhills (Nr. 18), eines der vier 1899 von ihm entworfenen Häuser des **Kulturzentrums** Joan St Leger Lindbergh. Das Haus Swanbourne beherbergt die Stiftung der Urenkelin von Joan St Leger, dem Verleger der »Cape Times«. Die Häuser **Swanbourne**, **Rokeby** und **Crawford-Lea** werden für Ausstellungen, Konzerte, als Bibliothek und Café genutzt (Öffnungszeiten: Mo. – Fr. 9.30 – 16.30, Sa. 10.00 – 13.00 Uhr).

✳ **Strände an der False Bay**
Sehr fotogen sind am Strand die bunten, viktorianischen **Bathing Boxes**, hölzerne Umkleidekabinen aus jener Zeit, als Bergbaubarone von Witwatersrand in Muizenberg investierten (►Abb. S. 226).

▶ MUIZENBERG UND FALSE BAY ERLEBEN

AUSKUNFT

False Bay
Tourism Association
P.O. Box 302
Muizenberg 7950
Tel. 021 / 788 8048
www.muizenberg.info

DIE PERFEKTE WELLE

Die Surferszene trifft sich in Muizenberg im Laden von Gary Kleinhans' Surfschule an der Beach Road 90 (www.gary surf.co.za). Im benachbarten Roxy Surf Club sind nur Frauen zugelassen – Mitgliedschaft für einen Monat möglich (www.roxysurfschool.co.za).

KALK BAY QUARTER

Farbenfrohe Keramik, maritime Souvenirs und handbemalte Kerzen von Kunsthandwerkern der Region findet man an der Main Road 58 in Kalk Bay (Tel. 021 / 788 6312).

Historische Meile

Lange dem Verfall preisgegeben, sollen die Gründerzeitvillen an der **Beach Road** jetzt nach und nach renoviert werden, um den Glanz vergangener Tage neu zu beleben. **Het Posthuys** (Nr. 180) war 1673 Ausguck und Pferdewechselstation. 70 Jahre später wurde hier vom Offizier Wynard Muijs der Militärposten Muysenburg gegründet.

Natale Labia Museum

Die rosarote Villa in der Main Road 192 wurde 1930 für den italienischen Diplomaten Prinz Natale Labia (1877 – 1936) und seine Gattin Ida Louise erbaut. Sohn Graf Natale Labia verwandelte den venezianischen Prachtbau 1985 samt Originalmobiliar aus Europa in ein Museum (Besichtigung nur nach Vereinbarung, Tel. 021 / 788 4106).

Rhodes Cottage Museum

Drei Jahre vor seinem Tod erwarb **Sir Cecil Rhodes** das reetgedeckte Landhaus an der Main Road 246 – er starb hier am 26. März 1902. Möbel, persönliche Dinge und seine Kutsche sind zu besichtigen. Die für Rhodes geplante Villa **Rust-en-Vrede** an der Main Road 232 stellte Sir Herbert Baker 1905 für den Kunstmäzen Sir Abe Bailey fertig (Öffnungszeiten: Mo. – Sa. 10.00 – 15.30 Uhr).

Battle of Muizenberg Open Air Museum

Einen Tag vor der Jahresfeier der legendären **Schlacht von Muizenberg** zwischen 1600 Briten und 800 Niederländern am **7. August 1795** eröffnete Kapstadts Bürgermeisterin Helen Zille 2006 das restaurierte Kanonenareal zwischen Main Road und Boyes Drive (Öffnungszeiten: So. 9.00 – 15.00 Uhr und n. V., Tel. 021 / 788 1069).

Gelb, rot und blau leuchten die viktorianischen Badehäuschen von Muizenberg.

Rund um die False Bay

★
False Bay
Die fast 40 km breite Bucht ist bekannt als Heimat großer **Seehund-
und Robbenkolonien** und für **Weiße Haie**, denen man beim Käfig-
tauchgang gefahrlos ins Auge blicken kann. Ein unvergessliches Erlebnis ist der Bootsausflug nach **Seal Island** – auf der Insel leben
über 50 000 Seehunde. Mai bis Nov. tummeln sich auch **Wale** in dem
vom Agulhas-Strom erwärmten Wasser der False Bay. Sie trägt ihren
Namen, weil frühe Navigatoren sich fälschlicherweise bereits in der
Table Bay jenseits des Kaps der Guten Hoffnung wähnten.

★
Kalk Bay
Ende des 17. Jh.s entstand 3 km südlich von Muizenberg die kleine
Walfangstation Kalk Bay, die nach den vielen Brennöfen benannt
wurde, in denen man einst aus Muschelkalk Baumaterial für Kap-
stadt brannte. Mittags kann man beim **Fischmarkt** am Hafen den Ta-
gesfang direkt vom Kutter kaufen. Einen tollen Blick auf die False
Bay hat man im **Harbour House Restaurant** – probieren Sie die
Champagner-Austern und die in Weißwein gedünsteten Muscheln
von der Westküste (Tel. 021/788 4133, www.harbourhouse.co.za).
Nehmen Sie sich auch Zeit für einen gemütlichen Bummel durch die
Main Road mit ihren **Antiquitätenläden** und kleinen Kunstgalerien.

★
**Rondevlei Nature
Reserve**
www.
rondevlei.co.za ▶
Nur 5 km nordöstlich von Muizenberg wurde 1952 im Zeekoevlei-
Marschland ein 220 ha großes Feuchtgebiet unter Naturschutz ge-
stellt. Die von Sandern und Dünen umgebene Salzwasserlagune ist
Vogelschutzgebiet, in dem Besucher von zwei Türmen aus Flamin-
gos, Ibisse, Webervögel und weiße Pelikane beobachten können.

Stars aber sind die 1981 neu angesiedelten **Flusspferde**, die mit etwas Glück am Hippo Crossing bestaunt werden können (Öffnungszeiten: ⊕ März – Nov. tgl. 7.30 – 17.00, Dez. – Feb. tgl. 7.30 – 19.00 Uhr).

Das westlich von Muizenberg bis auf 756 m zum Noordhoek-Gipfel ansteigende Naturschutzgebiet verdankt seinen Namen vergeblichen Schürfversuchen der Jahre 1675 – 1685. Heute ist das 2158 ha große Areal Teil des ►Table Mountain National Park. Archäologische Funde in der **Peers Cave** belegen, dass die Khoisan bereits vor 10 000 Jahren auf der Kaphalbinsel lebten. Auf den Spazierwegen rund um das Silvermine-Wasserreservoir von 1898 kann man Antilopen, Gazellen, Stachelschweinen und Steppenluchsen begegnen – Zufahrt: von Kalk Bay oder über den Ou Kaapse Weg / M 64 (Öffnungszeiten: April – Sept. tgl. 7.00 bis 18.00 Uhr, Okt. – März 8.00 bis 17.00 Uhr).

Silvermine Nature Reserve

◄ www.tmnp.co.za

> **!** *Baedeker* TIPP
>
> **Mitten im Busch**
>
> Im Rondevlei-Reservat organisiert Imvubu Tours, ein 2002 gegründetes Community Project, Führungen mit Vogelbeobachtung, Fischen und Übernachtung im Buschcamp auf einer Laguneninsel (Tel. 021 / 706 0842, www.imvubu.co.za).

Observatory und Woodstock

H – K 4/5

Lage: Kapstadt, östliche Vororte

Trendige Bars, Trödel, Kabarett und eine bunte Alternativszene prägen das multikulturelle Studentenviertel »Obs« östlich der City. Auch die Medien- und Designerbranche hat das ehemalige Industriegebiet für sich entdeckt.

Seinen Namen verdankt der Stadtteil dem 1828 eingerichteten **South African Astronomical Observatory** an der Observatory Road, das den Sternenhimmel der südlichen Hemisphäre erklärt und für pünktliche Kanonaden auf dem ►Signal Hill sorgt (Führungen: Mo. bis Fr. 10.30, 14.30, Sa. 11.30, 14.30 Uhr, Mo., Mi., Fr., Sa. im Winter auch 18.00, im Sommer 20.00 Uhr; www.saao.ac.za).
Geschäftiges Zentrum des Viertels ist die enge **Main Road** mit winzigen viktorianischen Stadthäusern, in denen heute viele Studenten wohnen und Bars, Cafés und Kleinkunstbühnen wie das Independent Armchair Theatre zu Hause sind. Angesagter Szenetreff ist das **OBZ Café** an der Lower Main Road 115 (Tel. 021 / 448 5555).

Observatory

⊕

Zum 40. Geburtstag der ersten Herztransplantation wurde am 3. Dezember 2007 das Museum im Groote Schuur Hospital eröffnet, wo **Professor Christiaan Barnard** (► Berühmte Persönlichkeiten) 1967 die erste erfolgreiche Verpflanzung eines menschlichen Herzens ge-

★ Heart of Cape Town Museum

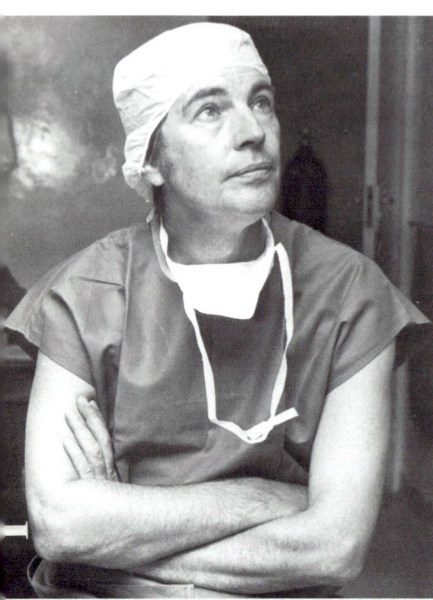

Chris Barnard gelang 1967 die erste erfolgreiche Herzverpflanzung.

lang. Sein Operationssaal ist originalgetreu nachgestellt (Öffnungszeiten: Mo. – Sa. 8.00 – 17.00 Uhr, Führungen: 9.00, 11.00, 13.00, 15.00 Uhr; www.heartofcapetown. co.za).

In **Woodstock** boomt der Kunstmarkt. Justin Rhodes und Cameron Munro haben ihre **Whattiftheworld Gallery** erweitert und bieten seit 2007 auch in der Albert Hall spannende Vernissagen (▶ S. 106, www.whattiftheworld.com). An der Sir Lowry Road feierte 2008 die renommierte **Goodman Gallery** von Linda Given und Joe Wolpe ihr 40-jähriges Bestehen (▶ S. 106, www.goodmangallerycape.com). Wer sich für junge Kunst am Kap interessiert, sollte sich das preisgekrönte Internet-Magazin **ART THROB** ansehen, das Sue Williamson, Michael Smith und Tavish McIntosh in Woodstock erstellen (www. artthrob.co.za).

✴ Overberg

C/D 4

Lage: 110 – 240 km östlich von Kapstadt

Über den spektakulären Sir Lowry's Pass kommt man vom Kap ins Bauernland Overberg. Grüne Hügel und reetgedeckte Cottages, Whale Watching, Wildblumen und wunderbare Wanderwege – einst nur ein Karrenweg »über die Berge«, bietet Afrikas südlichste Region heute vielfältige Attraktionen.

✴✴
Walküste
Berühmt ist Overbergs Küste für die Walhochburg ▶**Hermanus** und **Cape Agulhas** (▶Bredasdorp), die Südspitze des afrikanischen Kontinents, wo sich Indischer Ozean und Atlantik treffen.

Caledon
Im Herzen der Agrarregion entstand ab 1708 an den schon von den San geschätzten, 50 °C warmen **Heilquellen** das beschauliche Städtchen Caledon (www.tourismcaledon.co.za). Täglich sprudeln 900 m³ mineralhaltiges Wasser aus den sieben Quellen, die im eleganten **Caledon Hotel, Spa & Casino** und im viktorianischen Badehaus genutzt

OVERBERG ERLEBEN

AUSKUNFT

Overberg Tourism
22 Plein Street, Caledon
Tel. 028 / 214 1466
www.tourismcapeoverberg.co.za
www.viewoverberg.com

ESSEN

► Erschwinglich

Roosje van de Kap
5 Drostdy Street, Swellendam
Tel. 028 / 514 3001
www.roosjevandekaap.com
Nur abends, Mo. geschlossen
Ilzebet und Nick verwöhnen mit
kapmalaiischen und französischen
Gerichten. Reservieren Sie in der
»Geselskamer« für ein romantisches
Candle-Light-Dinner am Kamin.
Auch charmante Gartenzimmer,

eine Hochzeitssuite und Familien-
appartement.

ÜBERNACHTEN

Baedeker-Empfehlung

► Luxus / Komfortabel

Klippe Rivier Cape Country House
2 km nordwestl. von Swellendam
Tel. 028 / 514 3341, Fax 028 / 514 3337
wwwm.klipperivier.co
Bezauberndes kapholländisches Anwesen aus der Zeit um 1820 inmitten
von Weinbergen am Klippe Rivier.
Das Schmuckstück war schon Familien-
sitz der Burenpräsidenten Steyn und
Reitz. Erstklassige saisonale Küche
und erlesene Weine der Region.

werden. Moderne Weizensilos stehen im Kontrast mit den viktorianischen Häusern an der Mill Street. Von den ersten Siedlern erzählt
das **Caledon Museum** in der Plein Street 22 (Öffnungszeiten: Mo.
bis Fr. 9.00 – 16.00 Uhr). Im **Wild Flower Garden** findet im Sept. eine
große Wildblumenschau statt (Öffnungszeiten: tgl. 8.00 – 17.00 Uhr).

Greyton

Weiß getünchte Strohdachhäuser im Schatten mächtiger Eichen verleihen dem 1860 gegründeten Bauerndorf einen besonderen Charme.
Über die von Fynbos bedeckten **Rivier-
sonderend Mountains** verläuft von
Greyton der 15 km lange **Boesmans-
kloof Trail** nach De Galg.

Nur 3 km westlich von Greyton gründete Georg Schmidt von der Herrenhuter Brüdergemeine 1738 mit **Genadendal** die älteste Missionsstation des
Landes. **Nelson Mandela** würdigte die
Verdienste der Mission für Südafrika
1995 mit einem Besuch und benannte
Westbrooke, Kapstadts Sitz des Staatspräsidenten, in Genadendal um.

! Baedeker TIPP

Genadendal Hiking Trail

Zwei Tage brauchen geübte Wanderer
für den 25 km langen anspruchsvollen
Rundkurs von Genadendal durch die herr-
lichen Riviersonderend-Berge. Start und
Ziel für die maximal 24 Teilnehmer ist die
Missionskirche in Genadendal. (Frühzeitige!)
Anmeldung bei Cape Nature, Tel. 028 /
425 5020, www.capenature.org.za.

Schmidt unterrichtete und taufte die schon damals bedrohten Khoisan – womit er sich die Farmer, selbst Analphabeten und Anhänger
der konservativen holländisch-reformierten Kirche, zu Feinden
machte. 1744 wurde er ausgewiesen, bis 1792 blieb die Mission ver-
waist. 1838 öffnete in Genadendal das erste Lehrerseminar Südafrikas, das aber 1926 der Apartheid zum Opfer fiel. Heute zeigt hier das
Moravian Mission Museum die älteste Orgel des Landes, eine Druckerpresse von 1859 und jene Bibel, die Schmidt 1744 der Khoi-Frau
Vehettge Tikkuie zum Abschied schenkte (Öffnungszeiten: Mo. – Do.
9.00 – 13.00, 14.00 – 17.00, Fr. 9.00 – 15.30, Sa. 10.00 – 14.00 Uhr).
Rund um den **Church Square** sind denkmalgeschützte Häuser aus
dem 18. / 19. Jh. erhalten, hörenswert ist der Chor der **Moravian
Church** von 1795.

**Salmonsdam
Nature Reserve** Das 839 ha große Naturreservat 40 km südöstlich von Caledon beein-
druckt mit kaptypischer Fynbos-Vegetation, Antilopenherden und
Paradieskranichen (Öffnungszeiten: tgl. 8.00 – 18.00 Uhr).

Elim Auch das stille Bauerndorf Elim ist eine **Herrenhuter Missionsstation**
von 1824. Seine reetgedeckten Häuschen stehen heute unter Denk-

Natur ganz nah: ein eigener Nationalpark schützt die seltenen Buntbock-Antilopen.

malschutz – die 1833 erbaute Wassermühle der Dorfbäckerei ist das größte Holzwasserrad des Landes. Trotz aller Verbote wurde in Elims Schule während der Apartheid ohne Rassentrennung unterrichtet.

Am Fuß der Langberge liegt die drittälteste europäische Stadtgründung am Kap, die 1745 als VOC-Niederlassung entstand (www.swellendamtourism.co.za). Seinen Namen verdankt das hübsche Städtchen mit vielen **kapholländischen Gebäuden** Gouverneur Hendrik Swellengrebel und Gattin Helena ten Damme. Dass um Swellendam einst der Khoikhoi-Stamm Hassekwa siedelte, belegen zwei Gräber in Bonteboskloof für die letzten beiden Häuptlinge Klaas und Markus Shababa. Der als Museum eingerichtete weiße **Drostenhof** an der Swellengrebel Street 18 war ab 1747 Sitz des Distriktbeamten der Kapregierung Theophilus Rhenius. Zum Freiluftkomplex gehören auch das alte Gefängnis, ein Gewerbehof und das Mayville-Wohnhaus von 1853 (Öffnungszeiten: Mo. – Fr. 9.00 – 16.45, Sa., So. 10.00 bis 16.00 Uhr; www.drostdymuseum.com).
Herrliche Wanderungen kann man am Fuß der Langberge durch das Wildblumen- und Fynbos-Paradies des **Marloth Nature Reserve** unternehmen. Für den 81 km langen **Swellendam Trail** muss man sechs Tage mit Hüttenübernachtungen einplanen (www.footprint.co.za/swellendam.htm).

Bis zum Ende des 18. Jh.s weideten am Breede River südlich von Swellendam große Herden von **Buntbock-Antilopen**, die im 19. Jh. fast ausgerottet waren. Zu ihrem Schutz wurde der 3000 ha große Nationalpark angelegt, in dem heute wieder rund 200 Buntböcke leben. Auch Bergzebras, Springböcke, Kronenducker und 200 Vogelarten sind im Nationalpark heimisch (Eingang 7 km südöstlich von Swellendam; www.sanparks.org/parks/bontebok).

★ **Swellendam**

★
◄ Drostdy Museum

☉

★
Bontebok National Park
☉
Öffnungszeiten:
Tgl. 7.00 – 18.00
bzw. 19.00

✳ Paarl

B / C 3

Lage : N 1, 56 km nordöstl. von Kapstadt   **Einwohnerzahl :** 117 000

Durch ihre kilometerlange Hauptstraße ist die Winzerhochburg und Heimat des Afrikaans zwar weit weniger attraktiv als ► Stellenbosch und ►Franschhoek. Doch auch Paarl besitzt berühmte Weingüter, erstklassige Restaurants und schicke Nobelherbergen.

1657 kam Abraham Gabbema ins Berg River Valley, um nach dem legendären Schatz von Monomotapa zu suchen. Er fand ihn zwar nicht, ließ sich aber von den glitzernden Wassertropfen auf den Granitfelsen zum Namen **Perlenberg** inspirieren. Früher lebten hier über 18 000 Khoi vom Volk der Cochoqua, die den 729 m hohen Hausberg »Schildkrötenberg« nannten. 1687, als Gouverneur van der Stel

Paarls Mountain

▶ PAARL ERLEBEN

AUSKUNFT

Paarl Tourism
216 Main Street, Paarl 7600
Tel. 021 / 863 4937
www.paarlonline.com

**Paarl Wine Route
und Paarl Vintners**
86 Main Street, Paarl 7600
Tel. 021 / 863 4886
www.paarlwine.co.za,
www.paarlvintners.co.za

WEIN & AFRIKAANS

Im August feiert Paarl das Shiraz
Festival und sein historisches Erbe
mit der Afrikaans-Woche. Wein ist
auch Thema des Cultivaria Festival
im September (www.cultivaria.com),
des Horse & Wine Festival im Oktober
und des Olive & Wine Festival
im November.

UP, UP AND AWAY …

Mit den ersten Sonnenstrahlen erhebt
sich der Heißluftballon von Carmen
und Udo Mettendorff über das grüne
Berg River Valley mit Blick auf die
majestätischen Hottentot Holland
Mountains. Bei gutem Wetter startet
der Ballon jeden Morgen von Nov. bis
April. Nach dem einstündigen Flug
wird im Grande Roche Hotel gefrühstückt (Wineland Ballooning, 64 Main
Street, Tel. / Fax 021 / 863 3192,
www.balloninfo.de).

ESSEN

▶ **Fein & teuer**
① **Bosman's**
Grande Roche, Plantasie Street
Tel. 021 / 863 5100
www.granderoche.co.za
Im eleganten Manor House des
5-Sterne-Hotels Grande Roche

Nach einer Heißluftballonfahrt wird im Grande Roche gefrühstückt.

(►Übernachten) verwöhnt Küchenchef Frank Zlomke mit malaiisch-südafrikanischer Kochkunst der Spitzenklasse.

② *Laborie*
Laborie Estate, Taillefert Street
Tel. 021 / 807 3095
www.gloriousfood.co.za
Tgl. 10.00 – 17.00 Uhr, abends n. V.
Seit 2003 serviert Hetta van Deventer auf dem über 300 Jahre alten kapholländischen Landgut der KWV feinste südafrikanische Landküche. Im Tasting Room werden Spitzenweine entkorkt. Wandern Sie auch über den Wine Hiking Trail.

► Erschwinglich
③ *Marc's Restaurant*
129 Main Street, Tel. 021 / 863 3980
www.marcsrestaurant.co.za
Kräuter und Obst für die mediterran-libanesische Küche von Marc und Maya Friedrich stammen aus dem eigenen Garten. Preisgekrönte Weinkarte; Sa. abend spielt Morne Meyer Jazz.

④ *The Goatshed*
Fairview Estate
Sud Agter Paarl Pad
Tel. 021 /863 3609, www.fairview.co.za
Namensgeber waren die Schweizer Sanaan-Gänse des Weingutes, auf dem unter rustikaler Holzdecke frisch gebackenes Brot, Lammhaxe und Springbock-Medaillons auf den Tisch kommen. Dazu hauseigene Weine und 25 Sorten hofeigener Käse.

ÜBERNACHTEN
► Luxus

Baedeker-Empfehlung

① *Grande Roche*
Plantasie Street, Paarl 7646
Tel. 021 / 863 5100, Fax 021 / 863 2220
www.granderoche.co.za
Legendäre Nobelherberge mit wunderschönen Terrassensuiten und prachtvollem Haupthaus im kapholländischen Stil. Die alte Sklavenkapelle wird heute gern für Hochzeiten genutzt. Das Bistro Allegro offeriert leichte Kost am Pool, das preisgekrönte Bosman's ist das einzige Relais & Gourmand in Afrika.

② *De Oude Paarl*
132 Main Street, Paarl
Tel. 021 / 872 1002, Fax 021 / 872 1003
www.deoudepaarl.com
Das charmante Boutiquehotel in zwei denkmalgeschützten Gebäuden des späten 18. Jh.s hat 26 liebevoll eingerichtete Zimmer. Probieren Sie im Gabbemma Restaurant das Kardamom-Hühnchen mit karamellisierten Aprikosen. Preiswerte Alternative: das marokkanische Zeltbuffet Maroc. Handgerollte Zigarren Marke Montecristo No. 5 gibt's in der Cuba-Lounge.

► Komfortabel
③ *Lemoenkloof Guest House*
396a Main Street, Paarl
Tel. 021 / 872 3782, Fax 021 / 872 7532
www.lemoenkloof.co.za
Hinter der viktorianischen Fassade liegen 20 hübsche Zimmer. Lounge und Hochzeitssuite besitzen noch originale Yellowwood-Decken und Stinkwood-Balken.

Paarl Orientierung

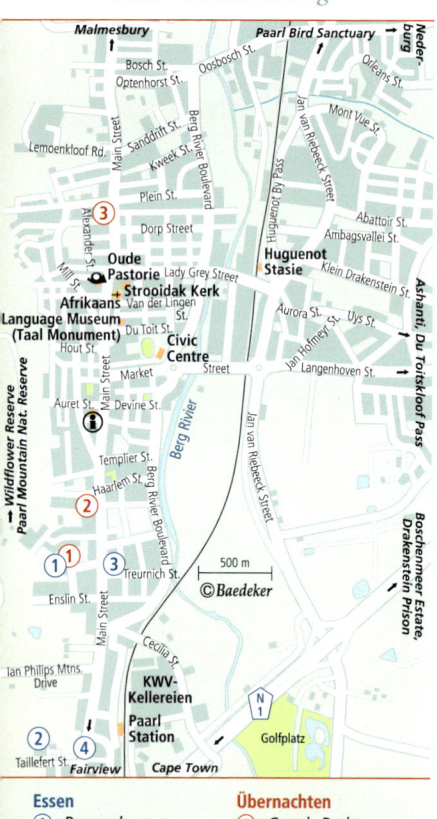

Essen

① Bosman's
② Laborie
③ Marc's Restaurant
④ The Goatshed

Übernachten

① Grande Roche
② De Oude Paarl
③ Lemoenkloof Guest House

erstes Farmland an Freie verschenkte, waren die Khoi längst gen Oranje River vertrieben worden oder arbeiteten für die Neubauern. Auf La Concorde, einer der ältesten Besitzungen in Paarl, residiert seit dem Jahr 1918 die **Kooperatieve Wijnbouwers Vereniging van Zuid-Afrika (KWV)**, eine der größten Kellereien der Welt. Die Winzergenossenschaft bestreitet mit rund 6000 Produzenten fast 70 % der südafrikanischen Weinexporte. An der Kohler Street sind die riesigen Kellergewölbe mit den fünf **größten Weinfässern der Erde** zu besichtigen – sie wurden aus Mammutbäumen gezimmert (Führungen: Mo. – Sa. Englisch 10.00, 10.30, 14.15 Uhr, Deutsch 10.15 Uhr, So. Englisch 11.00 Uhr, www.kwvwine emporium.co.za). Mit knapp 11 km ist die ab 1720 angelegte Eichenallee der Main Street die **längste Hauptstraße Südafrikas**. An der Kreuzung von Main und Lady Grey Street steht die 1805 erbaute **Strooidak Kerk**, die Strohdachkirche. Im ehemaligen Pfarrhaus von 1787 an der Main Street 303 zeigt das **Paarl Museum** kapholländische Antiquitäten, Silber, Glasarbeiten und historische Fotografien (ehemalige Oude Pastorie, Öffnungszeiten: Mo. – Fr. 9.00 bis 17.00, Sa. 9.00 bis 13.00 Uhr).

★ **Afrikaans Language Museum (Taal Monument)** Das Museum im Gideon Malherbe House an der Pastorie Avenue 11 widmet sich dem 1875 erstmals schriftlich fixierten **Afrikaans** – »Taal« ist das Afrikaanse-Wort für Sprache. Im Erdgeschoss kann man die Druckerpresse sehen, mit der 1876 der »Patriot« gedruckt wurde, die erste Afrikaans-Zeitung (Öffnungszeiten: Mo. – Fr. 9.00 bis 16.00, Sa. 9.00 – 13.00 Uhr, www.taalmuseum. co.za). Die drei Säulen des **Taal Monument** symbolisieren den Anteil Afrikas, Englands und Hollands am Entstehen des Afrikaans, das 1925 nach Englisch zweite offizielle Sprache Südafrikas wurde. Den Entwurf lieferte Jan van Wyk 1975 (Öffnungszeiten: tgl. 8.15 – 17.00 Uhr).

Im Gefängnis an der Jan van Riebeeck Road endete 1990 **Nelson Mandelas** Odyssee zurück in die Freiheit – im alten Farmhaus erinnert das **Madiba House Project** daran.

Drakenstein Prison

Paarls ausgeschilderte Weinstraße führt zu Südafrikas größtem Weingut **Nederburg**, das jährlich über 10 Mio. Flaschen erzeugt. Das 1791 von dem Deutschen Philip Wolvaart gegründete Anwesen besitzt ein elegantes Herrenhaus von 1800, in dem Sotheby's jeden März zur Versteigerung südafrikanischer Spitzenweine den Hammer fallen lässt (Weinproben Mo.–Fr. 8.00–17.00 Uhr, Sa., So. 10.00 bis 16.00 Uhr, Kellertouren: Mo.–Fr. 10.30, 15.00 Uhr, Nov.–März auch Sa., So. 11.00 Uhr; www.nederburg.co.za).

★★
Paarl Wine Route

◄ www. paarlwine.co.za ⊙

Die Privatgüter stehen oft im Schatten der Giganten KWV und Nederburg, obwohl auch sie edle Tropfen produzieren. Traditionsreiche Weingüter sind **Laborie** (► S. 233) und **Fairview**, wo seit 1699 Wein wächst und Charles Back heute einen wunderbaren Shiraz keltert (Weinproben: Mo.–Fr. 8.30–17.00, Sa. 8.30–13.00 Uhr; The Goatshed, S. 233; www.fairview.co.za). Auf **Glen Carlou** an den Nordausläufern des Simonsberg bietet Familie Finlaysons Spitzenweine und exquisite Küche im Restaurant Zen (Weinproben: Mo.–Fr. 8.30 bis 16.30, Sa., So. 10.00–15.00 Uhr; www.glencarlou.co. za). Auf **Zandwijk** werden nur koschere Weine gekeltert (www.zandwijk.co.za).

In den Kellergewölben der KWV lagern riesige Weinfässer.

Natur pur Naturfreunde können im **Paarl Bird Sanctuary** an der Drommedaris Street über 140 Vogelarten beobachten. Zum Klipkershout Walking Trail im **Paarl Mountain Reserve** gehören Wanderwege von 3 bis 10 km, Freeclimber treffen sich am Bretagne Rock und Paarl Rock. Der **Limietberg Trail** führt über 36 km vom Fuß des Du Toitskloof über Bainskloof nach Tweede Tol.

Wellington Die Kleinstadt 20 km nördlich von Paarl ist Zentrum der Trockenfrucht- und Branntweinherstellung. BrandyAuch Wellington hat eine eigene Weinstraße – probieren Sie den preisgekrönten Pinotage von **Diemersfontein** (Weinprobe tgl. 10.00 – 17.00 Uhr, www.diemersfontein.co.za). Das **Wellington Museum** in der Church Street besitzt Ethno-Schmuck und ägyptische Funde aus der Zeit Echnatons. Außerdem erfährt man hier, wie Andrew Geddes Bain mit Andrew Murray die Limiet Mountains bezwang – nach ihm wurde der fantastische **Bain's Kloof Pass** an der R 303 Richtung Ceres benannt (Öffnungszeiten: Mo. – Fr. 9.00 – 17.00 Uhr).

www.
wellington.co.za ▶
⏲

⏲

✶ ✶ Robben Island

Lage: Insel vor der Table Bay   **Internet:** www.robben-island.org.za

Ein beeindruckendes und zugleich bedrückendes Zeugnis der Geschichte Südafrikas liefert die ehemalige Gefängnisinsel sieben Seemeilen vor den Toren Kapstadts. Robben Island ist heute nationale Gedenkstätte und seit 1999 Weltkulturerbe der UNESCO.

⏲
Fähren:
Tgl. von der
V & A Waterfront
um 9.00, 10.00,
12.00, 13.00,
14.00, 15.00,
Dez. und Jan.
auch 16.00

Für Südafrikaner ist Robben Island in erster Linie ein **Symbol der Freiheit**: Es erinnert an die Brutalität, mit der das rassistische Apartheidregime jeden Widerstand unterdrückte, und an den Sieg über den unmenschlichen Staatsterror. Südafrikas erster schwarzer Präsident **Nelson Mandela** (▶ Berühmte Persönlichkeiten) war hier fast zwei Jahrzehnte inhaftiert. Auf Robben Island, seinerzeit auch »Mandelas University« genannt, wurde er zu »Madiba«, dem Vater der südafrikanischen »Regenbogennation«. Hier entstand auch der erste Teil seiner Memoiren »Der lange Weg zur Freiheit«. 2008 verabschiedete die Regierung einen Fünf-Jahres-Plan zur Renovierung des Inselmuseums.

Auf den Spuren
Nelson Mandelas
Geführte Inseltouren können an der ▶V & A Waterfront im Nelson Mandela Gateway Centre des **Robben Island Museum (RIM)** gebucht werden – wegen des großen Andrangs am besten vorab, Tel. 021 / 413 4200, www.robben-island.org.za. Zur knapp 4-stündigen Tour gehört die Überfahrt mit der 2008 vom Stapel gelaufenen Fähre **»Sikhululekile«** (»Wir sind frei«), die eine halbe Stunde dauert. Die letzte Fähre verlässt die Insel gegen 18.00 Uhr. Bei Starkwind wird der

Zukunft braucht Erinnerung: Frühere Gefangene führen heute durch das ehemalige Gefängnis für Apartheidgegner.

Fährverkehr eingestellt. Nach Ankunft steigen die Besucher am Inselhafen in Minibusse. »Wir dienen mit Stolz« prangt noch das Wärter-Motto auf Afrikaans über der Toreinfahrt zum Gefängnis. Besichtigt wird die nur 6 m² große **Einzelzelle Mandelas** – mit seinem Geschirr, seiner Decke, seiner Einsamkeit. Bis 1974 mussten die Häftlinge im **Kalksteinbruch** arbeiten. Der Strafvollzug war besonders in den ersten Jahren so furchtbar, dass die Gefangenen 1967 in einen unbefristeten Hungerstreik traten: für lange Hosen, mehr Decken, besseres Essen und die Erlaubnis, im Gefängnishof Fußball und Rugby spielen zu dürfen – der Streik war erfolgreich. »Each one teach one« schlug Mandela vor und organisierte den gegenseitigen Unterricht der Inhaftierten. So lernten Analphabeten während ihrer Haft Lesen und Schreiben, selbst Wärter wurden später einbezogen. Die **Führungen leiten heute ehemalige Häftlinge** wie Thulani Mabaso, Hugh Jean und Elias Mzamo, die bewegend von ihrem Gefängnisalltag erzählen.

Seit der ersten Besiedlung der Kapkolonien durch die Holländer im 16. Jh. diente Robben Island als **Gefängnisinsel**. Zu Beginn des 19. Jh.s legten im kleinen Inselhafen Murrays Bay auch **Walfangschiffe** an. 1843 schloss man das Gefängnis, dafür wurden nun **Lepra- und Geisteskranke** auf die Insel verbannt. Erst 1931 siedelte man die letzten Aussätzigen nach Pretoria um. Kurz vor Beginn des Zweiten Weltkriegs errichtete das südafrikanische Militär einen Stützpunkt auf der Insel, **schwere Geschützstellungen** im Inselinneren zeugen noch heute davon. Während der Apartheid wurde Robben Island 1961 zum berüchtigten **Hochsicherheitsgefängnis** für Schwerverbrecher und politische Gefangene ausgebaut. Fast alle **ANC-Führer** waren hier inhaftiert – elf von ihnen berief Mandela 1994 in sein Kabinett. Seit 1997 führen ehemalige Häftlinge über die Insel.

Berüchtigter Verbannungsort

? WUSSTEN SIE SCHON …?

■ … dass einer der ersten Häftlinge ein Häuptling der Khoikhoi war? Autshumato, von den Holländern Harry den Strandloper genannt, hatte zuvor für den Kapstadt-Gründer Jan van Riebeeck gedolmetscht. Als 1658 zwischen den weißen Siedlern und den Ureinwohnern des Kaps ein Krieg ausbrach, fiel Autshumato in Ungnade und wurde nach Robben Island deportiert. 1659 gelang ihm – wahrscheinlich als Einzigem – die Flucht von der Insel. Eine der Fähren, die heute Touristen nach Robben Island bringt, ist nach ihm benannt.

Bunt-, Stein- und Springböcke teilen sich das Herz der 574 ha großen Insel mit Tausenden von **afrikanischen Pinguinen**. Unter Artenschutz stehen zahlreiche Vögel wie die Hartlaubs-Möwen, schwarze Austernfischer und Eilseeschwalben. Vor der rauhen Küste sind vier **Schiffswracks** sichtbar, mindestens sieben weitere liegen unterhalb der Wasseroberfläche. Strände, die zum Baden einladen, gibt es nicht. Die Wassertemperatur übersteigt aufgrund der kalten Atlantikströmung nie 14 °C, oft weht auch im Hochsommer ein frischer Südwestwind. Im Inseldorf »The Village« leben nur knapp 120 Menschen, die für das Gefängnismuseum arbeiten.

Mayibuye Archive
Das Mayibuye-Archiv in der Bibliothek der **University of the Western Cape** im Norden Kapstadts unterhält eine Multimedia-Ausstellung über die Gefangenen von Robben Island. Briefe der Inhaftierten, Fotos und Filme können n. V. Mo. – Fr. 8.00 – 16.00 Uhr besichtigt werden; Anmeldung: Richard Whitening, Tel. 021 / 959 2935.

Rondebosch

J – L 7

Lage: 5 km südöstlich der City   **Internet:** www.rondebosch.net

Zentrum des beschaulichen Universitätsviertels ist die Rondebosch Fountain an der Ecke Main und Belmont Road, wo Blumenstände, kleine Läden und Cafés für gemütliches Flair sorgen.

University of Cape Town (UCT)

✳

Baxter Theatre ▶

Der Upper Campus der 1928 eingerichteten renommierten Universität auf dem ehemaligen Besitz von Cecil Rhodes bietet neoklassizistische Bauten und darf zu Spaziergängen betreten werden. Das 1977 dank Dr. W. Duncan Baxter an der Main Road gegründete Theater ist wichtige Kulturinstitution – 2007 sorgte das Haus mit **»Impepe Yomlingo«**, Mozarts »Zauberflöte « in Xhosa, für Furore (▶S. 114). Nebenan erinnert das **Rustenberg House** an die Anfänge Rondeboschs, als sich 1657 die ersten sieben Siedler hinter dem Doorn Bosje (Dornenbusch) am Ufer des Amsel River niederließen. Später logierte hier Gouverneur Simon van der Stel.

✳

Irma Stern Museum

Die in Südafrika zeitlebens umstrittene **Künstlerin Irma Stern** (1894 bis 1966) lebte ab 1909 in Berlin, wo sie die »Brücke«-Maler Ernst Ludwig Kirchner und Max Pechstein kennenlernte. Nach Studien in

Weimar kehrte sie 1920 ans Kap zurück. Gleich die erste von mehr als 100 Einzelausstellungen wurde von den Kritikern mit »Hässlichkeit als Kult« betitelt. In ihrem eleganten Haus »The Firs« an der Cecil Road nördlich des Woolsack Drive sind über 200 Gemälde und Skulpturen ausgestellt. Außergewöhnlich ist ihre Kunstsammlung mit Objekten aus dem Senegal, Sansibar und Belgisch-Kongo. Im ersten Stock finden Wechselausstellungen junger Kapstädter Künstler statt. Am Ende der Rhodes Avenue dreht sich seit 1796 die **Mostert's Mill**, eine holländische Windmühle, deren Getreidemahlwerk noch funktioniert (Öffnungszeiten: tgl. 9.00 – 17.00 Uhr).

🕐 Öffnungszeiten: Di. – Sa. 10.00 – 17.00

www. irmastern.co.za.

🕐

Via Princess Anne Avenue erreicht man das zehn Jahre nach dem Tod von **Cecil John Rhodes** (1853 – 1902) erbaute Denkmal. Vorbild für die von Sir Herbert Baker entworfene Monumentalanlage des Tycoons war der griechische Tempel von Segesta auf Sizilien. 49 Stufen, jede für ein Lebensjahr, führen hinauf zur Rhodes-Büste, die John Macallen Swan schuf. Von ihm stammen auch die acht flankierenden Bronzelöwen. Das Reiterdenkmal »Energy« kam von George Frederic Watts. Wanderwege führen hinter dem Memorial zum **King's Blockhouse** an der Tafelberg Road. Eine Denkmalinschrift geht auf das Gedicht »Burial« von Rudyard Kipling zurück, der einige Zeit auf Rhodes' Anwesen im **Woolsack House** lebte (Öffnungszeiten: tgl. 8.00 bis 18.00 Uhr).

Rhodes Memorial

🕐

Cecil Rhodes erwarb Groote Schuur 1891 nach einem Brand und kaufte für 9000 £ alle veräußerten Teile des Anwesens zurück. Weitere 600 ha kamen hinzu. Den ursprünglichen Namen von 1657, »De

Groote Schuur (Genadendal)

Wie ein griechischer Tempel gebaut: das monumentale Rhodes Memorial

Schuur« (Scheune), erweiterte Rhodes zu **Groote Schuur Estate**. Die Restaurierung übernahm Sir Herbert Baker. Im Haupthaus regierten 1910–1984 Südafrikas Premierminister. Im Nachbargebäude, dem **Westbrooke House**, residierten bis 1961 die Generalgouverneure, dann Südafrikas Präsidenten. 1990 fand hier das historische Treffen zwischen P. W. Botha und Nelson Mandela statt. Es endete mit der Unterzeichnung des **Groote-Schuur-Protokolls**, das die Freilassung aller politischen Gefangenen und die Rückkehr der ANC-Führung vorsah. Seit 1994 ist Westbrooke House erneut **Präsidentensitz**, wurde von Nelson Mandela aber 1995 in **Genadendal** umbenannt.

✱ Route 62

D – F 3

Lage: 170 – 430 km östlich von Kapstadt

»See the Karoo on Route 62« verheißt der Werbeslogan der Straße. Die Afro-Variante der amerikanischen Route 66 schlängelt sich durch die Täler der Klein Karoo, führt über spektakuläre Pässe und durch verträumte Orte vom Weinland bis zur Straußenmetropole Oudtshoorn mit Anschluss zur ▶Garden Route.

✱ Montagu

www.tourism montagu.co.za ▶

Hot Springs ▶

Bis zum Bau der N 2 war die Route 62 die Hauptverbindung von Kapstadt nach Port Elizabeth. Eintrittstor ist das zauberhafte Städtchen Montagu im fruchtbaren **Breede River Valley**: Weinberge, Apfel-, Birnen- und Aprikosenplantagen, so weit das Auge reicht. Gründer war 1851 Kapgouverneur John Montagu – während seiner Amtszeit erbauten Häftlinge viele Straßen und Pässe entlang der Route. Schon vor 200 Jahren wurden die nahen **Thermalquellen** genutzt. Heute ist das Avalon Springs Spa Hotel (▶S. 241) durch den

Route 62 *Orientierung*

ROUTE 62 UND KLEIN KAROO ERLEBEN

AUSKUNFT

Klein Karoo Tourism
Ladismith, Tel. 028 / 551 1378
Route 62: Tel. 023 / 616 3563
www.route62.co.za

WINE, BRANDY & FESTIVALS

Zur Weinroute der Klein Karoo
gehören 16 Güter (www.kleinkaroo-
wines.co.za). Bester Kooperativkeller
ist der Montagu Wine Cellar mit
seinem preisgekrönten roten Musca-
del-Dessertwein (Öffnungszeiten:
Mo. – Fr. 8.00 – 12.30, 13.30 – 17.00,
Sa. 9.00 – 12.00 Uhr; www.montagu-
wines.co.za), der auch beim Montagu
Wine Festival im Mai verkostet wird.
Auf Gut Joubert Tradouw bei Barrydale bekommt man den originalen
»R62-«Wein aus Merlot und Cabernet
Sauvignon (www.joubert-tradauw.-
co.za). Die Southern Cape Vineyards
in Barrydale produzierten 2007 mit
dem Barry & Nephews Muscat Pot
Still Brandy den besten Brandy am
Kap (Öffnungszeiten: Mo. – Fr.
8.00 – 17.00, Sa. 9.00 – 15.00 Uhr;
www.scv.co.za). SVC ist auch Mitglied
der Brandy Route (www.sabrandy.-
co.za). Zu den drei Portweinher-
stellern in Calitzdorp gehört die
Calitzdorp Winery in der Andreis
Pretorius Street (Öffnungszeiten:
Mo. – Fr. 8.00 – 17.00, Sa. 8.00 – 13.00
Uhr). Im Juli feiert Calitzdorp das
Port Festival.

ON THE ROAD AGAIN …

Grenzenloses Easy Rider Feeling verspricht die Kapstädter Harley-David-
son-Niederlassung, die fünftägige,
geführte Entdeckertouren auf der
Route 62 anbietet (9 Somerset Road,
Green Point, Cape Town, Tel. 021 /
446 2999, www.harley-davidson-
capetown.com).

WELLNESS

Avalon Springs
Auch Tagesgäste können in den 43 °C
heißen Quellen oder bei einer Mas-
sage im eleganten Spa des Avalon
Springs Luxury Resort Hotel in
Montagu entspannen. Der Hit für
Kids ist eine 60 m lange Wasserrut-
sche (Uitvlucht Street, 6720 Montagu,
Tel. 023 / 614 1150, Fax 023 / 614
1906, www.avalonsprings.co.za).

ESSEN

► **Fein & teuer**
Clarke of the Karoo
Main Road, Barrydale
Tel. 028 / 572 1017
Gourmets zählen Mike Clarkes Res-
taurant zu den Top Ten zwischen
Kapstadt und Port Elizabeth. Spezia-
litäten: Karoo-Austern und marokka-
nisches Lamm-Tagine.

► Erschwinglich
Tractor Trips
Von Niel Burgers Protea Farm, 30 km südlich von Montagu an der R 318, starten die beliebten Touren auf einem Traktor mit Anhänger zum 1500 m hohen Arangieskop. Drei Stunden dauert die Panoramafahrt zum Gipfel der Langeberge samt Weinprobe und abschließendem Potjieskos-Mahl auf der Protea Farm (Abfahrt Mi. und Sa. 14.00 Uhr; Reservierung: Tel. 023 / 614 2471, E-Mail: manager@montagu-ashton.info).

ÜBERNACHTEN
► Luxus
Kingna Lodge
11 Bath Street, Montagu 6720
Tel. 023 / 614 1066, Fax 023 / 614 2405

Ronnie hinter seiner gut bestückten Bar

www.kingnalodge.co.za
Die Gastlichkeit in dem eleganten, viktorianischen Haus schätzten 1995 schon Nelson Mandela und F. W. de Klerk für ungestörte Gespräche. Den schönsten Blick hat der Mountain View Room mit offenem Kamin.

► Komfortabel
Rose of the Karoo
21 Voortrekker Street, Calitzdorp 6660
Tel. 044 / 213 3133, Fax 044 / 213 3133
www.roseofthekaroo.co.za
Im rosa Gästehaus kann man zwischen drei hübschen B & B-Zimmern und fünf Selbstversorger-Apartments wählen. Im Sommer speist man auf der schattigen Terrasse leckere südafrikanische Gerichte. Der »What not shop« verkauft originelle Souvenirs und Kunsthandwerk aus der Karru.

Baedeker-Empfehlung

Ronnie's Sex Shop
27 km östl. von Barrydale an der R 62
Tel. 028 / 572 1153
www.ronniessexshop.co.za
Der Name ist irreführend, Ronnies Kneipe ist Kult! Die Buchstaben S, E und X wurden eines Nachts von Freunden aus Spaß an die Wand des einsamen Road Pubs gepinselt, der ursprünglich ein Hofladen werden sollte. Heute treffen sich bei Ronnie Einheimische und Durchreisende auf ein Bier oder zum Lunch – Graffiti zeugen von Besuchern aus aller Welt.

Lovers Walk am Keisie River mit dem historischen Ortskern verbunden. Allein 14 von 24 denkmalgeschützten kapholländischen und georgianischen Häusern stehen an der **Long Street**. In der 1907 erbauten Missionskirche erzählt das **Montagu Museum** die Ortsgeschichte und zeigt Bilder des Landschaftsmalers **François Krige** (Öffnungszeiten: Mo. – Fr. 9.00 – 17.00, Sa., So. 10.30 – 12.30 Uhr). Zierliche Porzellanpuppen sind im **Joubert House** von 1853 ausgestellt

(Öffnungszeiten wie Montagu Museum). Auch das britische Fort ist zu besichtigen (Öffnungszeiten: Mo. – Fr. 8.00 – 13.00, 14.00 – 17.00, Sa., So. 9.00 – 15.00 Uhr). Jeden Samstag ist Markt gegenüber dem Tourismusbüro in der Bath Street. Die **Langeberge** südlich von Montagu sind ein **Wander- und Kletterparadies**.

Rund 40 km östlich von Montagu zweigt bei »Die Vlakte« die 7 km lange Schotterpiste zum privaten, 54 000 ha großen Sanbona-Wildreservat ab. Vom Gate zu den Lodges Tilney Manor und Khanni Lodge sind es noch 26 km. Der Name des Reservats erinnert an das Volk der **San**, die hier an sieben Plätzen bis zu 3500 Jahre alte Felszeichnungen hinterließen. **Weiße Löwen** galten in Afrika einst als göttliche Wesen, bis die blauäugigen Großkatzen durch rücksichtslose Trophäenjagd vor 30 Jahren ausgerottet waren. 2003 konnten im weitläufigen Buschland von Sanbona wieder zwei weiße Löwen ausgewildert werden: Jabulani und Queen. Sieben Monate später kam ihr Nachwuchs. Auf Pirschtour kann man auch den **»Big Five«** sowie Geparden, Hippos, Straußen, Kudus und Hyänen begegnen.

★ ★
Sanbona Wildlife Reserve

◄ www.
sanbona.com

Vom Bergdorf Barrydale, wo ein ausgezeichneter **Brandy** produziert wird (► S. 241) und **Anna Roux' Wildflower Garden** die Karoo-Vegetation vorstellt, sind es 15 km bis Lemonshoek. 2001 begannen Peter und Nola Frazer dort auf ihrem 350 ha großen Gut The Manger mit dem **Joshua Baboon Rehabilitation Project**: Verletzte Paviane, Adlereulen, Paradieskraniche und Meerkatzen werden auf der Farm gesund gepflegt (www.baboons.co.za.). 2000 errichteten burmesische Mönche auf der Farm eine buddhistische Pagode.

Barrydale

◄ www.
barrydale.co.za

Laut Legende soll eine erboste Hexe den 2189 m hohen **Towerkop** nördlich von Ladismith in zwei Gipfel gespalten haben. Ladismith ist Zentrum des größten **Aprikosenanbaugebiets** in Südafrika. Auf halber Strecke nach Calitzdorp liegt die Missionsstation **Amalienstein**, benannt nach der Berliner Baronesse Amalie von Stein, die 1853 den

Ladismith

◄ www.
ladismith.org.za

Highlights der Route 62

Montagu
Heiße Quellen und
kapholländische Giebelhäuser
► Seite 240

Sabona Wildreservat
Auf Pirsch zu weißen Löwen
► Seite 243

Oudtshoorn
Besuchen Sie einer Straußenfarm!
► Seite 244

Cheetahland
Zwei Dutzend Geparden
und Bengalische Tiger
► Seite 246

Cango Caves
Riesige Tropfsteinhöhle
am Fuß der Swartberge
► Seite 246

Laut Legende soll eine erboste Hexe einst die mächtigen Gipfel oberhalb von Ladismith gespalten haben.

Bau der gelb getünchten Lutherischen Kirche finanzierte. Hinter Zoar zweigt eine Schotterpiste in die atemberaubende Siebenwochen-Schlucht ab – so lange sollen einst die Planwagen für den Weg durch die **Swartberge** (▶S. 246) gebraucht haben.

Seweweekspoort ▶

Calitzdorp

Als **Portwein**-Metropole Südafrikas gilt das 1821 gegründete Calitzdorp (▶ S. 241). Herrliche Wanderungen führen nördlich der Stadt durch die unberührte Natur des **Groenfontein Conservancy**. Wellness versprechen auf halbem Weg nach Oudtshoorn die Thermalquellen des **Calitzdorp Spa** (www.calitzdorpspa.co.za).

Oudtshoorn

www. oudtshoorninfo.- com ▶

Die **Welthauptstadt der Straußenzucht** heißt Oudtshoorn. Ein überdimensionales Straußenei im Zentrum verweist auf die Quelle des lokalen Reichtums. Einst Lieferant begehrter Federn, macht der Strauß heute mit seinem Fleisch und seinem Leder eine neue Karriere. Das **C. P. Nel Museum** an der Hauptstraße erzählt von der großen Zeit der »Federbarone« um 1900, als Straußenfedern in Europa Mode waren und bis zu 750 000 Strauße in Oudtshoorn gehalten wurden. Schönster »Straußenpalast« ist das angeschlossene **le Roux Townhouse** von 1909 mit Originalmöbeln im Stil des Art nouveau (Öffnungszeiten: Mo. – Sa. 10.00 – 17.00 Uhr).

Besuchen Sie unbedingt eine der Straußenfarmen. Während einer 1- bis 2-stündigen Tour kann man die Zuchtanlagen besichtigen, testen, wie hart die Schale der Eier ist, die Tiere füttern und beobachten, wie Küken schlüpfen. Älteste Straußenfarm ist die **Highgate Ostrich Farm,** 10 km südwestlich von Oudtshoorn, mit einstündigem Besichtigungsprogramm, Curio Shop und Straußenrennen (www.highgate. co.za). Die **Chandelier Farm** ist bekannt für ihre Show und das Straußenrennen mit professionellen Jockeys. Außerdem kann man hier in komfortablen Chalets übernachten (www.chandelier.co.za).

✱ ✱
Ostrich Farms

 ## OUDTSHOORN ERLEBEN

AUSKUNFT
Tourism Office
Baron van Rheede Street
Oudtshoorn 6625
Tel. 044 / 279 2532
www.oudtshoorn.com

ESSEN
► Erschwinglich
Jemima's
94 Baron van Reede Street
Tel. 044 272 0808, www.jemimas.com
Pierre und Debbie verwöhnen ihre Gäste mit bester südafrikanischer Küche – probieren Sie das Karoo-Lamm oder die gegrillten Straußen-Medaillons und zum Abschluss die Tarte Demoiselles Leroux.

ÜBERNACHTEN
► Komfortabel
Queen's Hotel
5 Baron van Reede Street
Oudtshoorn 6625
Tel. 044 / 272 2101, Fax 044 / 272 2104
www.queenshotel.co.za
Das 1880 im Kolonialstil erbaute Hotel ist geschmackvoll mit Antiquitäten eingerichtet. Es verfügt über 40 elegante Zimmer, Feinschmeckerrestaurant, holzgetäfelte Bar und Swimmingpool.

Hlangana Lodge
51 North Street, Oudtshoorn 6625

Schick in Schale: lackierte Straußeneier

Tel. 044 / 272 2299, Fax 044 / 279 1271
www.hlangana.co.za
Alle 18 Zimmer haben eine Veranda mit Blick auf den tropischen Garten. Tolles Frühstück mit Straußenpastete und geräuchertem Snoek.

Baedeker-Empfehlung

► Luxus
Buffelsdrift Game Lodge
R328 Richtung Cango Caves
Tel. 044 / 272 0106, Fax 044 / 272 0108
www.buffelsdrift.com
Weitläufige Safarifarm 7 km außerhalb von Oudtshoorn am Fuß der Swartberg Mountains. Spannende Pirschfahrten ins unberührte Karoo-Buschland führen Sie zu Nashörnern, Giraffen und Kudus. Jedes der 25 luxuriösen Zelte hat eine Veranda mit Blick auf ein von Nilpferden bewohntes, 5 ha großes Wasserloch, wo sich vor Sonnenuntergang Büffel, Elefanten und Zebras einfinden.

Bringen Sie genug Zeit mit, um in Oudtshoorn eine Straußenfarm zu besichtigen!

Eine spannende Tour und den Ritt auf einem Strauß bieten auch die **Safari Ostrich Farm** (www.safariostrich.co.za), 10 km südwestlich der Stadt, und die **Cango Ostrich Farm** zwischen Oudtshoorn und den Cango Caves (www. cangoostrich.co.za).

★★
Cango Caves

Ein Wunder der Natur sind die ausgedehnten **Tropfsteinhöhlen gut** 30 km nördlich von Oudtshoorn am Fuß der Großen Swartberge. Die **Standard Tour** beginnt täglich 9.00 – 16.00 Uhr zur vollen Stunde; da in den Ferien großer Andrang herrscht, kommt man am besten morgens. Zur halben Stunde startet täglich 9.30 – 15.30 Uhr die **Adventure Tour**, die 90 Minuten dauert – sie ist allerdings nur Durchtrainierten ohne Klaustrophobie zu empfehlen, da sie teilweise sehr steil ist und durch 45 cm enge Kamine führt! In früheren Jahrhunderten diente die Höhle, in der konstant 18 °C herrschen, den San als Unterschlupf. Von ihren Zeichnungen ist aber kaum noch etwas zu erkennen. Die 70 m lange, 35 m breite und 18 m hohe **Van Zyl's Hall** trägt den Namen des Mannes, der 1780 als Erster in die Dunkelheit vorstieß. Auf weitere, insgesamt über 2,5 km lange Höhlen (Cango II – IV) stieß man 1972. Um ihr Ökosystem nicht zu zerstören, sind sie nur Forschern zugänglich (www.cangocaves.co.za).

Hinter den Cango Caves steigt die R 328 zum 1568 m hohen Swartberg Pass an. Die **Swartberge**, die die Grenze zwischen Klein und Groot Karoo bilden, stehen seit 2004 als Kapflora-Region auf der **Welterbeliste der UNESCO**. Die Bergkette erstreckt sich über 200 km und ist bis zu 2326 m hoch. Von den drei Passstraßen über den Gebirgszug ist der 1881 – 1888 erbaute Swartberg Pass der spektakulärste. Die nicht durchgehend asphaltierte Straße ist bei Trockenheit mit dem Pkw problemlos befahrbar, jedoch sehr steil mit engen, unübersichtlichen Kurven. **Grandiose Ausblicke** sind garantiert, nicht minder faszinierend ist die **Fynbos-Vegetation** mit vielen Proteen.

✶ ✶
Swartberg Pass

✶ Rust-en-Vreugd

E 4

Lage: 78 Buitenkant Street, Gardens   **Internet:** www.iziko.org.za/rustvreugd

Das frühere Stadthaus des Staatsanwalts der Holländischen Ostindien-Kompanie, Willem Cornelis Boers, gilt als das besterhaltene Beispiel für den kapholländischen Stil des 18. Jahrhunderts.

Die riesigen Cango Caves dienten einst den San als Unterschlupf.

⊘ **Öffnungszeiten:**
Di. – Do.
8.30 – 16.30

Boers ließ das elegante, dreistöckige Stadthaus 1777 / 1778 erbauen. Die im Rokokostil gefertigte Lünette über dem Haupteingang wird Anton Anreith zugeschrieben. Das Anwesen steht seit 1940 unter Denkmalschutz, die Gartenanlagen wurden 1986 nach Originalvorlagen rekonstruiert. Seit 1965 ist hier ein Teil der im ▶Castle of Good Hope untergebrachten **William Fehr Collection** zu bewundern. Die Gemälde, Zeichnungen und Radierungen des 17. – 19. Jh.s zeigen die Anfänge der Kapkolonie, historische Begebenheiten und Szenen des maritimen Lebens. Regelmäßig finden Sonderausstellungen zeitgenössischer südafrikanischer Kunst statt.

St. Mary's Cathedral

Das neogotische Gotteshaus an der nahen Roeland Street ist **Sitz des katholischen Erzbischofs** der Kapdiözese, Lawrence Henry. Erbaut wurde die Kathedrale ab 1840 nach Plänen des Dresdener Architekten **Carl Otto Hager** und seines Studienfreundes Carl Sparmann, die beide 1838 ans Kap ausgewandert waren.

✶ St. George's Cathedral

E 3

Lage: 1 Wale Street, City Bowl **Internet:** www. stgeorgescathedral.com

Südafrikas älteste anglikanische Kirchengemeinde engagierte sich schon frühzeitig im Kampf gegen die Apartheid. Als Hauskirche von Erzbischof Desmond Tutu erlangte die St. George's Cathedral weltweite Aufmerksamkeit und Unterstützung.

⊘ **Öffnungszeiten:**
Mo. – Fr.
9.00 – 16.00

Auf die Verschärfung der Apartheid ab 1948 reagierte der Kirchenvorstand schon Mitte der 1950er-Jahre mit Anti-Apartheid-Transparenten an den Fassaden der Kirche. Sie blieb stets für Menschen aller Hautfarben geöffnet, war immer wieder mit protestierenden Oppositionellen gefüllt. Als das südafrikanische Fernsehen auf vorherige Prüfung von Predigt und Gebet auf politische Inhalte bestand, wurde dies von der Kirchenleitung abgelehnt – Resultat war die Absetzung der bis dato landesweit im TV übertragenen Gottesdienste. **Erzbischof Desmond Tutu** (▶Berühmte Persönlichkeiten) vermittelte 1986 bis 1996 wiederholt zwischen Demonstranten und Polizei, die häufig das Kirchenareal mit Wasserwerfern umstellte. Der Friedensnobelpreisträger hielt selbst öffentlich Reden und gewährte Flüchtlingen wochenlang Kirchenasyl, ohne dass der Messdienst unterbrochen wurde. Heute trägt die

> ! **Baedeker TIPP**
>
> **Jamsession in der Krypta**
>
> Unter der Kathedrale verspricht die Crypt Jazz Bar an heißen Sommertagen einen angenehm kühlen Lunch mit leckeren afrikanischen Gerichten. Abends garantiert das Gewölbe beste Akustik für Live-Konzerte (Tel. 021 / 424 9426; Öffnungszeiten: Mo., Di. 7.00 – 19.00, Mi. – Fr. 7.00 – 24.00, Sa. 19.00 – 24.00 Uhr).

Kapstadts Kathedrale: tolerant und offen für alle Menschen war Desmond Tutus Hauskirche auch zu Zeiten der Apartheid.

Kathedrale den Ehrentitel **»Kirche des Volkes«**, The People's Church (Gottesdienste: Mo.–Fr. 7.15, 13.15, Mi. auch 10.00, Sa. 8.00, So. 7.00, 8.00, 9.15, 18.00 bzw. 19.00 Uhr).

🕐

Baugeschichte

Der Bischof von Kalkutta segnete 1827 eine erste Kirche, die ab 1847 den Titel Kathedrale führte. Die Grundstein des jetzigen neogotischen Sandsteinbaus legte 1901 der Duke of Cornwall, der spätere König Georg V. von England. Architekt war Herbert Baker. Acht Jahre später waren Krypta, Chor, die St. David's Chapel zur Erinnerung an die Toten des Burenkrieges 1899–1902 und die St. John's Chapel zu Ehren von Bischof William W. Jones fertiggestellt. Das nördliche Querschiff kam 1936 hinzu. 1969 konnten auch die Arbeiten an der Lady Chapel und die Südachse beendet werden. Beachtung verdienen das Chorgestühl aus Stinkwood und die wunderbaren Bleiglasarbeiten in der Rosette und den Kirchenfenstern von 1982 und 2001. Die berühmte **Hill-Orgel**, seit 1909 am Kap, ist ein Nachbau der Orgel von St. Margaret nahe Westminster Abbey in London, die erstmals 1675 erklang. Organist und Dirigent **Dr. Barry Smith** sorgt seit über 40 Jahren durch Orgelkonzerte internationaler Interpreten für den ausgezeichneten Ruf der Kathedrale als Konzertstätte. Jeden So. abend singen Chöre. Konzertkarten: Tel. 021 / 424 7360.

★★
◀ Orgelkonzerte

Irrgarten

Vor der Kirche kann man täglich zwischen 7.00 und 17.00 Uhr das **Siyahamba-Labyrinth** erforschen, eine Replik des 1220 entstandenen Kirchenlabyrinths der Kathedrale von Chartres (Führungen: Richard Majewski, Tel. 021 / 462 2499).

**Einkaufsparadies
St. George's Mall**

Kapstadts **beliebteste Shoppingmeile** ist die St. George's Mall. Flanieren Sie in aller Ruhe durch die 1 km lange Fußgängerzone mit ihren vielen bunten Ständen, Boutiquen und Cafés, großen Kaufhäusern, Brunnen und ihrer lebendigen Straßenmusik. An der Ecke zur Waterkant Street bewegt seit 2000 die Bronzeplastik **»Africa«** die Gemüter: Die Arbeit des Kapstädter Künstlers Brett Murray (geb. 1961) trägt sieben knallgelbe Köpfe von Bart Simpson.

✴ Signal Hill und Lion's Head

C 2, B 4

Lage: zwischen City und Sea Point

Internet: www.tmnp.co.za
www.sanparks.org/parks/table_mountain

Die einem schlafenden Löwen ähnelnden Bergrücken von Lion's Head und Signal Hill bieten einen traumhaften Blick auf Downtown Kapstadt, ▶ Greenpoint, die ▶ V & A Waterfront und den gewaltigen ▶ Table Mountain.

Signal Hill

Über die Kloof Nek Road lässt sich der **350 m hohe** Signal Hill vom Zentrum aus leicht **mit dem Auto** erreichen. Oder man geht zu Fuß durch ▶ Bo-Kaap über die Longmarket Street den Berg hinauf. Unterhalb des Parkplatzes steht auf einer kleinen Plattform ein **Kanone**, deren Signalschuss dem Berg seinen Namen verlieh. Früher stellten im Hafen liegende Schiffe ihre Uhren nach dem Signal. Der heutige Name entstand 1902, als Ochsenkarren zwei um 1794 gegossene Kanonen der Royal Navy vom ▶ Castle of Good Hope hierher transportierten. Auf der Burg waren sie seit 1803 erst zur Dämmerung, dann um 13.00 Uhr, schließlich Schlag Mittag abgefeuert worden. Seither ertönt auf dem Signal Hill täglich außer sonn- und feiertags Punkt 12.00 Uhr die **Noon Gun**. Computerunterstützt vom Planetarium im Stadtteil ▶ Observatory wird sie mit äußerster Präzision abgefeuert – die zweite Kanone steht nur für den Fall der Fälle bereit. Der anwesende Feuerwerker jagt 1,5 kg Schießpulver in den Himmel, 13 Sekunden später erschallt das Echo vom anderen Ende der Tafelbucht.

! Baedeker TIPP

Weine ohne Busch

Frei nach William Shakespeare – »Good wine needs no bush« – findet man in Südafrikas einziger städtischer Winzerei, der Signal Hill City Winery, ein großes Sortiment edler Tropfen in bester Lage. Die Verkostung in der Church Street 23 ist idealer Abschluss einer anstrengenden »Löwentour« (Öffnungszeiten: Mo. – Sa. 10.00 – 19.00 Uhr, Tel. 021 / 422 5206, www.winery.co.za.).

**Curry und
Kardamom-Tee**

Köstliche kapmalaiische Gerichte und ein herrlicher Blick auf den Tafelberg erwarten Sie bei Shireen Misbach und Familie im **Noon Gun Tearoom & Restaurant** am oberen Ende der Longmarket Street Nr. 273 (Tel. 021 / 424 0529).

Der nördlichste Ausläufer des ▶ Table Mountain besteht aus über 540 Mio. Jahre alten Gesteinsformationen des sogenannten Malmesbury-Ölschiefers. Der Form des Bergrückens bis hinauf zum Lion's Head verdankt der populäre Hügel seine ursprüngliche Bezeichnung **Lion's Rump**. Tatsächlich war hier einst der Panthera Leo melanochaitus, der **schwarzmähnige Kaplöwe** heimisch. Größer als seine nördlichen Artgenossen und mit einer gewaltigen Mähne, die Schultern und Bauch bedeckte, lehrte er die ersten Siedler das Fürchten. 1653 stromerten Kaplöwen nachts auf der heutigen ▶ Grand Parade ums erste Lehmfort. Mit ihrem markerschütternden Gebrüll raubten sie Frau van Riebeeck den Schlaf. Als schließlich Schafe unter die Löwenpranken gerieten, verlor Jan van Riebeeck die Geduld. Fortan wurden die Tiere gejagt und 1858 der letzte Kaplöwe erlegt. Ausgestopfte Exemplare sind heute im ▶ South African Museum zu bestaunen. Rembrandt van Rijn zeichnete den Kaplöwen für die Nachwelt.

Der Rumpf des Löwen

Das 668 m aufragende »**Löwenhaupt**« ist auf einer zweieinhalb bis dreistündigen Wanderung gut zu erreichen. **Picknickplätze** sind eingerichtet und der Aufstieg ist ab dem oberen Ende der Kloof Nek

Lion's Head

Den besten Blick auf das »Löwenhaupt« hat man von der Clifton Bay.

Road gut markiert. Der auf alten Karten fälschlich auch als »Zuckerhut« bezeichnete Berg besteht aus hartem Kapgranit. Der Verein **Friends of Lion's Head & Signal Hill (FLASH)** kümmert sich um das Gebiet und veranstaltet botanische Spaziergänge, Vogelbeobachtungen und **Vollmond-Wanderungen** – Taschenlampe nicht vergessen! (Tel. 021 / 434 8456, www. friendsoflions head.org.za).

★ Simon's Town

Karte S. 159

Lage: Auf der Kaphalbinsel, 50 km südlich der City; Anfahrt via M 4

Simon's Town ist Endpunkt der Metro von Kapstadt und seit 1957 Hauptquartier der südafrikanischen Kriegsmarine. An der »historischen Meile« reihen sich hübsche viktorianische Häuschen aneinander, um den Hafen hat sich eine kleine Waterfront entwickelt.

Stadtgeschichte Ihren Namen verdankt die Stadt Gouverneur **Simon van der Stel**, der die windgeschützte Bucht 1687 entdeckte und der Ostindienkompanie als Winterankerplatz empfahl. Seit 1743 **Winterhafen von Kapstadt** bot Simon's Town ab 1806 Quartier für die Royal Navy, die von hier auch Napoleon auf St. Helena bewachte. 1840 folgten die Stadtrechte. Der alte Bahnhof erinnert daran, dass 1890 die Eisenbahn nach Kapstadt gebaut wurde. 2010 feiern die **Marine Docks** ihr 100-jähriges Bestehen. Aus der zweiten Hälfte des 19. Jh.s stammen die **viktorianischen Stadthäuser** an der St. George's Street, das British Hotel, die Holländisch Reformierte Kirche, St. Simon und das Schulhaus. **Stadtführungen** veranstaltet die Simon's Town Historical Society (►Auskunft, Simon's Town Tourism Bureau).

Simon's Town Museum

⏲ Öffnungszeiten: Mo. – Fr. 9.00 – 16.00, Sa. 10.00 – 13.00, So. 11.00 – 15.00

www.simonstown. com/museum

Auch das Stadtmuseum im 1777 erbauten Winterpalais des Gouverneurs der Ostindienkompanie an der Court Road dient als Touristeninformation. Hier wird die Geschichte der Simon's Bay erzählt. Ein eigener Saal ist dem legendären Marinehund **»Just Nuisance«** gewidmet. Die Dänische Dogge im Gefreitenrang erhielt ihren Namen, weil sie stets im Wege und wahrlich kein Engel war. Sie fuhr schwarz mit der Bahn, schlabberte Unmengen Bier, war aber den Uniformierten stets treu ergeben. Auf dem **Jubilee Square**, dem alten Marktplatz, ist sie mit einem Bronzedenkmal geehrt. Das Museum bietet Führungen zum Grab auf dem Red Hill, wo das Hundeleben am 1. April 1944 endete – zum Gedenken wird jedes Jahr am 1. April

► SIMON'S TOWN ERLEBEN

AUSKUNFT

Simon's Town Tourism Bureau
111 St. George's Street
Simon's Town
Tel. 021 / 786 8440
www.simonstown.com

BOOTSAUSFLÜGE, RADELN, TAUCHEN

Hafenrundfahrten auf der »Spirit of Just Nuisance« und Bootsausflüge samt Walbeobachtung veranstaltet von Mai bis November die Boat Company ab Waterfront (Tel. 083 / 257 7760, www.boatcompany.co.za). Radtouren organisiert Argus Cycle Tour (www.cycletour.co.za), geführte Kajaktouren rund ums Kap bietet Kayak Cape Town (Tel. 082 / 501 8930, www.kayak capetown.co.za). Infos über Tauchgänge am Castle Rock und zu Schiffswracks vor der Küste findet man unter www.scuba-shack.co.za.

ÜBERNACHTEN

► Komfortabel

Quayside
St. George's Street, Simon's Town
Tel. 021 / 786 3838,
Fax 021 / 786 2241
www.quayside.co.za; 26 Z.
Modernes Ambiente direkt am Hafen mit Rundblick über die False Bay

ESSEN

► Erschwinglich

Bertha's
1 Wharf Road, Quayside Centre
Tel. 021 / 786 2138
Auf der Terrasse am Yachthafen servieren Laurence Burgess und Rachmat Botha fangfrische Meerestiere und würzige Satays.

---

die Just Nuisance Day Parade abgehalten. Das angeschlossene Museum im Almay House von 1858 am King George Way informiert über die Geschichte der **kapmalaiischen Gemeinde** im Ortsteil Oceanview, insbesondere über die Zeit ab 1967, als Simon's Town zum »Gebiet nur für Weiße« erklärt wurde. Kuratorin Zainab Davidson kehrte 1995 zurück und bewahrt nun mit Nichte Roshini Millet die Hochzeitsbräuche, Fotos, Kochutensilien und andere Erinnerungen an die einst 7000 farbigen Bewohner (geführte Touren, Tel. 021 / 786 2302).

◄ Heritage Museum

⊙ Öffnungszeiten: Di. – Fr. 11.00 – 16.00, Sa. 11.00 – 13.00

Im alten Masthaus der Werft von 1815 an der St. George's Street zeigt das **Marinemuseum** Schiffsmodelle, Kanonen, Torpedos, Seeminen, Rettungsgerät und die Kommandobrücke eines U-Boots (Öffnungszeiten: tgl. 10.00 – 16.00 Uhr). Im benachbarten **Warrior Toy Museum** sind Modelleisenbahnen, Spielzeugautos und Zinnsoldaten ausgestellt (Öffnungszeiten: Sa. – Do. 10.00 – 16.00 Uhr).

South African Naval Museum

⊙

⊙

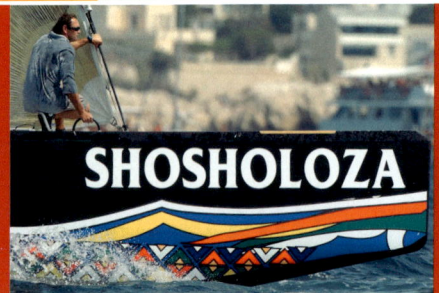

Segelt beim America's Cup für die Regenbogennation: die »Shosholoza«

EINE SCHULE FÜRS LEBEN

»Viele konnten nicht einmal schwimmen, als sie herkamen. Jetzt lieben sie das Wasser. Sie schwimmen, segeln und gewinnen Selbstvertrauen. Und genau das brauchen wir für unsere Gesellschaft ...«

So der Leiter des Marinestützpunktes in Simon's Town, Admiral Louw, der die **Izivunguvungu Segelakademie** unterstützt, wo er kann. Gegründet wurde die renommierte Schule 2002 von dem Profisegler und mehrfachen Weltmeister **Ian Ainslie** (geb. 1965), der dreimal bei den Olympischen Spielen in der Finn-Boot-Klasse für Südafrika antrat. Das Zulu-Wort »Izivunguvungu« bedeutet »starker Wind«. Ainslie weitete die zunächst Gymnasiasten vorbehaltenen Segelkurse auf **Kinder aus den Townships** Oceanview, Red Hill und Masiphumelele aus. Heute trainieren rund 120 Jugendliche nach der Schule in der steifen Brise der Simon's Bay. Freitags und samstags finden Regatten in gestifteten Booten des Royal Cape Yacht Club und der Marine statt.

Mutig nach vorn

Im Juni 2007 wurde vor Valencia für den Zweiten Pittmann Solomon Dipeere wie auch für Teamkamerad und Vormann **Golden Mgedeza** – Südafrikas Segler des Jahres 2001 – ein Traum Wirklichkeit. Beide segelten für die Regenbogennation auf der Yacht **»Shosholoza«** im **America's Cup**. Ursprünglich aus dem Township Kwa-Thema bei Johannesburg, hatten sie 1996 fünfzehnjährig ein Stipendium an der Simon's Town High School ergattert, wo Segelsport Pflicht ist. Mit Ian Ainslie, dem Chefstrategen der »Shosholoza« (in Xhosa »Mutig nach vorn«), kam der richtige Trainer zur rechten Zeit. Erfahrungen sammelten die Teens auch auf der berühmten südafrikanischen Marineyacht »Vortrekker 1«. »Es geht hier nicht nur ums Segeln«, so Ainslie, »die Jungs lernen, sich Ziele zu setzen und sie lernen, dass man dafür arbeiten muss, sie zu erreichen.«

In Valencia waren auch Jugendliche der **Izivunguvungu Musikakademie**. Ihr Auftritt vor der »Shosholoza« sorgte weltweit für Aufsehen. Begonnen hatte die Band unter Commander Mike Oldham mit nur sechs Instrumenten. 2006 kam mit der SAS »Drakenberg« die Wende: Das Schiff hatte 120 von Holland, Deutschland und Schottland spendierte Instrumente an Bord. Infos und Spendenkonto der **Izivunguvungu Foundation for Youth** unter www.Izivungu.co.za.

Umgebung von Simon's Town

Im Schutz von riesigen Granitblöcken lebt 3 km südlich der Stadt am Boulders-Strand eine fast 3000 Schnäbel zählende Pinguinkolonie, deren Brutgebiet Teil des ► Table Mountain National Park ist. Die **afrikanischen Brillenpinguine** wurden hier Mitte der 1980er-Jahre heimisch. In den 1930er-Jahren gab es noch fast 1,5 Mio. Pinguine an den Küsten Südafrikas. Um den Artenschutz kümmert sich heute die South African Foundation for the Conservation of Coastal Birds (www.sanccob.co.za). Die Tiere können von erhöhten Aussichtsplattformen aus beobachtet werden; Zufahrt zu den **Parkplätzen** von der Seaforth Street oder Bellevue Road (Öffnungszeiten: Feb. – Mai, Sept. – Nov. tgl. 8.00 – 18.30, Juni – Aug. tgl. 8.00 – 17.00, Dez./Jan. tgl. 7.00 – 19.30 Uhr; www.tmnp.co.za). Im Restaurant »Boulders Beach« dominiert Fisch die Speisekarte (Tel. 021 / 786 1758).

★★
Pinguinkolonie am Boulders Beach

☉

Seit über 40 Jahren verwöhnt das in einer liebevoll restaurierten, alten Walfangstation untergebrachte **Top-Restaurant Black Marlin** seine Gäste mit Austern, Kingklip, Kap-Hummer und erlesener Weinkarte. Von der Terrasse kann man Wale in der False Bay sehen (Tel. 021 / 786 1621, www.blackmarlin.co.za).

★
Klassiker am Miller's Point

Im Gleichschritt Marsch: Brillenpinguine am Boulders Beach

Wie wär's mit einem Segeltörn? Am Strand von Fish Hoek werden Katamarane vermietet.

Chacma Trail Geführte Touren auf dem 31 km langen, **spektakulären Naturpfad** von Simon's Town entlang der Küste und über die Swartkop-Berge bis nach Cape Point können samt drei Übernachtungen im gemütlichen Cheriton Guest House gebucht werden (Tel. 021 / 786 1309).

Fish Hoek Der **windgeschützte Sandstrand** von Fish Hoek, 5 km nördlich von Simon's Town, eignet sich gut für Familien mit Kindern. Perlenschmuck, bunte Stoffe und Tücher aus dem Township Masiphumelele verkauft das **Ubuhlanti Cultural Centre** an der Ecke Kommetje und Chasmay Road (Tel. 021 / 785 7667, www.ubuhlanti.co.za).

South African Air Force Museum

L 2

Lage: Air Force Base, Piet Grobler Street, Ysterplaat (Kapstadt)

Internet: www.saafmuseum.co.za

Das 1973 von General Sir Pierre van Ryneveld, dem »Vater der südafrikanischen Luftstreitkräfte«, eröffnete Museum erzählt die Geschichte der South African Air Force (SAAF), der nach eigenen Angaben zweitältesten Luftwaffe der Welt.

Die Anfänge der SAAF markierten vor rund 100 Jahren die **tollkühnen Flieger** McCompton Patterson und Driver in Bleriot-Einsitzern und Patterson-Doppeldeckern. Während des Ersten Weltkrieges schützte ein einziger Pilot, **DH Cutler**, die Küsten Südafrikas mit seinem Curtiss-Wasserflugzeug. Nach Ostafrika versetzt, erspähte er den deutschen Zerstörer »Köngisberg«, der dann versenkt wurde. SAAF-Piloten waren auch zivil tätig: als Postflieger zwischen Durban und Kapstadt, als Diamantentransporteure zwischen Oranjemund und Kapstadt und bei der Bewässerung der Eukalyptus-Plantagen in KwaZulu-Natal aus der Luft – die Bäume wurden für den Stollenbau in den Minen verwendet. Weniger glorreich waren militärische Einsätze gegen streikende weiße Bergarbeiter im März 1922 und gegen die Stammesrebellionen von Bondezwart, Rehoboth und Ovambo in den 1920er- und 1930er-Jahren im heutigen Namibia. Im Zweiten Weltkrieg kämpften SAAF-Piloten gegen Mussolinis Truppen in Äthiopien und im Nordafrika-Feldzug, bei Kriegsende dienten 2349 Piloten in der südafrikanischen Luftwaffe. Ab 1960 trug ein Teil als Buschpiloten maßgeblich zur touristischen Erschließung des Landes bei. Einsätze in Korea, in Angola sowie im 23-jährigen Grenzkrieg mit der SWAPO folgten, ehe die SAAF ab 1994 umstrukturiert und verkleinert wurde.

Einige Raritäten unter dem ausgestellten Fluggerät: eine Mustang P51D, eine Avro Shackleton, ein Fieseler Storch, eine Spitfire sowie der 1923 gefertigte **Spitz A 1-Projektor** zur Astronavigation – wie genau, wird im hauseigenen **Planetarium** erklärt.

◄ Bus 587 bis Haltestelle Koeberg Road / Ecke Piet Grobler Street

🕐 Öffnungszeiten: Mo. – Fr. 8.00 – 15.30, Sa. 8.00 – 12.30

★ South African Jewish Museum

Lage: 88 Hatfield Street, Gardens   **Internet:** www.sajewishmuseum.co.za

In Südafrikas ältester Synagoge eröffnete Nelson Mandela zur Jahrtausendwende das neue Begegnungszentrum der Juden am Kap. Mit dem angeschlossenen Holocaust Centre zählt es zu den modernsten Ausstellungsorten des Landes.

Ein Blickfang ist allein schon die von Michael Hackner in honigfarbenem Jerusalemer Sandstein ausgeführte Fassade. In das Museum wurde die 1863 von James Hogg entworfene **Alte Synagoge** integriert – das älteste jüdische Gotteshaus Südafrikas. Auch die 1905 errichtete **Great Synagogue** bzw. Gardens Synagoge ist Teil der Anlage. Bis 1880 lebten etwa 4000 vorwiegend britische und deutschstämmige Juden in Südafrika. Unter ihnen avancierte der Diamantenmagnat Barney Barnato (1852 – 1897) als Gegenspieler von Cecil Rhodes zur schillernden Legende. Bis 1930 wanderten Tausende osteuropäische Juden ein. Ihnen ist das originalgetreue **Schtetl** gewidmet, dessen Vorbild das litauische Dörfchen Riteve war. Thorarolle und

◄ Haltestelle der Hop-on-Hop-off-Busse von City Sightseeing am Eingang; Parkplatz So. – Fr. 8.30 – 17.00

Baedeker TIPP

Ganz koscher

Im Gartencafé Riteve werden So. bis Do. 9.00–17.00, Fr. 9.00–15.00 Uhr koschere Mahlzeiten und Snacks serviert. Der Museumsshop verkauft neben Judaica und jüdischen Koch-büchern auch Schmuck der Designerin Lorraine Goodman.

Öffnungszeiten:
So. – Do.
10.00–17.00,
Fr. 10.00–14.00;
jüd. Fei. geschl.

Führungen und
Audioguides

Widderhorn-Schofar werden ebenso gezeigt wie die Anfänge des Kramladenhandels und ein Dokumentarfilm über **Nelson Mandela**: »A Righteous Man« – Südafrikas Oberrabbiner Cyril Harris bezeich-nete Mandela als »Vorbild dessen, was ein Mensch sein kann«.

Neben Mandela und Mäzen Mendel Kaplan war zur Einweihung auch **Helen Suzman** (geb. 1917) Ehrengast: Die Menschenrechtlerin kämpfte 36 Jahre im Parlament gegen die Apartheid. Ein weiterer Mitstreiter, der Kapstädter Bauingenieur und Regierungsberater **Denis Goldberg** (geb. 1933), kehrte erst 2002 ans Kap zurück. Mit Mandela im Rivonia-Prozess zu »lebenslänglich« verurteilt, verbrach-te Goldberg 22 Jahre im Gefängnis von Pretoria. Der engagierte So-zialreformer repräsentierte dann den ANC in London und bei den Vereinten Nationen. Seit 1995 bemüht sich Goldbergs Hilfs-organisation **Community H.E.A.R.T.** (www.community-heart.org.uk) um Bildung und Gesundheit der Jugend Südafrikas.

**Cape Town
Holocaust
Centre**

Öffnungszeiten:
So. – Do.
10.00–17.00,
Fr. 10.00–13.00;
jüd. Fei. geschl.

Eintritt frei

www.
ctholocaust.co.za

Behindertengerecht zugänglich ist die im ersten Stock des Albow Centre angeschlossene Ausstellung zur Leidensgeschichte der Schoah, der 6 Mio. Juden zum Opfer fielen. Das Holocaust Centre ist das ein-zige seiner Art in Afrika. Multimedial wird die Geschichte von Antisemitismus, Drittem Reich und Deportationen in die Todeslager, aber auch von Rettung, Widerstand und Befreiung erzählt. Zeitzeu-gen berichten in Filmen über ihre Erfahrungen. 20-minütige **Doku-mentarfilme** über den Holocaust werden in Englisch, Afrikaans und Xhosa um 10.30 und 14.30 Uhr gezeigt. Während der Zuzug osteu-ropäischer Juden ab 1930 rigoros eingeschränkt war, gelang bis 1935 über 1000 deutschen Juden die Flucht nach Südafrika. Einer von ih-nen war **Harry Heinz Schwarz**, der 1934 zehnjährig auf der »Giulio Cesare« von Köln via Genua in Kapstadt landete. Gemeinsam mit Nelson Mandela studierte er Jura und war einer seiner Verteidiger im Rivonia-Prozess 1964. Ab 1974 Parlamentsabgeordneter der Uni-ted Party, später der Demokratischen Progressiven Reformpartei, wurde der führende Kopf im Anti-Apartheidkampf 1991 als erster Oppositioneller überhaupt Botschafter Südafrikas in den USA. Schwarz lebt heute mit seiner Frau Annette in Johannesburg.

★ ★ South African Museum

E 4

Lage: 25 Queen Victoria Street

Internet: www.iziko.org.za/sam
www.iziko.org.za/planetarium

Trotz bis 2009 andauernder Restaurierungsarbeiten hat das älteste Museum Südafrikas seine Pforten geöffnet. Das Flaggschiff der Iziko-Museen zeigt über eine halbe Million Exponate zur Natur und Kulturgeschichte des Kontinents.

Bereits 1825 verfügte Gouverneur Somerset die Einrichtung des Museums. Die früheste Sammlung bestand aus Mineralien und Meteoriten, Muscheln, Fischen, Reptilien, Vögeln und Säugetieren. 1897 konnte Sir Gordon Sprigg den jetzigen Museumsbau einweihen.
Unbedingt ansehen sollte man sich »Die Welt der Haie« mit dem Riesengebiss eines **Megalodon**, dem mit 20 m größten Hai aller Zeiten, der vor und 3 Mio. Jahren lebte. Zum Modell eines Kelp-Waldes gehören ein 5 m langer **weißer Hai** und ein Riesenkalmar – das bis zu 18 m lange Seeungeheuer wurde auch »Meermönch« genannt. Noch größer als beim Tyrannosaurus Rex ist der gewaltige Kopf eines Carcharodontosaurus aus der Kreidezeit in der 2008 eröffneten **Dino-**

⏱
Öffnungszeiten:
Tgl. 10.00 – 17.00

★ ★
Haie, Dinos und Felsmalereien der San

Über 30 m lang war der Blauwal, dessen Skelett jetzt im SA Museum hängt.

Kulturen Südafrikas: Traditionelle Tracht eines Sotho

saurier-Ausstellung. Lauschen Sie dem Gesang der Wale und bestaunen Sie das 20 m lange **Skelett eines Blauwals**, der etwa 180 000 kg wog. Über 250 Mio. Jahre alt sind die Fossilienfunde aus der Karoo. Einzigartig ist die Ausstellung über die verschiedenen **Kulturen Südafrikas** seit der frühen Eisenzeit, darunter die Jäger der Kalahari, ein Nama Camp des 19. Jh.s und Schaukästen zur Lebensweise der Xhosa, Zulu, Sotho und Tswana. Anschaulich wird über die **Felsmalereien der San**, ihren Glauben und ihre Heilkunst informiert. Zwei Figuren einer 1917 auf der Linton-Farm (Eastern Cape) gefundenen **Felszeichnung** zieren seit 2000 den Schild im neuen **Wappen Südafrikas**. Auch der Wahlspruch »Einheit in Unterschiedlichkeit« entstammt einer San-Sprache (▶Abb. S. 39).

Linton Panel ▶

Das 1958 erbaute **Planetarium** bietet mit seinem Minolta-Sternenprojektor audiovisuelles Himmelstheater und spektakuläre Vorführungen zum Sternenzelt über dem Tafelberg. Die Reise zu den Wundern des Universums oder zum »Leben im kosmischen Ei« dürfen 140 »Anhalter durch die Galaxis« in bequemen Sesseln antreten. Die Mittagstermine am Wochenende sind speziell für Kinder konzipiert (Vorführungen: Mo. – Fr. 14.00 Uhr, Di. auch 20.00 Uhr, Sa., So. 12.00, 13.00 und 14.30 Uhr).

✳✳ South African National Gallery

Lage: Government Avenue, Company's Garden

Internet: www.iziko.org.za/sang

Wer sich für junge Kunst am Kap interessiert, muss die National-galerie besuchen. Der bedeutendste Kunsttempel des Landes präsentiert nicht nur europäische Meister der Kolonialzeit, sondern auch herausragende südafrikanische Künstler der Moderne.

Den Grundstock der rund 6500 Exponate legte Thomas Butterworth Bayley 1871 mit der Schenkung von 45 Gemälden. Das Hauptgebäude, von Clelland & Mullins und F. K. Kendall entworfen, wurde aber erst 1930 fertig. Vor dem Haupteingang mit einer 1964 von Sydney Harpley geschaffenen **Statue für Jan Smuts** wird Recycling-Kunst aus den Townships verkauft. Die Nischen neben dem Museumseingang sind von **Isa Kabini** im farbenfrohen Stil der Ndebele designt worden. Zur permanenten Sammlung gehören Vertreter des New English Art Club sowie der Bloomsbury Group vom Beginn des 20. Jh.s. Werke von John Walker, Michael Porter, Gary Wragg, Alan Davie und Ronald Kitaj wurden ab 1980 erworben. Seit 1947 ist die National Gallery Heimstatt der Schenkung von **Sir Abe Bailey** (1865 bis 1940). Der südafrikanische Minenmagnat und Finanz-Tycoon liebte den Lebensstil englischer Landlords und frönte der Jagdleidenschaft, wie die Gemälde »Shooting Grouse« von D. Wolstenholme oder »The Grey Hunter« von G. Towne zeigen. Auch Baileys Begeisterung für Reiten und Cricket ist in den 400 Gemälden, Zeichnungen und Drucken belegt, die Dank des letzten Willens des Mäzens zurück ans Kap gelangten. Der Abe Bailey Trust kümmert sich heute um Konservierung und Restaurierung von Werken der Nationalgalerie.

🕐 Öffnungszeiten: Di. – So. 10.00 – 17.00, Sa. Eintritt frei

Mit erschütternder Eindringlickeit verkörpert die 1985/1986 entstandene Figurengruppe der **»Butcher Boys«** von Jane Alexander (geb. 1959) die grausame Deformierung des Menschen während der Apartheid-Ära. Alexander malte 1995 auch das Porträt von Steve Biko, dem Begründer der Black-Consciousness-Bewegung. Der 1956 in Montagu / Western Cape geborene Willie Bester schildert mit seinem 9 x 15 m großen Wandgemälde **»Challenges Facing the New South Africa«** die Konflikte und Widersprüche des aufstrebenden Landes. Vertreten sind ferner Wayne Barkers mit »Blue Colonies« von 1995 und der Autodidakt Trevor Makhoba mit den Werken »Things will happen« und »Azibuye Emassweni«, beide 1991. Der Förderkreis der Freunde der Nationalgalerie erwarb 2005 Claudette Schreuders Holzbüste der Präsidentengattin Tibbie Steyn aus dem Jahr 2001.

✳✳ **Zeitgenössische Sammlung**

Kontraste bilden die ausgestellte Township Art, Perlen-Figurinen von Zulu-Frauen, Textil- und Fotoarbeiten und Installationen neuer Me-

Township Art und naive Kunst

dien. Kataloge und Souvenirs sind im Galerieshop erhältlich. Im **Galeriecafé** trinkt man den Tee mit Blick auf naive Kunst des Malers Andrew Murray (1917 – 1998).

★★ Stellenbosch

B 3

Lage : 50 km nordöstlich von Kapstadt   **Einwohnerzahl :** 103 000

Einzigartige kapholländische Architektur, erstrangige Museen, wundervolle Weingüter und Spitzenrestaurants machen die renommierte Universitätsstadt zum Topziel.

Stadtgeschichte Die nach Kapstadt zweitälteste europäische Siedlung am Kap wurde 1679 von Gouverneur Simon van der Stel gegründet. Die ersten Siedler pflanzten Weizen in dem fruchtbaren Tal, doch schon bald erkannte man, dass Böden und Klima sich ausgezeichnet für den Weinbau eignen. Heute ist die Region eine der **wichtigsten Weinbau-**

Wirklich bildhübsch: das ehemalige Pfarrhaus der Rheinischen Mission, in dem heute viktorianische Puppen und Modelleisenbahnen zu sehen sind

Stellenbosch *Orientierung*

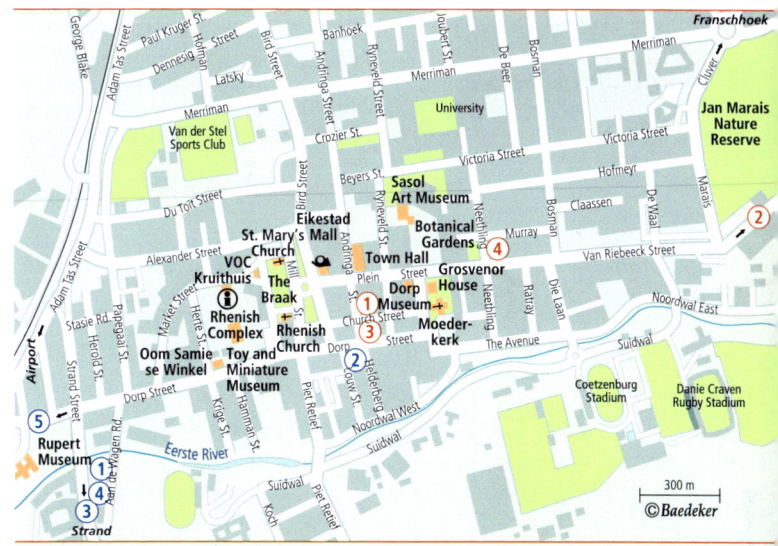

Essen
1. De Volkskombuis
2. Cognito
3. Terroir/ Kleine Zalze
4. De Oewer
5. Moyo at Spier

Übernachten
1. D'Ouwe Werf
2. Lanzerac Manor Hotel & Spa
3. Stellenbosch Hotel
4. Roosenwijn Guest House

gebiete des Landes. Seit 1918 ist Stellenbosch zudem **Universitäts-stadt**. An der ältesten Hochschule Südafrikas lernten spätere Premierminister und Staatschefs wie Hans Strijdom, Daniel Malan und Jan Smuts – 2007 wurde Prof. Russel Botman erster farbiger Rektor der Eliteschmiede. Von den rund 23 000 Studenten sind heute fast 30 % Nichtweiße. Ein Uni-Erfolg ist auch Südafrikas »Silicon Valley«, der **Technopark** Stellenbosch.

Im Botanischen Garten der Universität an der Neethling Street gedeihen tropische Orchideen, Bonsai-Bäume und Welwitschien aus der Wüste Namibias (Öffnungszeiten: tgl. 8.00 – 17.00 Uhr).

Botanical Garden
🕐

Auf der heute grünen »Brache« im Stadtzentrum wurden einst Militärparaden abgehalten. 1854 konnte die Kirche **St. Mary-on-the-Braak** geweiht werden, 1884 ergänzte man ihren Glockenturm. Das 1777 für die VOC erbaute Munitionsdepot, das **VOC Kruithuis**, ist jetzt Militärmuseum (Öffnungszeiten: Sept. – Mai Mo. – Fr. 9.00 bis 14.00 Uhr). In der Market Street zeigt das **Burgerhuis** von 1797 Delfter Porzellan, Tabakdosen und Pokale der VOC (Öffnungszeiten: Mo. – Fr. 8.00 – 16.30, Sa. 10.00 – 13.00, 14.00 – 17.00 Uhr).

De Braak
🕐

▶ STELLENBOSCH ERLEBEN

AUSKUNFT

Tourism Information Centre
36 Market Street, Stellenbosch
Tel. 021 / 883 3584, Fax 021 / 882 9550
www.stellenboschtourism.co.za

ESSEN

▶ Fein & teuer

① *De Volkskombuis*
Aan de Wagen Road
Tel. 021 / 887 2121
www.volkskombuis.co.za
Das von Sir Herbert Baker entworfene
Farmhaus ist seit über 30 Jahren
kulinarische Institution. Dawid und
Christelle Kriel verwöhnen mit
kapholländischen Köstlichkeiten.
Probieren Sie zum Karoo-Lamm
einen Shiraz.

② *Cognito*
137 Dorp Street
Purdon Gilmore Building
Tel. 021 / 882 8696, So. Ruhetag
www.cognitorestaurant.co.za
Elegantes Ambiente und gelungene
Synthese südafrikanischer und ma-
rokkanischer Küche. Spezialität von

Michelle Kromhout: B'stilla-Huhn
und Lamm mit Süßkartoffeln an
Aprikosensauce.

Baedeker-Empfehlung

③ *Terroir / Kleine Zalze*
Strand Road / R 44, Tel. 021 / 880 8167
www.kleinezalze.com
Das 100 ha große Weingut oberhalb vom
Golfclub De Zalze wurde 1683 von dem
deutschen Einwanderer Nicholas Cleef
gegründet. Heute bietet das Familien-
unternehmen nicht nur Kellerführungen
und Weinproben, sondern auch ein schickes
Landhotel und das mediterran inspirierte
Feinschmeckerrestaurant »Terroir«, das
zu den Top 10 am Kap zählt – unser Tipp:
Michael Broughtons Langustenrisotto mit
weißem Trüffelöl, dazu ein Kleine Zalze
Chenin Blanc 2007.

▶ Erschwinglich

④ *De Oewer*
Aan de Wagen Road
Tel. 021 / 886 5431
www.volkskombuis.co.za/oewer
Im Weingarten am Eerste River sitzt
man entspannt im Schatten mächtiger
Eichen. Mediterran inspirierte Afri-
kaans-Küche – besonders lecker
sind die Snoekopita, West-Coast-
Hechtröllchen.

⑤ *Moyo at Spier*
6 km südwestlich von
Stellenbosch an der R 310
Tel. 021 / 809 11 00, www.spier.co.za
Auf der 150 Jahre alten Weinfarm
Spier widmet sich der Zulu und
Weinexperte Jabulani Ntshangase
der Ausbildung einer neuen Genera-
tion farbiger Winzer – Weinprobe
tgl. 10.00 – 16.30 Uhr. Fantasievolles

Für gehobene Ansprüche:
Landhotel Kleine Zalze mit Pool

Dekor wie aus »1001 Nacht« gehört zum Erlebnisbankett im Freiluftrestaurant Moyo mit Beduinenzelten, afrikanischer Musik und Liveshow. Traditionelle Kap-Küche wird im Jonkershuis serviert. Zum Übernachten bietet das Spier-Hotel 155 schicke Zimmer. Werfen Sie einen Blick in die Ateliers junger Künstler und auf den Kunsthandwerkermarkt. Im Cheetah Project überleben von Hand aufgezogene Geparden, im Greifvogel-Rehazentrum kümmern sich Tracy und Hank Chalmers um Adler und Falken.

Alte Pracht: Omnibuskutsche von 1868 auf dem Weingut Blaauwklippen

WINE ROUTE & FESTIVAL

Um Stellenbosch verläuft seit 1971 die älteste Weinroute Südafrikas, die heute in fünf Teilrouten gegliedert ist (www.wineroute.co.za; ► S. 269). Höhepunkt des Jahres ist das Wine Festival im August.

ÜBERNACHTEN

► **Luxus**

① *D'Ouwe Werf*
30 Church Street, Stellenbosch 7600
Tel. 021 / 887 4608, Fax 021 / 887 4626, www.ouwewerf.com
Südafrikas ältestes historisches Hotel geht auf das Jahr 1802 zurück, der jetzige georgianische Bau stammt aus den 1890er-Jahren. Alle 32 Zimmer

sind mit antiken Möbeln eingerichtet. Im preisgekrönten Gartenrestaurant serviert Liza Engelbrecht zarte Straußen-Medaillons und Kudu-Steaks. Unwiderstehlich: der »Schokoladenkuchen für Millionäre« mit Rosenwasser-Eiscreme.

Baedeker-Empfehlung

② *Lanzerac Manor Hotel & Spa*
Lanzerac Road, Stellenbosch 7599
Tel. 021 / 887 1132, www.lanzerac.co.za
4 km südöstl. von Stellenbosch
Uralte Eichen säumen die Auffahrt zu einem der schönsten Wellness-Hotels Südafrikas mit spektakulärem Blick auf schroffes Bergland und grüne Rebhänge. Das über 300 Jahre alte Weingut mit einem kapholländischen Herrenhaus von 1692 (►Abb. S. 42) ist bekannt für besten Service, edle Weine und exquisite Gourmetküche. Alle 48 Zimmer haben Balkon oder Terrasse. Entspannung pur verspricht der neue Spa mit Pool, Jacuzzi und Saunen.

► **Komfortabel**

③ *Stellenbosch Hotel*
Dorp Street Ecke Andringa Street
Stellenbosch 7559
Tel. 021 / 887 3644, Fax 021 / 887-3673
www.stellenboschhotel.co.za
Charmantes Boutique-Hotel im Zentrum mit 27 Zimmern und 6 Selbstversorger-Apartments. Probieren Sie im Restaurant Jan Cats die frischen Austern und die Wildgerichte.

► **Günstig**

④ *Roosenwijn Guest House*
14 van Riebeeck St. Stellenbosch 7500
Tel. 021 / 883 3338
www.stellenguest.co.za
Bezauberndes viktorianisches Herrenhaus von 1904 mit Pool und romantischer Hochzeitssuite

STELLENBOSCH DORP MUSEUM

✷ ✷ Im ältesten Stadtteil von Stellenbosch wurden vier Häuser aus dem 18. und 19. Jh. liebevoll restauriert, um die damalige Entwicklung von Architektur, Hauseinrichtung, Gärten und Mode vorzustellen.

🕐 Öffnungszeiten:
Mo. – Sa. 9.30 – 17.00, So. 14.00– 17.00 Uhr
Eingang: 18 Ryneveld Street, Tel. 021 887 2902

① Schreuderhuis (um 1709)

Im reetgedeckten Schröderhaus mit Lehmfußboden, gekalkten Wänden und Bleiglasfenstern wohnte ab 1709 der sächsische Mühlenverwalter Sebastiaan Schröder. Ein halbes Jahr nach seiner Fertigstellung wurde das Haus im Februar 1710 auf der ersten Zeichnung von Stellenbosch abgebildet, heute ist es die älteste erhaltene Stadtwohnung Südafrikas. Möbel und Hausrat datieren aus der Zeit von 1690 bis 1720.

② Blettermanhuis (um 1789)

Kurz vor seinem Ruhestand ließ sich der wohlhabende Friedensrichter und letzte VOC-Droste Hendrik Lodewyk Blettermann 1789 ein Haus im typischen kapholländischen Stil mit H-förmigem Grundriss und sechs Giebeln erbauen. Das Mobiliar stammt aus der zweiten Hälfte des 18. Jahrhunderts.

③ Grosvenor House (um 1803)

Die untere Etage des klassizistischen Patrizierhauses wurde schon 1782 für den Großbauern Christian Ludolph Neethling begonnen, aber erst 1803 von seinem Nachfolger J. W. Herold mit einem ziegelgedeckten Flachdach fertiggestellt. Den neoklassizistischen Türrahmen am Eingang ziert im Giebelfeld eine biblische Palme für den Psalm 92, Vers 13: »Der Gerechte wird grünen wie ein Palmenbaum«.

④ O. M. Bergh House (um 1850)

Ursprünglich hatte auch das Haus des stellvertretenden Gerichtsvollziehers Olof Martinus Bergh ein Strohdach und ähnliche Giebel wie das Blettermanhuis, bevor es im späten 19. Jh. seine heutige Gestalt annahm. Die Tapeten, Möbel und Accessoirs sind typisch für die viktorianische Zeit zwischen 1840 und 1870.

⑤ Gärten

Sogar die Gärten der vier Wohnhäuser sind im Stil ihrer Entstehungszeit mit Blumen, Obstbäumen, Gemüsebeeten, Heil- und Küchenkräutern bepflanzt.

Feines zum Staunen: der Stinkwood-Schrank im Schlafzimmer des Blettermanhuis

Seit über 200 Jahren gut im Geschäft: Oom Samie se Winkel

ten, Saphiren und Rubinen. Im Hermitage Restaurant kann man russische Spezialitäten probieren (Bottelary Road, Öffnungszeiten: Di. bis Fr. 10.00 – 16.00, Sa., So. 10.00 – 15.00 Uhr; Führungen: Di. – Fr. 10.30, 14.30, Sa., So. 12.30, 14.30 Uhr; www.hazendal.co.za.).

Umgebung von Stellenbosch

Auf den meisten der rund 130 Weingüter von Stellenbosch werden täglich Kellerführungen und Weinproben angeboten, viele haben auch Restaurants und Picknickmöglichkeiten. Besonders zu empfehlen sind **Kleine Zalze**, **Lanzerac** und **Spier** (▶S. 265).
Bergkelder beeindruckt mit seinem Weinmuseum und großen Weinkellern im Papegaaiberg (Öffnungszeiten: Mo. – Fr. 8.00 – 17.00, Sa. 9.00 – 14.00 Uhr, Führungen: Mo. – Fr. 10.00, 11.00, 15.00, Sa. 10.00, 11.00, 12.30 Uhr; www.bergkelder.co.za).
Blaawklippen, das 2007 seinen 325. Geburtstag feierte, ist bekannt für sein schönes kapholländisches Herrenhaus, ein Kutschenmuseum (▶Abb. S. 265) und das ausgezeichnete Barouche Restaurant – probieren Sie den körperreichen »Cabriolet« (Öffnungszeiten: tgl. 9.00 bis 17.00, So. bis 16.00 Uhr, Führung n. V., Tel. 021 / 880 0133; südl. an der R 44, www. blaauwklippen.co.za).
Auch **Meerlust** besitzt schöne kapholländische Gebäude; seine Weine sind nur in Barriques ausgebaut wie der dunkelrote »Rubicon« (Öffnungszeiten: Mo. – Fr. 9.00 – 17.00, Sa. 10.00 – 14.00 Uhr, Führung n. V., Tel. 021 / 843 3587; südl. an der R 44, www.meerlust.co. za).
Morgenhof hat einen wunderschönen Park und Fasskeller für 1600 Barriques – probieren Sie das Cuvée »Première Sélection« im Bordeaux-Stil (Öffnungszeiten: Mo. – Fr. 9.00 – 17.00, Sa., So. 10.00 bis 14.00 Uhr, Führung n. V., Tel. 021 / 889 5510; am Simonsberg, www.morgenhof.com).

★ ★
Stellenbosch Wine Route

◀ www. wineroute.co.za

! Baedeker TIPP

Lord Neethling

Schon die Anfahrt durch eine kilometerlange Pinienallee ist beeindruckend. Gegründet wurde Neethlingshof Estate 1692 von Willem Barend Lubbe, einem deutschen Einwanderer. Heute bietet das herrliche Anwesen mit einem Herrenhaus von 1814 nicht nur Weinproben – ein Muss: der Pinotage –, sondern auch wahre Gourmeterlebnisse. Reservieren Sie im Lord Neethling Restaurant einen Platz auf der Palmenterrasse mit Blick auf die Rebberge und probieren Sie Biltong mit Portwein oder Springbock auf Wildpilzen (Führungen n. V.; Polkadraai Road, Vlottenburg, 6 km westl. von Stellenbosch, Tel. 021 / 883 8966, www.lordneethling.co.za, www.neethlingshof.co.za).

Trocken, erdig und tanninbetont sind die preisgekrönten Rotweine vom Gut **Rust en Vrede**, das 1978 der ehemalige Rugby-Nationalspieler Jannie Engelbrecht übernahm. 2004 lieferte Rust en Vrede auf Wunsch von Nelson Mandela die Weine zum Dinner seiner Nobelpreisverleihung in Oslo (Öffnungszeiten: Mo. – Fr. 9.00 – 17.00, Sa. 9.00 – 15.00 Uhr; südl. an der R 44, www.rustenvrede.com).

Das 200 ha große **Assegaaibosch Nature Reserve** südöstlich von Stellenbosch im Jonkershoek Valley ist durch einen 2 km langen Rundwanderweg erschlossen, zu dem auch ein wunderschöner Wildblumengarten gehört (Öffnungszeiten: tgl. 7.30 bis 17.00 Uhr).

Hottentots Holland Nature Reserve
Über den **Boland Hiking Trail** kann man zum 25 000 ha großen Schutzgebiet Hottentots Holland weiterwandern, in dem Zwergantilopen, Springböcke und Leoparden leben.

Somerset West
Beliebtes Wohngebiet ist 16 km südlich von Stellenbosch das beschauliche Städtchen am Fuß der Helderberg-Kette. Im Sommer verkaufen auf dem Craft Market an der Main Road viele Kunsthandwerker ihre Arbeiten. Das beste Bobotie zaubert Carmen Truter im

✳ viktorianischen **Die Ou Pastorie Country House & Restaurant** an der

Gourmettreff ▶ Lourens Street 41 (Tel. 021 / 852 2120). Im **D'Vine** an der Morgenstern Avenue steht Andre Williams am Herd – wahrhaft göttlich ist sein »Südafrikanisches Trio« aus Malvenpudding, Milk Tart und Koeksister (Tel. 021 / 851 3759, www. dvine restaurant.co.za).

✳ Ein Riesenspaß für die ganze Familie ist die »Affenstadt«3 km außer-

Monkey Town ▶ halb an der N 2 Richtung Caledon. Mehr als 230 Affen inklusive **Schimpansen**, Pavianen und Lemuren leben hier in einem riesigen

🕐 Park (Öffnungszeiten: tgl. 9.00 – 17.00 Uhr, www.monkeys.co.za).

✳ ✳

Vergelegen
Ohne Zweifel ist das 3000 ha große Anwesen 4 km nordöstlich von Somerset West eines der eindrucksvollsten und besten Weingüter Südafrikas. Auch Königin Elisabeth II., Bill Clinton und Nelson

www. vergelegen.co.za ▶ Mandela waren hier schon zu Gast. Am 1. Februar 1700 bekam der damalige Gouverneur Willem Adriaan van der Stel das Land zuge-

🕐 sprochen, der das wunderschöne kapholländische Herrenhaus erbaute

Kellerführung: Tgl. 10.30, 11.30, 15.00
te und erste Weinstöcke anpflanzte. Im Laufe seiner wechselvollen Geschichte ging der Besitz 1917 an Sir Lionel und Lady »Ferrie« Phillips über, die das Weingut restaurieren ließen und eine Bibliothek

einrichteten, die tgl. 9.30 – 17.00 Uhr zu besichtigen ist. Eine Führung durch die 1992 von Stararchitekt Patrick Dillon entworfenen **hochmodernen Kelleranlagen** mit Weinprobe sollte man sich nicht entgehen lassen. Es gibt vier Produktionsebenen, von denen drei unter der Erde liegen. Das in Barriques ausgebaute **Cuvée Vergelegen** aus Cabernet Sauvignon, Merlot und Cabernet Franc gehört zu den Spitzenweinen des Landes. Setzen Sie sich mit einem Picknickkorb unter einen der 300 Jahre alten Kampferbäume im Park oder reservieren Sie einen Tisch auf der Terrasse des **Lady Phillips Restaurants** am Rosengarten (Lourensford Road, Tel. 021 / 847 1346).

Der Naturpark am Südosthang des 1138 m hohen **Helderberg Dome** ist für seine Proteen und artenreiche Vogelwelt bekannt (Öffnungszeiten: Nov. – April tgl. 7.30 – 19.00, Mai – Okt. tgl. 7.30 – 17.30). Am Eingang informiert das Maskew Miller Herbarium über Bergfynbos und Vogelarten (Öffnungszeiten: tgl. 10.00 – 16.30 Uhr). Hier gibt es auch eine Karte mit den Wanderwegen zum Gipfel. 2 bis 20 km lang sind die **Hiking Trails** ab der Helderberg Farm mit gutem Restaurant (Öffnungszeiten: tgl. 8.00 – 18.00 Uhr, www.helderbergplaas.co.za).

✱ **Helderberg Nature Reserve**

◄ www.helderberg naturereserve.co.za

Die Hochhaus-Skyline am breiten, feinsandigen Goustrow Beach von **Strand** zeigt den hohen Beliebtheitsgrad des Badeortes an der **False Bay** bei den Kapstädtern. Europäer zieht es eher ins 8 km entfernte Fischernest **Gordon's Bay** mit felsiger Küste, die sich bestens zum Angeln eignet. Walbeobachtungen locken auf der Panorama-Küstenstraße **R 44** über Betty's Bay nach Kleinmond (►S. 217).

✱ **Schöne Sandstrände**

Ende Januar beginnt in Stellenbosch die Weinernte.

Strand Street

D 2 – F 3

Lage: Verbindung zwischen City Bowl und Waterkant-Viertel

Verkehr: Taxi und Busse zum Bahnhof und zur V & A Waterfront

Vor der Landgewinnung zog sich die breite Verkehrsachse zwischen Zentrum und ▶Green Point tatsächlich noch am Meer entlang. Heute bietet die Strand Street altehrwürdige, aber auch brandneue Besucherziele wie das faszinierende Gold of Africa Museum.

Idyllische Zeiten

Anno 1790, als Kapstadts Straßen offiziell benannt wurden, erhielt auch die Strand Street erste Straßenschilder und ihren heutigen Namen. Bis 1702 war sie als **Seestraße**, danach als »Breede Strand Straat« bekannt. Sie folgte der historischen Küstenlinie, bis die Aufschüttung von 40 Mio. m³ Sand und Erde den »Strand« 2 km nordwärts versetzte, um 145 ha für **Foreshore** zur gewinnen. 1664 baute Thomas Chr. Mulder, Bäcker der VOC, das erste Haus an der Straße. Ab 1700 – Kapstadt zählte damals 640 Erwachsene, 605 Kinder und 891 Sklaven – avancierte die Strand Street zur schicken Adresse. Mitte des 19. Jh.s wohnten hier die Familien der **wohlhabenden Reeder und Kaufleute** aus den Kontoren der nahen ▶Heerengracht.

★

Koopmans-de-Wet-House

🕐

Öffnungszeiten: Di. – Do. 9.00 – 16.00

www.iziko.org.za/ koopmans

Als erstes privates Stadthaus Südafrikas wurde 1914 das Haus Nr. 35 für die Öffentlichkeit zugänglich gemacht; bis 2003 konnte das ganze Gebäude restauriert werden. Die letzten Besitzer, **Marie Koopmans-de Wet** (1834 – 1906) und ihre Schwester Margaretha (1836 – 1911), führten einen Kapstadts Kulturleben bereichernden Salon. Marie hatte sich Verdienste als Kunstmäzenin und im Burenkrieg erworben – als sie Lebensmittelpakete für die Frauen in den englischen Konzentrationslagern organisierte, stellte man sie unter Arrest. **Kap-Möbel des späten 18. und frühen 19. Jh.s**, dekorative Wandmalereien, chinesisches und Delfter Porzellan machen den Besuch zum Erlebnis.

1806 erwarb Margaretha Jacoba Smuts, Witwe des Bürgerratsvorsitzenden Hendrick Justinus de Wet, Grundstück und Haus, das schon 14 Vorbesitzer kannte. Erster Eigner war 1701 der Friese Reijnier Smedinga. Ab 1771 baute es der Amsterdamer Pieter Malet auf zwei Etagen für seine 16 Kinder aus. Vermutlich waren es Louis Thibault und der Freiburger Anton Anreith, die um 1790 die elegante, neoklassizistische Fassade schufen, auf der 1994 von Restauratoren 17 verschiedene Farbschichten entdeckt wurden. Von den sieben Haussklaven der Witwe Smuts sollen noch Jonas van de Caab, ein Böttcher, und der Koch Kito van Mosambique als Gespenster spuken.

Lutheran Church

An der Kreuzung zur Buitengracht ließ der clevere Kaufmann Martin Melck 1774 die **älteste evangelische Kirche Südafrikas** errichten – als Schuilkerk, Schulkirche, konnte sie nicht verboten werden. Damals beteten die 130 Gemeindeseelen allerdings noch im Geheimen.

Religionsfreiheit gewährte die VOC erst 1780. Die Kanzel stammt von Anton Anreith (Öffnungszeiten: Mo. – Fr. 10.00 – 14.00 Uhr).

Gold of Africa Museum (GOA)

Nebenan steht das erst nach Melcks Tod 1783 erbaute, 2000 komplett restaurierte **Martin Melck House**. Seine Fassade stammt von 1820. Seit 2001 beherbergt es das weltweit einzige Museum, das sich nur mit **afrikanischer Goldkunst** befasst. Kern der Sammlung ist die vom Goldminenkonzern Anglo Gold Ashanti (www.anglogold.com) erworbene Genfer Kollektion Jean Paul Barbier/Josef Mueller (www.barbier-mueller.ch). Diese widmet sich vor allem der Kunst des westafrikanischen Königreichs Akan, das seit dem 15. Jh. im heutigen Ghana und der Elfenbeinküste beheimatet war. Ausgestellt sind goldene Schmuckstücke und ein Thron der Ashanti-Häuptlinge aus Ghana, vergoldete Fetische und bunte Kente-Webstreifen, filigrane Goldarbeiten aus Zimbabwe, Ägypten und der Sahelzone. Der Museumsshop verkauft auch 22-karätigen Goldschmuck (Öffnungszeiten: Mo. – Sa. 9.30 – 17.00 Uhr, Führungen: 18.00 – 20.00 Uhr, www. goldofafrica.com).

! *Baedeker* TIPP

Alles Gold

Wer gerne selber Schmuck entwerfen möchte, kann in der Goldschmiede-Werkstatt des Museums einen Kurs belegen. Kapmalaiische Köstlichkeiten serviert im grünen Innenhof das Gold Restaurant. Zum Dinner gehören auch Trommelklänge, Museumstour und ein Malaiisches Puppentheater – Managerin Mwimbi Low spricht übrigens fließend Deutsch (Öffnungszeiten: tgl. 10.30 – 23.00 Uhr; Tel. 021/421 4653, www.goldrestaurant.co.za).

Waterkant

Am Übergang der Strand zur High Level Road schiebt sich das Stadtviertel Waterkant zwischen Zentrum und ▶ V & A Waterfront. Restaurierte Häuserzeilen, kleine Bars und Cafés, Restaurants, Kunstgalerien, Boutiquen und das Einkaufszentrum **Cape Quarter** an der Waterkant Street 72 haben das Quartier erheblich aufgewertet. Saftige Steaks, Linefish und 40 offene Weine der Spitzenklasse bekommt man in der **Nose Restaurant and Wine Bar** im Cape Quarter, Eingang Dixon Street (Tel. 021 / 425 2200, www. thenose.co.za). Die Waterkant ist auch als The Village bekannt und Treff der Gay-Szene – seit 2008 können gleichgeschlechtliche Paare in Südafrika auch den Bund der Ehe schließen. Im Februar paradieren Teilnehmer des schwul-lesbischen **Cape Town Pride Festival** durch Waterkant (www.capetownpride.co.za).

★★ **Table Mountain** (Hoeri 'kwaggo)

C/D 6/7

Lage: 1086 m über der Tafelbucht

Internet: www.tablemountain.net
www.sanparks.org/parks/table_mountain

Ob zu Fuß oder mit der Seilbahn: Der Tafelbergbesuch gehört zu den Höhepunkten eines Kapstadtaufenthaltes. Vorausgesetzt, der gewaltige Fels aus den Urzeiten der Erdgeschichte hüllt sich nicht gerade in dichte Wolken. An sonnigen Tagen hat man einen traumhaften Blick auf das Stadtzentrum und die gesamte Kaphalbinsel.

► **3D-Abb. S. 276**   Mit dem **Auto** erreicht man die Talstation in der Tafelberg Road vom Stadtzentrum über Buitengracht Street und Kloof Nek Road. Die roten Doppeldeckerbusse von **Cape Town Explorer** und **City Sightseeing** (► S. 112) fahren von der ►V & A Waterfront bis zur Talstation.

Berg im Meer   Erster Weißer auf dem Tafelberg war 1503 der Portugiese Antonio de Saldanha. Sein Taufname »Taboa da Caba« (Tafel des Kaps) für **Kap-**

stads Wahrzeichen setzte sich durch. Siedlungsspuren belegen jedoch die weitaus frühere Anwesenheit der San rund um ihren **»Hoeri 'kwaggo«**, den »Berg im Meer«. 1085, 1086 oder 1087 m: An der höchsten Plateauerhebung, dem **Maclear's Beacon** mit einem Kriegerdenkmal, scheiden sich die Mess-Geister bis heute.

Bei klarem Wetter reicht der Blick vom Tafelberg bis hinunter zum Kap.

★ ★ Table Mountain National Park

Karte S. 159

Lage: zwischen Signal Hill und Cape Point, Atlantik und False Bay

Internet: www.tmnp.co.za
www.sanparks.org/parks/table_mountain/

Fast Dreiviertel der Kaphalbinsel gehören heute zum 1998 gegründeten Tafelberg-Nationalpark, dem 2004 durch Umbenennung auch der Cape Peninsula National Park angegliedert wurde. Mehr als 2280 Pflanzenarten sind im Nationalpark heimisch, der das Herz des UNESCO-Weltnaturerbes »Kapfloraregion« bildet.

TABLE MOUNTAIN

✴ ✴ Wahrzeichen Kapstadts ist der 1086 m hohe Tafelberg. Durch den südöstlichen Sommerwind, bekannt als »Cape Doctor«, legen sich häufig Wolken
wie ein »Tischtuch« über den Gipfel. Da sich das Wetter rasch ändert, sollte
man die Besteigung bzw. Auffahrt angehen, sobald der Berg wolkenfrei ist –
oben erwartet Sie ein atemberaubender Panoramablick über die Stadt!

🕑 Betriebszeiten der Seilbahn:
Mai – Mitte Sept. tgl. 8.30 – 18.00, Mitte
Sept. – Okt. tgl. 8.00 – 19.00, Nov. tgl. 8.00 bis
20.00, Dez., Jan. 8.00 – 21.30 bzw. 22.00, Feb.
8.00 – 20.30, März 8.00 – 19.30, April 8.00 bis
18.30 Uhr; bei starkem Wind wird der Betrieb
eingestellt. Ermäßigung für Wildcard-Inhaber.
Auskunft: Tel. 021 / 424 8181
www.tablemountain.net – mit Web-Cam

Steinerne Zeugen der Erdgeschichte
Der aus mächtigen Sandsteinschichten über
einem älteren Sockel aus Granit und Quarzit
aufgebaute Tafelberg bildet das nördliche Ende
der Kaphalbinsel. Das gewaltige Küstengebirge ist
über 650 Mio. Jahre alt und war einst fünfmal so
hoch wie heute. Nach wiederholtem Auftürmen
und Abtragen durch Tektonik und Meeresspiegel-
schwankungen begann vor 180 Mio. Jahren
die Erosion durch Wind und Wasser, die dem
steinernen Koloss sein jetziges Aussehen verlieh –
Risse, Rinnen und Spalten im Gipfelbereich
zeigen, dass dieser Prozess noch längst nicht
abgeschlossen ist. Zum Massiv des Tafelbergs
gehört im Osten die 1000 m hohe ① **Devil's
Peak**, im Westen ragt zwischen City und Atlantik
der ② **Lion's Head** mit 669 m auf, das Ende
des langen »Löwenkörpers« markiert der 350 m
hohe ③ **Signal Hill**. Im Südwesten überragen
die ④ **Twelve Apostles** mit Höhen zwischen
780 und 800 m die Badeorte am Atlantik. Nach
Süden setzt sich der Tafelberg als breites Plateau
fort und fällt schließlich steil zum Orange Kloof ab,
der noch 200 m aufragt. An seinem Osthang liegt
der berühmte ▶Kirstenbosch Botanical Garden.

Das »Tischtuch« des Tafelbergs
Durch den südöstlichen Sommerwind verhüllt
häufig das »Table Cloth« den Tafelberg. Die
aufsteigenden Luftmassen des Southeaster, der
über das Agulhas-Strom und der False Bay viel
Feuchtigkeit aufnimmt, kondensieren in etwa
900 m und bilden dicke Wolken. Diese quellen
über das Bergmassiv und stürzen dann über der
City wieder herab. Dabei erwärmt sich die Luft,
die Wolken lösen sich auf und bilden das
markante Tischtuch.

⑤ Table Mountain Aerial Cable Way
5 bis 10 Minuten braucht die Gondel für die
700 Höhenmeter bis zum Gipfel. Am Freitag, dem
13. Juli 2007, begrüßte die Tafelbergbahn ihren
18-millionsten Gast seit der Eröffnung 1929.
Die Kabinen der 1997 in Betrieb genommenen
neuen Drahtseilbahn – ein Schweizer Fabrikat –
drehen sich während der Fahrt einmal um 360°.
An der oberen Bahnstation befindet sich ein Self-
Service-Restaurant. Hier kann man auch Karten
und Wanderführer kaufen.

Plateauwege durchs Paradies
Mit mehr als 1500 verschiedenen Pflanzenarten
ist der Berg ein **botanisches Paradies**, das man
auf drei markierten Wegen erkunden kann. Stets
präsent sind die bis zu 50 cm langen, mit den
Elefanten verwandten **Klippschliefer** (rock
dazzies), denen der **Dassie Walk** mit spektakulären Ausblicken zu den Zwölf Aposteln gewidmet ist. Der populäre **Agama Walk** bietet ein
Rundum-Panorama über Kapstadt und die Kaphalbinsel. Der **Klipspringer Walk** führt zur
Plateaukante an die Platteklip Gorge.
Viele Wege führen auf den »Hoeri 'kwaggo«,
doch nur die markierte Strecke durch die **Platte-
klip-Schlucht** wird empfohlen – auch Antonio
da Saldanha nahm 1503 diesen Weg. Wer ihm
folgen will, braucht eine gute Kondition, Allwetterkleidung und feste Schuhe, denn der Aufstieg
ist streckenweise extrem steil und dauert bis zu
vier Stunden. Am Fuße der Schlucht und an der
Tafelberg Road befinden sich zwei Parkbüros mit
Informationen zu den neuen **Hoerikwaggo
Trails** des ▶Table Mountain National Park.

Beste Aussichten
Am Wochenende wird der Tafelberg abends
mit Flutlicht angestrahlt. Den besten Blick für
ein Fotoshooting hat man dann an der zum
▶Signal Hill hinaufführenden Straße.

Adrenalin pur ...
verspricht das Abseilen vom Tafelberg auf einer
112 m langen Piste – nur für Schwindelfreie!

Mehr als 300 Wege führen auf den »Berg im Meer«.

stellt. Der **Silvermine Trail** beginnt in Slangkop mit Übernachtungen in Silvermine und Orange Kloof. Seit 2007 verbindet der spektakuläre, sechstägige **Top to Tip Trail** den Tafelberg und Cape Point, bietet komfortable Hütten, Vollverpflegung und Gepäcktransport.

◄ Booking office: Tel. 021 / 465 8515, www.sanparks.org/ parks/table_ mountain/ht/

Sicherheit zuerst

Über 50 Parkranger können heute im Ernstfall rasch vor Ort sein. Wanderer sollten **mindestens zu viert** unterwegs sein und ein Handy dabeihaben – Park-Notrufnummer: Tel. 086 / 110 6417, weitere Notdienste ►S. 101. Selbstverständlich sind Allwetterkleidung, gutes Schuhwerk und ausreichend Verpflegung. Der **Mountain Club of South Africa** organisiert Bergtouren und bietet einen Such- und Bergungsdienst an – Trekkingtouren am besten beim MCSA an- und abmelden (97 Hatfield Street, Tel. 021 / 465 3412, www.mcsa.org.za).

Do ist yourself!

Im Herzen der Tokai-Pinien-Plantage an den Ausläufern des Constantiaberges bietet das liebevoll restaurierte Wood Owl Cottage für Selbstversorger drei große Doppelzimmer, Küche und Wohnraum mit offenem Kamin – Frühstück auf Anfrage (TMNP Tokai, Tel. 021 / 712 7471, E-Mail: joek@sanparks.org).

Townships · Cape Flats (Kaapse Vlakte)

Lage: 15 – 40 km (süd-)östlich von Kapstadt

Internet: www.etownship.co.za

Die Kehrseite Kapstadts sind die Townships, in denen große Armut, hohe Arbeitslosigkeit und Gewalt herrschen. Nach dem Ende der Apartheid änderten sich die Zustände nur schleppend, doch allmählich gibt es auch Verbesserungen. In den riesigen Barackensiedlungen der Cape Flats leben heute über 2,5 Mio. Menschen. Früher »No-go-Gebiete«, gehören sie inzwischen bei vielen Reiseveranstaltern zum Programm. Aber Township-Touren sind nicht ungefährlich und sollten nur geführt unternommen werden!

Erbe der Apartheid

Die Entstehung der Townships war eine Folge der Apartheid, die 1923 mit dem **Native Urban Areas Act** begann, städtische Wohngebiete nach Hautfarben einzuteilen. Schwarzen waren Wohnsitz und Landerwerb nur noch in **zugewiesenen Territorien**, den Townships, erlaubt. Älteste Township von Kapstadt ist Langa, das 1927 gegründet wurde, Khayelitsha entstand als eine der jüngsten 1983. Mit Zunahme der Landflucht waren die ärmlichen **Squattercamps** bald hoffnungslos überfüllt, die sozialen Probleme wuchsen, und mit ihnen der Widerstand gegen die Apartheid. Durch massive staatliche Unterstützung haben sich die Zustände in den Cape Flats 15 Jahre nach Ende der Apartheid etwas verbessert. Aber viele ungelöste Probleme sind geblieben, und die Kluft zwischen Schwarz und Weiß ist noch lange nicht überwunden.

Langa

Wer vom Flughafen Richtung Zentrum fährt, kann Langa und die anderen Townships nicht übersehen: Fast 15 Minuten durchquert man auf der **N 2** die **Cape Flats**. In dieser weiten Tiefebene reichen die **riesigen Elendsquartiere** bis an die Schnellstraße heran. Langa, dessen Xhosa-Name **»Sonne«** bedeutet, ist häufig Ziel der wachsenden Zahl von Township-Touren. 1960 setzten in Kapstadts ältestem Township Protestmärsche gegen die Passgesetze ein Zeichen.

Einige Tourenanbieter fahren die **Eziko Cooking School** am Jungle Walk Ecke Washington Road an, in der man lernen kann, wie Lamm-Bobotie und würziges Chakalaka-Gemüse zubereitet werden (Tel. 021/694 0434). Langa hat sich als kulturelles Zentrum etabliert, in dem Stars des **Afro- und Cape Jazz** auftreten. An der Langa High School feierte Popsängerin **Brenda Fassie** (►Berühmte Persönlichkeiten) erste Erfolge. Die Schauspielgruppe **Dimpho Di Kopane** schuf in Kooperation mit Spier Films seit 2000 weltweit beachtete Township-Adaptionen wie »IKumkanikazi yeKhephu« nach Andersens Märchen »Die Schneekönigin« und »Carmen aus Khayeltisha« (► Baedeker Special, S. 283, ►Abb. S. 94).

▶ TOWNSHIPS ERLEBEN

ORGANISIERTE TOUREN

... dauern meist 4 bis 6 Stunden und werden häufig von Einheimischen geführt. Unterwegs hat man die Möglichkeit, mit Bewohnern und Naturheilern (Sangomas) zu sprechen. In kleinen Gruppen werden Spaza-Shops, Schulen, Kunsthandwerkermärkte, Hilfsprojekte und Shebeens besucht, die einst illegalen Township-Kneipen, in denen selbst gebrautes Bier ausgeschenkt wird. Viele Touren beginnen mit einem Besuch des ▶District Six Museum und einem Spaziergang durch ▶Bo-Kaap.

Veranstalter von Township-Touren
Andulela (▶S. 113)
Andy Tours (www.andytours.co.za)
Bonanitours (www.bonanitours.co.za)
Energy Tours (▶ S. 113)

UNTERKÜNFTE

▶ Günstig
Wer möchte, kann bei einer Township-Familie in einem B & B übernachten, das auch Transfer, Rundgänge und Mahlzeiten organisiert.

Kopanong B & B
C329 Velani Crescent, Khayelitsha
Tel. / Fax 021 / 361 2084
www.kopanong-township.co.za

Thope Lekau und ihre Tochter Mpho haben drei komfortable Doppelzimmer mit Bad. Erfahren Sie bei einem traditionellen Dinner wahre Gastfreundschaft.

Liziwe's Guest House
NY 111, No. 121, Gugulethu
Tel. 021 / 633 7406
Fax 021 / 633 74 06
www.liziwesguesthouse.com
Liziwe Ngcokotos eröffnete 2005 ihr nettes Gästehaus mit vier Doppelzimmern, ein Jahr später kam ihr inzwischen gut besuchtes Restaurant mit afrikanischen Spezialitäten hinzu.

Die Macher des **Guga S'Thebe Arts & Cultural Centre**, Ecke Washington und Church Street, sind zu Recht stolz auf ihre Kunstausstellungen und Workshops für traditionelles Kunsthandwerk, Theater und Trommelunterricht (Tel. 021 / 695 3493; Öffnungszeiten: Mo. bis Sa. 9.00 – 18.00 Uhr). Das preisgekrönte **Victoria Mxenge Project** an der Ottery Road ist ein Frauenprojekt zur Förderung des Familienhäuserbaus. Tour Guides erzählen über Probleme beim Landkauf, über Ziegelbrennen und Hausbau; im angeschlossenen Community ◀ Weiter auf S. 284

Kids aus Khayelitsha haben das Autowrack zwischen windschiefen Wellblechhütten zum Spielplatz erklärt.

DIE ANDERE SEITE

Weit mehr als die Hälfte aller Kapstädter lebt heute in einfachen Häusern, Bretterbuden oder Wellblechhütten in den großen Townships außerhalb des Stadtzentrums. Durch den enormen Bevölkerungszuwachs entstehen hier immer mehr Elendsquartiere, während sich die Lebensbedingungen trotz erkennbarer Bemühungen von Seiten der Regierung nur langsam verbessern.

Ursprünglich durchstreiften Antilopen die 160 km² große Tiefebene der **Cape Flats**. Farmer mieden die unwirtlichen Sanderflächen. Erst die Politik der **Apartheid** und der nach 1991 einsetzende **unkontrollierte Zuzug** aus anderen Landesteilen und den von Wirtschaftskrisen heimgesuchten Anrainerstaaten führten zur heutigen Lage. In den letzten Jahren hat die Stadtverwaltung fieberhaft versucht, neuen Wohnraum in den Townships zu schaffen. Massive Steinhäuser wurden gebaut, Straßen geteert, Wasser- und Stromleitungen gelegt, Straßenbeleuchtung, Müllabfuhr und Busverbindungen zur Innenstadt eingerichtet. Doch das **Bevölkerungswachstum** nimmt weiter drastisch zu und viele Häuser, in denen früher zwei Familien wohnten, müssen heute bis zu acht Familien aufnehmen. Etwa ein Viertel aller Haushalte ist ohne Strom, vielerorts fehlt es nach wie vor an Brunnen, Trink- und Abwasserleitungen. Regenfälle in den Wintermonaten können Massenepidemien auslösen. Die meisten Häuser haben gestampfte Lehmböden, jede Pfütze wird zum potentiellen Krankheitsherd. Rheumaleiden sind die Folge, besonders bei Alten und Kleinkindern. Unübersehbar ist auch der Mangel an Bäumen und Grünflächen – auch wenn ein UN-Aufforstungsprojekt derzeit 110 000 Neupflanzungen in die Townships bringt.

Kampf gegen Aids

In Südafrika sind über 5,5 Mio. Menschen mit dem HIV-Virus infiziert, darunter mehr als 20 % aller Frauen im gebärfähigen Alter. Tatsächlich ist die Bekämpfung von Aids längst eine der Hauptaufgaben von mittlerweile über 100 Hilfsorganisationen am Kap. Der von Kanzlerin Merkel 2007 besuchte katholische Priester **Stefan Hippler** und die unabhängige Organisation **HOPE Cape Town** gehören dazu. Hippler kümmert sich seit 1987 im Tygerberg Hospital wie auch anderen Township-Kliniken und in Knysna an der Garden Route um aidskranke Kinder,

betreut betroffene Familien, baut Selbsthilfegruppen und Aufklärungsprogramme auf (www.h-o-p-e.net).

Bildung und Frauenrechte

Die staatlichen Gelder für die **Schulen** der Townships sind oft nur ein Tropfen auf den heißen Stein – über 10 % der Südafrikaner gelten als **Analphabeten**. Wichtig sind private Initiativen wie die von Denis Goldberg in ▶ Observatory gegründete Organisation **Community H.E.A.R.T.** (Health Education And Reconstruction Training). Sie kümmert sich um Schulbuch- und Computer-Spenden, hilft bei der Ernährung kinderreicher Familien und betreibt den Maths & Science Bus, der Unterrichtsmittel an schlecht ausgestattete Schulen bringt. Das Büro in Khayelitsha kümmert sich besonders um **Opfer sexueller Gewalt**. Dazu gehört der Beistand für missbrauchte Mädchen und Frauen, Rechtshilfe, Aufklärung und Prävention – laut Statistik gibt es in Südafrika über 150 Vergewaltigungen pro Tag (www.community-heart.org.uk).

Trotz allem

Den Widrigkeiten des Alltags steht eine lebensbejahende Musikszene gegenüber. **Kwaito**, eine Mischung aus House, HipHop und afrikanischen Klängen, trat einen Siegeszug von Südafrikas Townships bis nach Europa und Amerika an. In Langa startete nicht nur Popstar **Brenda Fassie** ihre Karriere. Jazz-Größen wie **Dizu Plaatjes**, Professor der Uni Kapstadt und Spezialist für traditionelle Instrumente, oder Afro-Star **Pops Mohamed** halten Konzerte und Kurse ab. Als ungekrönte »Queen of Langa« gilt die Sängerin **Madosini**, die seit über einem Vierteljahrhundert mit der Starband Amampondo auftritt. Hymnen an das Leben trotz aller Widrigkeiten sind die eigenwillige Carmen-Verfilmung **»U-Carmen e-Khayelitsha«**, gesprochen und gesungen in Xhosa, und der 2006 mit einem Oscar prämierte Spielfilm **»Tsotsi«**.

Mzolis Erfolgsstory

Großer Beliebtheit auch bei Township-Tour-Anbietern erfreut sich das 250-Plätze-Restaurant **Mzoli's Place** in Gugulethu. Beim deftigen **Barbecue** mit Karru-Lamm, Potjiekos und Umngqusho trifft man südafrikanische Politiker, Geschäftsleute, Touristen, Township-Bewohner, TV-Stars, Musiker und Künstler. Mzoli Ngcawuzele öffnete 2003 mit einer schlichten Schlachterei, Mzoli's Butchery. Dank Finanzhilfe der Development Bank of South Africa gelang der Aufstieg zum **populären Szenetreff**. Marabi, Kwaito, Deep House und Cape Jazz ertönen zur Mzolis Tour Shebeen Experience (Tel. 021 / 638 1355).

»Ubuntu – Townships in Kapstadt«

Das reich bebilderte Buch von Michael Telschow und Paul Sutton erzählt von den Menschen in den Townships, von ihrem Alltag, ihren Träumen und Problemen. Der Band möchte Mut machen, auch die andere Seite Kapstadts näher kennenzulernen (Clifton Publications Cape Town, 2007).

Centre wird Township-Kunst verkauft (Tel. 021 / 372 4206). Bis zur WM 2010 soll das 3 Mio. Rand teure Bauprogramm **N 2 Gateway Project** am Zubringer-Highway 200 000 Wohnungen schaffen. Neue Straßen und Häuser in Langa beweisen den Fortschritt. Anwohner fürchten indes, später nicht mehr in die teureren Neubauten zurückkehren zu können. Als Bewohner der Townships 2007 die N 2 besetzten, unterband die Polizei den Protest, seit 2008 finden Zwangsräumungen statt.

Gugulethu   Nachdem der Group Areas Act von 1950 schwarzen Südafrikanern verbot, in den Städten zu wohnen, entstand 15 km östlich von Kapstadt die Xhosa-Township Gugulethu, **»Unser Stolz«**. Den Wanderarbeitern aus den Homelands Cis- und Transkei war der Nachzug der Familien untersagt. Viele verließen die bereitgestellten Hostels und bauten eigene **»Shacks«** – Baracken, die seither die Cape Flats überziehen. Das **Gugulethu Seven Memorial** an der Kreuzung von NY1 and NY 111 erinnert an den März 1986, als hier sieben junge Männer bei Protestmärschen erschossen wurden. Heute gilt »Gugs« als eine der fortschrittlichsten Townships in Südafrika. Beweis für den Fortschritt ist das **Sivuyile Tourismuszentrum** an der Kreuzung von NY 1 und NY 4. Hinter den stacheldrahtbewehrten Mauern besuchen 18- bis 20-Jährige sehr erfolgreich das gleichnamige Universitätskolleg mit Schwerpunkt Handel und Technologie. Im Zentrum mit Internet-Café lohnen die Township-Fotoausstellung und die bunte Keramik der Uncedo Pottery (Tel. 021 / 637 8449, Öffnungszeiten: Mo. bis Fr. 8.00 – 17.00, Sa. 8.00 – 14.00 Uhr).

Zum Sundowner-Hotspot hat sich **Mzoli's Place** entwickelt mit Barbecue und Bühne für junge Musiker (► Baedeker Special, S. 283). Wie sportbegeistert der **Fußballnachwuchs** in den Townships ist, kann man auf der Cape Town Fußballtour von Andulela erfahren, die auch nach Guguleethu führt (www.andulela.com, ►S. 113).

Khayelitsha   **»Unsere neue Heimat«** wurde 35 km südöstlich der City auf den unfruchtbaren Sanderflächen nahe dem Atlantik erbaut. In den Bretterbuden, Papp- und Wellblechhütten der nach Soweto **zweitgrößten Township Südafrikas** leben schätzungsweise 1,8 Mio. Menschen – und jeden Tag werden es mehr. Durch verschiedene Regierungskampagnen ist in den letzten Jahren zwar vieles besser geworden, aber immer noch sind die meisten Häuser und Hütten hoffnungslos überfüllt, haben viele weder Strom noch fließendes Wasser, liegt die Arbeitslosenquote bei über 80 %. Das riesige Gelände ist in 27 Bezirke eingeteilt, die nur mit einem Buchstaben bezeichnet werden. Einen Überblick über das Häuser-Wirrwarr bietet der **Look out Hill**, Mey Way / Ecke Spine Road am Ilitha Park. Seit 1987 sichert das **Philani Nutrition Centre** an der Phaphani Road im Site C die Ernährung von Kleinkindern. 80 Mütter weben hier Matten und Wandteppiche für den Verkauf (www.philani.org. za). Mehr als zwei Dutzend Kunsthandwerker stellen unter der Woche auf dem **Khayelitsha Craft Market** (KCM) an der Ncumo Road ihre Arbeiten aus (Tel. 021 / 361 5246; Öffnungszeiten: Mo. – Fr. 9.00 – 17.00, Sa. 9.00 – 13.00 Uhr). ⏱

Fast 90 % der Einwohner in der Township **Mitchell's Plain** sind Farbige, eine Folge der Zwangsumsiedlung aus dem ►**District Six** in den 1970er-Jahren. Auch wenn das Zentrum für die WM 2010 besser erschlossen wird, machen weite Teile der Mega-Township vor allem durch Bandenkriminalität von sich reden. **Mannenberg**, das Ende der 1960er für mittellose Farbige entstand, wurde durch die inoffizielle Kapstadthymne »Mannenberg« von **Abdullah Ibrahim** und Basil Coetzee bekannt (►Baedeker Special, S. 46).

Weitere Townships

Trotz ärmlicher Lebensverhältnisse begegnet man in den Townships einer unglaublichen Lebensfreude und Zuversicht.

★★ Victoria & Alfred Waterfront

E 1/2

Lage : Portswood Road; mit Alfred Basin
und Victoria Basin

Internet: www.waterfront.co.za

Mit mehr als 20 Millionen Gästen pro Jahr ist die V & A Waterfront Südafrikas erfo lgreichste Besucherattraktion. Fast 500 Läden, Dutzende von Restaurants, Kinos, Hotels und Theater wetteifern im Vergnügungsviertel am Hafen um die Gunst begeisterter Besucher.

Wassertaxi, Doppeldeckerbus oder lieber Hubschrauber?

Der **Waterfront Bus** fährt alle 10 Minuten ab dem V & A Hotel zum Bahnhof an der ▶ Adderley Street und jede Viertelstunde ab Victoria Wharf nach Sea Point zum Peninsula Hotel. **Wassertaxis** tuckern vom Alfred Basin den Roggebaai Canal hinauf zur ▶ Heerengracht. Man kann Hafenrundfahrten machen, Sunset-Segeltörns in der Tafelbucht oder im Katamaran nach ▶ Robben Island übersetzen. Die **roten Doppeldeckerbusse** von Cape Town Explorer und City Sightseeing verkehren zwischen Waterfront und ▶ Table Mountain.

Victoria & Alfred Waterfront Orientierung

Erfolgreich revitalisiert: im alten Hafen blitzen Glas und Chrom der V &A Waterfront.

Shuttle-Busse pendeln zum Informationszentrum in der City, zur Talstation am Tafelberg und zum Flughafen. Etwa eine Stunde dauert der absolut unvergessliche **Hubschrauber-Rundflug** von der Waterfront über die ganze Halbinsel bis zum Kap – Sport Helicopters hebt direkt hinter dem Table Bay Hotel ab.

Die heutigen Hafenanlagen wurden 1858 von Sir John Coode entworfen. Am 17. September 1860 versenkten Gefangene des Breakwater Prison an der Dock Road die erste Ladung Steine aus umliegenden Steinbrüchen im Hafenbecken. Zur Geburtstunde des **Breakwater**, der ersten Wellen brechenden Hafenmole, war auch Seine Königliche Hoheit, Prince Alfred (1844–1890) angereist. Nach ihm und seiner Mutter, der britischen Königin Victoria, wurden die neuen Bassins und Kais benannt. Der Aufbruch ins Landesinnere und die Gold- und Diamantenfunde bescherten dem Hafen einen wahren Boom. Dennoch dauerte die Fertigstellung bis 1920. Aufgrund der geringen Wassertiefe von nur 12 m und der Wiedereröffnung des Suez-Kanals war der Niedergang Ende der 1970er-Jahre nicht aufzuhalten, schließlich verfielen Hafen- und Werftviertel.

Historisches Hafenbecken

1988 beschloss die Stadt dann die **komplette Sanierung** unter Erhalt der **viktorianischen Architektur** und verpachtete Grundstücke an Investoren. Vor der Kulisse des bis heute regen Schiffsverkehrs im Hafen, in dem auch Kreuzfahrtschiffe andocken, entstand ein fast 90 ha großes, lebendiges Einkaufs- und Vergnügungsviertel. Alte Lagerhäu-

**Vergnügungsviertel**

Rund um den Clock Tower heißt es shoppen und schlemmen bis in den Abend.

ser wurden in Shopping Malls, First-Class-Hotels, schicke Boutiquen, Museen, Cafés, Pubs und Restaurants umgewandelt. Hier trifft man nicht nur Touristen, sondern auch die Kapstädter, die gern und oft zum Bummeln herkommen, zumal die Waterfront nicht nur tagsüber, sondern auch abends als sehr sicher gilt.

Über die Jahre hat sich das pulsierende Hafenviertel immer weiter ausgedehnt – und ein Ende ist nicht in Sicht. So werden auch die Nobelapartments der **Marina Residential Area** weiter in Richtung des seit 1945 aufgeschütteten **Foreshore** ausgebaut. 2006 erwarben Dubai, Londoner und südafrikanische Investoren von der Transnet die gesamte V & A Waterfront. Das Konsortium zahlte 1,3 Mrd. $ – der größte Immobiliendeal in der Geschichte Südafrikas. Auch die neuen Eigentümer wollen das Vergnügungsviertel weiter ausbauen, 2008 wurden neue Luxusboutiquen internationaler Modeschöpfer eröffnet und der Yachthafen vergrößert.

Ultimatives Shopping   Junge Mode, edles Outfit, teure Juweliere oder witzige Mitbringsel – das riesige **Victoria Wharf Shopping Centre** mit über 240 Geschäften, Restaurants und Pubs hat alles. Im überdachten **Waterfront Craft Market** am Two Oceans Aquarium findet man afrikanisches Kunsthandwerk und innovatives Design. Antiquitäten, Schmuck und Souvenirs bekommt man in der **Alfred Mall** neben dem Market Square. In den Werkstätten des **Red Shed Craft Workshop** an der Dock Road arbeiten Glasbläser und Holzschnitzer, werden Lederschuhe, Taschen, Keramik, Schmuck und Recycling Art verkauft.

Jenseits der neuen Hafenkommandantur und der **Schwenkbrücke**, **Clock Tower**
die viermal in der Stunde das Hafenbecken überbrückt, steht der
1887 in neogotischem Stil errichtete, rote **Uhrturm**, das Wahrzeichen
der Waterfront. Am **Clock Tower Centre** erfrischt das **Paulaner Brauhaus** mit bestem Münchener Bier, la-
den Kunsthandwerksläden zum Bummeln ein und informiert das **Cape
Town Tourism Centre** tgl. 9.00 – 21.00
Uhr über die »Mutterstadt« Südafrikas.
Direkt vor dem Paulaner tauchen im
Hafenbecken Robben im seichten Wasser. Die 1714 – 1725 errichtete **Chavon-
nes Battery** im Untergeschoss war Teil
der Befestigung der Holländisch-Ostindischen Kompanie (VOC), wurde
aber 1861 aufgegeben. Teile der Anlage,
einst auch Quarantäne-Hospital für
Pockenkranke, sind zu besichtigen.

! Baedeker TIPP

Sundowner Cruises
Ziegelrote Gaffelsegel blähen sich im sanften
Abendwind – segeln Sie durch die Tafelbucht
in den Sonnenuntergang mit dem Dreimast-
schoner »Spirit of Victoria«. Abfahrt: Quay 5,
tgl. 19.00 Uhr, Rückkehr 20.30 Uhr. Außer
den Sunset-Törns sind auch einstündige
Touren, Halb- und Ganztagesausflüge
möglich (www.waterfrontboats.co.za).

Am Nelson Mandela Gateway legen die Fähren nach ▶Robben Island **Nelson Mandela**
ab. Das angeschlossene Nelson Mandela Gateway Centre mit Ticket- **Gateway**
verkauf und Museumsshop gehört zum **Robben Island Museum**
(RIM), die Multimedia-Ausstellung ist Bestandteil der Tour.

Auch das weiß und grau getünchte, 1904 errichtete historische Ge- **African**
bäude des Hafenmeisters (**Port Captain's Building**) auf der anderen **Trading Port**
Seite der Schwenkbrücke ist heute eine Ladenzeile.

Seit 2006 zeigt das **Schifffahrtsmuseum** im Union Castle Building an ★
der Dock Road Exponate zur Seefahrt und Entdeckung der Weltmee- **South African**
re. Ausgestellt sind Schiffsmodelle, historische Fotografien und ein **Maritime**
Modell der früheren Hafenanlagen. Erzählt wird von der letzten **Museum**
Fahrt der »SS Mendi«, die 1917 im Ärmelkanal sank. Extern liegt die
»S.A.S. Somerset«, die im Zweiten Weltkrieg für die Sperrung des
Hafens durch Ketten sorgte und nun als Schulungsschiff dient (Öff- ⊙
nungszeiten: tgl. 10.00 – 17.00 Uhr, www.izico.org.za/maritime).

Am 16. Dezember 2005 fand auf dem Nobel-Platz die feierliche Ent- **Nobel Square**
hüllung der Statuen der vier **Friedensnobelpreisträger** Südafrikas
statt: Nkosi Albert Luthuli (1960), Erzbischof Desmond Tutu (1984), ◀ www.
Frederik de Klerk und Nelson Mandela (beide 1993). Die Skulpturen nobelsquare.com
der Preisträger stammen von Claudette Schreuders, »Frieden und
Demokratie« schuf Nira Mabasa. Zitate der Geehrten sind in den elf
offiziellen Landessprachen am Sockel zu lesen, so z.B. Bischof Tutu:
»Ein Mensch ist ein Mensch durch andere Menschen«.
Das **CD Warehouse** im Dock Road Complex hat die größte Auswahl
an Musik-CDs in Kapstadt mit exzellenter Jazzabteilung. Oberhalb
im Garten der alten Hafenmeisterresidenz von 1860 steht neben dem

! *Baedeker* TIPP

Tauchen im Shark-Tank

Drei Taucher können gleichzeitig im 2 Mio. l fassenden Ocean Tank den 30-Min.-Tauchgang mit Sandtigerhaien und der Riesen-Karettschildkröte »Yoshi« wagen – ultimatives Herzklopfen inklusive. Voraussetzung ist eine Tauchqualifikation wie »Open Ocean One« oder »Discover Scuba«. Taucherfahrung verlangen auch das Duett-Tauchen im Seetang-Wald und das Abtauchen im historischen Ganzkörperanzug samt 18 kg schwerem Kupferhelm (Tauchgänge: Mai – Aug. tgl. 11.00, 13.00 Uhr; Sept. – April tgl. 9.00, 11.00 und 13.00 Uhr; Tel. 021/418 38 23, www.aquarium.co.za/diving.php).

1894 errichteten **Time Ball Tower** ein vor über 100 Jahren von den Kanarischen Inseln hierher verpflanzter **Drachenbaum** – der Rindensaft soll gegen Durchfall helfen.

Spannende Abenteuer für die ganze Familie verspricht das 1995 eröffnete **Two Oceans Aquarium**. In mehr als 30 Becken tummeln sich Clownfische und andere exotische Riffbewohner, Haie, Manta-Rochen und Wasserschildkröten, Pinguine und Robben, kann man Anemonen, Seesterne und farbenprächtige Korallen **des Indischen und des Atlantischen Ozeans** bewundern (Öffnungszeiten: tgl. 9.30 bis 18.00, Dez., Jan. 9.30 – 19.00 Uhr,

✱✱
Two Oceans Aquarium
Fütterungszeiten: Fische tgl. ab 15.00, Haie nur So. ab 15.00; Fische im Kelp-Wald Mi., Sa. ab 12.00; Pinguine tgl. 11.30 und 14.30; Seehunde tgl. 11.00 und 14.00; Karettschildkröte »Yoshi« Mo., Mi., Fr. ab 15.00 Uhr; www.aquarium.co.za).

Im Two Oceans Aquarium scheinen die Haie zum Greifen nah.

Dank des 2002 eröffneten »Canale Grande« zwischen Alfred Basin und ▶ Heerengracht sind Hafen und City heute enger miteinander verbunden. Wassertaxis übernehmen den Service bis zum **Roogebaai Canal Tourism Precinct** mit dem Arabella-Luxushotel und dem Cape Town International Convention Centre (▶ S. 210). Das gesamte Kanalufer wird zur erstrangigen Residential Area mit schicken Eigentumswohnungen ausgebaut.

Roggebaai Canal

★ ★ West Coast · Cederberge

A – C 2/3

Lage : R 27, N 7, nördlich von Kapstadt   **Internet:** www. tourismcapewestcoast.co.za

Im Frühling übersät eine wahre Blütenpracht die Hügel des West Coast National Park und der Cederberge. An den weißen Traumstränden der Westküste brechen sich die Wellen des Atlantik, im bergigen Buschland warten verträumte Missionsdörfer, bizarre Gesteinsformationen und über 1000 Jahre alte Felsmalereien der San.

Knapp 70 km nördlich von Kapstadt versucht man im **San Culture & Education Centre** die uralten Traditionen der San zu bewahren. Die 850 ha des Naturreservats !Khwa ttu (= Wasserloch) gehören seit 2001 den San, die auf dreistündigen Touren Wissenswertes über ihre Jagd, die faszinierende Vogelwelt und Heilpflanzen der Fynbos-Vegetation vermitteln – wer will, kann auch selber Pfeil und Bogen ausprobieren. Zum Zentrum gehört auch der Nachbau eines traditionellen San-Dorfes (R 27; Öffnungszeiten: Di. – So. 9.00 – 17.00, Touren 10.00 und 14.00 Uhr; www.khwattu.org).

★
!Khwa ttu

☉

Von Mai bis November kann man am **16 Mile Beach** von Yzerfontein **Wale** beobachten (www.tourismyzerfontein.co.za). Auf der vorgelagerten Vogelschutzinsel **Dassen Island** leben Kormorane, Pelikane und Pinguine. Bis 1976 wurde in den **Lime Kilns** an der R 315 noch Muschelkalk gebrannt. Fischfreunde sollten einen Platz in der populären **»Strandkombuis«** reservieren (Tel. 082 / 575 9683).

Yzerfontein

Das 1853 schachbrettartig angelegte Darling erhielt 2006 den Titel »Sauberste Kleinstadt Südafrikas« (www.darlingtourism.co.za). Liebevoll restaurierte viktorianische Häuschen und Antiquitätengeschäfte säumen die Main Street. Höhepunkt des Jahres ist die Wildflower Show im September. Wie man um 1900 Butter und Käse machte, zeigt das **Darling Museum** an der Pastorie Street (Öffnungszeiten: tgl. 9.00 – 13.00, 14.00 – 16.00, Sa. ab 10.00, So. ab 11.00 Uhr).
Vor allem am Wochenende ein Muss ist das Kabarett und Theaterrestaurant von Comedy-Star **Pieter-Dirk Uys** alias Evita Bezuidenhout (▶ Berühmte Persönlichkeiten) an der Arkadia Street. Werfen Sie

★
Darling

☉

★ ★
◀ Evita Se Perròn

auch einen Blick in den »A-en-C«-Laden und den **Boerassic Park** mit jeder Menge Kitsch und Satire zu illustren Zeitgenossen. Wie Evita seit 2007 ihre Kandidatur für das höchste Staatsamt anstrebt, zeigt ihre neue Show »Evita for President« (tgl. geöffnet, Shows Sa., So., teils auch Do., Fr.; Tickets: Tel. 022 / 492 2851, www.evita.co.za).

✳ West Coast National Park

Öffnungszeiten:
Juni – Sept.
tgl. 7.00 – 18.30,
Okt. – März
tgl. 6.00 – 20.00

www.
sanparks.org/parks/
west_coast ▶

Zur Jahrtausendwende wurde der 1985 eingerichtete West Coast National Park von der UNESCO als Biosphärenreservat ausgewiesen. Der 27 500 ha große Nationalpark schließt die 18 km lange, jadegrüne Langebaan-Lagune und die Saldanha Bay mit ein. Außer für sein **Blütenmeer** am kalten Benguela-Strom ist das Gebiet vor allem als **Brutstätte für Zugvögel** bekannt. Auf Marcus Island lebt Afrikas größte **Brillenpinguinkolonie**. Der Nationalpark ist außerdem Heimat von Streifengnus, Elenantilopen, Buntböcken und Kudus. Der private **Postberg Flower Trail** ist nur während der Wildblumenblüte im August und September zugänglich (tgl. 9.00 – 17.00 Uhr).

✳ ✳
Langebaan
Lagoon

Vogelparadies ▶

Segler und Surfer treffen sich am goldenen Strand von **Langebaan**, Fischfreunde sollten hier unbedingt im **Die Strandloper** einen Tisch reservieren (▶ S. 293, www.langebaaninfo.co.za.). Von Langebaan aus starten dreistündige **Bootstouren** in die geschützte Langebaan-Lagune – ein Muss für Ornithologen. Von September bis März überwintern in der nährstoffreichen Marschlandschaft Tausende von Zugvögeln aus Europa, kann man Sichelstrandläufer, schwarze Austernfischer, Kormorane, Kaptölpel, Flamingos und Pelikane beobachten.

Freestylen in der Langebaan-Lagune – der perfekte Surfurlaub

⦿ WEST COAST UND CEDERBERGE ERLEBEN

AUSKUNFT

West Coast Tourism
58 Long Street, Moorreesburg 7310
Tel. 022 / 433 8516
www.tourismcapewestcoast.co.za

Cederberg Wilderness Area
Clanwilliam Tourism Bureau
Main Raod, Clanwilliam
Tel. 027 / 482 2024
www.clanwilliam.info
www.cederberg.co.za

FLOWER POWER

Im Aug. und Sept. werden überall an der Westküste Wildblumenfeste gefeiert, über den Beginn der Frühlingsblüte informieren die Flower Hotlines: Tel. 083 / 910 1028 und 021 / 418 3705.

ROOIBOS TEA

In der Rooibos Tea Factory am Ou Kaapse Weg in Clanwilliam wird Südafrikas berühmter Rotbuschtee verarbeitet, der nur in den Cederbergen wächst. Den Namen verdankt der gesunde Durstlöscher seiner Farbe. Das Museum der Teegesellschaft erzählt von Anbau, Ernte, Fermentierung und Dr. Pieter le Fras Nortier, der die Rooibos-Pflanze kultivierte (Besichtigungen: Mo. – Fr. 8.00 – 16.30 Uhr, Videoshow: Mo. bis Do. 10.00, 11.30, 14.00, 15.30 Uhr). 20 km westl. auf dem Weg nach Lambert's Bay kann man die Teeplantage Elandsberg besichtigen (Tel. 027 / 482 2022, www.elands berg.co.za).

ESSEN

▶ Erschwinglich

Reinhold's Restaurant
8 Main Street, Clanwilliam

Citrusdal ist Zentrum für Zitrusfrüche.

Tel. 027 / 482 1101
Populäres Restaurant in einem liebevoll restaurierten viktorianischen Haus – So. geschlossen.

Baedeker-Empfehlung

Die Strandloper
Am Strand von Langebaan
Tel. 022 / 772 2490
Man sitzt rustikal auf Holzbänken, lässt die Füße im Sand spielen und genießt fangfrische Muscheln, Langusten oder gegrillten Snoek. Bestellen Sie auch das frisch gebackene Brot. Alkoholisches kann man mitbringen oder an der Bar kaufen – unbedingt reservieren!

ÜBERNACHTEN

▶ Luxus
Bushmans Kloof Wilderness
▶Baedeker Tipp, S. 298

▶ Komfortabel
The Farmhouse
5 Egret Street, Langebaan
Tel. 022 / 772 2062, Fax 022 / 772 1980
www.thefarmhouselangebaan.co.za
Liebevoll restauriertes Farmensemble von 1860 mit Panoramablick über die Lagune, Kaminzimmer, Garten und Pool. Ausgezeichnetes Restaurant mit preisgekrönter Weinkarte.

Suiten von Kagga Kamma

www.clanwilliamhotel.co.za
Sehr familiär geführtes Haus mit
großzügigen Zimmern gegenüber vom
Reinhold's Restaurant

Baedeker-Empfehlung

Kagga Kamma Private Game Reserve
Tel. 021 / 872 4343, Fax. 021 / 872 4524
www.kaggakamma.co.za
Rund 120 km südöstlich von Citrusdal
Anfahrt über die R 303, vor Op-die-Berg
Abzweig über den Katbakkies Pass, ausge-
schildert. Öffnungszeiten: Sa. – Do.
7.30 – 18.30, Fr. 7.30 – 21.00 Uhr
Eigene Landebahn – Transfer ab Kapstadt
mit dem Kleinflugzeug möglich.
Privates Naturreservat in einer atemberaubenden Landschaft, in der man Antilopen,
Zebras und Streifengnus beobachten und
uralte Felsmalereien der San bewundern
kann. Logiert wird in luxuriösen, reetgedeckten Rundhütten oder einzigartigen
Höhlensuiten. Wer will, kann auch direkt
unterm Sternenzelt schlafen.

Oystercatcher Lodge
1st Avenue, Shelley Point
St. Helena Bay
P.O. Box 247, Stompneus Bay 7382
Tel. 022 / 742 12 02, Fax 022 / 742 1201
www.oystercatcherlodge.co.za
Bei Luc und Sue Christen schläft man
in riesigen Doppelbetten, kann man
von der Terrasse aus schwarze Kormorane, Wale, Delfine und Robben
sehen, wird man mit sagenhaften
Fischgerichten verwöhnt.

Paternoster Lodge
64 St. Augustine Road, Paternoster
Tel. 022/752 2023, Fax 022 / 752 2083
www.paternosterlodge.co.za
Sieben schicke Doppelzimmer mit
Meerblick und leckere Fischgerichte

Clanwilliam Hotel
Main Street, Clanwilliam
Tel. 027 / 482 1101, Fax 027 / 482 2678

► **Günstig**
Klein Boschkloof Chalets
Kleinboschkloof Road, Clanwilliam
Tel. 027 / 482 2441
www.clanwilliam.info/kleinboschkloof
Idylle pur findet man inmitten der
Zitrusplantagen auf Mrs. Colyns Farm,
9 km außerhalb von Clanwilliam.
Die 250 Jahre alten, strohgedeckten
Farmhäuser sind hübsch möbliert,
zum opulenten Frühstück gibt's frisch
gepressten Orangensaft.

West Coast Fossil Park Über **5 Mio. Jahre alte Fossilien** sind 15 km nördlich von Langebaan
im West-Coast-Fossil Park ausgestellt, darunter ein afrikanischer Bär,
Säbelzahntiger, Mammuts und Urpferde (Öffnungszeiten: Mo. bis Fr.
10.00 – 16.00, Sa., So. 9.00 – 12.00 Uhr; Führungen alle 30 Min.;
www.iziko.org.za/partners/wcfp.html).

Die nach Admiral Antonio de Saldanha, dem Erstbesteiger des Tafelbergs, benannte Bucht ist wichtiger Militär- und Industriehafen. Im
Frühjahr lockt das **Saldanha Nature Reserve** mit einem Blütenmeer,
von Juni bis November kann man vor der Küste Wale sichten. Fein-
schmecker sollten unbedingt die Saldanha-Austern probieren.

Saldanha Bay

Snoek und Felslangusten stehen 25 km weiter nördlich auf der Spei-
sekarte des über 100 Jahre alten **Paternoster Hotel** im gleichnamigen
Fischerdorf. Jede Menge Trödel gibt's im viktorianischen Kramladen
»Ons Winkel« mit dem Café »Three Tree Teas«. Seit 1936 weist der
Leuchtturm am **Cape Columbine** Schiffen den Weg auf See.

Paternoster

✳ ✳ Cederberge

Die 230 km nördlich von Kapstadt am **Sneeuberg** bis auf 2027 m an-
steigenden Cederberge sind berühmt für ihre **wild zerklüfteten
Sandsteinfelsen** und uralten **Felszeichnungen der San**. Die ersten
Bewohner des Kaps kannten auch schon den **Rooibos-Tee** vom
Strauch Aspalathus linearis, der nur in den Cederbergen wächst. En-

Cederberg
Wilderness Area

Wind und Wetter haben das Malteser-Kreuz bei Dwarsrivier geschaffen.

Cederberge Orientierung

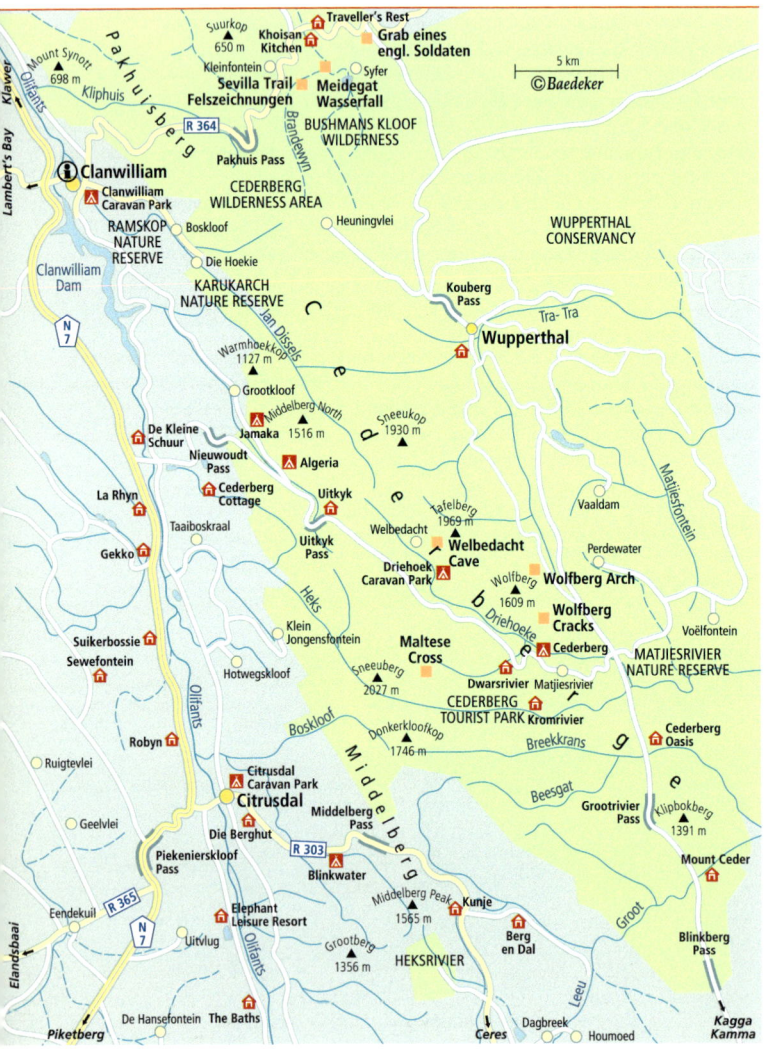

demische Pflanzen des 71 000 ha großen Naturschutzgebietes, das 1973 zur Wilderness Area erklärt wurde, sind auch die seltene **Clanwilliam-Zeder**, die Schnee-Protea und das Heilkraut Buchu. In den Cederbergen leben Paviane, Klippschliefer, Antilopen und Wildschweine. Ganz selten begegnet man auch Bergleoparden.

Als Tor zu den Cederbergen gilt Citrusdal, das **Zentrum für Zitrus-früchte** im fruchtbaren Tal des »Elefantenflusses« Olifants River. Der älteste Orangenbaum wächst nördlich der Stadt auf der Hex Revier Farm – er soll 250 Jahre alt sein und trägt immer noch Früchte. Drei Viertel der rund 90 000 t, die von der Goede-Hoop-Citrus-Genossenschaft pro Jahr geerntet werden, gehen in den Export.
Wellness im viktorianischen Stil bietet 16 km südlich **The Baths** mit 43 °C heißen Mineralquellen (www.thebaths.co.za).

Citrusdal

◀ www.
citrusdal.info

Die spektakulärsten Sandsteinformationen in den südlichen Cederbergen sind die Schluchten der **Wolfberg Cracks**, der gewaltige Felsenbogen des **Wolfberg Arch** und die 20 m hohen Steinsäulen des **Maltese Cross** bei Dwarsrivier. In den **Stadsaal Caves**, 8 km hinter Dwarsrivier Richtung Ceres, sind Felszeichnungen der San aus jener Zeit erhalten, als es hier noch Elefanten gab.

✱ ✱

Bizarre Sandsteine und Felszeichnungen

Die **»Blume der Cederberge«** zählt zu den ältesten Städten des Landes. Schon 1732 standen hier Höfe am Olifants River, wo heute ein **Stausee** beste Wassersportmöglichkeiten bietet. Wie Rotbusch-Tee wächst, kultiviert, handgepflückt und weiterverarbeitet wird, erfährt man in der **Rooibois Tea Factory** (▶ S. 293). Bereits in der vierten Generation stellt die **Strassberger Schuhfabrik** am Ou-Kaapse-Weg die »Velskoene« her – die bequemen Wanderschuhe sind alle handgefertigt (Öffnungszeiten: Mo. – Fr. 8.00 bis 12.30, 13.30 – 16.30 Uhr).
1864 schuf Carl Otto Hager die holländisch-reformierte Kirche an der Main Street, die alljährlich Ende August während der Wild Flower Show zu einer Blumenlandschaft ausgeschmückt wird. Das **Clanwilliam Museum** im ehemaligen Gefängnis am Ende der Main Street informiert über die Pionierzeit, die Kultur der San und den Teeanbau (Öffnungszeiten: Mo. – Fr. 8.00 bis 12.00 Uhr). Beim Spaziergang durch das **Ramskop Nature Reserve** oberhalb vom Clanwilliam Dam lernt man die Fynbos-Pflanzen der Region kennen.

✱

Clanwilliam

◀ www.
clanwilliam.info

! **Baedeker** TIPP

Hiker & Biker

Die obligatorische Zugangsberechtigung (Permit) für Wanderer und Mountainbiker erhält man vorab online bei der Naturparkverwaltung der Cederberge (www.capenature.co.za), in der Algeria Forest Station oder auf dem Weingut Sanddrif mit Campingplatz und Cottages in Dwarsrivier – Anfahrt von Citrusdal über die N 7 ca. 30 km nördlich bis Abzweig Algeria, dann 46 km Piste bis Dwarsrivier. Hier werden auch geführte Touren rund um Lot's Wife, Maltese Cross und die Wolfberg Cracks angeboten – das Panorama ist so atemberaubend wie die Sonnenuntergänge im »Tal der roten Götter« (www.cederbergwine.com).

Knapp 30 km westlich von Clanwilliam in **Graafwater** werden die Meeresfrüchte aus Lambert's Bay vermarktet. 25 km nördlich haben sich an den Wänden der Höhle **Heerenlogement** seit 1682 mehr als 130 Forscher, Jäger und Abenteurer verewigt. Im Sommer gilt der Strand von **Elands Bay** (Elandsbaai) als Surferparadies. Nicht nur

Abstecher nach Lambert's Bay

! Baedeker TIPP

Bushmans Kloof Wilderness

Die spektakulärste Felskunst der San bietet das luxuriöse Bushmans-Kloof-Wildreservat & Wellness-Center mit 16 traumhaften Zimmern an der R 364 am Fuße der Cederberge. Mehr als 130 Höhlenzeichnungen können unter fachkundiger Führung besichtigt werden. Auf Pirschfahrten im offenen Geländewagen kann man die seltenen Kap-Zebras sehen. Genießen Sie die preisgekrönte Küche und lassen Sie sich von Kopf bis Fuß im neuen Spa verwöhnen. Täglich Transfer mit dem Kleinflugzeug ab Kapstadt möglich, Tel. 021 / 685 2598, www.bushmanskloof.co.za.

beim Crayfish Festival im März bekommt man am Hafen von **Lambert's Bay** fangfrische Langusten serviert. Zu den Schätzen seines Sandveld-Museums gehört eine 300 Jahre alte Bibel. Eine Mole führt hinüber nach **Bird Island** mit ziemlich atemberaubend riechenden Kolonien von Kormoranen, Kaptölpeln und Brillenpinguinen.

✴ Sevilla Rock Art Trail ▶

Nordöstlich von Clanwilliam windet sich die R 364 hinauf über den **Pakhuis Pass**. Kurz vor der Abzweigung Richtung Wupperthal liegt die **Traveller's Rest Farm**. Neun Stationen umfasst ihr 4 km langer Rundgang zu uralten **Felsmalereien der San**; Tickets bekommt man im Farmhaus bei Koos und Haffie Strauss, die auch 12 nette Cottages vermieten und die **Khoisan Kitchen** betreiben – Spezialitäten sind gegrilltes Lamm und Waterblommetjebredie (www.travellersrest.co.za).

✴ **Biedouw Valley**

Etwa 20 km südlich erreicht man den Abzweig ins Biedouw Valley, das für seine bizarren Felsformationen, Rooibos-Tee und die **Wildblumenblüte** im August und September berühmt ist.

✴ **Wupperthal**

Eine Schotterpiste führt schließlich zur 1829 von Baron Theobold von Wurmb und Johann Gottlieb Leipoldt gegründeten ersten Station der **Rheinischen Mission**, die 1965 von der Herrnhuter Brüdergemeine übernommen wurde. Weiß getünchte, reetgedeckte Häuschen stehen in dem beschaulichen 600-Seelen-Dorf, dessen **Missionskirche** 2007 ein neues Strohdach erhielt. Im einstigen Wohnhaus der Leipoldts sind das Ortsmuseum, die Tourismusinformation und ein hübsches Café mit Terrasse eingerichtet. Die von Nelson Mandela eröffnete **Schuhmacher-Kooperative** befindet sich im gleichen Gebäude wie einst die Schuhfabrik des deutschen Missionars Willy

Strassberger – um 1900 trug fast jeder burische Farmer Wupperthaler »Veldskoene« aus Kuduleder. Die neue Schuhfabrik verkauft im Factory Shop am Church Square handgenähte Schuhe. Bio-Rooibos-Tee und aus dem Rotbusch gewonnene Seife gibt es im nostalgischen **Lekkerbekkie**-Laden.

Von Citrusdal nach Ceres

Seinen über 2000 m hohen, majestätischen Gipfeln verdankt die fantastische Bergwelt zwischen Citrusdal und Ceres den Spitznamen »Schweiz Südafrikas«. Folgen Sie der R 303 von Citrusdal nach Süden. Kurz vor **Op-die-Berg** zweigt die Straße über den Katbakkies Pass zum privaten Wildpark **Kagga Kamma** ab, wo 6000 Jahre alte Höhlenmalereien der San erhalten sind (▶ S. 294). Ein traumhaftes Panorama verspricht die Weiterfahrt über den 1018 m hohen **Gydo Pass**, der nach einer Euphobienart benannt ist, die die Hänge des Skurwebergs bedeckt. In **Ceres** lohnen die Pferdewagenausstellung des Transport Rider's Museum und das Ceres Nature Reserve mit heimischen Pflanzen und prähistorischen Felsbildern.

»Schweiz Südafrikas«

Schöne Ausblicke eröffnet auch die Strecke über den 1846 – 1848 angelegten **Mitchell's Pass** in das 18 km entfernte **Wolseley**. Nur 22 km nördlich am Little Berg River liegt die hübsche Kleinstadt Tulbagh. Ihre prächtigen kapholländischen und viktorianischen Giebelhäuser an der Church Street wurden nach einem Erdbeben 1969 neu aufgebaut. Von ersten Siedlern und dem Weinbau erzählt das **Oude Kerk Museum** (Öffnungszeiten: Mo. – Fr. 9.00 – 17.00, Sa.9.00 bis 16.00 Uhr, So. 11.00 – 16.00 Uhr). Louis Thibault nahm 1815 das Schlösschen Petit Trianon in Versailles zum Vorbild für das **Monbijou State House** an der Church Street 36 (Führung: Sa. – Di. 11.00, 15.00 Uhr). Von Thibault stammt auch der 1806 erbaute Sitz des Regionalbeamten der Kapregierung, **De Oude Drostdy** (Öffnungszeiten: Mo. – Sa. 10.00 – 13.00, 14.00 – 16.30, So. 14.30 – 16.50 Uhr).
Im Tulbagh Valley gibt es **renommierte Weingüter**. Kellertouren und Weinproben bieten u. a. die 1906 gegründete Tulbagh Winery, der Drostdy Hof und Twee Jonge Gazellen (www.tmv.co.za).

★
Tulbagh

◀ www.
tulbagh.com

⏲

⏲

⏲

◀ Wine & Sherry
Route

★ Worcester · Breede River Valley

C 3

Lage : 110 km nordöstlich von Kapstadt

Fast ein Viertel der südafrikanischen Traubenmenge wird im fruchtbaren Breede-Tal geerntet, das auf drei Seiten von 2000 m hohen Bergen umgeben ist. In Worcester produzieren große Genossenschaften vor allem Weißweine und Brandy.

▶ WORCESTER UND BREEDE-TAL ERLEBEN

AUSKUNFT

Worcester Tourism
23 Baring Street
Worcester 6850
Tel. 023 / 348 2795
www.tourismworcester.co.za

*Viktorianische
Kaffeemühle*

LIVING HISTORY

Wie die ersten Siedler lebten,
kann man 1 km außerhalb im
Kleinplasie Open-Air-Museum mit
Trekburen-Hütte und Khoikhoi-
Camp an der N 60 Richtung Robert-
son sehen. Gezeigt wird, wie man
damals Seife herstellte, Schafe schor,
Tabak rollte, Kerzen drehte und
Kaffee röstete, wie Milk Tart
gebacken und der 60-prozentige
»Witblits« gebrannt wurde
(Öffnungszeiten: Mo. – Sa.
9.00 – 16.30 Uhr,
www.kleinplasie.co.za).

ZUM DESSERT

Lokale Spezialität ist der aromatische
Muskatwein »Hanepoot«, den man
im De Doorns Wine Cellar ebenso
findet wie in den 10 Kellereien der
Worcester Winelands (Infos: www.
worcesterwinelands. co.za). Der feine
Dessertwein hat einen Alkoholgehalt
von 16 %. Seine spät im März
gelesenen Trauben enthalten viel

natürlichen Fruchtzucker mit
Nuancen von Aprikose, Rosinen,
Zimt und Honig.

ESSEN

▶ Erschwinglich

The Pear Tree
21 Baring Street
Worcester
Tel. 023 / 342 0936
www.thepeartree.co.uk
Elegantes Restaurant im kapollän-
dischen Beck Huis von 1825 mit
traditioneller südafrikanischer
Küche – fragen Sie nach einem
Tisch unter dem 150 Jahre alten
Birnbaum.

ÜBERNACHTEN

▶ Komfortabel

Nuy Valley Guest Farm
P.O. Box 5298
Heatlievale, Worcester 6851
Worcester 6851
Tel. 023 / 342 7025
Fax 023 / 347 1356
www.nuyvallei.co.za
Wie zu Hause fühlt man sich
14 km hinter Worcester Richtung
Robertson auf der Weinfarm der
Familie Conradie. 35 gemütliche
Zimmer, Wein-probe, Kellertour
und leckere Hausmannskost.

Arbeid Adelt
Voortrekker Road
De Doorns 6875
(Hex River Valley)
Tel. / Fax 023 / 356 2204
www.arbeidadelt.co.za
Das viktorianische Gästehaus
im Schatten 100 Jahre alter
Eichen hat sechs hübsche Zimmer.
Wer Lust hat, kann einen Malkurs
belegen oder bei der Weinlese
helfen.

Die mit 94 000 Einwohnern größte Stadt im Breede River Valley wurde 1822 von Gouverneur Charles Somerset gegründet und nach dessen Bruder Worcester – sprich »Wuster« – genannt. Berühmtester Sohn der Stadt ist der Literaturnobelpreisträger **John M. Coetzee**, der hier seine Kindheit verbrachte (► Berühmte Persönlichkeiten). Dass viele Deutsche hier siedelten, verraten die Speisekarten von Lokalen, auf denen Speckpfannkuchen und dicke Bohnen stehen. Die schmucken Giebelhäuser an der **Church Street** erhielten ab 1850 Veranden im viktorianischen Stil. An der Ecke Baring Street kann man in den **Beck & Stofberg Houses** Yellow- und Stinkwood-Möbel des 19. Jh.s bewundern (Öffnungszeiten: Mo. – Fr. 9.00 – 16.30 Uhr).

Im **KWV House of Brandy Cellar**, Ecke Smith und Church Street, sorgen 120 Brennblasen für hochprozentige Genüsse (Verkostung: Mo. – Fr. 10.00 – 15.00 Uhr, Führung: Mo. – Fr. 14.00 Uhr, www. kwvhouseof brandy.com).

Worcester

★
◄ Brandy-Destillerie
⊙

Der Halbwüstenpark 2 km nördlich von Worcester hat eine der größten **Sukkulenten**-Sammlungen weltweit, die sich im Aug. und Sept. in ein Blütenmeer verwandelt. Man kann auch Samen kaufen, z. B. vom Köcherbaum oder den »Namaqualand Daises«, wie die Tausendschönchen hier heißen (Öffnungszeiten: tgl. 8.00 – 17.00 Uhr, www.sanbi.org/karoo/mainpage.htm).

★
Karoo Desert National Botanical Garden
⊙

Vor allem im Herbst, wenn sich das Weinlaub der **riesigen Rebfelder** rot färbt, bietet das Hex-River-Tal einen fantastischen Anblick. Viele der kapholländischen Weingüter und Farmhäuser aus dem 18. Jh. vermieten heute wunderschöne Gästezimmer (► S. 300).

Hex River Valley

◄ www.hexriver valley.co.za

Im Halbwüstenpark von Worcester wachsen Wasser speichernde Pflanzen.

Herbstmorgen im Hex River Valley – ein Anblick, den man nicht vergisst!

Bei Vollmond soll im Tal der Geist von **Eliza Meiring** umgehen. 1786 versprach die hübsche Eliza, ihren Liebsten zu heiraten, wenn er ihr vom 2249 m hohen Gipfel des Matroosberg eine Disa-Orchidee pflücken würde. Als er dabei tödlich verunglückte, verlor Eliza den Verstand und stürzte eines Nachts aus dem Fenster.

Mit dem Bau der Eisenbahn wurde aus der »Dornbusch«-Farm **De Doorns** bald eine Kleinstadt. 400 verschiedene Rosen wachsen hier im Sonskyn Rose Garden. Die beste Aussicht auf das Rebland hat man vom **Hex River Pass**, der 1874 erbaute wurde. Seit der Eröffnung des mautpflichtigen Tunnels 1989 ist die Eisenbahnlinie stillgelegt. Nur der nostalgische Hexpas Express zuckelt noch über die Passhöhe (www.worcester.org.za/hexpaseco/express.html).

Aquila Private Game Reserve

www.aquilasafari.com ▶

Gut 20 km hinter dem Hex River Pass zweigt von der N 1 die R 46 Richtung Die Venster ab. Nach rund 10 km ist das 4500 ha große **Wildreservat** Aquila ausgeschildert mit luxuriösen Chalets im afrikanischen Busch. Nur zwei Fahrstunden von Kapstadt entfernt können Sie hier malariafrei im Geländewagen, mit Quad oder zu Pferd auf Safari gehen und Ausschau halten nach den **»Big Five«**.

Matjesfontein

Etwas abseits der N 1, fast 100 km nordöstlich von Worcester, kündigt der Union Jack die einsame **Bahnstation** Matjesfontein an – auch Zwischenstopp der Luxuszüge Blue Train und Rovos Rail. Gegründet wurde die **»Oase im Nichts«** von dem findigen Schotten James Douglas Logan in viktorianischer Zeit an der damals neuen Hauptstrecke Kapstadt – Johannesburg. Um 1900 war der verträumte Flecken ein mondäner Kurort, in dem betuchte Kapstädter und Prominente wie Cecil Rhodes, Lord Randolph Churchill und Rudyard

Kipling rauschende Feste feierten. Der Glanz des Empire wird im eleganten **Lord Milner Hotel** als Erbe bewahrt. Fragen Sie an der Rezeption nach einer Rundfahrt im roten **Londoner Doppeldeckerbus** (www.matjiesfontein.com/LordMilner).

Fast 50 Kellereien hat das berühmte **Robertson Wine Valley** am Fuß der mächtigen Langeberg Mountains, 50 km südöstlich von Worcester. Das **Robertson Museum** an der Kruger Street 50 erzählt die Geschichte des 1853 gegründeten Hauptortes im Tal, der auch für seine Rosenzucht und die besten **Rennpferde** Südafrikas bekannt ist (www. tourismrobertson.co.za). Magische Momente verspricht der ummauerte **Soekershof Walkabout** an der Ausfallstraße Richtung Ashton. Die 2001 eröffnete Pflanzenwelt hat fünf- und dreigängige **Kakteen-Labyrinthe**, einen Philosophengarten, bietet eine Zeitreise mit Albert Einstein, ein Steinzeitkino und den laut der Royal British Horticultural Society schönsten **Botanischen Garten** der südlichen Hemisphäre samt 2400 Arten der Kapflora (Öffnungszeiten: Mi. bis So. 8.00 – 16.00 Uhr, Juli geschlossen; www.soekershof.com).

✴ **Robertson**

> ❗ *Baedeker* **TIPP**
>
> ### Wacky Wine Weekend
>
> Alljährlich am ersten Juniwochenende feiert Robertson das populäre Wacky Wine Weekend. Geboten werden nicht nur Verkostungen, sondern auch Weinbergbegehungen, Winzerdinner, Kerzenschein-Konzerte, Bootsfahrten und Kunsthandwerk aus der Region (www.wackywineweekend.com). Livemusik und Weinproben gehören im Okt. zum »Wine on the River Festival« (www.wineonriver.com).

Rund 10 km östlich kann man im offenen Geländewagen auf Safari gehen, um Elenantilopen, Gnus, Buntböcke, Impalas, Kudus, Springböcke und Zebras zu beobachten – 2-stündige **Pirschfahrt**: Mi. – Sa. 10.00, 16.00, So. 10.00 Uhr (www.patbusch.co.za/klaasvoogds.htm).

Klaas Voogds Game Reserve

In den reetgedeckten Cottages und nostalgischen Bauerngärten des **Bilderbuchdörfchens** aus dem 19. Jh. scheint die Zeit still zu stehen. Viele Künstler und **Kunsthandwerker** haben sich hier niedergelassen. So wird u. a. in der Mill-Stone-Töpferei hochwertiges Porzellan gefertigt, Roy Reycraft baut aus Messing Sonnenuhren und die Malerin Jo Nowicki gibt Zeichenkurse. Beim »Unbelievably Festive Weekend« im Mai stellen die Winzer der Umgebung ihre besten Tropfen vor.

✴ **McGregor**

◀ www. mcgregor.co.za

Die **Myrtle Rigg Memorial Church** mit italienischem Marmorboden und Bleiglasfenstern aus England erinnert in Bonnievale an die früh verstorbene Tochter des Sprengmeisters Christopher Forrest Rigg (1861 – 1926). Rigg sprengte 1906 mit 80 Stangen Dynamit einen Tunnel in die Olifants-Berge, der seither als Teil des Kanalsystems die Wasserversorgung sichert. In Bonnievale steht Südafrikas größte **Käsefabrik**, die unter der Woche besichtigt werden kann. Seit 2006 sind im **DJ le Roux Museum** an der Main Road die Antiquitäten des Rennpferdezüchters Oom Daantje le Roux († 2005) ausgestellt.

Bonnievale

REGISTER

a

VERZEICHNIS DER KARTEN & GRAFISCHEN DARSTELLUNGEN

BILDNACHWEIS

IMPRESSUM

Ausstattung:
203 Abbildungen, 27 Karten und grafische
Darstellungen, ein großer Cityplan

Text:
Dr. Madeleine Reincke, Jürgen Sorges

Bearbeitung:
Baedeker Redaktion
(Dr. Madeleine Reincke)

Kartografie:
Christoph Gallus, Hohberg;
Falk Verlag, Ostfildern (Reisekarte
und großer Cityplan)
3D-Illustrationen:
jangled nerves, Stuttgart
Gestalterisches Konzept:
independent Medien-Design, München
(Kathrin Schemel)

Sprachführer in Zusammenarbeit mit Ernst
Klett Sprachen GmbH, Stuttgart, Redaktion
PONS Wörterbücher

Chefredaktion:
Rainer Eisenschmid, Baedeker Ostfildern

1. Auflage 2008

Urheberschaft:
Karl Baedeker Verlag, Ostfildern

Nutzungsrecht:
MAIRDUMONT GmbH & Co KG; Ostfildern

Anzeigenvermarktung:
MAIRDUMONT MEDIA
Tel. 0049 711 4502 333
Fax 0049 711 4502 1012
media@mairdumont.com
http://media.mairdumont.com

Printed in China
Gedruckt auf 100% chlorfrei
gebleichtem Papier

BAEDEKER VERLAGSPROGRAMM

- ► Ägypten
- ► Algarve
- ► Allgäu
- ► Amsterdam
- ► Andalusien
- ► Athen
- ► Australien
- ► Australien • Osten
- ► Bali
- ► Baltikum
- ► Barcelona
- ► Belgien
- ► Berlin • Potsdam
- ► Bodensee
- ► Brasilien
- ► Bretagne
- ► Brüssel
- ► Budapest
- ► Bulgarien
- ► Burgund
- ► Chicago • Große Seen
- ► China
- ► Costa Blanca
- ► Costa Brava
- ► Dänemark
- ► Deutsche Nordseeküste
- ► Deutschland
- ► Deutschland • Osten
- ► Djerba • Südtunesien
- ► Dominik. Republik
- ► Dresden
- ► Dubai • Vereinigte Arabische Emirate
- ► Elba
- ► Elsass • Vogesen
- ► Finnland
- ► Florenz
- ► Florida
- ► Franken
- ► Frankfurt am Main
- ► Frankreich
- ► Fuerteventura
- ► Gardasee
- ► Golf von Neapel
- ► Gomera
- ► Gran Canaria
- ► Griechenland
- ► Griechische Inseln
- ► Großbritannien
- ► Hamburg
- ► Harz
- ► Hongkong • Macao
- ► Indien
- ► Irland
- ► Island
- ► Israel
- ► Istanbul
- ► Istrien • Kvarner Bucht
- ► Italien
- ► Italien • Norden
- ► Italien • Süden
- ► Italienische Adria
- ► Italienische Riviera
- ► Japan
- ► Jordanien
- ► Kalifornien
- ► Kanada • Osten
- ► Kanada • Westen
- ► Kanalinseln
- ► Kapstadt • Garden Route
- ► Kenia
- ► Köln
- ► Kopenhagen
- ► Korfu • Ionische Inseln
- ► Korsika
- ► Kos
- ► Kreta
- ► Kroatische Adriaküste • Dalmatien
- ► Kuba
- ► La Palma
- ► Lanzarote
- ► Lissabon
- ► Loire
- ► London
- ► Madeira
- ► Madrid

LIEBE LESERINNEN, LIEBE LESER,

ein herzliches Dankeschön, dass Sie sich für einen Baedeker Allianz Reiseführer entschieden haben. Er wird Sie zuverlässig auf Ihrer Reise begleiten und Sie nicht im Stich lassen.

Natürlich beschreibt er die wichtigen Sehenswürdigkeiten, aber er empfiehlt auch die nettesten Kneipen und Bars, dazu Hotels für den großen und kleinen Geldbeutel, gibt Tipps für Restaurants, Shopping und für vieles mehr, was eine Reise zum Erlebnis macht. Dafür haben die Autoren Sorge getragen. Sie sind für Sie regelmäßig nach Kapstadt gereist und haben all ihre Erfahrungen und Kenntnisse in diesen Reiseführer gepackt.

Trotzdem: Die Erfahrung zeigt, dass Fehler und Änderungen nach Drucklegung, für die der Verlag keine Haftung übernehmen kann, nicht ausgeschlossen werden können. Für Kritik, Berichtigungen und Verbesserungsvorschläge sind wir Ihnen außerordentlich dankbar. Schreiben Sie uns, mailen Sie uns oder rufen Sie an:

▶ **Verlag Karl Baedeker GmbH**
Redaktion
Postfach 3162
D-73751 Ostfildern
Tel. (0711) 4502-262, Fax -343
E-Mail: info@baedeker.com

Besuchen Sie uns auch im Internet unter www. baedeker.com. Hier finden Sie jeden Monat den aktuellen Reisetipp der Redaktion und das gesamte Verlagsprogramm. Hier können Sie auch lesen, wer Karl Baedeker war und wie er seinen ersten Reiseführer geschrieben hat. Mit seinen über 180 Jahren ist der Karl Baedeker Verlag der älteste Reiseführer-Verlag der Welt.

www.baedeker.com

▶ ZU GEWINNEN: STADTREISE NACH LONDON

**Unter allen Einsendungen verlost der Verlag am Jahresende – unter Ausschluss des Rechtswegs – eine Städtekurzreise für zwei Personen nach London.
Freuen Sie sich auf ein spannendes Wochenende in London. Natürlich ist ein Baedeker Allianz Reiseführer London auch dabei!**